Holger Brandes,
Harald Christa und Ralf Evers (Hg.):
Hauptsache Fußball

Reihe: edition psychosozial

Holger Brandes,
Harald Christa und Ralf Evers (Hg.):

Hauptsache Fußball

Sozialwissenschaftliche Einwürfe

Psychosozial-Verlag

Bibliografische Information der Deutschen Bibliothek
Die Deutsche Bibliothek verzeichnet diese Publikation in der Deutschen Nationalbibliografie; detaillierte bibliografische Daten sind im Internet über <http://dnb.d-nb.de> abrufbar.

Originalausgabe

E-Mail: info@psychosozial-verlag.de
www.psychosozial-verlag.de

Umschlaggestaltung nach Entwürfen des Ateliers Warminski, Büdingen.
Umschlagabbildung: © plainpicture/photocake
Printed in Germany
ISBN 978-3-89806-496-5

Inhalt

Anstoß: Fußball als Spiel und als Spiegel der Gesellschaft

Holger Brandes, Harald Christa und Ralf Evers

Fußlümmelei …

Ende des 19. und Anfang der 20. Jahrhunderts war Fußball noch eine Aktivität, über deren Sinn und Zweck höchst polemisch gestritten wurde. Vor allem Bildungsbürger zeigten eine erhebliche Distanz. »Fußball war fast gleichbedeutend mit Kartenspiel oder verbotener Liebe«, schreibt Tibor Déry in Erinnerung an seine Schulzeit um die Jahrhundertwende (zit. n. Leis 2002, S.139). Ein schwäbischer Gymnasial-Professor, Karl Planck, publizierte 1898 eine Schmähschrift unter dem Titel »Fußlümmelei. Über Strauchballspiel und die englische Krankheit« (Nachdruck 2004), in der er das Fußballspiel als »nicht nur gemein, sondern auch lächerlich, hässlich und widernatürlich« kennzeichnete. Seine Abneigung richtete sich dabei besonders gegen den »Hundtritt«, mit dem der Ball »gestaucht« werde und der seiner Ansicht nach »nicht nur einen schlechten Geschmack verrate«, sondern auch die Gefahr der »Verrohung« in sich berge: »Unversehens fahren ihm nun seine Stoßbeine an das Schienbein des Gegners, und aus der Rohheit des Geschmacks entspringt die Rohheit der Gesinnung!« (2004, S. 20) Seine Kritik gipfelt in der ironischen Frage: »Läge es eigentlich nicht ganz im Zug des Spieles, wenn den Teilnehmern auch noch der Kopf abgesprochen würde? Der Mensch wäre dann nur noch ein ungeheurer Stiefel« (2004, S. 11). Dass Planck mit seiner Abneigung schon seiner Zeit Widerspruch erregte, machen nicht nur zeitgenössische Reaktionen auf sein Büchlein deutlich (in: Planck 2004), sondern wird von ihm selbst bereits angedeutet, wenn er kritisch und leicht resignierend bemerkt, »dass so viele ehrenwerte Männer sich mit einer Begeisterung, die einer besseren Sache wert wäre, für das Spiel ins Zeug legen« (2004, S. 21).

Plancks zuletzt zitierte Bemerkung verweist darauf, dass Fußball auch in Deutschland von Anbeginn an auf Intellektuelle ausstrahlte – trotz aller hier besonders ausgeprägter Vorbehalte von Bildungsbürgern und trotz der Verankerung vieler früher Fußballclubs im Arbeitermilieu. Entgegen eines weit verbreiteten Vorurteils ist Fußball auf internationaler Ebene nie in erster Linie ein typischer Proletariersport gewesen. Die gründliche historische Analyse kann sogar belegen, dass der moderne Fußball seinen Anstoß in der englischen Eliteschule von Eton hatte (vgl. Dunning in diesem Band). Auch außerhalb Englands bildeten sich in Abgrenzung von Arbeitervereinen immer auch solche der Intellektuellen, teilweise auch im Umfeld von Universitäten. Vom Literaturnobelpreisträger Albert Camus ist überliefert, dass 1930 das Tor der Fußballmannschaft Racing Universitaire der Universität von Algier hütete und sich zehn Jahre später in Paris als Fan Racing Paris zuwandte, weil diese dasselbe himmelblaue Trikot mit weißen Streifen trugen (vgl. Galeano 2000, S. 78).

Fußball hatte also selbst in Zeiten, als die sozialen Klassen- und Milieugrenzen noch undurchlässiger waren als heute, immer eine Ausstrahlung, die über soziale Milieus hinausging. In der Weimarer Republik erlebte der Fußball in Deutschland seinen Durchbruch, wobei von Anfang an die Dimension der *medialen* Verbreitung eine erhebliche Rolle spielte. Bereits 1925 fand die erste Fußballübertragung im Radio statt, für das DFB-Endspiel 1926 wird die Hörerzahl bereits auf 400.000 geschätzt. Auch wenn die weitere Dokumentation nur lückenhaft möglich ist, spricht doch viel für die Annahme, »dass vor allem die Liveübertragungen großer Fußballereignisse eine überaus wichtige Werbung für diese Sportart darstellten« (Eggers 2002, S. 89).

Das Interesse von Sozialwissenschaftlern am Fußball begann erst in den fünfziger Jahren zu entstehen. 1953 publizierte der niederländische Psychologe Frederik Buytendijk eine Studie über Fußball, in der er schreibt: »Die Art des Interesses für die elf oder x-mal elf Fußballspieler ist überall tief, ernsthaft, dauerhaft, alles durchdringend und erfüllend. Es übertrifft das Interesse für Kunst und Wissenschaft – übrigens nur zu begreiflich! –, ist aber auch allgemeiner und intensiver als das Interesse für die Lebensmittelpreise, den Weltfrieden oder den Tod von Neffen und Nichten – von Naturkatastrophen und Parlamentswahlen nicht zu reden« (1953, zit. n. Herzog 2002, S. 24). Seitdem sind unzählige Arbeiten und Werke sowohl von Literaten wie von Wissenschaftlern über Fußball erschienen. Der Internet-Buchhändler »amazon« bietet derzeit etwa 2800 Titel unter dem Stichwort »Fußball« an, so dass jeder Versuch einer auch nur annähernden Aufzählung sich aus Platzgründen verbietet. Unter den Autoren sind so berühmte Schriftsteller wie der Spanier Javier Marías oder der Uruguayer Eduardo Galeano. Darüber hinaus sind inzwischen unzählige Arbeiten erschienen, die sich aus kulturwissenschaftlicher, soziologischer, psychologischer, medienwissenschaftlicher, philosophischer, sozialpädagogischer und theologischer Sicht mit Fußball befassen. Es gibt Bücher, die Fußball als »Tor zur Welt« (Theweleit 2004) interpretieren, »Fußball als Kulturphänomen« (Herzog 2002) diskutieren oder die ihn in die Philosophiegeschichte einbringen: »Sokrates flankt!« (Geiger 2002).

Fußball als »Tor zur Welt«

Was bringt eigentlich Intellektuelle und hierunter auch Sozialwissenschaftler dazu, sich mit dem Fußballspiel zu beschäftigen und es zum Gegenstand von Forschung und wissenschaftlichen Abhandlungen zu machen?

Eine Erklärung könnte sein, dass Fußball zum lebenswichtigen Mittelpunkt jedes Jungen in weiten Teilen der Welt geworden ist und all diejenigen, die es dabei nie zur Meisterschaft brachten oder wie Camus krankheitsbedingt aufgeben mussten, ihre Leidenschaft forschend und schreibend weiter betreiben. So wie Galeano zum Beispiel, der seinen Essay-Band »Der Ball ist rund« mit folgendem Geständnis eröffnet: »Wie alle männlichen Einwohner Uruguays wollte ich einmal Fußballer werden. Ich spielte phantastisch, einfach wunderbar, doch nur nachts, während ich schlief: Tagsüber war ich das schlimmste Holzbein der Bolzplätze meines Landes« (2000, S. 9).

Eine gehässigere Interpretation sieht nicht nur Wissenschaftler, bei denen die Liebe zum Fußball auch durch den Kopf geht, sondern überhaupt den Intellektuellen als gesellschaftlichen Außenseiter, der es nicht ertragen kann, bei einem massenphänomenalen Ereignis nicht dabei sein zu dürfen oder zu können (wie vielleicht bereits in seiner Kindheit?). So ähnlich zumindest könnte man Heiner Schmidts Gedicht »Intellektuelle« interpretieren, wo er schreibt:

> »(...) die mehreren – die also – wenn sie von Fußball reden – biedern sich an – dabei sein ist alles – denn Fußball ist Volkssport (...) Nur bei Kopfbällen – Fluggeschwindigkeit mal Aufprallgewicht – hoch zwei oder umgekehrt – denken sie schmerzlich – an ihre Dünnschaligkeit (....)« (Heiner Schmidt in: Breitner und Schroeder 1985).

Aus Sicht der Sozialwissenschaften selbst geht es aber bei Fußball als einem weltweiten Massenphänomen um weit mehr als nur darum, irgendwie »dabei zu sein« oder sich gar »anzubiedern«. Wenn tatsächlich der »Fußball so unbegreiflich ist wie das Leben« (Marías 2002), so ist damit für die Sozialwissenschaften eine besondere Herausforderung bezeichnet, denn »das Leben« zu erforschen, ist ihre ureigenste Aufgabe und der Fußball bietet sich in der Tat als exemplarisches Feld an, als eine Art »Mikrokosmos«, an dem diese Aufgabe angegangen werden kann. In ihm spiegeln sich wie in einem Brennglas komplexe gesellschaftliche Phänomene wider:

Dies gilt zum ersten für die Bedeutung, die »Spiel« und »Spielen« ganz generell und fundamental für menschliche Individualentwicklung wie für die

Entwicklung von Gesellschaften zukommt und die aus einer Perspektive, die das »Rationale« gesellschaftlicher Entwicklung und menschlichen Handelns in den Vordergrund stellt, oftmals unterschätzt wird.

Zum zweiten gilt dies für Phänomene sozialer Aggression und Gewalt und die Möglichkeiten und Grenzen ihrer Zivilisierung. Ganz konkret ist damit das Problem angesprochen, wie Gewalteskalationen im Umfeld von Fußballereignissen zu begegnen ist und welche Rolle beispielsweise Sozialarbeit hierbei spielen kann.

Drittens betrifft dies auch die Frage nach dem sozialen Geschlechterunterschied und wie dieser im Allgemeinen in »sozialer Praxis« und im besonderen in körperbezogenen Praxisformen des Sports hergestellt wird.

Viertens wird im Fußball auch beispielhaft und konkret deutlich, welche Auswirkung die Kommerzialisierung und Globalisierung sozialer Praxen auf Akteure wie Konsumenten besitzt.

Fünftens ist der Fußballsport ein exzellentes Beispiel und Untersuchungsfeld für die Dynamik und Entwicklung sozialer Gruppen – was im Alltag zumeist unterschwellig bleibt und erst auf den zweiten Blick sichtbar wird, zeigt sich auf dem grünen Rasen in seltener Deutlichkeit.

Nicht zuletzt lässt sich sechstens am Phänomen Fußball konkret untersuchen, welchen Veränderungen das menschliche Bedürfnis nach Spiritualität und Religiosität in der heute durchrationalisierten und verwissenschaftlichten Welt unterliegt und in welcher Form sich dieses Bedürfnis jenseits kirchengebundener Religiosität Ausdruck verschafft.

Bei alledem bleibt natürlich zu bedenken, dass das Bestreben der Intellektuellen, sich zu allen gesellschaftlichen (Massen-) Phänomenen zu äußern, oftmals bereits ausreicht für die Beschäftigung mit dem Fußball. Sie finden im Fußball ihren Gegenstand zur Not auch, ohne von diesem Sport etwas zu verstehen oder ihn am Ende selbst aktiv zu betreiben bzw. ihn betrieben zu haben. Wie kaum ein anderer Sport findet ja der Fußball nicht nur auf dem Spielfeld, sondern eben auch in diversen Umfeldern bis hinein in die Köpfe der Menschen statt. Fußball wird eben nicht nur auf dem Rasen, sondern auch auf der Tribüne, vor und nach dem Spiel, in kommunikativen Zusammenhängen (also im Gespräch) bis hin zu Tag- und Nachtträumen gespielt. Aus diesem Phänomen ergibt sich eine Versuchung, die Intellektuelle selbst zu einem »Teil des Spiels« (Pierre Bourdieu) macht, das sie häufig vorgeben »objektiv«, also von einer unbeteiligten Außenperspektive aus, zu untersuchen.

Die Intellektuellen als »Teil des Spiels«

Die in diesem Band zusammengefassten Beiträge beleuchten das »Phänomen Fußball« aus unterschiedlichen sozialwissenschaftlichen Perspektiven. Dabei kommen verschiedene Auffassungen und Stile zusammen, in denen sich Unterschiede in den Herangehensweisen der wissenschaftlichen Disziplinen ausdrücken und die in Einzelfragen auch gegensätzliche Sichtweisen zur Folge haben. Wir haben nicht versucht, diese Unterschiede und Gegensätze einzuebnen oder auszumerzen, sondern sehen sie als Ausdruck davon, dass Fußball in der Tat ein so komplexes gesellschaftliches Phänomen darstellt, dass jede Form der sozialwissenschaftlichen Annäherung immer nur Teilperspektiven und Teilantworten hierauf liefern kann.

Dass dabei elf (!) männliche Autoren und eine weibliche Autorin zu Wort kommen, belegt darüber hinaus sehr konkret, wie Intellektuelle selbst »Teil des Spiels« sind. Diese Schieflage in der Geschlechtsverteilung unter den Autoren spiegelt nämlich wider, dass Fußball trotz aller Erfolge deutscher Frauenteams hierzulande immer noch eine »Männlichkeitspraxis« darstellt.

Die beteiligten Autoren sind aber noch in einem anderen Sinne »Teil des Spiels«, insofern sie alle durch die Beschäftigung mit Fußball auch ihre persönliche Verbundenheit mit diesem Sport ausdrücken. Wie der anfängliche Hinweis auf die Schmähschrift von der »Fußlümmelei« verdeutlicht, sind nicht alle wissenschaftlichen oder literarischen Auseinandersetzungen mit Fußball notwendig eine Liebeserklärung an diese Sportart. Für die in diesem Band zusammengefassten Beiträge gilt dies aber – zumindest drücken sie je spezifische Formen der Verbundenheit aus. Dass dabei durchaus kritische Töne bezüglich gegenwärtiger Entwicklungen, besonders was die Kommerzialisierung und Medialisierung des Fußballs betrifft, angeschlagen werden, steht keineswegs im Widerspruch hierzu. Vielmehr ist es einerseits eine zentrale Funktion von Sozialwissenschaften, gesellschaftliche Entwicklungen mit kritischem Blick zu verfolgen und zum anderen entspringt diese Kritik gerade auch der Sorge um die Zukunft des Fußballsports.

Der Verbundenheit mit dem Fußball ist auch geschuldet, dass es in diesem Band neben dem »roten Faden« der Frage nach gesellschaftlichen Hintergründen des Fußballsports und nach fundamentalen sozialen Wirkmechanismen, die sich in ihm ausdrücken, auch einen »grün-weißen Faden« gibt, insofern mehrere Autoren aus dem Umfeld des SV Werder Bremen kommen bzw. besonders auf diesen Verein Bezug nehmen. Diese Gewichtung ist ursprünglich nicht beabsichtigt gewesen und soll keine gemeinschaftliche Positionierung andeuten, sondern ist eher zufällig bedingt durch die Bindung und Kontakte eines der Herausgeber.

Entstanden ist dieses Buch bzw. die Idee hierzu aus einer gemeinsamen Lehrveranstaltung der drei Herausgeber zum Thema »Fußball als Feld sozialer Arbeit« an der Evangelischen Hochschule für Soziale Arbeit in Dresden. Die Blickrichtung darauf, was professionelle Soziale Arbeit beitragen kann, um mithilfe des Fußballs gesellschaftliche Ausgrenzung zu überwinden bzw. um gesellschaftliche Konflikte und Gewaltphänomene einzudämmen, die im Umfeld des Fußballspiels zum Ausdruck kommen und dieses belasten, ist in der Ausrichtung des vorliegenden Buches erhalten geblieben. Dabei haben wir uns bemüht, grundlagentheoretische Beiträge zur Historie des Fußballs, zu seiner sozialen Funktion und Entwicklung, zur Bedeutung des »Spiels« an sich und seiner auch spirituellen und geschlechtlichen Dimension zu verbinden mit stärker praxisorientierten Beiträgen zur Organisationsentwicklung, Teamentwicklung, Leistungsförderung und insbesondere der Fanarbeit im Fußball.

Damit verbinden wir die Hoffnung, dass sozialwissenschaftliche Forschung und Reflexion nicht nur Fußball als »Spiegel der Gesellschaft« für sich nutzen kann, sondern dem Fußball auch etwas zurück gibt und einen Beitrag leistet zu ebenso lustvollen und engagierten, wie zugleich friedfertigen und gewaltlosen Spielen, wie wir sie uns wünschen zur Weltmeisterschaft im Erscheinungsjahr dieses Buches.

Literatur

Breitner, P. und Schroeder, B. (Hg.) (1985): Kopfball. Frankfurt a. M., Berlin, Wien (Ullstein).

Eggers, E. (2002): Die Anfänge des Fußballsports in Deutschland. Zur Genese eines Massenphänomens. In: Herzog, M. (Hg.): Fußball als Kulturphänomen. Kunst – Kultur – Kommerz. Stuttgart (Kohlhammer), S. 67–92.

Galeano, E. (2000): Der Ball ist rund. Zürich (Unions-Verlag).

Geiger, St. (2002): Sokrates flankt! Eine kleine Philosophiegeschichte des Fußballs. Düsseldorf (Parega).

Herzog, M. (2002): Von der ›Fußlümmelei‹ zur ›Kunst am Ball‹. Über die kulturgeschichtliche Karriere des Fußballsports. In: Herzog, M. (Hg.): Fußball als Kulturphänomen. Kunst – Kultur – Kommerz. Stuttgart (Kohlhammer), S.11–46.

Leis, M. (2002): »Fußball gegen Literatur – Halbzeitstand 0:0 – Tip: X«. Fußball in der schöngeistigen Literatur. In: Herzog, M. (Hg.): Fußball als Kulturphänomen. Kunst – Kultur – Kommerz. Stuttgart (Kohlhammer), S. 139–156.

Marías, J. (2002): Alle unsere frühen Schlachten. Fußball-Stücke. Stuttgart (Klett-Cotta).

Planck, K. (2004): Fußlümmelei. Über Stauchballspiel und englische Krankheit. Reprint von 1898 mit zeitgenössischen Stellungnahmen und einem Nachwort. Münster (Lit).

Theweleit, K. (2004): Tor zur Welt. Fußball als Realitätsmodell. Köln (Kiepenheuer & Witsch).

Ambivalenzen im und um alltäglichen Fußball. Ironische Anmerkungen eines ehemaligen Profi-Fußballers

Uwe Harttgen

Der Fußball lebt. Der Fußball lebt in sozialen, politischen, ökonomischen und sportlichen Dimensionen. Er trägt in sich das Geheimnis des Lebens, der Auseinandersetzung, der Leidenschaft und des fairen Wettkampfes. Er steht Modell für die Auseinandersetzung mit dem Alltag. Der moderne Fußballer setzt nicht nur auf modische Aspekte der Kleidungs-, Friseur- und Autoindustrie, er muss sich auch mit den aktuellen Ansprüchen des sich verändernden Fußballsspiels auseinandersetzen. Dies scheint nicht immer einfach.

Angeblich ist Fußball so populär, weil er so einfach ist. Von wegen: Das Fußballspiel ist in seiner Komplexität eher schwer zu fassen. Chaotische und zufällige Aktionen können ebenso spielentscheidend sein wie durchdachte, präzis ausgeführte sportliche Handlungen. Der aus der Chaostheorie bekannte Schmetterlingseffekt, wonach eine kleines Ereignis zu großen nachfolgenden Auswirkungen führt, ist gerade im Fußballsport häufig zu beobachten. Andererseits sind auf dem Platz komplexe Gebilde taktischer Aufstellungen vorzufinden, die eine perfekt organisierte Ordnung aufrechterhalten. Die Stärken und Schwächen einzelner Spieler sollen möglichst positionsgebunden und rollenspezifisch in dieser fragile Formation eingesetzt werden, so dass die Mannschaftskonfiguration mehr ist als die Summe ihrer Teile. Die räumlichen Anordnungen auf dem Feld werden mit schachzugartiger Präzision ausgeführt, so dass man nur noch selten freie Räume nutzen bzw. in diese vorstoßen kann. Dabei kommt es häufig zu imposanten Verschiebungen von Spielern und Mannschaftsteilen, die so subtil und automatisch ablaufen, dass sie für Beobachter nur noch schwerlich auszumachen sind. Und manchmal fragt man sich verblüfft, warum ein Spieler gerade mal wieder an einem bestimmten Ort zur Stelle war.

Der Spieler muss heute Vorbild sein, er muss den gesellschaftlich anerkannten moralischen Ansprüchen genügen und immer fair handeln. Er muss schnell sein, die richtige Einstellung an jedem Spieltag unter Beweis stellen und sich eloquent mit dem Umfeld auseinandersetzen. Er muss sich selbst motivieren und Gefühle kontrollieren können. Ach ja, er sollte auch richtig gut Fußball spielen können. Dazu gehört natürlich eine gesunde Lebensweise, eine zu jedem Zeitpunkt abrufbare Fitness und eine permanent fortschreitende Lernbereitschaft hinsichtlich der fußballerischen Ausbildung. Charakter oder Persönlichkeitseigenschaften werden solange toleriert, wie der sportliche Erfolg nachgewiesen wird. Mangelndes Selbstbewusstsein, mentale Schwächen und unzureichende Führungsqualitäten werden immer wieder als direkte Vorwürfe an die Spieler gerichtet, wenn das Ergebnis nicht den Erwartungen entsprechen sollte. Und wehe er jammert! Oder er spricht nicht mehr mit den Journalisten. Das sind eindeutige Verletzungen ungeschriebener Gesetze! Die Kampagnen werden aus der Schublade gezogen.

Der moderne Fußball ist in alle Teile der modernen Gesellschaft aufgerückt. Es sind nicht mehr nur »die Fans«, die sich im Stadion tummeln. Die Besucher eines Fußballspiels kommen mit unterschiedlichen Interessen und Bedürfnissen und dadurch erhöht sich auch die Zahl derjenigen, die sich intensiv mit dem Fußball beschäftigen. Durch die modernen »Arenen« mit ihren Logen und VIP-Bereichen werden wirtschaftliche Interessen sowohl des Vereins als auch der Unternehmen berücksichtigt. Hier zeigen sich auch Politiker, die durch den Besuch im Stadion ihre Volksnähe signalisieren können. Auf den normalen Plätzen finden sich Familien, Lehrer, Theaterleute, Arbeiter, Angestellte, verschiedene Gruppierungen (Arbeitskollegen, Tippgemeinschaften, Interessengemeinschaften usw.). Auf den nur noch bei Bundesligaspielen tolerierten Stehplätzen stehen hartnäckig die »Fans«, bis sie, rausgewachsen aus der symbolträchtigen Vereinfachung des Geschehens, auch eine Sitzplatzdauerkarte erwerben. Die Fußballbegeisterung entwickelt sich mittlerweile über Generationen hinweg fort. Doch nicht mehr nur die Väter und Söhne genießen den heiligen Sonnabend, auch Frauen und Mädchen haben die Attraktivität des »Events Fußballspiel« erkannt. Es existieren kaum noch fußballfreie Zonen. Wer die vielfältigen Möglichkeiten des Fußballspiels an sich vorbeiziehen lässt, der steht außerhalb gesellschaftlicher Zusammenhänge. Selbst die Verneinung des Fußballs ist heute geeignet, dem Empfänger zu signalisieren, dass man etwas »Besonderes« ist und sich trotzig gegen den Virus der »Verfußballerung der Gesellschaft« zur Wehr setzt. Ebenso vielfältig wie die unterschiedlichen Besucher einer Arena gestalten sich die Interessen und Erwartungen dieser Gruppierungen. Mal hat es sich »gelohnt«, ins Stadion zu gehen, mal hätte man doch lieber zu Hause bleiben sollen. Mal hat der Trainer alles richtig gemacht, mal hat er die falsche Taktik gewählt oder mit den falschen Spielern gespielt. Mal befindet sich der Verein überraschenderweise im Aufwind, mal werden die unterschiedlichsten Ziele nicht erreicht. Die Spieler bleiben hinter den Erwartungen zurück oder setzen sich gegen übermächtige Gegner durch. Mal sind sie das Geld wert, mal bekommen Fußballer sowieso zu viel Geld. Mal strengen sie sich nicht richtig an, mal kämpfen sie mit Leidenschaft. Was in diesen Äußerungen verbleibt, ist die Gewissheit, dass jeder glaubt, zurecht gewisse Urteile pflegen zu dürfen.

Die Komplexität des Fußballs ist also untrennbar verbunden mit der Simplifizierung von Ereignissen. Jeder Versuch, den Fußball zu beschreiben, provoziert zwangsläufig Widerspruch. Im Aufeinandertreffen zweier Mannschaften, in der Auseinandersetzung um Stärken und Schwächen, gibt es immer Gewinner und Verlierer. Selbst das Unentschieden im Sport wird häufig von einer Partei als Sieg oder Niederlage interpretiert. Die eigene Stärke, das Durchsetzungsvermögen, kann sowohl der eigenen Mannschaft zugesprochen werden, als auch der Schwäche des Gegners. Die individuellen Fähigkeiten des einzelnen Spielers können sowohl aufzeigen, dass er bestimmte Qualitäten und Fähigkeiten besitzt, aber ebenso kann zurecht angeführt werden, dass sein Gegenspieler geschlafen oder einen rabenschwarzen Tag gehabt hat.

Außerhalb dieser Zweikämpfe (Mannschaft/Mannschaft; Spieler/Spieler) steht der Unparteiische, der in die Lage versetzt wird, Entscheidungen zu treffen, die sowohl einzelne Spielsituationen betreffen, in deren Konsequenz aber auch Meisterschaft oder Abstieg entschieden werden. Die potentielle Bedeutung eines Pfiffs (eventuelle Vor- und Nachteile sollen sich während einer Saison angeblich ausgleichen) steht im Gegensatz zur Fairness und Gelassenheit gegenüber Regeln und Entscheidungen. Dass in diesem Wechselspiel unerwünschte emotionale Reaktionen auftreten können, ist jedem Fußballinteressierten bewusst – dass diese Reaktionen allerdings soweit unterbunden werden sollen, dass Freude, Ärger, Frustrationen und Euphorie auch nicht mehr ansatzweise zugelassen werden sollen, widerspricht dem Erlebnis »Fußball« in eindeutiger Weise. »Ich habe ein tolles Tor geschossen« als unterkühlte Reaktion eines Spielers zu seinen Mannschaftskameraden ist diesem Erlebnischarakter ebenso wenig angemessen wie der wartende Mannschaftskamerad, der den Torschützen sachlich beglückwünscht. Und der Trainer ist in solchen Momenten in einem Sperrbezirk (von ca. 5 mal 3 Metern) gefangen und soll nach dem Regelwerk auf der Bank sitzen bleiben, maximal darf er klatschen und sich innerlich freuen. Wenn er sich ärgert, soll er ebenfalls sitzen bleiben und die Fäuste innerhalb der Jacke oder des Mantels ballen. Denn nichts scheint nach dem heutigen Regelwerk wichtiger, als die Emotionen zu kontrollieren. Es ist unstrittig, dass emotionale Überreaktionen zu ungewünschten Begleiterscheinungen führen können. Gegenüber auftretenden Beißattacken herrscht, zumindest bei einem Großteil der Zuschauer, übereinstimmende Ablehnung: Es dominiert Fassungslosigkeit gepaart mit einem grinsenden Kopfschütteln, welches – und das ist das Schlimmste, was einem passieren kann – in eine mitleidige Haltung übergeht.

Selbstverständlich sind manche Zuschauer aber auch sehr empfänglich für Nachahmungshandlungen. Wenn ein Spieler oder eine Mannschaft sich gegen andere zur Wehr setzen muss und »ungerechtfertigter« Weise benachteiligt wird, dann fühlen sich gleich viele tausend Menschen persönlich benachteiligt. Diese dürfen – im Gegensatz zu Spielern und Trainern – den Schiedsrichter beleidigen und beschimpfen was das Zeug hält. Beim mitfühlenden Zuschauer soll dieses Verhalten zur »Katharsis« (dem reinigenden Gefühlsausbruch) beitragen, was in anderen gesellschaftlichen Zusammenhängen längst nicht mehr gestattet ist. Im gleichen Maße, wie sich das Verhalten von Spielern und Trainern auf das Zuschauerverhalten auswirkt, kann umgekehrt auch das Zuschauerverhalten auf die Spieler wirken. Doch dabei bleibt der überwiegende Teil des Zuschauerverhaltens (Unterstützung für die eigene Mannschaft mal ausgenommen) für die Spieler häufig rätselhaft. Das Fan- bzw. Zuschauerverhalten ist ihnen nur begrenzt nachvollziehbar, weil selten kontinuierliche Beziehungen zwischen Spielern und Zuschauern bestehen. Schon bei der sportlichen Bewertung der Leistung kommt es zu ganz unterschiedlichen Reaktionen; wenn nun aber auch noch Bemerkungen wie: »Der ist aber süß ...«, »Der ist arrogant ...«, »Der identifiziert sich nicht mit dem Verein« usw. dazukommen, dann entsteht ein Bild oder ein Image, was mit der tatsächlichen Person häufig wenig gemein hat. Andererseits wäre es vielleicht auch zum Nachteil des Spielers bzw. des Vereins, wenn die Öffentlichkeit von jedem Spieler wirkliche Kenntnisse über private, intellektuelle, körperliche und andere Talente bekommen würde.

Viele Bilder, Gedanken, Vorstellungen und Erwartungen über Verein, Mannschaft und Spieler werden von den Medien transportiert oder gestaltet. Die Zweckgemeinschaft zwischen Medienmitarbeitern bzw. Journalisten und den Spielern und Trainern führt in vielerlei Hinsicht zu Spannungen. Die Journalisten möchten, die Spieler und Trainer nicht. Es soll auch Spieler geben, die Medien nutzen, um in einem besseren oder anderen Licht zu erscheinen, als die sportliche Leistung begründet. Oder Spieler, die indirekt dokumentieren wollen, dass der sportliche Verlauf mit ihnen auf jeden Fall positiver gewesen wäre. Natürlich immer in dem Wissen, dass niemand das Gegenteil beweisen kann. Die Fähigkeit von Spielern und Trainern, Situationen so zu umschreiben, dass Negatives in Positives umgewandelt wird, dass andere die eigentlichen Verlierer sind und dass sowieso alle anderen Schuld haben, scheint so attraktiv zu sein, dass sie inzwischen auch in die Politik Einzug gehalten hat.

Man sollte vielleicht mehr Verständnis haben für Medienvertreter und Journalisten, wenn sie einfach Ereignisse oder Zusammenhänge erfinden oder zu Übertreibungen neigen. Manchmal sind gesprochene Worte, ausgeführte Gesten und Mimiken oder Handlungen der Akteure einfach nicht für ein breites Publikum gedacht. Dann muss man auch mal in der Lage sein dürfen, der Phantasie freien Lauf zu lassen. Außerdem ist es doch schön, wenn man über bestimmte Dinge urteilen darf, ohne zur Verantwortung gezogen zu werden. Manchmal beneiden die Spieler und Trainer die Medienvertreter hierfür.

Wenn sich Fußballinteressierte unterhalten, dann überrascht häufig, wie sich die Argumente um den Ball zu drehen scheinen. Die mehrheitliche Auffassung, dass die Spieler wieder mal nur rumjammern, weil sie 1–2 mal am Tag trainieren, weicht – im Laufe des Gesprächs – nicht selten der gegenteiligen Feststellung, dass die ja viel zu oft belastet werden und deshalb unbedingt auch mal »'ne Pause« benötigen. Ein leicht Dahingesagtes: »Warum trainieren die eigentlich nicht z.B. sechs mal am Tag?«, führt schnell in eine andere Richtung, die genau so vehement vertreten werden kann wie die vorherige. An so einem Punkt führen aus zweiter oder dritter Hand gehörte trainingswissenschaftliche und sportmedizinische Wahrheiten zur inneren Spaltung, die sich im Laufe des Gesprächs als »wahre Fußballsachkenntnis« etabliert. Auch Gespräche über taktische Spielweisen, Anordnungen und Handlungen unterliegen keiner festen und sicheren Sichtweise, wozu vielleicht auch die Gesten diverser Trainer beitragen. Als Zuschauer kann man nur erahnen, ob und welche Vielfalt und sachliche Kompetenz sich hinter diesen körperlichen Signalen verbirgt. Die Kommunikation zwischen Spielern und Trainern scheint in einer Art Code geregelt zu sein, obwohl aus der Mimik der Spieler nicht immer ersichtlich ist, ob sie diesen Code auch knacken können. Verzweifelte Versuche der Trainer, wieder Konsens herzustellen, scheitern oftmals an den fortlaufenden Ereignissen des Spiels. Taktisches Verhalten bietet aber grundsätzlich Anlass zur Kritik: Selbst bei einem deutlichen und unerwarteten Sieg lässt sich immer noch ganz gelassen fragen, ob nicht die Einwechslung eines Stürmers zu einem noch höheren Sieg geführt hätte. Oder ob nicht weniger als ein 4:0 gereicht hätte, da man ja Kraft für das nächste Spiel hätte sparen können. Bei knapperen Ergebnissen wachsen die Spekulationen über »Wenn« und »Aber« schließlich ins Uferlose. Hinzu kommen natürlich Schiedsrichterentscheidungen, Foulspiele, Rote Karten, sportliche Unzulänglichkeiten, mangelnde Einstellungen und zu viel Geld.

Das Ganze lässt sich auf die Formel bringen: Je knapper das Ergebnis, desto waghalsiger die Spekulationen.

Wenn die eigene Mannschaft verloren hat, dann müssen andere die Enttäuschung auf jeden Fall spüren und vor allem tolerieren. Dann hat man auch mal allen Grund zum Saufen. Dies führt assoziativ zu einem anderen Phänomen: Früher durften die Spieler vor und nach den Spielen nichts trinken, was letztlich niemanden verdursten ließ; heute müssen die Spieler (alkoholfrei natürlich) trinken, trinken und trinken. Wer bei einer Unterbrechung nicht an der Seitenlinie zum Trinken erscheint, der hinterlässt schon mal den Eindruck, dass er noch nicht alles gegeben hat. Diesem Verdacht möchte sich neuerdings keiner mehr aussetzen. Noch nicht bewiesen ist dabei der Zusammenhang zwischen erhöhter Getränkezufuhr und Zunahme des Spuckverhaltens. Eine ausschließliche Überproduktion von Speichel bei zunehmender körperlicher Beanspruchung ist jedoch auch noch nicht ganz vom Tisch – genauso wenig wie gelegentliche Spuckattacken, die Sportgerichte und Medien beschäftigen.

Sportgerichtsurteile prasseln aber auch bei anderer Art mangelnder Fairness (rüden Attacken, verbalen Entgleisungen, Berührungen des Schiedsrichters oder kleineren Vergehen) unerbittlich auf die Spieler nieder. Die Leistung des Schiedsrichters ist dabei – auch nach dem Fall Hoyzer – geradezu unantastbar! Der Spieler hat sich zumindest zu schämen, zu entschuldigen oder auch eine Geldstrafe zu zahlen.

Aber eigentlich sollte doch gelten: »Entscheidend ist auf'm Platz«.

Die Entwicklung des Fußballspiels zu einer Weltsportart[1]

Eric Dunning

Einleitung

Die erste Frage, die man bei einer Erörterung der Entwicklung des Fußballspiels zur Weltsportart stellen muss, ist die nach Ursprung und Bedeutung der Termini »football« und »soccer«. In fast jedem Land ist es üblich, entweder das Spiel »football« zu nennen, oder dieses Wort in die Muttersprache zu übersetzen. So heißt es zum Beispiel *Fußball* auf Deutsch, *futebol* auf Portugiesisch, *fútbol* auf Spanisch und fotboll auf Schwedisch. Die einzige Ausnahme in Europa bildet Italien, wo der Begriff *calcio* benutzt wird, um den wahrscheinlich falschen Anspruch dieses Landes widerzuspiegeln, das Geburtsland des modernen Spiels zu sein. Der Begriff »soccer« wird in England meistens verstanden, auf dem Festland Europas oder in Mittel- und Südamerika wird er eher nicht verstanden. In der Tat wird der Begriff »soccer« hauptsächlich in Australien und in den Ländern Nordamerikas verwendet, wo der Gebrauch notwendig wird, um Fußball von Spielformen wie »American football« oder »Australian football« abzugrenzen.[2]

Die mythischen Berichte über die Ursprünge von Sportarten lassen sich grob in zwei Arten gliedern. Entweder werden sie auf die Taten von Einzelpersonen oder auf die Taten eines Kollektivs zurück geführt. Ein Beispiel eines Mythos individueller Art führt den Ursprung Rugbys auf die Aktivität des Schülers William Webb Ellis an der Schule des Ortes Rugby im Jahr 1823 zurück. Ein anderer Mythos führt den Ursprung Baseballs auf General

1 Dieser Beitrag basiert auf dem 4. Kapitel des Buches »Sport Matters. Sociological Studies of Sport, Violence and Civilization« von Eric Dunning, 1999 bei Routledge (London, New York) erschienen. Die Übersetzung und Überarbeitung für die deutsche Publikation besorgten Kieron Cock und Holger Brandes.

2 Anmerkung der Übersetzer: Im Englischen benutzt Dunning »football« häufig als Oberbegriff für alle auch mit dem Fuß gespielten Ballspiele und »soccer« zur Abgrenzung des heutigen Fußballs vom Rugby. Im Folgenden wird entsprechend dem in Deutschland üblichen Verständnis und abweichend vom englischen Originaltext immer von »Fußball« gesprochen, wenn die als »soccer« bezeichnete und in Deutschland als Fußball eingebürgerte moderne Variante dieser Sportart gemeint ist.

Abner Doubleday in Cooperstown, New York, im Jahr 1839 zurück (Gardner 1974, S. 60f.; Dunning und Sheard, 1979, S. 66). Beide Mythen sind unglaubwürdig.

Die meisten Versuche, die Ursprünge des Fußballs zu erklären, sind jedoch Mythen kollektiver und nicht individueller Art. Es existieren verschiedene Überlieferungen. Früher wurde beispielsweise in Kingston upon Thames (Grafschaft Surrey) geglaubt, dass das örtliche Spiel, das traditionell am Faschingsdienstag gespielt wurde, seinen Ursprung im Sieg der Sachsen über die dänischen Invasoren im frühen Mittelalter habe. Es wurde erzählt, dass der Kopf des besiegten Häuptlings zur Feier durch die Straßen geschossen wurde und dass das Spiel sich dann aus dieser Tradition entwickelte. Etwas ähnlich Unglaubhaftes wurde früher in Derby erzählt. Dort hieß es, dass das Spiel auf den Sieg der einheimischen Briten über die römischen Truppen im dritten Jahrhundert unserer Zeit zurückzuverfolgen wäre (Marples 1954, S. 6f.). Solche Berichte sind mythisch, weil keine Dokumente aus jener Zeit vorhanden sind, in denen diese angeblich ursprünglichen Ereignisse geschehen sein sollen. In der Tat ist aus soziologischer Sicht das Gegenteil dieser Berichte plausibler, nämlich dass die Briten und die Angelsachsen dem Fußball ähnliche Spiele zum Zeitpunkt der Schlachten gegen die Römer und die Dänen schon spielten und Fußballspiele als Teil der Siegesfeier abhielten. Dabei könnten sie eventuell den Ball durch den Kopf des besiegten Häuptlings ersetzt haben. Was über den Grad ihrer Zivilisation (wie Elias diesen Begriff definiert) bekannt ist, lässt dies möglich erscheinen. Dennoch gibt es auch hier keine Belege, die eine solche Hypothese bestätigen oder widerlegen könnten.

Mythen anthropologisch plausiblerer Art führen die Ursprünge des Fußballs auf einen heidnischen Fruchtbarkeitsritus zurück. 1929 schrieb W. B. Johnson, dass es bei primitiven Riten üblich sei, die Sonne durch einen kugelförmigen Gegenstand zu symbolisieren. Mit anderen Worten heißt das, dass der Fußball eine symbolische Darstellung von dem ist, was das Leben bringt und stützt. Diese Hypothese wird indirekt dadurch bekräftigt, dass *la soule*, der französische Name für eine Art Fußball, die traditionell in der Normandie und der Bretagne florierte, anscheinend mit dem lateinischen Wort für Sonne, *sol*, urverwandt ist (Marples 1954, S. 12f.). Dieser Ursprungsmythos erklärt jedoch nicht, warum die symbolische Sonne in einem Spiel herumgeschossen und herumgeworfen werden sollte, was allgemein als wild und eher gefährlich für Leib und Leben gilt.

Eine frühere Variante dieser Hypothese wurde von Chambers vorgeschlagen. Er argumentierte, dass der Fußball nicht die Sonne, sondern den Kopf eines Opfertieres symbolisch darstellt (Marples 1954, S. 14f.). Er mutmaßte, dass es

Ziel des Spiels war, den symbolischen Kopf zu bekommen und ihn auf dem eigenen Land zu begraben, um sich eine reichliche Ernte zu sichern. Indirekte Belege für eine solche Hypothese könnten die Ziele mancher Arten volkstümlichen Fußballs liefern, wie zum Beispiel in Scone, Schottland, wo der Ball in ein Loch gelegt wurde (Marples 1954, S. 12). Weitere mittelbare Unterstützung kommt vom »Haxey Hood game«, einem Volksritus, der in Haxey (Grafschaft Lincolnshire) überlebt hat. Die »hood« (Kapuze) in diesem Spiel ist ein Ballen Sackleinen oder Leder. Die Spieler kämpften um den Ballen und versuchen, ihn in das jeweilige Dorfgasthaus zu bringen. Dass der Ballen oder »hood« symbolisch ein Tier darstellen sollte, wird aus einer Rede abgeleitet, die eine Person in der Funktion des »Narren« in einer Zeremonie am Tag vor dem Spiel hält.

Im relevanten Teil der Rede heißt es:

> »Wir haben zwei Ochsen und einen halben getötet, aber die andere Hälfte mussten wir rennen lassen: falls sie gebraucht wird, können wir sie holen. Denkt daran, es gilt Haus gegen Haus, Stadt gegen Stadt, und falls du jemanden triffst, wirf ihn zu Boden.« (Marples 1954, S.14f.)

Hieraus wird geschlossen, dass »hood« einen halben Ochsen darstellt, der Teil eines Opfertiers ist. Tatsache ist, dass Hypothesen dieser Art nicht durch unmittelbare Beweise gestützt werden können. Sie bleiben folglich als mehr oder weniger glaubhafte Vermutungen stehen und machen es unmöglich, festzustellen, ob die Idee des Spielens mit einem Fußball aus einem Fruchtbarkeitsritus stammt, in dem der Ball symbolisch die Sonne, den Kopf eines Opfertiers, beides, keines von beiden oder gar etwas anderes darstellt. Es ist tatsächlich nicht möglich, endgültig festzustellen, ob Fußball einen rituellen Ursprung hatte oder nicht. Die traditionelle Rede des Narren in der Haxey Hood- Zeremonie deutet dennoch in eine Richtung, die soziologisch plausibel ist. Sie ermöglicht nicht, die Ursprünge des Fußballs endgültig festzustellen, sie erlaubt jedoch seine Funktion zu bestimmen, nämlich die eines gewaltsamen und unterhaltsamen Mittels, Konflikte zwischen konkurrierenden Gruppen zum Ausdruck zu bringen.

Eine anderer Mythos mit kollektivem Bezug behauptet, dass Fußball von einem der folgenden Spiele abgeleitet wird: dem alten chinesischen Spiel *Tsu chu* (Schießball); dem japanischen *kemari*; dem römischen *harpastum*; dem griechischen *episkyros*; oder dem italienischen *gioco del calcio* (Spiel des Schießens) (Green 1953, S. 5f.; Young 1968, S. 2). Mit der partiellen Ausnahme von *calcio* gibt es bei keinem dieser Fälle Belege, die es erlauben, eine Ableitung zurück zu verfolgen.

Da die Chinesen, Japaner, Griechen, Römer, Italiener, Engländer, Franzosen und Kelten irgendwann in ihren historischen Entwicklungen Spielformen entwickelten, die mehr oder weniger plausibel als wahre Urform des Fußballs vorgeschlagen worden sind, scheint es dennoch angemessen, folgende Hypothese aufzustellen: Dem Fußball ähnliche Spiele hatten höchstwahrscheinlich multiple Ursprünge. Sie wurden in unterschiedlichen Formen in Gesellschaften gespielt, welche die technologische Fähigkeit hatten, die passenden Ballarten herzustellen und frei genug waren von materieller und militärischer Not, um derartige Spiele durchzuführen. Vermutet wird: Je niedriger die Arbeitsteilung in diesen Gesellschaften war, desto mehr entsprachen sie strukturell dem Muster sozialer Organisationen, das Durkheim »mechanical solidarity« nennt und desto mehr hatten ihre Spielformen einen rituellen und religiösen Charakter (Durkheim 1964, S. 70ff.). Begründet wird dies damit, dass in diesen Gesellschaften das Rituelle und Heilige alldurchdringend war.

Volksfußball in Großbritannien im Mittelalter und in der frühen Neuzeit

Zuverlässige Belege für die Existenz eines Spiels namens »Fußball« finden sich seit dem vierzehnten Jahrhundert. Zwischen 1314 und 1660 kam es nämlich in England zu zahlreichen Verordnungen zentraler und kommunaler Behörden, bei denen zu vielfältigen Anlässen Spiele, bei denen ballähnliche Gegenstände unter anderem mit dem Fuß vorangetrieben wurden, verboten wurden. Ein 1496 von Heinrich dem VII. erlassenes Gesetz blieb dabei bis 1845 unter dem Namen »The bill for maintaining artillery and the debarring of unlawful games« (Gesetz zur Instandhaltung der Artillerie und zum Ausschluss von gesetzwidrigen Spielen) im Gesetzbuch erhalten (Marples 1954, S. 43).

Ein Verbot von 1314 und ein von Eduard dem III. im Jahre 1365 erlassenes zeigen die Hauptgründe der Behörden, Fußball und ähnliche Spiele verbieten zu wollen: Der Befehl von 1314 wurde im Namen Eduards des II. vom Londoner Oberbürgermeister erteilt und spricht von: »großem Aufruhr in der Stadt, auf Grund bestimmten Tumults, sich ergebend aus großen Fußbällen auf den öffentlichen Feldern, wovon sich viel Übel vielleicht ergeben wird«. Der Befehl zielte »im Auftrag des Königs« und unter Haftandrohung darauf ab, das Spiel zu verbieten (Marples 1954, S. 439–41). Das Verbot Eduards des III. war mit der Überzeugung verbunden, dass das Spielen von Fußball und ähnlichen Spielen negative Auswirkungen auf die militärische Kampfbereitschaft habe. Es war die Zeit des Hundertjährigen Krieges, der 1338 ausbrach und der entscheidend zur Formierung Englands und Frankreichs zu Nationalstaaten beitrug.

Im Verbot von 1365 heißt es:

> »An die Sheriffs von London: Befehl, um Verkündung zu verursachen, dass jeder gesunde und kräftige Mann der genannten Stadt an Festtagen, wenn er in Muße ist, für seinen Sport Pfeil und Bogen oder Schrot und Bolzen nutzen soll (...) ihnen verbieten unter Androhung des Einsperrens mit dem Werfen von Steinen, Stöcken und Wurfringen, mit Handball, Fußball (...) oder anderen törichten Spielen, die keinen Wert haben, mit ihnen herumzufummeln; wie die Menschen im Königreich früher die genannten Künste in ihrem Sport übten, als mit Gottes Hilfe Ehre für das Königreich und Vorteil für den König in seiner Kriegstätigkeit hervorkam; und jetzt ist die genannte Kunst fast vollkommen außer Gebrauch und die Menschen beteiligen sich an den oben erwähnten Spielen und an anderen unehrlichen, unwirtschaftlichen oder müßigen Spielen, wobei das Königreich wahrscheinlich ohne Bogenschützen sein wird.« (Marples 1954, S. 181f.)

Hierdurch wird deutlich, dass die staatlichen Behörden im mittelalterlichen Großbritannien Fußball und andere traditionelle Spiele zu unterdrücken versuchten, weil sie sie als zeitverschwenderisch und als bedrohlich für die öffentliche Ordnung ansahen. Ihr Interesse war dabei, die Energie des Volkes für Aktivitäten einzusetzen, die sie (die Behörden) für nützlicher hielten, wie zum Beispiel militärische Ausbildung.

Offizielle Verbote setzen uns darüber in Kenntnis, wie die Behörden Großbritanniens im Mittelalter und in der frühen Neuzeit den volkstümlichen Fußball betrachteten, sie liefern jedoch wenige Informationen über den Charakter solcher Spiele. Aus dem 17. Jahrhundert liegt aber eine detaillierte Darstellung des in Cornwall verbreiteten »hurling« vor, die zeigt, dass die volkstümlichen Vorläufer des modernen Fußballs Formen eines kampfsportartigen Mannschaftsspiels waren, dem »echten« Kämpfen näher als ihre Nachfolger des zwanzigsten Jahrhunderts.

Laut Carew (1602) wurden »hurling«-Wettkämpfe üblicherweise von »Gentlemen« organisiert. Die »Tore« waren entweder die Häuser dieser Gentlemen oder zwei Städte oder Dörfer, wenige Meilen voneinander entfernt. Carew folgend gab es kein ausgewogenes zahlen- und kräftemäßiges Verhältnis der beteiligten Männer. Das Spiel wurde mit einem silbernen Ball gespielt und Ziel war, ihn durch Kraft oder List zum eigenen Tor zu tragen.

Carew beschreibt das Spiel so:

»Wer auch immer den Ball erwischt, er sieht sich sogleich von der gesamten gegnerischen Mannschaft verfolgt. Sie lässt nicht von ihm ab, bis er (...) auf Gottes lieben Erdboden geworfen wurde. Ein solcher Fall setzt ihn, wenn er erfolgt, außerstande, den Ball länger bei sich zu behalten. Er wirft ihn daher (...) zu einem Angehörigen seiner Mannschaft, der sich am weitesten vor ihm befindet und der sich daraufhin mit dem Ball in der gleichen Weise davonmacht. (....) Die Hurler nehmen den direktesten Weg über Hügel und durch Senken, über Hecken und Gräben, sogar durch dichtes Gebüsch, Dornenhecken, Sümpfe, Teiche und Flüsse, ganz egal; so kann man manchmal zwanzig oder dreißig von ihnen zu einem Knäuel verstrickt im Wasser liegen und um den Ball balgen sehen. Ein Spiel fürwahr, das grob und rau ist und dennoch von der Art, dass es in mancherlei Hinsicht der Kriegsführung ähnelt, weil es nicht der Taktik entbehrt (...); ja es werden sogar von beiden Seiten Reiter eingesetzt, die im Hinterhalt liegen, bereit, um mit dem Ball davon zu reiten, wenn sich eine günstige Gelegenheit, ihn zu fangen, ergeben sollte. Aber (...) so schnell kann niemand galoppieren, dass er nicht an einer Heckenecke, Wegkreuzung, einer Brücke oder einem tiefen Wasser, an dem er beim Durchqueren des Feldes, wie die anderen wissen, unbedingt vorbeikommen muss, gestellt wird: und, falls ihm das Glück nicht weiterhin treu bleibt, so wird er wahrscheinlich den Preis für den Diebstahl mit dem eigenen und dem Sturz des Pferdes bezahlen müssen. (...)

Der Ball in diesem Spiel kann mit einem höllischen Geist verglichen werden: wer immer ihn fängt, verhält sich sofort wie ein Verrückter, er wehrt sich und prügelt sich mit denen, die versuchen, ihn festzuhalten; und sobald er den Ball verloren hat, so gibt er sein Wüten an den nächsten Empfänger mit dem Ball weiter, und er selbst wird wieder friedfertig wie zuvor. Ich bin unschlüssig, ob ich das Spiel empfehlen soll, wegen seiner männlichen Art und der damit verbundenen Stählung des Körpers, oder ob ich es verdammen soll, wegen der wüsten Gewalttätigkeit und der Schäden, die daraus entstehen: denn einerseits macht es zwar die Körper stark, hart und flink und legt den Mut in die Herzen, einem Feind von Angesicht zu Angesicht zu begegnen, aber andererseits ist es von vielen Gefahren begleitet, von denen einige immer die Spieler treffen. Zum Beweis sollte man sich ansehen, wie sie heimkehren, wenn das Hurling beendet ist; wie nach einer regelrechten Feldschlacht, mit blutigen Köpfen, gebrochenen Knochen und verrenkten Gliedmaßen und Prellungen, die geeignet sind, ihr Leben zu verkürzen. Dennoch ist alles nur Spiel und weder ein Anwalt noch der Vertreter der Krone wurde jemals deswegen angerufen.« (Carew 1602; zitiert nach Elias und Dunning 2003, S. 332f.)

Carews Beschreibung vermittelt uns eine Vorstellung von der groben Gesamtstruktur dieser Art von Spiel. Es gab keine Beschränkung der Teilnehmerzahl, keine Zahlengleichheit zwischen den Mannschaften und keine Bestimmungen für die Größe des Spielfeldes. Hurler spielten nicht auf einem abgegrenzten Feld, sondern auf dem Gebiet zwischen den festgelegten Toren (den Orten, zu denen der Ball gebracht werden musste, um zu gewinnen) und in der Umgebung davon. Hurling in Cornwall war ein rohes aber keineswegs unkontrolliertes Spiel. Eine der üblichen Regeln geht eindeutig aus Carews Darstellung hervor: Wenn ein Spieler angegriffen wurde, musste er den Ball an einen Mannschaftskameraden weitergeben. Es gab auch eine elementare Arbeitsteilung in jeder der beiden Mannschaften, zwischen denen, die Carew »fore-ward«, »rere-ward« und »wings« nannte. Diese waren zeitgenössische militärische Begriffe, die Carew analog anwendete. Dies zeigt, dass die Anwendung der Begriffe »forward« (Stürmer) und »wing« (Außenstürmer) zur Bezeichnung bestimmter Spielpositionen (eine Praktik, die im heutigen Fußball und Rugby überlebt hat) eine lange Geschichte und militärische Wurzeln hat. Carew erwähnt auch eine Arbeitsteilung zwischen Spielern, die zu Fuß und Spielern, die auf Pferden unterwegs waren. Das ist interessant, weil es darauf hindeutet, dass in diesen volkstümlichen Spielen verschiedene Elemente zu einem undifferenzierten Ganzen zusammengewürfelt waren, die später eigenständige Spiele wurden. In diesem Fall nicht nur Fußball und Rugby, sondern auch Hurling und Polo.

Die Rohheit, die Carew beschreibt, ist typisch für Spiele, die von einer großen Anzahl Engländer des 17. Jahrhunderts nach ungenauen und nur mündlich vereinbarten Regeln gespielt wurden. Einen Schiedsrichter, der die Kontrolle über das Spiel gehabt hätte oder ein unabhängiges Gremium, das man im Fall eines Streits hätte anrufen können, gab es nicht. Dass Spiele dieser Art bis ins 19. Jahrhundert gespielt wurden, geht aus der Darstellung einer Art Fußballspiel hervor, das in South Cardiganshire (Wales) im frühen 19. Jahrhundert immer am ersten Weihnachtstag gespielt wurde:

> »In Llanwennog, eine ausgedehnte Gemeinde unterhalb Lampeter, wurden die Einwohner zum Zweck des Fußballs in zwei Gruppen unterteilt, die ›Bros‹ und die ›Blaenaus‹ (...) Die Bros bewohnten die höher gelegenen Gebiete der Gemeinde. Ihnen wurde der Spitzname ›Paddy Bros‹[3] verliehen, wegen einer mündlichen Überlieferung, die besagt, sie stammten von Iren ab. Die Blaenaus bewohnten die Niederungen und es darf als erwiesen gelten, dass sie reinrassige ›Brythons‹ waren[4] (...) Das Spiel begann nicht vor Mittag (...) Dann versam-

3 Anmerkung der Übersetzer: Paddy ist der Kosename für Patrick, ein beliebter irischer Vorname und Name des irischen Schutzpatrons.

4 Anmerkung der Übersetzer: »Brythons« sind Kelten, die eine »Brythonic« Sprache (Walisisch, Cornisch und Bretonisch) sprechen. »Brythonic« kann im Englischen auch »Brittonic« heißen, deswegen kann man diese als Bewohner britischer Herkunft verstehen.

> melten sich alle Bros und Blaenaus, die Reichen und die Armen, Männer und Frauen auf der Mautstraße, die die Niederungen von den höher gelegenen Gebieten teilte. Der Ball (...) wurde hoch in die Luft geworfen (...) und als er runterfiel, balgten sich Bros und Blaenaus um ihn und es verging oft eine Viertelstunde, ehe jemand den Ball aus dem raufenden Haufen bekam (...) Gelang es dann den Bros, den Ball den Berg hoch nach Rhyddlan zu bekommen, gewannen sie; während die Blaenaus erfolgreich waren, wenn sie den Ball zu ihrem Ende der Gemeinde brachten (...) Die ganze Gemeinde war der Austragungsort für das Unternehmen und manchmal wurde es schon dunkel, ehe eine Mannschaft den Sieg für sich gesichert hatte. In der Zwischenzeit wurden viele Tritte erhalten und ausgeteilt, so dass am darauf folgenden Tag viele Teilnehmer nicht laufen konnten, und manchmal führte ein Tritt vors Schienbein dazu, dass die zwei betroffenen Männer das Spiel aufgaben, bis entschieden wurde, wer der bessere Faustkämpfer war (...) Das Geschick des Fußballspiels in alten Zeiten scheint darin gelegen zu haben, das Tor zu erreichen. Wurde das Tor einmal erreicht, wurde der Sieg mit lauten Hurras und dem Salutschießen gefeiert und er wurde bis zum darauf folgenden Weihnachten nicht gestört.« (zitiert nach Dunning und Sheard 1979, S. 29f.)

Manche Experten lehnen es ab, Darstellungen von »hurling«, »knappan«, »bottle-kicking« und ähnlichen Spielen wie dem ostenglischen »camp ball«[5] als Belege für die volkstümliche Abstammung modernen Fußballs zu interpretieren. Dies ist nachvollziehbar, geht aber wohl darauf zurück, dass der Charakter dieser Spiele nicht völlig verstanden wurde. Sie basierten nämlich auf örtlichen Gewohnheiten, nicht auf nationalen und verbindlichen Regeln. Die Wahrscheinlichkeit ist also hoch, dass die Bezeichnungen der Spiele und die Spielgewohnheiten von Ort zu Ort unterschiedlich waren, weil es weder fixierte Regeln noch zentrale Organisationen gab, die den Namen und die Spielarten hätten vereinheitlichen können. Gleichbenannte Spiele müssen deshalb keineswegs übereingestimmt haben und aus dem gleichen Grund waren die Unterschiede zwischen volkstümlichen Spielen mit unterschiedlichem Namen selten so groß wie zwischen modernen Sportarten heute. So weit man erkennen kann, waren die Unterschiede zwischen »hurling«, »knappan«, »camp ball«, »bottle-kicking« und Fußball, wie er in mittelalterlichen und frühen neuzeitlichen Quellen erwähnt wird, weder so groß noch so deutlich, wie sie heute zwischen Rugby, Fußball, Hockey und Polo sind.

---

5 In diesem Fall stammt »camp« vielleicht vom deutschen *kämpfen* ab oder ist damit urverwandt, so dass »camp ball« als »Kampfball« übersetzt werden kann.

Diese Spiele haben möglicherweise deswegen unterschiedliche Namen gehabt, weil sie mit unterschiedlichen Geräten gespielt wurden. Das »knappan« war zum Beispiel eine runde Scheibe aus Holz. Die Flasche (»bottle«) in dem Spiel aus Hallaton war ein kleines Fass aus Holz. Ähnlich ist es bei Erwähnungen von Fußball in manchen frühen Darstellungen. Wahrscheinlich ist damit eher eine Art von Ball bezeichnet als eine Form des Spiels. So kommt es, dass das Verbot des Fußballs 1608 in Manchester vom Spielen »mit dem Fußball« (*with* the ffotebale) und nicht »Fußball spielen« (playing ffotebale) sprach (Dunning und Sheard 1979, S. 22). Die Art Ball, dem dieser Name verliehen wurde, war, so weit man feststellen kann, eine mit Luft gefüllte Blase eines Tiers, meistens (aber nicht immer) mit Leder bezogen. Bälle dieser Art waren wahrscheinlich besser zum Kicken geeignet als feste Bälle. So ließe sich der Name »Fußball« erklären. Oder der Ausdruck deutet darauf hin, dass das Spiel zu Fuß statt zu Pferd gespielt wurde. Dennoch wäre es falsch, anzunehmen, dass in volkstümlichen Spielen mit der Bezeichnung »Fußball«, der Ball nur mit dem Fuß oder umgekehrt, in Spielen mit der Bezeichnung »hurling« oder »Handball« nur mit der Hand vorangetrieben wurde. Grund dafür ist, dass in diesen volkstümlichen Spielen Verbote nicht so klar festgelegt und weniger streng durchsetzbar waren, als es bei modernen Sportarten der Fall ist.

Solche Spiele standen traditionell mit religiösen Festen wie Fastnacht, Ostern und Weihnachten in Verbindung. Sie konnten aber auch jederzeit im Frühling, Sommer oder Herbst *ad hoc* gespielt werden. Sie wurden sowohl querfeldein als auch durch die städtischen Straßen gespielt, oft nicht nur von Männern, sondern auch von Frauen. Man spielte als Mitglied einer spezifischen Gruppe – zum Beispiel Hallaton gegen Medbourne, die »Bros« gegen die »Blaenaus«, die Schuhmacher gegen die Textilkaufmänner, die Junggesellen gegen die verheirateten Männer, die unverheirateten gegen die verheirateten Frauen – und nicht als Mitglied eines Klubs, dem man freiwillig beitritt und in dem der Hauptgrund sich zu treffen, darin besteht, Fußball zu spielen. In diesen Spielen nahm die Gruppenidentität Vorrang gegenüber der individuellen Identität ein. Es wurde ein intensiver Druck zur Teilnahme ausgeübt und das Maß an individueller Wahl, das die Spieler hatten, war relativ klein, vergleicht man es mit Amateurfußballspielern heutzutage.

Wie auch immer sie hießen, waren die volkstümlichen Vorläufer modernen Fußballs Angelegenheiten offener Emotionen, gekennzeichnet durch den körperlichen Kampf. Die wenigen Einschränkungen, die es gab, waren nur vage bestimmt und wurden durch Brauch verhängt – im Gegensatz zu detaillierten formellen Regelungen, die niedergeschrieben werden, von den Spielern ein hohes Maß an Selbstbeherrschung verlangen und die Intervention externer Funktionäre benötigen, wenn absichtlich oder aus Versehen gegen die Regeln verstoßen wird oder man die Selbstbeherrschung verliert. Das grundsätzliche Spielmuster war immer und überall das gleiche: ein Kampf zwischen zwei Gruppen, die Aufregung ähnlich jener, die in einer Schlacht erzeugt wird, die Wildheit und das relativ hohe Maß an von der Gesellschaft tolerierter körperlicher Gewalt.

Volkstümlicher Fußball im Kontinentaleuropa

Wie schon erwähnt, wurden Ballspiele ähnlich den britischen volkstümlichen Vorläufern modernen Fußballs auch in Frankreich gespielt. Genau wie in Großbritannien wurden diese Volksspiele durch königliche Edikte, zum Beispiel 1319 von Philipp dem V. und 1369 durch Karl den V., verboten (Marples 1954, S. 25). Solche Versuche gab es bis zur Revolution, was darauf hindeutet, dass die französischen Behörden ebenso wenig Erfolg bei der Unterdrückung dieser Spiele hatten, wie ihr britisches Gegenüber. Die Tatsache, dass ähnliche Edikte auch in den amerikanischen Kolonien erlassen wurden, zeigt, dass die ersten englischen Siedler ebenfalls solche Spiele gespielt haben müssen (Gardner 1974, S. 96).

Obwohl es einige Zeichen für ähnliche Entwicklungen in England und Italien gibt (Dunning und Sheard 1979, S. 35), hatte sich in Italien ein etwas beherrschteres und regulierteres Spiel namens »gioco del calcio« bis zum 16./17. Jahrhundert entwickelt. Es wird uns erzählt, dass die Teilnehmer »gutbetuchte junge Kavaliere« waren, und dass zwei Mannschaften mit je 27 Mitgliedern es jeden Abend zwischen dem Dreikönigsfest und der Fastenzeit auf der Piazza di Santa Croce in Florenz spielten (Marples 1954, S. 67). Dass es trotzdem ein rohes Spiel war, bringt die 1656 veröffentlichte englische Übersetzung einer Beschreibung Boccalinis zum Vorschein:

> »Die vornehmen Florentiner spielten letzten Dienstag calcio auf dem Phebean Feld (...) und obwohl einige, für die es ein neuer Anblick war, zu sehen, wie viele dieser florentinischen Gentlemen nach einem rechten Klaps nieder fielen, meinten, dass die Vorgehensweise für Spiel und Sport zu hart und für echtes Kämpfen nicht hart genug war (...) Der Bund von Florenz hatte etwas sehr Gutes getan, als er das calcio unter seinen Bürgern einführte, da sie sich damit befriedigen konnten, unter dem Deckmantel des Sport jemandem, dem sie böse waren, vier oder fünf ordentliche Schläge ins Gesicht zu versetzen und so vielleicht ihre Wut besser zu beschwichtigen als durch die Benutzung von Dolchen.« (Young 1968, S. 88–90)

Die Anwesenheit spießtragender Soldaten in bildlichen Darstellungen des Spiels (Marples 1954) deutet darauf hin, dass die Funktion der sozialen Kontrolle, die *calcio* von Boccalini zugeschrieben wird, vielleicht nicht immer erfüllt wurde. Es ist eine naheliegende Annahme, dass die Spießträger für den Fall nötig waren, dass die Aufregung des Kampfes dazu führte, dass entweder die jungen Spieler oder einzelne Zuschauer sich nicht mehr bremsen konnten und ihre Selbstbeherrschung verloren (Guttmann 1986, S. 51).

Obwohl *calcio* einer Handvoll englischer Schriftsteller und ihren Lesern schon seit etwa 100 Jahren bekannt war, gehörten diese zu einer kleinen Elite. Auch ist es zweifelhaft, ob ihr Wissen direkte Auswirkungen auf die britischen volkstümlichen Vorläufer modernen Fußballs hatte. Mit oder ohne die Unterstützung der Gentry wurden die britischen Spielvarianten jedenfalls bis zum 19. Jahrhundert landauf und landab vom gewöhnlichen Volk gespielt, während das florentinische *calcio*, so weit man weiß, auf dem Entwicklungsstand blieb, der im 16. oder 17. Jahrhundert erreicht wurde. Das heißt also, dass die Entwicklung des modernen Fußballs ein Prozess zu sein scheint, der sich autonom in England vollzog.

Zwei Prozesse, die sich im 18. und 19. Jahrhundert fast gleichzeitig vollzogen, sind in diesem Zusammenhang von Bedeutung: (1) die kulturelle Marginalisierung der volkstümlichen Fußballspiele als ein Vorgang, der Mitte des 18. Jahrhunderts begann und sich im 19. Jahrhundert beschleunigte; (2) die Entwicklung neuer Formen des Fußballs an den Privatschulen (Public Schools) und Universitäten seit den 40er Jahren des 19. Jahrhunderts.

Die kulturelle Marginalisierung des volkstümlichen Fußballs

Bezüglich der kulturellen Marginalisierung der volkstümlichen Vorläufer des Fußballspiels genügt es festzuhalten, dass die beschriebenen Spielarten in Konflikt mit den »zivilisierenden« und »staatsbildenden« Prozessen gerieten, wie sie sich in Großbritannien im 18. und 19. Jahrhundert vollzogen. Das heißt, eine steigende Anzahl von Menschen betrachtete die Rauheit dieser Spiele mit Widerwillen. Gleichzeitig war den Behörden durch die Bildung der Polizei ein neues Instrument der sozialen Kontrolle gegeben, effizienter als jedes, das ihnen je vorher zur Verfügung stand. Die Verbote, die es seit 1314 immer wieder gab, konnten somit effektiver durchgesetzt werden.

Noch ein weiterer Einfluss hat sich möglicherweise ausgewirkt: Vermutlich hängt das Überleben volkstümlicher Fußballspiele in den Jahrhunderten der Unterdrückung und Verbote mit der Unterstützung durch Teile der Aristokratie und Gentry zusammen. Ist diese Annahme berechtigt, steht die spätere Marginalisierung der volkstümlichen Vorläufer modernen Fußballs damit in Verbindung, dass die Industrialisierung und Staatsbildung eine Zunahme der Macht aufstrebender bürgerlicher Gruppen mit sich brachte. Als Folge wurde die Statuskonkurrenz zwischen der Bourgeoisie und dem Landadel intensiver. Der Landadel wurde statusexklusiver in seinem Benehmen und zog seine Unterstützung für traditionelle Sportarten zurück. Ungeachtet der Belastbarkeit diese Hypothese ist es sicher, dass die Privatschulen der zentrale Ort für die Entwicklung früher Formen modernen Fußballs und des konkurrierenden Rugbykodex waren. Um die Ursachen hierfür zu verstehen, ist es notwendig, auf Aspekte der sozialen Geschichte der britischen Public Schools einzugehen.

Die Entwicklung des Fußballs an den Privatschulen

Anfangs als karitative Einrichtungen für die Ausbildung von armen und bedürftigen Schülern oder als kommunale Gymnasien gegründet, wandelten sich während des 18. und frühen 19. Jahrhunderts die Public Schools in Internatschulen für gebührenzahlende Schüler der Ober- und oberen Mittelschicht um (Dunning und Sheard 1979, S. 47–51). Diese Umwandlung hatte mindestens zwei Folgen. Erstens war die Struktur dieser Schulen von einem sozialen Klassenunterschied zwischen Lehrern und Schülern gekennzeichnet. Akademiker der Mittelschicht versuchten den Ausbildungsbedürfnissen von Schülern gerecht zu werden, die zum größten Teil höheren sozialen Schichten entstammten als sie selbst. Dies führte dazu, dass die Lehrer außerstande waren, die Entstehung von autonomen Regel- und Herrschaftssystemen innerhalb der Schülerschaft zu verhindern. Zweitens führte diese Macht- und Statusdiskrepanz zwischen Lehrern und Schülern zu einem chronischen Mangel an Disziplin und nicht selten zu Aufständen der Jungen. 1818 konnte an der Schule in Winchester eine Revolte nur durch die Bürgerwehr und den Einsatz von Bajonetten niedergeschlagen werden. In der Schule von Rugby wurden 1797 die Zimmertür des Direktors aus den Angeln gesprengt, die Fenster zerschlagen und seine Bücher verbrannt. Die Kontrolle konnte auch hier nur mit militärischer Unterstützung zurückgewonnen werden (vgl. Dunning und Sheard 1979).

Wahrscheinlich spielte jugendlicher Wagemut eine wesentliche Rolle bei diesen Rebellionen. Jene, die Ende des 18. Jahrhunderts stattfanden, wurden außerdem, wenn auch nur oberflächlich, durch die zeitgenössischen Ereignisse in Frankreich beeinflusst. Aus soziologischer Sicht waren die Aufstände jedoch die deutlichsten Ausdrucksformen eines über längere

Zeit zwischen Lehrern und Schülern geführten Kampfes, in dem weder die eine noch die andere Partei imstande war, eine effektive Dominanz zu erringen.

Das Resultat war die allmähliche Herauskristallisierung eines Systems der doppelten Kontrolle, die später unter dem Namen »prefect-fagging system« bekannt wurde. In diesem System wurde die Autorität der Lehrer im Klassenzimmer einigermaßen anerkannt. Als Gegenleistung erkannte man das Recht der *prefects,* der Aufsichtsschüler unter den Jungen, an, die Autorität in Bezug auf Aktivitäten außerhalb des Stundenplans auszuüben. Der »fagging«-Teil dieses Systems entstand als Teil desselben Prozesses. Die Tatsache, dass die Lehrer keine Kontrolle über die älteren Schüler ausüben konnten, bedeutete, dass sie auch keine Kontrolle darüber hatten, wie diese sich gegenüber jüngeren Mitschülern verhielten. Folglich entstand eine Herrschaftshierarchie unter den Jungen, hauptsächlich bestimmt durch die Verhältnisse in Alter und Körperkraft: Die Jungen, die älter oder körperlich stärker waren, kommandierten diejenigen herum, die jünger oder körperlich unterlegen waren. Die untergeordneten Jungen wurden in die Rolle von »fags« (abwertender Begriff im Sinne niederer Position und Tätigkeit) hineingezwungen. Sie mussten niedrige, unbeliebte und möglicherweise auch sexuelle Dienste für ihre übergeordneten Schüler leisten. Die Stärksten herrschten und übten ihre Macht oft gnadenlos aus – wie man es von männlichen Jugendlichen, die nicht durch effektive erwachsene Kontrolle beschränkt werden, erwarten kann.

Das »prefect-fagging«-System war zentral für die frühe Entwicklung des Fußballs. In den Privatschulen war das Spiel ein Mittel, mit dem ältere Jungen ihre Dominanz über untergeordnete Jungen geltend machen konnten. Einer der üblichen Dienste, der sich für »fags« entwickelte, war das »fagging out« beim Fußball. Sie wurden zum Spiel gezwungen und in erster Linie auf die Rolle des »keeping goal« (des Torhütens) beschränkt; dabei wurden sie auf den Grundlinien en masse aufgestellt. Es wird behauptet, dass an der Westminsterschule im frühen 19. Jahrhundert die kleinen Jungen, die Nieten (duffers) und die Feiglinge (funk-sticks) die Torhüter waren, zwölf oder fünfzehn davon an jedem Ende. »Douling«, der Name, der an der Shrewsburyschule dieser frühen Fußballvariante verliehen wurde, gleicht dem, der für »fagging« benutzt wurde. Er ist eine Ableitung des griechischen Wortes für »Sklave«. In der Winchesterschule wurden »fags«, einer an jedem Ende des Spielfeldes, sogar anstelle von Torpfosten benutzt. Der Ball musste zwischen ihren ausgebreiteten Beinen hindurch. Oder »fags« wurden auch zur Spielfeldabgrenzung aufgestellt (vgl. Dunning und Sheard 1979).

Genau wie bei den volkstümlichen Vorläufern wurde Fußball an den Privatschulen zu dieser Zeit durch mündliche Regeln bestimmt. Demzufolge variierte der Charakter des Spiels von Schule zu Schule. Entscheidungen bezüglich der Spielfelder wurden abhängig von örtlichen Besonderheiten getroffen (es wurde noch nicht auf speziell für das Spiel geschaffenen und abgesteckten Feldern gespielt) und örtliche Traditionen bewirkten Unterschiede im Spielsystem. Trotz aller Unterschiede war jedoch an *allen* Schulen erlaubt, den Ball sowohl mit dem Fuß zu schießen, wie mit der Hand zu berühren.

Alle Formen des Fußballs an diesen Privatschulen waren zu dieser Zeit rau. Bei dem Gedränge des »Kreuzgangfußballs« (cloisters football) in Charterhouse zum Beispiel waren blaue Flecke an den Schienbeinen die Folge, Jacken und andere Kleidungsstücke wurden beinahe völlig zerrissen und auf den »fags« wurde herumgetrampelt (Dunning und Sheard 1979, S. 56). Von der Westminsterschule heißt es: »Der Feind ließ stolpern, trat vors Schienbein, stürmte mit der Schulter, warf einen runter und setzte sich auf einen – er wäre mit der Ausnahme von Mord zu fast allem bereit gewesen, um jemandem den Ball wegnehmen zu können«. Und beim »field«-Fußball in Charterhouse gab es »eine ganze Reihe gebrochener Schienbeine, da die meisten Burschen Schuhe mit eisernen Kappen trugen und einige prahlten offen, mehr Tritte zu geben als zu bekommen«. Schuhe mit eisernen Kappen wurden auch in Rugby getragen, wo sie »navvies« (Bauarbeiter) genannt wurden. Wie ein ehemaliger Schüler aus Rugby sich um 1920 erinnerte, hatten sie »eine dicke Sohle, deren Spitze im Profil der Ramme eines Panzerschiffs ähnelte« (Dunning und Sheard 1979, S. 55ff.).

Die Entwicklung niedergeschriebener Regeln und die Auseinanderentwicklung von Fußball und Rugby

Während der 40er und 50er Jahre des 19. Jahrhunderts, als die kulturelle Marginalisierung volkstümlichen Fußballs ihren Höhepunkt erreichte, begannen sich neuere Formen des Spiels an den Privatschulen zu entwickeln. Diese passten besser zu den Werten einer Gesellschaft, die sich im Prozess der Urbanisierung und der Industrialisierung befand und in der die Staatsbildung und die Zivilisation in einer gegenseitigen Wechselbeziehung standen. Zentral für diese Entwicklung waren: (1) das Niederschreiben der Regeln; (2) eine strengere Demarkation und die Begrenzung der Größe und Form des Spielfeldes; (3) die Verhängung strengerer Begrenzungen der Spielzeit; (4) eine Reduzierung der Teilnehmerzahlen; (5) der Ausgleich der Größe der streitenden Mannschaften und (6) die Verhängung strengerer Regeln bezüglich des legitimen Einsatzes körperlicher Kraft.

Im Laufe dieser Modernisierung kamen die Spielarten Fußball und Rugby aus der Vielfalt der örtlich unterschiedlichen Privatschulspiele erkennbarer zum Vorschein. Rugby scheint dabei als erstes ein unverwechselbares Profil bekommen zu haben. Von vielen Autoren wird angenommen, dass Rugby seinen Ursprung in der Tat einer Einzelperson hatte (Macrory 1991, S. 23–52). William Webb Ellis soll 1823 »ohne die Fußballregeln zu achten«, die damals in der Schule von Rugby üblich waren, den Ball aufgehoben haben und mit ihm gerannt sein. Es besteht kein Zweifel daran, dass Webb Ellis 1823 dort Schüler war. Zweifelhaft ist jedoch diese reduktionistische Erklärung zum Aufkommen des Rugbys als Spielart. Soziologisch ist es plausibler anzunehmen, dass Rugby und Fußball gleichzeitig entstanden. Man nimmt an, dass sie sich nicht einfach an bestimmten Privatschulen isoliert entwickelten, sondern innerhalb des breiteren sozialen Feldes, gebildet durch *alle* Privatschulen. Und dies während einer bestimmten Phase der Industrialisierung, Urbanisierung, Zivilisation und Staatsbildung, die Großbritannien zwischen 1830 und 1860 erreicht hatte. Es war eine Phase, in der Spannungen zwischen dem Landadel und der aufkommenden Bourgeoisie wuchsen. Man kann berechtigt annehmen, dass diese sich intensivierenden Klassen- und Statusspannungen sich auch in den Beziehungen zwischen den Privatschulen widerspiegelten und eine Rolle in der Entwicklung dieser in vielerlei Hinsicht diametral gegensätzlichen Arten des Ballspiels gespielt haben.

Vorausgesetzt, die vorhandenen Daten stellen eine zuverlässige Leitlinie dar, scheint Rugby die erste Privatschule gewesen zu sein, die ihre Spielregeln niederschrieb. Laut Marples (1954, S. 137) und Young (1968, S. 63) fand dieser Prozess 1846 statt. 1960 stieß ich jedoch auf eine Sammlung von Regeln bereits aus dem Jahre 1845. Diese waren denen von 1846 grundsätzlich gleich, außer dass ihnen eine Sammlung von Organisations- und Disziplinregeln voranging, die uns einen Hinweis dafür liefern könnten, warum dieser Prozess der Kodifikation stattfand. Das »prefect-fagging« System in Rugby wurde kurz zuvor von Thomas Arnold, der von 1828 bis 1842 Direktor der Schule war, reformiert. Was Arnold unter disziplinarischem Aspekt im wesentlichen erreichte, war die Transformation der Rugby-Variante des »prefect-fagging« Systems von einem System doppelter Kontrolle, das zu beharrlichem Durcheinander führte, in ein System der mittelbaren Herrschaft, das zu einer größeren Harmonie sowohl in den Beziehungen zwischen Lehrern und Schülern als auch in denen zwischen den Jungen beitrug.

Es gibt jedoch keine Belege dafür, dass er unmittelbar an der Kodifizierung des Rugbyspiels beteiligt war, die von dieser Entwicklung ausging. Die Regeln wurden erst drei Jahre nach dem Tod Arnolds niedergeschrieben.

Das reformierte »prefect-fagging« System ermöglichte es den Lehrern, ihre Macht auszubauen, obwohl die Jungen gleichzeitig ein ordentliches Maß an Selbstverwaltung behielten. Ein System informeller Versammlungen, von den Schülern »levees« genannt, kam auf. Der Name erinnert vermutlich an die Gewohnheit Ludwig des XIV. von Frankreich, während des Aufstehens Versammlungen abzuhalten. Bezeichnenderweise war es eine Versammlung der älteren Schüler (»Sixth Form Levee«), welche die 1845 geschaffenen Regeln niederschrieb. Der erste Abschnitt behandelt eine Verschärfung und Legitimation der Verwaltungsrolle der Aufsichtschüler in Bezug auf das Spiel.

Gleichzeitigkeit muss natürlich nicht unbedingt eine Kausalität einschließen. Dass Rugby nicht nur die erste Privatschule war, die eine wirksame Reform des »prefect-fagging« Systems erreichte, sondern auch die erste, welche die Regeln des nach dieser Schule benannten Spiels niederschrieb, spricht aber für die Vermutung, dass diese zwei Prozesse miteinander verbunden waren. Außerdem gibt es Grund zu der Annahme, dass neben Arnolds Qualitäten als Lehrer die Tatsache einer erstmals in Rugby erreichten wirksamen Reform der Disziplin auch damit zusammen hing, dass die Schule erst kurz vor diesem Zeitpunkt als Privatschule gegründet wurde. Bis in die 90er Jahre des 18. Jahrhunderts war sie ein kommunales Gymnasium, in dem die Schüler gewöhnlich aus niedrigeren Schichten stammten, als es beispielsweise in den Schulen in Eton oder Harrow der Fall war. Die Statusdiskrepanz zwischen Lehrern und Schülern wird also in Rugby weniger ausgeprägt gewesen sein. Deswegen war es einfacher, diese Schule zu reformieren (Dunning und Sheard 1979, S. 74f.).

Nach den erhalten gebliebenen Dokumenten war Eton bei Windsor, eine Schule mit Verbindungen zum königlichen Hof, die zweite Privatschule, welche Regeln des Ballspiels niederschrieb. Dies geschah 1847, zwei Jahre später als in Rugby. Die Größe der Mannschaften wurde offensichtlich durch Gewohnheit festgelegt und damals für selbstverständlich gehalten, weil sie in den Regeln nicht erwähnt wird. Young behauptet andererseits, dass schon 1841 in Eton Fußball mit Mannschaften von jeweils elf Spielern gespielt wurde (Young 1968, S. 67f.). Dass Spiele zwischen Mannschaften mit einer begrenzten und sich gleichenden Anzahl Mitspieler (15 oder 20 je Mannschaft) 1839 oder 1840 auch in Rugby eingeführt wurden, obwohl ansonsten Spiele zwischen Mannschaften mit ungleicher Mitspielerzahl weiterhin überwogen, deutet auf die Möglichkeit einer diesbezüglichen Kommunikation unter den Privatschulen hin (Dunning und Sheard 1979, S. 90).

Vier der 1847 in Eton niedergeschriebenen Regeln sind von besonderem Interesse:

8. Die Torstöcke sollen sieben Fuß lang sein: ein Tor wird gezählt, wenn der Ball zwischen sie geschossen wird und die Höhe der Spitzen nicht überreicht.
9. Der Abstand zwischen den beiden Torstöcken soll elf Fuß betragen.
22. Hände dürfen nur benutzt werden, um den Ball anzuhalten, oder um ihn von hinten zu berühren. Der Ball darf nicht getragen, geworfen oder aus der Hand geschossen werden.
29. Ein Spieler gilt als »sneaking«, wenn nur drei oder weniger als drei Spieler der Gegenmannschaft vor ihm sind und darf den Ball nicht schießen.

Die ersten drei dieser Regeln forderten das exakte Gegenteil ihrer Gegenstücks in Rugby, wo nämlich das Tragen des Balls und der Torschuss über H-förmige Pfosten in den Regeln von 1845 niedergeschrieben wurde. Man kann sie also als Regeln für eine Frühform des Fußballs betrachten. Das gleiche gilt für Regel 29, die sich mit »sneaking« (schleichen, petzen, klauen oder feiges Benehmen), dem evokativen Eton-Begriff für »abseits«, beschäftigt, obwohl das Feldspiel insofern dem heutigen Rugby ähnelt, als die Regeln keinen absichtlichen Pass nach vorn erlauben. Die Verwendung des Begriffs »sneaking« lässt auf Grund seines moralistischen Beigeschmacks erkennen, wie stark die Gefühle der Schüler in Eton bezüglich fairen Verhaltens damals waren.

Marples (1954, S. 140) spekuliert, dass Westminster und Charterhouse die ersten Schulen waren, die ein Spiel entwickelten, in dem die Hände nicht benutzt werden durften. Das verfügbare Material deutet jedoch darauf hin, dass er Unrecht hatte. Captain F. Markham, ein ehemaliger Westminsterschüler, schrieb beispielsweise 1903: »Bis 1851 oder 1852 war es im Westminster-Fußball erlaubt, sowohl mit dem Ball zu rennen als auch den Ball, wie es an der Schule in Rugby üblich war, aus der Hand zu schlagen« (Dunning und Sheard 1979, S. 55). Mit anderen Worten scheint es ein Intervall von vier bis fünf Jahren zwischen dem Verbot in Eton, die Hände zu benutzen, und der Unterbindung dieser Gewohnheit in Westminster gegeben zu haben. Vielleicht folgten die Westminsterschüler dem Beispiel Etons, nachdem sie eine Zeit lang Rugbyelemente versuchsweise in ihr Fußballspiel eingeführt hatten? Ähnlich war es in Charterhouse, als 1862 zum ersten Mal Regeln schriftlich festgehalten wurden. Den Ball mit der Hand zu stoppen und ihn zu fangen, war dort noch erlaubt (Dunning 1961, S. 104). Und noch 1887 beinhalteten laut Shearman die Regeln in Harrow vier Punkte, die die Benutzung der Hände regelten. Eton scheint also die erste Privatschule gewesen zu sein, die ein absolutes Verbot der Benutzung der Hände verhing. Folglich ist anzunehmen, dass das Eton-Feldspiel wahrscheinlich der erste wirkliche Prototyp des heutigen Fußballs war.

Warum entstand gerade in Eton ein solches Spiel? Unwahrscheinlich ist, dass sich die Eton-Schüler bei der Entwicklung eines Spieles, in dem der Ball ausschließlich mit dem Fuß geschossen werden sollte, über die Situation an anderen Privatschulen nicht bewusst waren. Es ist kaum anzunehmen, dass sie solche Kulturbanausen waren. Sie betrachteten ihre Schule in jeder Hinsicht als die führende Privatschule. Sie war die zweitälteste, nur Winchester konnte auf eine längere Geschichte stolz sein. Da sie 1440 von Heinrich dem VI. gegründet wurde, konnte Eton auch damit prahlen, eine königliche Einrichtung zu sein. Auf Grund ihrer Lage neben Windsor hatte sie außerdem Verbindungen zum königlichen Hof und bezog ihre Schüler hauptsächlich aus den obersten sozialen Schichten. Man kann sich leicht vorstellen, wie die Eton-Schüler auf die Entwicklung in Rugby, eine in ihren Augen obskure mittelenglische Einrichtung, die in erster Linie auf Emporkömmlinge ausgerichtet war und jetzt über eine unverwechselbare Art des Ballspiels verfügte, reagiert haben müssen.

Unter Arnold begann der Ruhm der Rugbyschule und damit auch die Verbreitung ihrer Spielvariante. Man darf annehmen, dass die Rugbyschüler durch die Entwicklung eines eigenen Spieltyps Aufmerksamkeit auf sich zu lenken hofften. Ebenso wahrscheinlich ist, dass die Etonianer durch die Entwicklung einer Art Fußball, die in wesentlichen Aspekten das diametrale Gegenteil des Spiels aus Rugby war, mit Absicht versuchten, die »Emporkömmlinge« aus Rugby in ihre Schranken zu weisen und in der Konkurrenz um den Status als *die in jeder Hinsicht* führende Privatschule aus dem Rennen zu schlagen.

Elias (1994) zeigt, dass die Statuskonkurrenz zwischen Gruppen der Oberschicht und der aufsteigenden Mittelschicht eine wichtige Rolle im Zivilisationsprozess Europas gespielt hat. Hierbei haben Mitglieder der Mittelschicht Gewohnheiten und Standards der Oberschicht übernommen, was wiederum die Oberschicht veranlasste, noch höhere Standards als Mittel zur Statusabgrenzung und Exklusivität zu entwickeln, die mit einem höheren Grad an Selbstbeherrschung verbunden waren. Die Hände zählen nämlich zu den wichtigsten Werkzeugen des Körpers. Durch das absolute Verbot, sie während des Spiels zu benutzen, errichteten die Etonianer einen sehr hohen Standard der Selbstbeherrschung der Spieler. In der heutigen fußballspielenden Gesellschaft, in der Kinder bereits im frühen Alter lernen, den Ball zu spielen, ohne die Hände zu nutzen, scheint dies keine besonders schwere Anforderung zu sein. Als diese Regelsetzung aber damals kam, muss sie äquivalent zu der Herausforderung gewesen sein, Erbsen auf der Rückseite einer Gabel zu balancieren (wie es damals in England üblich wurde). Es wird tatsächlich berichtet, dass, als Etonianer und andere zum ersten Mal versuchten, Mitglieder der Arbeiterschicht an das Spiel ohne Benutzung der Hände heranzuführen, die Arbeiter mit einem Shillingstück in der Hand spielen mussten. Sie durften es behalten, falls es ihnen gelang, die Hände nicht zu nutzen.

Das Aufkommen des Fußballs als ein Nationalspiel

Beginnend um 1850 verbreiteten sich die Frühformen von Fußball und Rugby in der breiten Gesellschaft. Zwei eher allgemeine gesellschaftliche Entwicklungen untermauerten diesen Prozess: eine Expansion der Mittelschichten, die in Wechselbeziehung mit der kontinuierlichen Industrialisierung, Urbanisierung, Staatsbildung und Zivilisation stattfand und eine Ausbildungstransformation, die als »Kult der Privatschulspiele« bezeichnet wurde (Marples 1954, S. 119ff.). Diese umfangreicheren Entwicklungen benötigen an dieser Stelle keiner Analyse. Es genügt zu bemerken, dass der Spielekult vor allem eine Rolle spielte bei der Umwandlung der Frühformen von Fußball und Rugby in statusrelevante Aktivitäten für erwachsene »Gentlemen«.

Der Prozess der Ausbreitung erzeugte Druck für einheitliche Regeln. In einem Brief an *The Daily Telegraph* wurde im September 1863 die Bildung eines »Football Parliament[s]« vorgeschlagen (Macrory 1991, S. 166). Einige Versuche der Bildung eines nationalen Kodex wurden gestartet, es fehlte aber eine Einigkeitsbasis unter den teilnehmenden Gruppen. Genauer gesagt, gab es zwei Lager: Unterstützung polarisierte sich um die frühen Modelle des Fußballs und Rugbys, aber weder das eine noch das andere Lager konnte zu einer eindeutigen Vorherrschaft gelangen. Die Auseinanderentwicklung von Fußball und Rugby, die vermutlich durch die Eton-Rugby-Rivalität während der 50er Jahre des 19. Jahrhunderts in Gang gesetzt wurde, erhielt sich auf nationaler Ebene aufrecht. Diese führte zur Gründung separater Organe, nämlich zur 1863 ins Leben gerufenen »Football Association« (FA) und zur 1871 gegründeten »Rugby Football Union« (RFU). Nur mit der Gründung des FA müssen wir uns hier beschäftigen. Zwei teilweise autonome Entwicklungen sind in diesem Zusammenhang relevant: die Gründung der ersten unabhängigen Klubs und die wachsende Bedeutung des Fußballs für die Freizeitbeschäftigung an den Universitäten Oxford und Cambridge.

Die erste zuverlässige Erwähnung eines Fußballklubs in England stammt aus Sheffield, Yorkshire, wo schon 1855 gelegentliche Spiele dokumentiert wurden und wo der Sheffield FC 1857 eine Verfassung und eine Regelsammlung herausgab (Young 1968, S. 76ff.). Ein anderer Klub wird im Sheffielder Vorort Hallam im gleichen Jahr urkundlich erwähnt und bis 1862 gab es 15 Klubs im Verwaltungsbezirk. Nummer 5 und 8 der vom Sheffield-Komitee 1857 formulierten Regeln zeigen, dass eine oder mehrere der frühen Fußballvarianten als Vorlage für den Sheffield-Fußball benutzt wurden. Diese Regeln waren:

> 5. Mit den Händen zu schubsen ist erlaubt. Aber vor das Schienbein zu treten und stolpern zu lassen ist unfair und unter keinen Umständen erlaubt.
> 8. Der Ball darf mit der Hand gestoßen oder geschlagen werden. Aber das Festhalten des Balls wird außer im Falle eines Freistoßes ganz und gar nicht anerkannt.
>
> (Young 1968, S. 77)

Die vorhandenen Daten deuten jedoch darauf hin, dass die Mehrzahl der ersten Klubs in Südengland, besonders in und um London, gegründet wurden. Forest FC, ein Klub, der in Snaresbrook, Essex, spielte, wurde zum Beispiel 1859 durch eine Gruppe ehemaliger Harrow-Schüler ins Leben gerufen. Unter ihnen waren C.W. und J.F. Alcock, Söhne eines Sunderlander Friedensrichters, die für kurze Zeit eine wichtige Rolle in der Bildung der FA spielen sollten. Forest änderte seinen Namen 1864 zu Wanderers, erhielt jedoch Beziehungen zu Harrow aufrecht. Ein weiterer Klub mit Verbindungen zu Harrow war N. N. (No Names) Kilburn. Das Datum seiner Gründung bleibt unbekannt. Andere Klubs, von denen bekannt ist, dass sie 1863 schon existierten, sind unter anderen Blackheath (1858), Richmond (1859) und Harlequins (1859). Alle drei spielten Variationen von Rugby. Zu dieser Zeit waren auch schon die frühen Fußballklubs Crystal Palace (1860), Notts County (1862) and Barnes (1862) gegründet worden. Die Bedeutung der Universitäten Oxford und Cambridge für die Entwicklung des Fußballs begründet sich hauptsächlich durch die Tatsache, dass an diesen Einrichtungen junge Männer der Ober- und Mittelschichten zum ersten Mal die neueren Formen des Fußballs zu spielen begannen. In den 50er Jahren des 19. Jahrhunderts begannen sich Studenten hieran zu beteiligen und der Spielekult erreichte die Universitäten. Dies überrascht nicht, da die Mehrheit der Studenten aus Privatschulen stammte und Sport hatte sich natürlich schon an den Universitäten als Freizeitinstitution etabliert. Zusammen mit Rudern und Leichtathletik begannen Ballspiele traditionellere Sportarten wie Jagen an der Spitze der Prestigeleiter zu ersetzen. Dabei handelte es sich vorrangig um eine nach der Definition von Elias »zivilisierende« Entwicklung. Cricket und Rudern konnten sich zuerst etablieren. Nach 1850 jedoch begannen Fußballanhänger um eine höhere Prestigestellung für ihr Spiel unter den Universitätssportarten zu wetteifern. Dabei wurden Männer aus unterschiedlichen Schulen und damit unterschiedlichen Fußballtraditionen in Mannschaften zusammengefasst. Insofern sich nur relativ kleine Zahlen von Studenten derselben Privatschule zur gleichen Zeit zusammen in einem College befanden, war es notwendig, dass die »old boys« (ehemaligen Schüler) von unterschiedlichen Privatschulen zusammen spielten, um sinnvolle Wettkämpfe zu sichern. Da es jedoch an gemeinsamen Regeln fehlte, waren solche Spiele oft von Konflikten um Regelauslegungen geprägt. Wir lesen zum Beispiel, dass am Trinity College, Cambridge 1884 »die Eton-Männer die Rugby Männer hinausbrüllten, weil sie die Hände benutzten« (Dunning und Sheard 1979, S. 104). Sie empfanden dies offensichtlich als vulgär. Dies deutet darauf hin, dass zu dieser Zeit in Cambridge eine Hauptquelle von Spannungen die Konkurrenz zwischen ehemaligen Eton- und Rugbyschülern war. Das dürfte nicht überraschen, wenn die oben geschilderte Hypothese fundiert ist. Der Wunsch nach Vermeidung solcher Spannungen führte zu Versuchen, gemeinsame Regeln zu schaffen.

In Cambridge wurden gemeinsame Regeln zwischen 1837 und 1842, sowie 1846, 1848 und um 1856 und 1863 geschaffen (Dunning und Sheard 1979, S. 104). Nur die aus dem Jahre 1863 waren von nachhaltiger Bedeutung. Grund dafür war, dass in diesem Jahr die Mitglieder der unabhängigen Klubs die Cambridge Regeln so anwendeten, dass sie der aufkommenden Auseinanderentwicklung von Fußball und Rugby Rechnung trugen. Die 1863er Cambridge-Regeln wurden im Oktober durch ein Komitee geschaffen, welches aus Studenten aus sechs Privatschulen bestand. Eton, Harrow und Rugby hatten jeweils zwei Vertreter, Marlborough (eine rugbyspielende Schule), Shrewsbury und Westminster jeweils einen. Die 6:3 Mehrheit im Komitee zu Gunsten der fußballspielenden Schulen führte, wie zu erwarten, zur Übernahme folgender Regeln:

13. Wenn im Spiel, darf der Ball durch jegliche Körperteile gestoppt werden, darf aber NICHT durch die Hände, die Arme oder die Schulter gehalten oder geschlagen werden.
14. *Alles* Abdrängen vom Ball ist fair, aber das Festhalten, mit den Händen schubsen, Stolpern lassen und vors Schienbein Treten sind verboten.

(Duning und Sheard 1979, S. 105)

Diese Regeln wären wahrscheinlich weiterhin nur von lokaler Bedeutung gewesen, hätte nicht gegen Ende des Jahres 1863 eine Reihe von Gründungsversammlungen der Football Association (FA) stattgefunden.

Oberflächlich betrachtet verliefen die ersten drei Treffen der neuen FA reibungslos. Ein Regelentwurf wurde für das Spiel beschlossen und gedruckt. Er enthielt jedoch noch wichtige Elemente Rugbys und wäre er übernommen worden, hätte er die eng miteinander verbundenen Praktiken des »hacking« (vors Schienbein treten) und »carrying« (sich mit dem Ball in der Hand fortzubewegen) im neuen Spiel legitimiert. Beim vierten Zusammentreffen am 24. November brach der Konflikt, der zur Auseinanderentwicklung von Fußball und Rugby führte, offen aus. Bis zu diesem Zeitpunkt war er, zumindest laut offizieller Aufzeichnungen, verborgen geblieben. Grund dafür war, dass zwischen dem dritten und vierten Zusammentreffen die 1863 geschaffenen Cambridge-Regeln die Aufmerksamkeit eines Teils der Anwesenden fanden. Sie waren besonders von jenen Regeln beeindruckt, die »carrying« und »hacking« verbaten. Ermutigt durch Unterstützung prestigestarker Kreise gingen sie in die Offensive. Unterstützung kam vom Royal Engineers Club in Chatham und von W. Chesterman vom FC Sheffield. Laut Chesterman war der kürzlich gedruckte Regelentwurf der FA »dem Fußball vollkommen entgegengesetzt und lässt eher an Ringen erinnern« (Green 1953, S. 28). Die Waage begann, zu Gunsten der Befürworter eines Models des modernen Fußballs auszuschlagen.

Kurz nach der Eröffnung des vierten Zusammentreffens stellte J. F. Alcock, einer der zwei Brüder, die früher Harrow besuchten, den Antrag, »dass die Cambridge Regeln am wünschenswertesten zu sein scheinen und vom Verband übernommen werden sollen«. Dieser Antrag wurde abgelehnt. Ebenfalls abgelehnt wurde ein Antrag von F. W. Campbell aus Blackheath, der sinngemäß enthielt, dass die Cambridge Regeln lediglich »erwägenswert« wären. Schließlich wurde ein Beschluss gefasst, mit dem ein Komitee ernannt wurde, das Kontakt zum Komitee der Universität aufnehmen und dieses veranlassen sollte, einige ihrer Regeln zu verändern. Kurz vor Schluss wurde mit einer Stimme Mehrheit noch ein Antrag angenommen, der das FA-Komitee anwies, in den Verhandlungen mit der Universität auf »hacking« zu bestehen. Dies deutet darauf hin, dass zu diesem Zeitpunkt noch Bestrebungen bestanden, zu einer Einigung zu kommen und ein die Traditionen zusammenführendes Spiel zu konstituieren. Ebenfalls deutet es darauf hin, dass zu diesem Zeitpunkt weder die Befürworter des Kodex eines dem modernen Fußball entsprechenden Spiels, noch die Befürworter des Rivalen Rugby eine entscheidende Mehrheit besaßen.

Es war dieses vierte Zusammentreffen der noch jungen FA, auf dem der erste offene Zusammenstoß zwischen Verfechtern der zwei Ballspielarten stattfand, die in Großbritannien bald die konkurrierenden Nationalsportarten und später neben dem American Football (als Ableger des Rugbys) die Hauptformen weltweit wurden. Beim fünften Zusammentreffen am 1. Dezember 1863 brach der Konflikt dann endgültig aus. Die Diskussion kreiste wieder um die strittigen Regeln zu »carrying« und »hacking«. Der spätere FA-Sekretär E. C. Morley äußerte sich, er hätte an sich keine Einwände gegen »hacking«, wäre aber der Meinung, es würde die Entwicklung des Fußballs hemmen, behielte man diese Regeln bei. Der künftige Präsident, A. Pember, unterstütze ihn und sprach von einer Mannschaft, bei der er der Einzige war, der keine Privatschule besuchte »und wir waren alle vehement gegen ›hacking‹«. F. W. Campbell von Blackheath, bei den Sitzungen der wichtigste Verfechter des Rugbykodex, erwiderte, dass seiner Meinung nach »hacking« unabdingbar sei, wenn ein Maß an Schneid im Fußball beibehalten werden sollte. Er drohte mit dem Austritt seines Klubs, falls »carrying« und »hacking« vom Verband verboten würden. Mit seiner Meinung unterlegen, erhob sich Campbell am 8. Dezember beim sechsten und abschließenden Zusammentreffen und erklärte, dass die angenommenen Regeln den Fußball »entmännlichen« würden. Blackheath sei deshalb nicht willig, einem solchen Spiel zuzustimmen und wünsche aus dem Verband auszutreten. Mit dieser Tat ebnete Blackheath den Weg für die unwiderrufliche Trennung der Wege von Fußball und Rugby.

Die »Gesetze« 9 und 10 des Regelsystems, das 1863 durch die FA angenommen wurde, markierten die entscheidende Entwicklung des Fußballs mit dem Ausschluss der Rugby- Praktiken des »hacking« und »carrying«. Sie lauten:

> Gesetz 9: Kein Spieler darf den Ball tragen.
> Gesetz 10: Weder stolpern lassen, noch »hacking« werden erlaubt

Die zivilisierende Absicht der Schöpfer dieser Regeln wird noch deutlicher im Gesetz 14, welches lautet: »Keinem Spieler wird erlaubt, hervorragende Nägel, Eisenplatten oder gutta percha an der Sohle oder am Absatz seiner Schuhe zu tragen«. Trotzdem zeigt uns Gesetz 8, dass die Benutzung der Hände zu diesem Zeitpunkt noch nicht ganz ausgeschlossen war. Das Gesetz beginnt mit: »Gelingt es dem Spieler, den Ball fair zu fangen, hat er das Recht auf einen Freistoß, gesetzt den Fall, dass er es durch das Markieren des Bodens mit dem Schuhabsatz sofort einfordert (...)«.[6]

6 Dem heutigen Leser fällt bei dieser Formulierung die unbestrittene patriarchalische Annahme auf, dass Fußball ausschließlich ein Spiel für Männer sei.

Seine endgültige Entwicklung zum Spiel ganz ohne die Benutzung der Hände durch die Feldspieler fand in der Zeit zwischen 1860 und den 90er Jahren des 19. Jahrhunderts statt. Entscheidend in diesem Zusammenhang war die Bildung des International Boards im Jahr 1882. Eine seiner ersten Handlungen war, die folgende Regel festzulegen:

> »Kein Spieler darf den Ball unter irgendeinem Vorwand tragen, mit der Hand schießen oder sonst wie mit der Hand anfassen. Einzige Ausnahme wird der Torwart sein, dem es erlaubt sein wird, die Hände bei der Verteidigung des Tors entweder durch Wegfausten oder Werfen, aber nicht durch Tragen des Balls zu nutzen.« (Green 1953, S. 579)

Tragen (»carrying«) wurde als das Gehen von zwei oder mehr Schritten mit dem Ball in der Hand definiert. Absicht des Gesetzgebers bei der Schaffung dieser Regel war offensichtlich, sogar die Torwarte daran zu hindern, nach einer dem Rugby auch nur irgendwie ähnlichen Art zu spielen.

Dass Spiele, in denen die eingeschränkte Benutzung der Hände erlaubt waren, an einigen Privatschulen recht erfolgreich überlebten, führt zu der Annahme, dass die endgültige Entwicklung des Fußballs als Spiel ohne Benutzung der Hände nicht das Ergebnis einer wie auch immer gearteten Logik war, die durch die 1863 festgelegten Regeln fixiert wurde. Im Gegenteil scheint es wahrscheinlicher, dass diese Entwicklung in hohem Maß unter dem Druck der Konkurrenz mit dem sich ebenfalls entwickelnden Rugbyspiel zustande kam. Die Rugbyklubs hatten sich schon 1871 zusammengeschlossen, um die Rugby Football Union zu gründen. Damals wie heute beteiligten sich die jeweiligen Befürworter des Fußballs und des Rugbys mehr oder weniger bewusst an einem Kampf um Anhänger.

Der Wettkampf muss intensiv gewesen sein, insofern sich die FA und die RFU noch im Anfangsstadium befanden und die Entwicklung der zwei Spielvarianten zu ihren modernen Formen noch nicht abgeschlossen war. Eine der Möglichkeiten, die die Gesetzgeber der FA nutzten, um sich in dieser Situation einen Wettbewerbsvorteil zu verschaffen, war es, den Unterschied zwischen ihrem Spiel und Rugby so deutlich wie möglich zu gestalten. Anscheinend war das Ziel dieser »Kriegslist«, eine reifere, »zivilisierte« Kundschaft anzusprechen. Dies wird durch die Bemerkung des späteren FA-Sekretärs Morley bei der fünften Sitzung und durch den Vergleich des damaligen Rugbyspiels mit Ringkampf (Chesterman) deutlich. Chestermans Bemerkung ist deswegen interessant, weil sie schon in diesem frühen Stadium der Entwicklung des Fußballs nicht nur die Verhängung eines absoluten Verbots der Benutzung der Hände durch die Feldspieler mit sich brachte, sondern auch Regeln gegen die Benutzung der Hände und Arme, um Gegenspieler durch Festhalten, Ziehen oder Stoßen zu behindern. Auch beim Rugby bleibt die Benutzung der Hände und Arme natürlich nicht ohne Kontrolle. Trotzdem kommt ihr eine zentrale Rolle zu sowohl für das Antreiben des Balls als auch für das »tackling« der Gegenspieler. In dieser Hinsicht kann festgehalten werden, dass Fußball repräsentativ ist für einen höheren Stand des »zivilisatorischen Prozesses« als Rugby und es ist nicht überraschend, dass es im Kontext eines emotionsreichen Wettkampfes gerade bezogen auf diese Regeln des Fußballs immer die häufigsten Verstöße gibt.

Die Ansammlung von Verboten bezüglich der Benutzung der Hände war bedeutend für die Entwicklung des Fußballs, wie wir ihn heute kennen. Bis Ende des 19. Jahrhunderts hatte Fußball grundsätzlich seine moderne Form angenommen. Andere bedeutende Entwicklungen des Regelsystems sind in der folgenden Tabelle aufgelistet.

Tabelle 1: Bedeutende Entwicklungen im Regelsystem des Fußballs

Jahr	*Entwicklung*
1866	Einführung von Bändern zwischen den Enden der Torpfosten
1873	Definition von „Abseits": Nachdem zuvor jeder angreifende Spieler im Abseits stand, der sich vor dem Ball befand, ist ein Angreifer nur noch dann im Abseits, wenn er sich näher zur Torlinie befindet als der Ball und der drittletzte Gegener (Die Zahl der Gegenspieler zwischen dem Angreifer und der gegnerischen Torlinie wurde 1925 von drei auf zwei heruntergesetzt.)
1877	Sowohl Querlatten als auch Bänder erlaubt
1880	Erste Erwähnung des Schiedsrichters
1891	Der Schiedsrichter patrouilliert auf dem Spielfeld, Linienrichter an den Seitenlinien. Einführung des Strafstoßes, Einführung des Tornetzes
1895	Ersatz der Bänder durch eine Querlatte
1897	Die Dimensionen des Spielfeldes werden festgelegt: Länge 100-130 Yards; Breite 50-100 Yards

Quelle: Green (1953)

Die Verbreitung des Fußballs

Schon bevor er erkennbar seine vollständige moderne Form erreichte, begann Fußball sich auf den Britischen Inseln und später rund um die Welt zu verbreiten. Die Einführung des FA Cup (Fußballverbandspokal) 1871–72 spielte anfangs eine entscheidende Rolle in diesem Prozess. Da 1871 die RFU gegründet wurde, kann man die Möglichkeit nicht unberücksichtigt lassen, dass auch bei der Einführung dieses Wettbewerbs, der dazu prädestiniert war, Englands berühmtestes Fußballereignis zu werden, die Konkurrenz mit Rugby eine Rolle gespielt hat.

Zu Beginn der Ausbreitungsprozesses dominierten ehemalige Privatschulklubs und andere Oberschichten- und Mittelschichtenklubs unangefochten den Fußball. Das Spiel erwies sich jedoch als so verlockend, dass es begann, sich nicht nur territorial, sondern auch nach unten in der Klassenhierarchie rasant auszubreiten. Die Folge war, dass sich das Fußballspiel allmählich sein gegenwärtiges Etikett als »Volksspiel« verdiente.

Während sich Fußball sozial und territorial ausbreitete, wurden auch mehr und mehr Zuschauer angezogen, besonders zu Spielen auf der höchsten Ebene und manche Klubs begannen, Eintrittsgebühren zu erheben. So wurde die ökonomische Grundlage für das Aufkommen einer Professionalisierung geschaffen. Der Profifußball wurde 1885 durch den FA eingeführt und im Jahre 1888 wurde eine Fußballliga von zwölf Klubs gegründet. Sie spielten in Heim- und Auswärtsspielen gegeneinander und kämpften um den Titel eines »Champions«. Die zweite Liga kam 1892 und zwei dritte Ligen (Nord und Süd) kamen 1920/21 hinzu. 1958 wurden die regionalen dritten Ligen durch nationale dritte und vierte Ligen abgelöst. Dieses System blieb im wesentlichen intakt, bis 1992 eine »Premier Division« unter Kontrolle der FA gegründet und die bisherigen Ligen in ihrem Status herabgestuft wurden.

Parallel zu diesen Entwicklungen begann sich Fußball weltweit zu verbreiten. Dies war ebenfalls ein hochdynamischer, rasanter Prozess, der darauf hindeutet, dass das Spiel soziale und psychologische Bedürfnisse auch außerhalb seines Herkunftslandes erfüllt.

Der erste deutsche Fußballklub wurde 1878 in Hannover gegründet. In den Niederlanden wurde 1879/80 der erste Klub gegründet, in Italien um 1890 und in Frankreich um 1892 (Elias 1986b, S. 128). Fußballverbände waren außerdem 1873 in Schottland, 1876 in Wales und 1880 in Irland gegründet worden (Green 1953, S. 48). Die ersten Fußballverbände außerhalb des Vereinigten Königreichs wurden 1889 in Dänemark und den Niederlanden gegründet. Belgien und die Schweiz folgten 1895 (Arlott 1977, S. 302), Deutschland 1900 und Portugal 1906 (Elias, 1986b, S. 28).

1904 wurde »La Fédération Internationale de Football Associations« (FIFA) in Paris von Delegierten aus Belgien, Dänemark, Frankreich, den Niederländen, Spanien, Schweden und der Schweiz gegründet. Dabei fällt das Fehlen der Vertreter aus Großbritannien auf. Es ist anzunehmen, dass die Gründe für dieses Fernbleiben durch eine Mischung aus Gefühlen der Überlegenheit als »Erfinder« des Spiels und aus Angst bezüglich schwindender Kontrolle über ein als ureigen betrachtetes Produkt geprägt sind. Interessanterweise lautete die erste Zeile des Titelsongs zur 1996 in England stattfindenden Europäischen Fußballmeisterschaft: »Football's Coming Home« (Fußball kehrt nach Hause). Hierin deutet sich die Nachhaltigkeit dieses Komplexes aus Überlegenheit und Minderwertigkeitsgefühlen an. Die englische FA gliederte sich 1906 dann doch der FIFA an, zog sich 1914 aber wieder zurück, um 1924 erneut einzutreten und sich 1928 nochmals zurückzuziehen. Erst 1945 kam die FA endgültig zurück (Green 1953, S. 198ff.; Young 1968, S. 167).

Tabelle 2 vermittelt einen Überblick über die Dynamik, mit der die internationale Verbreitung des Fußballs stattfand. Tabelle 3 ergänzt dies durch Daten über die Teilnehmerstaaten und die Zuschauerzahlen bei den Weltmeisterschaften.

Tabelle 2 Die Entwicklung der FIFA (1904-94)

Jahr	Zahl der Verbände	Jahr	Zahl der Verbände
1904	7	1950	73
1914	24	1954	85
1920	20	1959	95
1923	31	1984	150
1930	41	1991	165
1938	51	1994	190

Quelle: von Tomlinson und Whannel (1986, S. 889) übernommen und ergänzt

Tabelle 3 Weltmeisterschaftsfinale

Datum	austragendes Land	Gewinner	Zuschauerzahl	Zahl der Spiele
1930	Uruguay	Uruguay	434,500	18
1934	Italien	Italien	395,000	17
1938	Frankreich	Italien	483,000	18
1950	Brasilien	Uruguay	1,337,000	22
1954	Schweiz	BRD	943,000	26
1958	Schweden	Brasilien	86,000	35
1962	Chile	Brasilien	776,000	32
1966	England	England	1,614,677	32
1970	Mexiko	Brasilien	1,673,975	32
1974	BRD	BRD	1,774,002	38
1978	Argentinien	Argentinien	1,610,215	38
1982	Spanien	Italien	1,766,277	52
1986	Mexiko	Argentinien	2,199,941	52
1990	Italien	BRD	2,510,686	52

Quelle: von Tomlinson und Whannel (1986, S. 90-1) übernommen und abgeändert

Im 20. Jahrhundert entwickelte sich Fußball zum weltweiten Lieblingsmannschaftsport. Die Ursachen für seinen großen Erfolg sind nicht schwer zu erkennen: Er benötigt wenig Ausrüstung und ist relativ kostengünstig zu spielen. Die Regeln, die Abseitsregel ausgenommen, sind nicht schwer zu verstehen. Vor allem ermöglichen diese Regeln regelmäßig schnelle, offene und flüssige Spielszenen und ein Spiel, das eine gute Mischung aus einer ganzen Reihe voneinander unabhängiger Polaritäten, wie Kraft und Geschicklichkeit, individuelles Spielen und Spiel im Team, Angriff und Verteidigung ist (Elias und Dunning 1986, S. 191–204). Als solches erlaubt seine Struktur wiederholt die Erzeugung von Höhen der Begeisterung, die sowohl Spieler als auch Zuschauer befriedigen. Der Kern der Sache liegt darin, dass diese Spiele physische Kämpfe zwischen zwei Gruppen sind, die von Regeln bestimmt werden, die es erlauben, Leidenschaften auszutragen, ohne dass sie außer Kontrolle geraten. Falls die Regeln durchgesetzt und/oder freiwillig eingehalten werden, grenzen sie das Risiko ernsthafter Verletzungen der Spieler ein. Auch aus anderer Hinsicht kann von Fußball behauptet werden, es sei ein relativ »zivilisiertes« Spiel. Spitzenspiele haben eine »ballettähnliche« Qualität. In Kombination mit den Farben der Kleidung der Spieler dient diese Qualität dazu, die spektakuläre Anziehungskraft dieses Spiels weiter zu verstehen.

Selbstverständlich weisen auch andere Sportarten einige der hier aufgelisteten Charakteristika auf, aber nur Fußball allein dürfte sie wohl alle haben. Nicht abwegig ist deshalb die Annahme, dass die Ursache für seine Entwicklung zum weltweit beliebtesten Mannschaftsport auch hierin liegt. Andererseits lässt sich folgern, dass gerade seine weltweite Popularität und das Maß, in dem Fans sich mit ihren jeweiligen Mannschaften identifizieren, erklärt, warum gerade diese Sportart am häufigsten mit Zuschauerunruhen in Verbindung gebracht wird (Dunning u.a. 1988; Murphy u.a. 1990).

Literatur

Arlott, J. (1977): The Oxford Companion to Sports and Games. London (Paladin).

Dunning, E. (1961): The Development of Football as an Organized Game. MA-Thesen (unveröffentlicht), University of Leicester.

Dunning, E. und Sheard, K. (1979): Barbarians, Gentlemen and Players: A Sociological Study of the Development of Rugby Football. Oxford (Martin Robertson).

Dunning, E., Murphy, P. und Williams, J. (1988): The Roots of Football Hooliganism. London (Routledge).

Durkheim, E. (1964): The Division of Labour in Society. New York (Free Press).

Elias, N. (1986): The Genesis of Sport as a Sociological Problem. In: Elias, N. und Dunning, E.: Quest for Excitement: Sport and Leisure in the Civilizing Process. Oxford (Blackwell).

Elias, N. (1994): The Civilizing Process: The History of Manners and State-Formation and Civilization. Oxford (Blackwell).

Elias, N. und Dunning, E. (1986): Quest for Excitement: Sport and Leisure in the Civilizing Process. Oxford (Blackwell); dt.: Die Genese des Sports als soziologisches Problem. In: Elias, N. und Dunning, E.: Sport und Spannung im Prozess der Zivilisation. Frankfurt (Suhrkamp) 2003.

Elias, N. und Dunning, E. (2003): Sport und Spannung im Prozess der Zivilisation. Frankfurt (Suhrkamp).

Gardner, P. (1974): Nice Guys Finish Last. London (Allen Lane).

Green, G. (1953): The History of the Football Association. London (Naldrett).

Guttmann, A. (1986): Sports Spectators. New York (Columbia University Press).

Macrory, J. (1991): Running with the Ball. London (Colins Willow).

Marples, M. (1954): A History of Football. London (Collins).

Murphy, P. und Williams, J. und Dunning, E. (1990): Football on Trial. London (Routledge).

Shearman, M. (1887): Atletics and Football. London.

Tomlinson, A. und Whannel, G. (Hg.) (1986): Off the Ball. London (Pluto).

Young, P. (1968): A History of British Football. London (Stanley Paul).

Fußball ist unser Leben!? – Zur Soziologie und Sozialgeschichte der Fußballfankultur

Gunter A. Pilz

> »Massensport, das heißt heute: Zweiundzwanzig spielen Fußball, Tausende und Zehntausende sehen zu. Sie stehen um das Spielfeld herum, kritisieren, johlen, pfeifen, geben ihr sachverständiges Urteil ab, feuern die Spieler an, bejubeln ihre Lieblinge, beklatschen einzelne Leistungen, reißen den Schiedsrichter herunter, fanatisieren sich, spielen innerlich mit. Sie verfallen der Fußballpsychose, und sie benehmen sich auf dem Sportplatz, als hinge nicht nur ihr eigenes Wohl und Wehe, sondern das Wohl und Wehe der ganzen Welt von dem Ausgang dieses lumpigen Fußballspiels ab«.

So charakterisierte 1931 der Sozialdemokrat Helmut Wagner das Fußballspiel und machte damit auch bereits deutlich, dass für viele Menschen schon damals Fußball mehr als ein 1:0 ist. Fußball zog und zieht Millionen in seinen Bann unabhängig von Alter, Geschlecht, Bildungsstand und sozialer Herkunft. Die Fankultur und Fanszene präsentieren sich entsprechend ebenso vielschichtig und bunt, wie widersprüchlich. Das Spektrum reicht vom kleinen Jungen bis zum graubärtigen Opa, von den mit den »mit den Wölfen heulenden Mädchen« bis zur gereiften Oma, vom hemmungslos jubelnden bis hin zum distanziert konsumierenden Fan, vom friedfertigen Fan bis hin zum gewaltfaszinierten Hooligan, vom Abstinenzler bis zum Alkoholiker, vom »Linken« bis zum »Rechten«. Vom Fan, der an seinem 50. Geburtstag seine Geburtstagsgäste zwei Stunden warten lässt, um das Spiel seiner Mannschaft nicht zu verpassen, bis zu dem jungen Brautpaar, das in Anzug und Brautkleid das Hochzeitsbankett für zwei Stunden mit der Fan-Kurve tauscht, vom jugendlichen Fan, der eine Kerze in einer Wallfahrtkirche anzündet und für den Klassenerhalt der »96er« betet, bis hin zum Arbeitslosen, der sein letztes Kleingeld für eine Eintrittskarte zusammenkratzt, bzw. dem 14jährigen, der seine Tarzan- und Akimhefte für einen Spottpreis veräußert, um die fehlenden 3 Euro für den Eintritt ins Niedersachsenstadion zusammenzubekommen, von Danny, für den Hannover 96 gleichbedeutend ist mit Spaß, Stimmung und Freunde, bzw. Sabrina, für die Hannover 96 einer der größten Späße und eine »Sucht in ihrem Leben« ist, bis hin zu den Mädchen, die für ihre Freunde Waffen und verbotene Gegenstände in zum Teil abenteuerlichen Verstecken, die nur Polizistinnen aufspüren dürfen, ins Stadion schmuggeln und Ultras, die um ihrem Verein die Treue halten zu können, sogar Lehrstellenangebote ablehnen (Pilz 2004).

In diesem Beitrag wird die Faszination Fußball in seinen positiven wie negativen Begleiterscheinungen an Hand eines sozialhistorischen Exkurses nachgezeichnet.

Fußballalltag in den 30erJahren: Fußball als Bestandteil des Familienlebens

In den 30ern bis weit in die 50er Jahre war das Verhältnis von Zuschauer und Spieler durch Interaktion geprägt. Sehr schön verdeutlicht dies Albert Reckel (Mitglied der 1938er Meistermannschaft und noch bis 1952 Vertragsspieler bei Hannover 96):

> »Es war ja damals so gewesen – ich gehe jetzt mal ganz weit zurück, auf unser altes Clubhaus auf der Radrennbahn. Wenn sie da vom Clubheim aus auf den Platz gingen, mussten sie durch die Zuschauer durch. Und je nachdem, wie die Zuschauer (...) sie waren immer sehr freundlich, sie klopften uns auf die Schulter, sie riefen uns zu, sie sprachen mit uns (...) also man konnte schon durch die Zuschauer gehen. Auch, wenn man vom Platz kam: Man musste ja durch die Zuschauer gehen. Und jedes Mal war es ein gutes Verhältnis. Unser Clubheim war brechend voll – nach jedem Spiel. Denn die Zuschauer, die da waren, die wollten gerne mit der Mannschaft noch mal sprechen. Es war immer so: Wenn wir im Frühjahr – wir hatten ja kein Flutlicht und mussten immer früh spielen – (...) also wenn wir geduscht hatten, sind wir immer nach oben gegangen – ins Clubheim – und haben mit den Leuten gesprochen. Hinterher war eine Kaffeetafel, und nach der Kaffeetafel gab es noch ein Abendbrot. Und nach dem Abendbrot war natürlich geselliges Beisammensein an der Theke – zusätzlich. Immer mit einer gewissen Menge Anhänger. Das Clubheim war immer voll. Also man konnte damals schon sagen – das, was heute immer missbraucht wird: Wir waren eine wirklich große Familie.« (Fritsch und Pilz 1996, S. 209)

Dass dabei die Anhänger damals als »Schlachtenbummler« bezeichnet wurden, hat seine Ursache in der militärischen Tradition des Fußballsports. Es war das Militär, das in Deutschland am gesellschaftlichen Aufstieg des Fußballspiels wesentlich beteiligt war. Der Durchbruch des Fußballsports zu einem Massenphänomen in den 20er Jahren erfolgte wie Peiffer und Tobias (1996) aufzeigen, u. a. durch die aktive Unterstützung des Militärs. »Das Persönlichkeitsbild eines idealen Fußballspielers entsprach dem des modernen Soldaten«. Es wundert so denn auch nicht, dass in die Fußballsprache die

Sprache des Militärs Eingang gefunden hat: Angriff, Abwehr, Flanke, Schuss, Bombe, Bomber, Granate sind heute noch gängige Begriffe im Fußballerlatein. Konsequenterweise trafen sich die gegnerischen Mannschaften zu »Schlachten« und lieferten sich auch nicht selten solche auf dem »Schlacht«-feld. Zu diesen Schlachten »bummelten« denn auch die »Schlachtenbummler«, die »Schlachtrufe« und »Schlachtgesänge« anstimmten. Schlachtruf, so steht im Bundesligakurier vom 12. Februar 1966 zu lesen, ist der »Ausdruck einer begeisterten Zuschauermenge im sportlichen Geschehen, die eine ihr genehme Mannschaft durch einen periodisch wiederkehrenden, bestimmten Slogan zu Höchstleistungen beflügelt«.

Die Nachbarschafts-Derbys führten bereits in den dreißiger Jahren zu einem regelrechten Fan-Tourismus. Die Vereine organisierten für ihre Anhänger Fahrgelegenheiten zu nahegelegenen Auswärtsspielen. Die Wurzeln vieler Fußballvereine und Fußballsparten von Sportvereinen deuten auf eine enge soziale und kulturelle Beziehung zwischen Spielern und Zuschauern hin. Das Vereinsleben war ein unschätzbares und unverzichtbares Erfahrungsfeld von Kameradschaft und Solidarität. Zusammengehörigkeitsgefühl und Solidaritätsgefühl fanden dabei besonders im Bereich der Geselligkeit und im sportlichen Wettkampf ihren Ausdruck. Spiele gegen auswärtige Gegner waren meist Anlass zu Familienausflügen. Bei gutem Wetter wanderte man früh morgens gemeinsam mit Frauen und Freundinnen, versehen mit Thermosflasche und Butterbroten, zum Spielort. Nach dem Spiel blieb man oft bis in den späten Abend hinein noch in geselliger Runde beisammen. Die räumliche Nähe der eigenen Wohnung zum Vereinslokal, zum Stadion oder zur Trainingsstätte führte zusätzlich dazu, dass sich ein dichtes Netz zwischenmenschlicher Beziehungen aufbaute, das ein wenig den Mythos verständlicher macht, der vor allem die Vereine der ersten Stunde noch heute umgibt (z.B. FC Schalke 04).

Hinter der Zuschauerbegeisterung der 20er und 30er Jahre verbarg sich auch die eindeutige soziale Zuordnung der Vereine als »Arbeiter«- gegen »Bonzen-Verein« – in Hannover die »Roten« (Hannover 96) gegen die »Blauen« (Arminia Hannover) oder in München »Bayern« gegen »1860«, womit Fußballspiele auch zu »Klassenkämpfen« avancierten und vor allem die lebensgeschichtliche Verbundenheit mit dem Verein zeigten.

Wandlungen vom »begeisterten Anhänger« über den »Kutten«-Fan zum Hooligan und Ultra

Die Beziehungen zwischen den Spielern und Zuschauern und damit auch das Verhalten und die Begeisterung der Zuschauer veränderten sich in dem Maß, wie sich die Vereine und der Spielbetrieb fortentwickelten. Waren ursprünglich die Spieler für die Zuschauer noch »greifbare Repräsentanten«, die mit der Stadt oder dem Ortsteil, dessen Verein sie angehörten, verbunden und verwurzelt waren, und wurden entsprechend diese Spielertypen oft als »lokale Helden der Arbeiterklasse« gefeiert, so hat mit der Professionalisierung des Fußballsports ein neuer Spielertypus Einzug gehalten: Der von den Medien mit geformte »Star«, für den die Treue zum Verein nur noch so lange gilt, wie der Verein erfolgreich ist (siehe Lindner und Breuer 1979). Dieser neue Spieler zeichnet sich durch Mobilität aus und selbst während der Saison kann er den Verein wechseln. Und er ist vor allem auch mehr auf Distanz zu seinen Anhängern bedacht. So wundert es denn auch nicht, wenn das, was früher selbstverständlich war, der Kontakt zwischen Spielern und Anhängern, fortan einer mediengerechten Inszenierung bedarf und von cleveren Managern den Spielern ins Pflichtenheft geschrieben werden muss. Der »Showcharakter des professionellen Fußballsports« hat aber auch Folgen für die Einschätzung des Gebotenen durch die Zuschauer. Auch der Fußballanhänger von früher war enttäuscht über Niederlagen »seines« Vereins (der in einem substantielleren Sinne allerdings tatsächlich »sein« Verein war); auch er hat einen versagenden Spieler als »Krücke« oder »Flasche« bezeichnet. Heute aber herrscht zwischen Publikum und Spieler, wie Hortleder treffend beschrieben hat, »ein Verhältnis voller emotionaler Spannung, einer Emotion, bei der die Pole Verehrung und Verachtung dicht beieinander liegen (…) Man ist bereit, ihn begeistert zu feiern, wenn er gut ist, um ihn ebenso schnell zu verfluchen, wenn er versagt.« (Hortleder 1974, S. 68)

> »Dieses Spannungsverhältnis, das bereits in der Ambivalenz des ›Star‹-Begriffs angelegt ist, diese Cäsarenhaltung des Publikums ist nur ein Zeichen dafür, dass der Zuschauer im Grunde genommen sehr genau weiß, dass der Fußballspieler als Star, wie nah er ihm auch immer durch die mediale Aufbereitung gebracht wird, was Alltagsleben und Lebensperspektive anbetrifft, entrückt ist. Übriggebliebenen sind verstümmelte Formen der Identifikation, Formen gleichwohl, die einen realen Kern enthalten.« (Lindner und Breuer 1979, S. 167)

Der Showcharakter des Profifußballs bringt einerseits einen Zuschauertyp hervor, der mehr und mehr zum wählerischen Konsumenten wird, worauf die Vereine ja zum Teil bei besonders brisanten Spielen mit so genannten Topp-Zuschlägen reagieren, bzw. dessen Aufkommen sie durch solche Aktionen zusätzlich fördern. Andererseits bringt er aber auch die fußballzentrierten (Kutten-)Fans hervor, für die der Verein ihr Leben, der Erfolg des Vereins alles ist.

Der Verein als Lebensinhalt: Kuttenfans

Kuttenfans gehen ins Stadion, um ihre Mannschaft gewinnen zu sehen, sie stehen leidenschaftlich und bedingungslos hinter ihrer Mannschaft und kämpfen für die Ehre ihrer Mannschaft. Die gegnerische Mannschaft wie auch deren Anhänger werden automatisch zu Gegnern, ja oft auch Feinden, die es unter allen Umständen zu besiegen gilt. Um die Ehre der eigenen Mannschaft zu verteidigen, werden auch Auseinandersetzungen mit Vertretern des gegnerischen Vereins, mit dem Schiedsrichter und vor allem gegnerischen Fans gesucht. Durch die Teilhabe am Erfolg der eigenen Mannschaft lässt sich die eigene missliche Lebenslage erträglicher gestalten. Am Sieg der Mannschaft kann man sich aufrichten, werden Notlagen erträglicher, lassen sich eigene Misserfolgserlebnisse kompensieren, was eben aber auch umgekehrt gilt. Die fußballzentrierten Fans identifizieren sich total mit der »ihrer« Mannschaft, mit »ihrem« Verein, was sie durch ihre Bekleidung (Kutten, Fahnen, Schals, Mützen etc mit den Vereinsemblemen und in den Vereinsfarben) nach außen hin offen zur Schau stellen. Fußballzentrierte Fans sorgen mit ihren Gesängen und Sprechchören für die typische Atmosphäre in den Stadien, sie sind es auch, die selbst bei einem hoffnungslosen Rückstand ihre Mannschaft bis zum Schlusspfiff lauthals unterstützen. Der Verein, die Mannschaft wird zum zentralen Lebensinhalt:

> »Es gibt Fans, die nichts wollen, als einen Traditionsclub vor dem Abstieg zu bewahren. Bei mir ist das jetzt alles ein paar Jahre her. Mittlerweile ist der FCK wie eine Familie für mich geworden. Ich brauche ihn, es ist mein Lebensinhalt. Bei uns in der Kurve sind wir alle Freunde. Jeder kennt jeden, kennt die Probleme des anderen (…) Gerade wenn man selbst Probleme hat, kann man beim Fußball abschalten. Man will keine Niederlage miterleben, weil es die im Alltag schon genug gibt. Ein Sieg des Vereins wird zu einem persönlichen Sieg«, so ein Fan vom 1. FC Kaiserlautern (Becker und Pilz 1988, S. 9).

Gewandelt haben sich also, wie Lindner und Breuer (1979) schreiben, vor allem die Erwartungshaltungen und Wahrnehmungsweisen des Publikums und vor allem die Interaktionsformen zwischen Spielern und Zuschauern sowie das Verhältnis von Verein, Spielern und Zuschauern. Die Mannschaft, die das Viertel repräsentiert, deren Spieler man kennt und zuweilen (und sei es nur an der Theke des Vereinslokals) trifft, hat kaum mehr etwas mit der zusammengekauften Profitruppe zu tun, die man mit einigem Glück, bevor sie in ihren Porsche, Mercedes oder Maserati steigen, gerade noch zum Autogrammgeben erwischt. »Die Veränderung dieser Rahmenbedingungen des Fußballsports droht dem Fußball seine kulturelle, soziale und geschichtliche Dimension zu rauben und ihn zu einem, wenn auch aufgrund seiner spezifischen Faszination nicht beliebig austauschbaren Segment der Unterhaltungsbranche« zu machen. Mit der hier beschriebenen zunehmenden sportlichen, sozialen und wirtschaftlichen Distanz zwischen Spielern und Zuschauern geht auch ein weiterer, von dem Publizisten Nutt (1988) beschriebener Trend einher: Die mit der wachsenden Professionalisierung des Sports einsetzende, immer klarere Trennung zwischen Zuschauern und Sportlern, die wachsende Distanz zwischen beiden, führt dazu, dass die Zuschauer eine immer größer werdende Sensibilität für ihre eigene Anwesenheit entwickeln. Die immer häufiger zu beobachtende Stadionwelle ist ein schönes Beispiel dafür, dass sich die Zuschauer nicht zuletzt auch als Folge der »Eventisierung« des Profifußballs (Pilz 1999) heute mehr und mehr mit sich selbst befassen, da ihnen die Sportler selbst zu weit entrückt sind. Dies kann sogar soweit gehen, dass Zuschauer und Sportler die Rollen tauschen. Diese ästhetische Form des Sich-Befassens mit sich selbst kann jedoch auch in andere, z.B. gewalttätige Formen münden. Es ist somit nicht auszuschließen, dass die geringe Beachtung der Fans durch Spieler wie Verein auch dazu führt, dass die Fans ihre eigene »Action« im Stadion suchen und realisieren. Treffend auf den Punkt bringt dies ein Fan: »Sollen sie doch spielen, wie sie wollen, darum geht's doch längst nicht mehr. Wir feiern jetzt uns selbst.« Eine Entwicklung, die von den heutigen Ultras, wie ich noch zeigen werde, geradezu perfektioniert wird.

»Hurra, wir leben!« – Hooligans und die Suche nach dem »Kick«

Der Begriff »Schlachtenbummler« wird – verfolgt man die Berichterstattung in den Tageszeitungen – ab Mitte der siebziger Jahre mehr und mehr durch Begrifflichkeiten wie »Fußballfans« und in den negativen Version »Fußballrowdies«, »Fußballrocker« und ab Mitte der achtziger Jahre »Hooligans« ergänzt, ja ersetzt. Heute hat sich die Gewalt der Fans und vor allem der

Hooligans weitestgehend vom Zusammenhang mit dem Spielgeschehen gelöst und eine gefährliche Eigendynamik erfahren. Dabei können wir eine interessante Parallele festmachen bezüglich der Entwicklung und Ausdifferenzierung von Spieler- und Zuschauertypen: So wie aus dem Spieler zum Anfassen, dem Spieler als »greifbarem subkulturellen Repräsentanten«, der distinguierte Star wurde, dessen Treue, Verbundenheit zum Verein nicht einmal mehr langfristige Verträge, geschweige denn die soziokulturelle, lokale Verwurzelung, sondern allein die Höhe der finanziellen Zuwendungen bestimmen, so wandelte sich auch der kumpelhafte Anhänger zum leidenschaftlichen Fan und schließlich zum coolen, distinguierten Hooligan, als letzte Stufe der Distanz von Spieler, Verein und Zuschauer. Fan und Star sind zwei Seiten einer Medaille, deren aktuelle und fortgeschrittene Variante der ausgekochte Profi ist, der flexibel und cool wie ein elitärer Hooligan die regionale Vereinsgebundenheit ebenso abstreift wie sein Trikot und dort auftritt, wo das meiste Geld bezahlt wird, respektive beim Hooligan, wo die »beste Action« abgeht. So steht im Erstgutachten der Unterkommission Psychologie der Gewaltkommission der Bundesregierung:

> »Das Fanverhalten spiegelt die Erfolgs- (Leistungs-) Betonungen unserer Gesellschaft wider. Der Erfolg wird recht einseitig am Spielergebnis (Spielstand) gemessen. Dagegen treten andere Werte zurück. Der Spielerfolg setzt sich auch direkt in Geld um. Es entsteht die Gleichung ›Erfolg = Geld‹. Dies impliziert: Im Leistungssport sind Leistungsträger käuflich. Auf dem Spielermarkt ist offensichtlich die Mitsprache der Sportler so weit eingeengt, dass ernsthaft darüber diskutiert werden müsste, wie weit hier die Menschenwürde verletzt wird. Die Heranwachsenden nehmen diese Art von Degradierung ihrer Idole wohl diffus wahr, ohne sich im allgemeinen davon kritisch distanzieren zu können. Der aggressive Konkurrenzkampf um einen Stammplatz in der Mannschaft nimmt Einfluss auf die aggressiven Tendenzen der Fans. Dies wird kaum durchschaut, denn es ist eingebettet in eine Vielzahl von Normen, die vom jungen Mann aggressives Durchsetzungsverhalten verlangen.« (Lösel u.a. 1990, S. 75)

Lassen wir einen Hooligan zu Wort kommen: »Gewalt ist die Tankstelle für Selbstbewusstsein.« Mit diesem Zitat komme ich auf einen wichtigen Aspekt zu sprechen: Die Suche nach Sinn und nach Möglichkeiten des kreativen Gestaltens. Das Jugendalter gilt als Lebensphase, in der der Heranwachsende eine psychosoziale Identität aufbauen muss. Diese Verwirklichung von personaler Identität ist heute erschwert. Junge Menschen wollen nicht nur passiv Lernende in Institutionen sein, sie brauchen auch Bestätigung, Engagement und sinnvolle Aufgaben. Herausbildung einer positiven Identität, die im Jugendalter geleistet werden muss, heißt deshalb, positive Antworten auf drängende Fragen geben: »Wer bin ich?«, »Was kann ich?«, »Wozu bin ich da?«, »Wohin gehöre ich?« oder »Was wird aus mir?«. Dabei wird im Gewaltgutachten der Bundesregierung (Schwind und Baumann 1990) zu Recht beklagt, dass junge Menschen vor allem in der Schule heute fast nur noch erfahren was sie *nicht* können, nicht aber das, was sie können. Oskar Negt (1998) hat deshalb zu Recht darauf hingewiesen, dass der Kampf vieler junger Menschen eigentlich um die Frage geht: »Was bin ich in dieser Gesellschaft? Was bin ich überhaupt, wer nimmt mich wahr?« Daraus ergeben sich kulturelle Suchbewegungen, mit denen sie diese Probleme zu lösen versuchen. Bieten sich Jugendlichen keine oder kaum Möglichkeiten, sich durch etwas hervorzutun, bleibt ihnen oft nur noch der Körper als Kapital, den sie entsprechend ausbilden (modellieren) und Anerkennung und Aufmerksamkeit suchend einsetzen. Hierin ist eine der Wurzeln für den »Kult des Körpers« und der Gewalt zu sehen, sie sind so besehen auch eine Form jugend-, meist jungenspezifischer Identitätssuche. Hier kommt das gewaltfördernde Selbstkonzept der Selbstbehauptung zum Tragen. Bei diesem Selbstkonzept befinden sich die Menschen (vornehmlich mit niedrigem Bildungsniveau) in der Defensive und finden ihre Selbstbehauptung nur dadurch, dass sie sich in Gruppen zusammenschließen und dort ihre eigene Kraft finden. Dass sich dabei im Fußballumfeld unter die gewaltfaszinierten Fußballfans und Hooligans auch Rechtsradikale mischen, hat nach Wippermann (2001, S. 7) damit zu tun, dass »rechtsradikale Gewalttaten für die Täter (unbewusst) den Charakter eines Events haben. Sie werden begriffen als eine Veranstaltung mit einer besonderen Ästhetik, emotionalen Aufladung und Gemeinschaftserleben und sind darin motivationspsychologisch anderen Events ähnlich. Rechtsradikale Gewalt hat also heute diese Doppelstruktur von Ideologie und Erlebnissehnsucht«. Der hohe Eventcharakter macht die gewaltfaszinierte Hooliganszene für rechtsradikale Gewalttäter so attraktiv. Wie problematisch, ja dramatisch gerade dieser letzte Punkt ist, zeigt die Tatsache, dass nahezu alle jugendlichen Gewalttäter ein gemeinsames Merkmal aufweisen: Sie haben oder entwickeln keine Schuldgefühle bezüglich ihres Gewalthandelns, und die früher im großem Umfange vorhandenen Selbstregulierungsmechanismen gehen in der Fan- und Hooliganszene – von den Jugendlichen zumeist selbst beklagt – immer mehr zurück. Die Hooligans verhalten sich dabei wie die Fußballspieler: Sobald diese den Platz betreten, lassen sie die Verantwortung für ihr Verhalten in der Kabine. Erlaubt ist nicht nur, was das Regelwerk vorschreibt, sondern alles, was der Schiedsrichter nicht sieht bzw. nicht pfeift. Ganz ähnlich äußern sich Hooligans: »Wenn es Verletzte oder gar Tote gibt, sind nicht wir schuld, sondern die Polizei, die nicht rechtzeitig genug eingegriffen hat.« Dabei entwickeln diese Jugendlichen ein sehr ambivalentes Verhältnis zur Polizei: Auf der einen Seite beklagen sie sich, wenn die Polizei konsequent eingreift und damit mögliche Auseinandersetzungen bereits im Keime erstickt, auf der anderen Seite kritisieren sie aber auch, wenn die Polizei gar nicht oder zu spät eingreift. So werden Bundesligastädte und -stadien von den Jugendlichen bereits danach eingestuft, wie gut oder wie schlecht man sich dort prügeln kann. Dabei haben Hooligans ein klares Bild von dem, wie die Polizei einzugreifen hat. Für den Außenstehenden zu hartes, zum Teil sogar brutales Eingreifen wird von vielen Hooligans mit der lapidaren Bemerkung abgetan: »Wenn wir unseren Spaß haben, sollen ihn auch die Bullen haben. Wenn wir Scheiße machen, dürfen wir uns nicht beklagen, wenn die Bullen es uns zurückzahlen«. So sagte ein Hooligan, nachdem er durch Gummiknüppel der Bereitschaftspolizei erhebliche Blessuren erlitten hatte und in die Flucht geschlagen wurde, wörtlich zu mir: »Heute waren die Bullen aber gut drauf!« Ein Hannoveraner Fan schließlich berichtete mir stolz von seinem Erlebnis mit Braunschweiger Fans (mit denen die Hannoveranerfans eine traditionell gepflegte Feindschaft verbindet) und der Polizei: »Vor mir Braunschweiger, hinter mir die Bullen. Ich dazwischen, ganz alleine. Ich hab' die Prügel meines Lebens bekommen: ein Wahnsinnserlebnis!«

Entgegen allgemeiner Vorurteile bezüglich der sozialen Herkunft und schulischen oder beruflichen Situation sind unter den Hooligans kaum – zumindest nicht überrepräsentiert – Arbeitslose zu finden. Hooligans rekrutieren sich aus allen Sozialschichten, unter ihnen befinden sich viele Abiturienten, Studenten, Menschen in guten beruflichen Positionen, sogar Akademiker. Dabei müssen wir allerdings, lebensweltlich bedingt, zwischen Hooligans aus den Neuen und Hooligans aus den Alten Bundesländern unterscheiden. Während die soziale Schichtverteilung bei Hooligans aus den Alten Bundesländern eindeutig in Richtung Mittel- und Oberschicht tendiert, tendiert sie bei Hooligans der Neuen Bundesländer ebenso eindeutig in Richtung auf untere Sozialschichten.

Hooligans aus mittleren und vor allem oberen Sozialschichten haben dabei zwei Identitäten: eine bürgerliche Alltagsidentität und daneben ihre sub- bzw. jugendkulturelle Hooliganidentität.

> »Der Fußball ist wie ein zweites Privatleben. Ich kann mit meiner Freundin weggehen, da habe ich meine Sonntagshose an, da geh' ich Essen ganz fein, geh' ins Kino ganz fein, sitz abends daheim und guck Fernsehen. Und dann ist's

wie ein Bildschnitt, dann schlaf' ich eine Nacht, steh' morgens auf und dann ist Fußballtime. Dann guck' ich halt wo ich gut kann, wo geht' ne Party ab« – so ein Hooligan.

Blinkert (1988) hat aufgezeigt, dass sich im »Verlauf industriewirtschaftlicher Modernisierung in zunehmendem Maße ein ganz spezifischer Typ der Orientierung gegenüber sozialen Normen durchsetzt« den er als »utilitaristisch-kalkulative Perspektive« bezeichnet. Der mit der industriewirtschaftlichen Modernisierung verbundene Trend zur Ökonomisierung, Rationalisierung und Individualisierung führt dazu, dass verstärkt Situationen entstehen, in denen »eine größere Zahl von Normadressaten die Kosten für illegitimes Verhalten als niedrig und den Nutzen von abweichendem Verhalten als relativ hoch einschätzen«. Illegitimes Verhalten wird entsprechend nicht als pathologisch angesehen, sondern als durchaus rationale Form der Konfliktlösung. Dies kann sogar soweit gehen, dass der Verzicht auf Regelverstöße als pathologisch, zumindest als dumm und naiv gebrandmarkt wird. Aufgrund dieser hedonistischen, kosten-nutzen-kalkulierenden Haltung, die sich zunehmend in modernen Industriegesellschaften ausbreitet, können wir anlehnend an Blinkert Hooligans geradezu als die Avantgarde eines neuen Identitätstyps bezeichnen, die sich – was den Zeitgeist anbelangt – nicht abweichend verhalten, sondern – um es mit den Worten Blinkerts (1988) zu sagen – in einer fatalen Weise überangepasst sind an die Mobilitäts- und Flexibilitätserfordernisse unserer Gesellschaft. Den Hooliganismus im Fußballsport können wir somit auch als eine Folge der Modernisierungsprozesse unserer Gesellschaft begreifen. Hooligans verkörpern in exakter Spiegelung die einseitigen Werte und Verhaltensmodelle des verbreiteten Zeitgeistes: Elitäre Abgrenzung, Wettbewerbs-, Risiko- und Statusorientierung, Kampfdisziplin, Coolness, Flexibilitäts- und Mobilitätsbereitschaft, Aktionismus, Aggressionslust, Aufputschen und atmosphärischer Rausch. Das Persönlichkeitsprofil eines gewaltbereiten, gewaltfaszinierten Hooligans unterscheidet sich denn auch in der Selbstbeschreibung nicht von dem eines mittleren deutschen Managers oder Spitzensportlers: Freundlich-locker; cool-knallhart; durchsetzungsstark; respektiert; überlegen; selbstbewusst; Menschenkenner. Es kommt aber noch eine weitere Dimension hinzu, die der »authentischen Erfahrung«, die ihre Ursache u.a. in der Verengung und Verregelung sowie dem Verschwinden von Bewegungsräumen, Räumen zum Spielen, zum Ausleben der Bewegungs-, Spannungs- und Abenteuerbedürfnisse hat. Ein paar Aussagen von Hooligans mögen dies verdeutlichen:

> »Wenn man im Dunkeln durch den Wald rennt, über Zäune und durch Gärten, und die anderen jagt, und die Polizei ist hinter einem her – das ist fantastisch, da vergisst man sich.« »Es ist ein unheimlich spannendes Gefühl, wenn man in so einer riesigen Gruppe von 100 bis 120 Leuten mitläuft und man muss wirklich aufpassen, ob jetzt links oder rechts aber irgend welcherlei – jetzt wirklich in Anführungszeichen – feindliche Hooligans kommen. Das erinnert mich irgendwie immer so an diese Geländespiele, die man früher immer gemacht hat mit Jugendgruppen. Das ist wirklich so wie wenn man Räuber und Gendarm spielt. Und was das Ganze manchmal noch spannender macht, ist dass höchst überflüssiger Weise die Polizei dann auch noch mitmischt, weil das macht die Sache dann interessanter, weil es schwieriger ist, weil man dann auf zwei Gegner achten muss und nicht nur auf einen.« »Wenn du natürlich jetzt mit so 'nem Übermob antobst und dann eben alles niedermachst, also das schönste Gefühl ist das eigentlich. Dann fliegen vielleicht 'n paar Flaschen oder Steine. Und dann rennt der andere Mob und dann jagst du die anderen durch die Gegend. Also siebenter Himmel. Das würdest du mit keiner Frau schaffen oder mit keiner Droge. Dieses Gefühl, das ist schön.« »Der Reiz liegt in dem Moment, wenn du um die Ecke biegst und 40 Mann auf dich zu rennen. Das ist der Kick für den Augenblick. Das ist wie Bungee-Springen – nur ohne Seil.«

In seinem Buch »Geil auf Gewalt« berichtet Bill Buford über seine Erfahrungen und Erlebnisse bei der fünfjährigen Begleitung englischer Hooligans durch Europa. Die erlebte Faszination der Gewalt fasst er bedrückend wie folgt zusammen:

> »Was mich anzieht, sind die Momente, wo das Bewusstsein aufhört: Momente, in denen es ums Überleben geht, Momente von animalischer Intensität, der Gewalttätigkeit, Momente, wenn keine Vielzahl, keine Möglichkeit verschiedener Denkebenen besteht, sondern nur eine einzige – die Gegenwart in ihrer absoluten Form. Die Gewalt ist eines der stärksten Erlebnisse und bereitet denen, die fähig sind, sich ihr hinzugeben, eine der stärksten Lustempfindungen (...) Und zum ersten Mal kann ich die Worte verstehen, mit denen sie diesen Zustand beschrieben. Dass die Gewalttätigkeit in der Masse eine Droge für sie sei. Und was war sie für mich? Die Erfahrung absoluten Erfülltseins.« (Buford 1992, S. 234)

Der englische Kultursoziologe Critcher (o. J.) hat auf Grund der hier beschriebenen Entwicklung des Fußballsports dem Fußball eine schlechte Zukunft prophezeit:

»Er wird tot sein, nicht weil er nicht länger als ein schnelles und hartes Spiel von den unterdrückten Massen in den Blechbuden-Stadien verfolgt wird, sondern weil er nicht mehr länger kulturell verwurzelt ist. Er wird dann nicht mehr aus einer lebendigen Volkskultur heraus geprägt, sondern von außen, von den Ideen des Massenkultur-Spektakels, die unter den Kontrolleuren der Kultur des ausgehenden 20. Jahrhunderts vorherrschen. Strukturierter ausgedrückt: der Fußballsport wird seine Teilautonomie von den herrschenden ökonomischen und kulturellen Kräften, seine Teilautonomie als Bestandteil der Volkskultur verlieren.« Und vor allem: »Der Fußballsport wird geschichtslos und historisch folgenlos werden; er wird so wenig und so viel Geschichte haben wie das Flipperspiel, das Bowling-Treffen und der Abend in der Diskothek. Gereinigt von lebensgeschichtlichen Erinnerungen, in die zugleich ein Stück historischer Erfahrung eingegangen ist«, wie Lindner und Breuer (1979, S. 170) ergänzend hinzufügen.

Fußball ist unser Leben: Ultras als Bewahrer der atmosphärischen Seele des Fußballs

Just in diese Entwicklung drängt aber eine neue Gruppierung, die »Ultras«, die sich verstärkt der (Wieder-) Herstellung der traditionellen Stimmung und Atmosphäre im Stadion durch Inszenierungen, Choreografien, »Schlacht«- und Stimmungsgesänge verschrieben hat. Seit Mitte bis Ende der 90er Jahre stieg die Zahl der Ultra-Gruppierungen in Deutschland rapide an. Die leidenschaftliche, südländische Kultur des Anfeuerns, die so genannte »Groundhopper«, die in Spanien und Italien unterwegs waren, mit nach Deutschland brachten, ist sehr beliebt. Vor allem ihre extrovertierte Art der Vereinsunterstützung und die Selbstdarstellung der Ultras, sowie der enge, freundschaftliche Zusammenhalt der Gruppe fasziniert jugendliche Fußballanhänger. »Ultra« sein bedeutet dabei, eine neue Lebenseinstellung zu besitzen, »extrem« zu sein, »durchzudrehen«, Spaß zu haben, Teil einer eigenständigen neuen Fußballfan- und Jugendkultur zu sein. Im Gegensatz zu den Hooligans besitzen sie nur eine Identität – ihre Ultra-Identität, die sie auch während der Woche ausdrücken. Alles andere, wie die Schule, der Beruf, die Freundin oder die Familie muss sich dabei dem Fußball unterordnen. Ultras beschreiben in Interviews ihr Fandasein als Mischung aus An- und Entspannung – als »Arbeit«, bei der sie bis in die letzte Minute höchst konzentriert sind und körperlich wie verbal alles geben, und als Rauscherlebnis, als »Flow« (Csikszentmihalyi 1992), bei dem sie einfach alles rundherum vergessen, sich fallen und nur noch von ihrer Leidenschaft, ihrem Gefühl leiten lassen: Die folgenden Aussagen mögen dies verdeutlichen:

> »Die Leute sollten einfach verstehen, dass das bei allen anderen Sachen, die in Bezug auf Ultra durch den Raum schwirren, das einzige ist, was bei einer guten Gruppe wirklich zählt: Freundschaft und Liebe! Diese beiden Faktoren sind existenziell und unabdingbar, wenn eine Ultra-Gruppe funktionieren soll. Freundschaft untereinander, Liebe zu Ultra und dieser Einstellung, diesem Lebensgefühl und natürlich zu seinem Verein. Dieses Lebensgefühl, diesen Lifestyle kann man eigentlich auch nicht wirklich in Worten beschreiben, man muss es einfach fühlen. Wenn erwachsene Menschen sich gegenseitig in den Arm nehmen, weinen, lachen und sich auch ohne große Worte verstehen, muss schon mehr dahinter stecken als bloße Liebe zum Verein. Manche mögen das als unnötige Gefühlsduselei abtun, aber für uns ist der Umgang untereinander sehr wichtig, denn wenn dieser nicht stimmt, überträgt sich das automatisch auf die gesamte Gruppe. Eine Gruppe sollte einem Halt geben, idealerweise als Ersatzfamilie dienen. Es ist wichtig, dass man auch diese zwischenmenschlichen Dinge beachtet, denn nur wenn die Mitglieder der Gruppe sich gegenseitig achten und respektieren, entsteht Zusammenhalt und Geschlossenheit.« (Aus dem Selbstverständnis einer Ultragruppe)

Das Fußballstadion wird hier wieder zu einem wichtigen Ort des Ausgleichs des Seelenhaushaltes der Menschen moderner Industriegesellschaften. In einer Gesellschaft, wo die Menschen nur noch daran gemessen werden, was sie haben und nicht danach, was sie sind, steigt auch das Bedürfnis, selbst kreativ zu sein, etwas zu schaffen, nach eigenen Vorstellungen aufzubauen und verändern zu können, etwas zu bewegen, auf etwas Einfluss zu haben, wie uns Negt (1998) gezeigt hat. Dem Fußballstadion kommt deshalb eine wichtige Rolle im Sinne der Kompensation zu. Es wird deshalb in Zukunft sehr entscheidend sein, wie weit es gelingt, den Ultras Räume zur (Selbst-)Inszenierung zu geben und zu belassen und den (überwiegenden) Teil der Ultras, der sich vorwiegend der Stimmungsmache und dem Herstellen einer fußballspezifischen Atmosphäre verschrieben hat, zu stärken. Dies ist um so wichtiger, als zu beobachten ist, dass die Inszenierungs- und Choreografiebedürfnisse der Ultras immer stärker mit ordnungspolitischen und sicherheitstechnischen Bestimmungen und Regelungen in den Stadionordnungen in Konflikt geraten. Große Fahnen, Lärminstrumente, Konfetti, Wunderkerzen bis hin zum bengalischen Feuer sorgen für die unvergleichliche, in den Medien als südländische, gut zu vermarktende und hoch gelobte Begeisterung, Stimmung und Atmosphäre im Stadion. Werden diese Dinge verboten, wird dem Fußball nicht nur seine atmosphärische Seele genommen, sondern es besteht auch die Gefahr, dass die Bedürfnisse nach Atmosphäre, Stimmung, Emotionalität anders und dann auch problematischer und gefährlicher ausgelebt werden.

Zu Recht fordern deshalb auch im Gewaltgutachten der Bundesregierung die Kriminologen:

> »Bei der Bewältigung des gesellschaftlichen Phänomens gewalttätiger Fanausschreitungen muss vor einem rigorosen Vorgehen gewarnt werden. Aus der Sicht der Fans in einer auf Passivität ausgerichteten Konsumgesellschaft bietet die Fanszene jedoch eine hoch einzuschätzende kompensatorische Möglichkeit, um Alltagsfrustrationen zu verarbeiten und ›Urlaub‹ vom gewöhnlichen und zumeist langweiligen Tagesrhythmus zu machen. Wenn die Erwachsenenwelt dann nur mit Verbot und Bestrafung reagiert, kann sich das Gewaltpotential andere ›Freiräume‹ suchen, die noch schwerer zu beeinflussen sind. Insofern käme es darauf an, verstärkt über positive Wege der Kanalisierung von Aktivitätsbedürfnissen nachzudenken.« (Kerner u.a.1990, S. 550)

Weshalb also nicht auch das Stadion als Ort des Auslebens von Bedürfnissen nach Abenteuer, Spannung und dem Erleben von Affekten und Emotionen erhalten, ja sogar ausbauen? Zu Recht haben Weis, Alt und Gingeleit (1990, S. 652 ff.) auf das Problem der fortschreitenden Verengung gesellschaftlicher Räume inklusive der Zerstörung der Räume und der »Lebenswelt Fußball« hingewiesen und für deren Erhalt plädiert. Die Forderung nach reinen Sitzplatzstadien ist deshalb auch kein Beitrag zur Besänftigung der Gewalttätigkeit. Nicht nur, dass in den Stehplatzbereichen aufgrund der dort noch möglichen Mobilität Kommunikation zwischen sozialen Schichten und Generationen möglich ist, nur im Stehen kann richtig Stimmung gemacht werden. Sehr schön hat dies Rittner (1986, S. 145) einmal beschrieben:

> »Die Sprechchöre, die ritualisierten Beschimpfungen, die Inszenierungen des Körpers beim Marschieren zeigen gleichsam die Maschinerie bei der Arbeit, einer Maschine mit Kehlen, Füßen, Oberkörpern, die auf ihre Besitzer durch Suggestion einwirken und den Gruppengeist in die Physis transportieren (…) Atmosphäre ist dabei die Währung, mit der die Institutionen ihre Fans entlohnen, gleichsam klingend mit einer Verdichtung der Realität. Die Luft wird buchstäblich dick und in dieser Qualität genossen.«

Es waren im übrigen die Ultras, die sich vehement gegen die Zersplitterung des Fußballspielplanes zur Wehr setzten. Mit ihrer Aktion »pro 15:30« erreichten sie, dass wenigstens die Spiele der 1. Bundesliga wieder auf den Samstag konzentriert wurden und die Zersplitterung von Freitag- bis Sonntagspielen in der ersten Liga rückgängig gemacht wurde. Der Grund für diese Aktion lag darin, dass Fahrten zu Auswärtsspielen immer beschwerlicher wurden und die Begleitung der eigenen Mannschaft aus beruflichen oder schulischen Gründen oft nicht mehr möglich war, wenn Freitagabends oder Sonntags, geschweige den Montags Fußball gespielt wurde. Diese Zersplitterung hatte im Übrigen auch zur Folge, dass immer mehr traditionelle Fanfreundschaften in die Brüche gingen. Früher wurde Freitags angereist, am Samstag gespielt und abends die Sause gemacht. Am Sonntag fuhren dann alle glücklich nach Hause. Dies war ein Rahmen für gut funktionierende Fanfreundschaften, die durch medienorientierte Dezentrierung der Spieltage verloren gegangen sind. Ein Problem, das sich in der zweiten Liga immer noch und zum Teil viel dramatischer stellt: Da wird kaum mehr Samstags gespielt, Freitag- und Montagspiele verhindern oft aufwändige Auswärtsfahrten. Ein Blick in die Homepage der Ultragruppierung »Red Supporters« (www.red-supporters.de) möge zum Verständnis der Ultras beitragen:

> »Die Red Supporters Hannover sind eine Ultragruppierung in Hannover. Wir haben uns zusammen gefunden, weil alle den Verein Hannover 96 von ganzem Herzen unterstützen. Unser Interesse liegt darin, den Verein mit voller Kraft zu unterstützen und immer beiseite zu stehen. Die Red Supporters Hannover sind im I-Block vertreten und ordnet sich der Dachorganisation Ultras Hannover voll und ganz unter. Im Vordergrund steht nämlich immer der Verein, und für dessen Unterstützung tun wir alles. Unter den Mitgliedern der Red Supporters herrscht ein freundschaftliches Verhältnis, das auch sehr gepflegt wird, damit wir als Gruppe immer nach außen hin unseren Zusammenhalt zeigen können. Wir arbeiten grundsätzlich als Gruppe, Einzelgänger gibt es bei uns nicht.«

Das Ultramanifest, das die deutschen Ultras von der Homepage des AS Roma übernommen und »nur unwesentlich verändert, bzw. an die Verhältnisse in Deutschland angepasst« haben, weist zusätzlich auf die sehr bewusste und sensible Wahrnehmung der Entwicklung und Wandlungen des (Profi-) Fußballsports seitens der Ultras hin. Unter der Überschrift »Zukunftsvisionen« heißt es dort:

> »Es wird Zeit, dass alle Fußballfans verstehen, was die UEFA, die FIFA und die Fernsehanstalten unter tatkräftiger Mithilfe der nationalen Verbände mit unserem Fußballsport veranstalten. Die Bestrebungen der Spitzenclubs gehen dahin, eine Europaliga einzurichten, die im Endeffekt nur für die finanzstarken Vereine der einzelnen Verbände gedacht ist. Dies würde diesen Vereinen auf Grund der Vermarktung der TV-Rechte enorme Einnahmen sichern, die kleineren Ver-

eine würden aber ausgeschlossen und auf lange Sicht in den Ruin getrieben. Die Anzahl der Fernsehzuschauer würde sicherlich steigen, während der Stadionfußball in seiner ursprünglichen Form nach und nach verschwinden wird. In ein paar Jahren wird selbst der Rasen in den Stadien mit Sponsorenwerbung verunstaltet werden und Choreographien werden verboten, weil sie die Aufmerksamkeit der Zuschauer am Bildschirm von den Werbetafeln abziehen. Es werden hunderte Ordner in den Blöcken stehen, die Fans werden im ganzen Stadionbereich von Videokameras aufgenommen, um zu verhindern, dass große Fahnen, Transparente oder Feuerwerkskörper ins Stadion gelangen können. Und in ein paar Jahren werden selbst die Leibchen unserer Spieler aussehen, wie die Anzüge von Formel-1 Piloten, jeder Fleck von Werbung besetzt. In den Köpfen der Funktionäre nimmt die Zukunft bereits Gestalt an: Es wird der gezähmte Fan erwünscht, der moderate Stimmung verbreitet, aber nur soviel, wie als Hintergrundeinspielung für die Fernsehübertragung notwendig ist, der brav applaudiert, wenn man es verlangt und ansonsten still auf seinem Platz sitzt. Es wird keinen Platz mehr für Ultras geben. Es gibt eine UEFA-Richtlinie, die besagt, dass die Fans sitzen müssen, man will keine Fans, die aktiv am Spiel teilhaben, man will die Art von Zuschauer, die man in einem Kino oder einem Theater antrifft. Diese Menschen verstehen nicht, dass Fußball unser Leben ist, dass wir für unseren Verein leben, dass wir unsere Schals und unsere Kleidung tragen, die unsere Stadt oder Region repräsentiert. All die ›Kurven‹ dieser Welt sollten in diesem Fall zusammenhalten und eine mächtige Einheit gegen die Fußball-Fabrik bilden.«

Entsprechend wurde folgendes Ultramanifest verfasst:

»Echte Fans wollen diese Fußballregeln:

- Spielertransfers sollten in den Saisonpausen abgewickelt werden, nicht während der Saison.
- Die Freiheit für die Spieler, ihre Freude nach einem Tor auszudrücken. Es ist möglich, diese Zeit nachspielen zu lassen.
- Förderung heimischer Nachwuchsspieler durch eine Regel der Verbände.
- Eine Sperre von einem Jahr von Spielern, die ihren Vertrag nicht erfüllt haben, weil ein anderer Verein mehr Geld geboten hat.
- Die Beschränkung, dass Funktionäre eines Vereines nicht in einem zweiten Verein tätig sein dürfen, um ›Farm Teams‹ zu verhindern.
- Die Wiederherstellung des alten Landesmeisterpokals mit einem automatisch qualifizierten Meister aus jedem Verband, anstelle einer Liga, in der der Ligavierte eines Landes ›Champions-League-Sieger‹ werden kann.
- Das Verbot, dass Clubs oder Verbände Karten für Auswärtsspiele exklusiv an Reiseveranstalter weitergeben dürfen.

Ultras sollten:
- Jeden unnötigen Kontakt oder Hilfe durch die Vereine oder die Polizei verweigern.
- Untereinander besser zusammenarbeiten.
- In Eigenorganisation zu Auswärtsspielen reisen.
- Mit den Ultras anderer Vereine zusammenarbeiten, und die ›Ware TV-Fußball‹ unattraktiver zu machen.
- Sich nicht von den Autoritäten unterdrücken lassen und bei Spielen unbedingt Präsenz zeigen.«

Das Ultramanifest scheint mir genau von der Sorge bestimmt zu sein, die Paris (1983, S. 162) wie folgt zusammenfasste:

> »Das grundlegende Problem dieser zukünftigen Entwicklung sehe ich darin, ob und wieweit es gelingt, die das Spiel paralysierenden Mechanismen der Kommerzialisierung und Professionalisierung, die sich aus der Durchkapitalisierung der Rahmenbedingungen des Fußballsports heraus ergeben, zumindest in dem Maße zurückzudrängen und einzudämmen, dass die spezifische Eigendynamik und die Spannung des Spiels als solche erhalten bleibt, dass also im Endeffekt die hier angesprochene Hierarchie der verschiedenen Situationsdefinitionen im Stadion nicht nur ad hoc, sondern auch strukturell gesichert werden kann. Mit anderen Worten: Entweder es gelingt, das Spiel gegen seine schleichende Aushöhlung und Pervertierung durch seine kommerziellen Apologeten dauerhaft zu verteidigen – dann hat es nicht zuletzt auch kommerziell eine Zukunft; oder aber dies gelingt nicht – dann wird die Faszination und die Freude am Spiel über kurz oder lang abbröckeln und der Fußball wird seine Vorzugsstellung als sportliches Massenvergnügen nach und nach einbüßen.«

Eigentlich sind Ultras eine sich als gewaltlos verstehenden Gruppierung, die in erster Linie für den Erhalt der traditionellen Stimmung im Stadion kämpft und gegen die Kommerzialisierung und Degradierung des Profifußballs zu einem Event, bei dem man zunehmend den Eindruck gewinnt, dass dieses ärgerlicherweise durch 90 Minuten Fußball unterbrochen wird. Dass sich ein Teil dieser Ultras nunmehr offen zur Gewalt bekennt, ist sicherlich auch Folge der Repressionen gegen Ultras im Ausleben ihrer Bedürfnisse und Realisieren ihrer Choreografien und der Einengung ihres Handlungsspielraumes durch die Kommerzialisierung des Profifußballs. Es mag andererseits aber auch ein Hinweis darauf sein, dass sie teilweise der Faszination der Gewalt erliegen oder erlegen sind.

So steht auf der Internetseite der Ultras Frankfurt:

> »Wenn man von der Verteidigung und Erhaltung seiner Freiräume spricht, muss man zwangsläufig etwas zum Thema Gewalt sagen. Es ist oft heuchlerisch von anderen Gruppen, wenn sie sich in Texten von Gewalt grundsätzlich distanzieren, dann aber im Endeffekt gegensätzlich handeln. Andererseits kann es aber auch nicht sein, dass einige Leute im Stadion den Dicken markieren, um dann draußen auf der Straße von dem ganzen Hass nichts mehr wissen zu wollen. Für uns bedeutet Ultra auch, sich nicht nur auf die Hassgesänge während der 90 Minuten im Stadion zu beschränken, sondern dieses Leben 24 Stunden am Tag / 7 Tage in der Woche zu leben (…) Wir distanzieren uns nicht grundsätzlich von Gewalt (…) sicherlich mag für einige Menschen Gewalt der falsche Weg sein, um Probleme zu lösen, wir merken hier lediglich an, dass es in unserer Gruppe verschiedene Strömungen gibt und motivierte Leute in allen Bereichen vorhanden sind, sei es im kreativen, optischen Sektor oder eben im Sektor der ›sportlichen Betätigung‹ auf der Strasse.«

Fußball ist unser Leben? – Fußball wird, Fußball muss überleben!

Die Ultrakultur, die die Hooligankultur als ein Auslaufmodell zunehmend verdrängt hat, weist viele Parallelen zur ursprünglichen Kultur der Schlachtenbummler auf und stimmt bezüglich der Entwicklung der Fankultur eigentlich optimistisch. Die Fußballuntergangsstimmung, wie sie Charles Critcher skizziert hat, scheint so besehen mit der Ultrakultur eine positive Wendung erfahren zu haben. Es wird dabei für die Zukunft darauf ankommen, dass der Spagat gelingt zwischen Kommerzialisierung und Eventisierung einerseits und andererseits der Sicherstellung der Sinnfunktion des Fußballs im Leben junger, aber nicht nur junger Menschen.

Der Fußball wird und muss überleben, weil er eine wichtige »Auszeit« (Weinhold 2002) darstellt, bzw. weil – worauf Hortleder (1974, S. 139f.) hinweist – die Faszination des Fußballs nicht allein in der Perfektion liegt,

> »sondern vor allem auch in jenem dramatischen Geschehen, das die Grenzen der Perfektion sprengt. Insofern werden im Fußballsport die Wertvorstellungen industrialisierter Gesellschaften kopiert und zugleich in Frage gestellt. Ein Fußballspiel ist auch ein Protest gegen diese Werte. Zu den Grundprinzipien gehören Leistung, Objektivität und Disziplin, aber dramatisch wird ein Spiel zuweilen erst, wenn diese Werte gleichzeitig ins Wanken geraten. Wenn der berühmte Außenstürmer einen schlechten Tag erwischt, der Schiedsrichter zum wiederholten Mal einen eindeutigen Elfmeter nicht gibt, die Spieler sich überhaupt nicht um die taktischen Anweisungen ihres Trainers kümmern. Der Schiedsrichter wird in der Regel respektiert als derjenige, der für Ordnung sorgt, nicht

selten aber auch verprügelt. Der Trainer wird heute umjubelt als uneingeschränkte Autorität (›mein taktisches Konzept ist heut voll aufgegangen‹) und eine Woche später fristlos entlassen. Die Heimmannschaft wird frenetisch angefeuert und noch im selben Spiel erbarmungslos ausgelacht, als Objekt der Identifikation und der Aggression in einem. Gesellschaftliche Ideale werden im Fußballstadion kopiert und verworfen zugleich. Eine Gesellschaft, in der der Fußball eine dominierende Rolle spielt, leistet sich nicht selten den Luxus, Teile ihres eigenen Wertesystems für 90 Minuten außer Kraft zu setzen.

Das Fußballspiel ist ein Plädoyer für das nicht Planbare für Überraschung und Sensation, für Symbolik inmitten einer sehr nüchternen Realität. Die Begeisterung für den Fußballsport spiegelt den Wunsch einer Gesellschaft nach Irritationen wider oder nach Wunschmythen, was nicht unbedingt das Gleiche ist. Die Sehnsucht nach einem spannenden und schönen Fußballspiel ist, gemessen an dem, was in dieser Gesellschaft besser sein könnte, ein überflüssiger Traum, gewiss. Vielleicht gehört es zu jenem Überflüssigen, von dem Ortega gesagt hat, es allein sei notwendig für die Menschen.« (Hortleder 1974, S. 140f.)

Norbert Elias hat in seiner zivilisationstheoretischen Analyse des Fußballsports zu Recht festgestellt: »Spannung und Entspannung im Fußballspiel ist ein – gewiss ein besonders gelungenes – Beispiel für ein psycho-soziales Muster unseres Lebens, das, wenn ich mich einmal so ausdrücken darf, als Antwort auf ein sehr elementares menschliches Bedürfnis verdient, ernst genommen zu werden.« Ergänzend und mahnend fügt er hinzu: »Die Freizeitbeschäftigungen der Industriegesellschaften, ob es sich um Konzerte oder Fußballspiele, um Schauspiele oder Jazz handelt, entsprechen offenbar einem mächtigen Bedürfnis. Ich bin nicht sicher, dass wir Freizeitbedürfnisse, wie sie etwa auch bei der Anteilnahme am Fußballspiel zum Ausdruck kommen, so wie sie das verdienen, schon wirklich verstehen.« (Elias 1983, S. 21)

Der DFB, die DFL, die Vereine und die verantwortlichen gesellschaftlichen Institutionen sind dabei auf dem richtigen Wege. Im Rahmen des »Nationalen Konzeptes Sport und Sicherheit« wurde ein ausgeklügeltes, Repression und Prävention gut ausbalancierendes Konzept zur Befriedung des Fußballumfeldes entwickelt. Fan-Projekte zur sozialpädagogischen Betreuung der Fans und zur Brechung der Gewaltfantasien von Hooligans wurden eingerichtet. Fan-Betreuer, die die Aufgabe haben, die verloren gegangene Nähe der Vereine und der Spieler zu ihren Anhängern wieder herzustellen, werden vom DFB für jeden Verein verbindlich vorgeschrieben, moderne Stadien, die nicht nur dem Komfort erhöhen, sondern auch wie zu früheren Zeiten die Nähe der Zuschauer zum Spielfeld herstellen und den

Fans ihre stimmungsfördernden Stehplätze erhalten, all dies und eine aktive Ultraszene, die sich engagiert gegen die Auswüchse der Kommerzialisierung des Profifußballs stellt und für die traditionelle Fußballkultur kämpft, haben dazu beigetragen, dass in der heutigen Fußballfanszene zunehmend den Schlachtenbummlern verwandte Gruppierungen in Form von »Ultras« und mehr noch »Supportern« wieder die Fußballkultur in den Stadien prägen. Wenn Vereine, Verbände, alle gesellschaftlich verantwortlichen Institutionen auf diesem Wege unbeirrt weitergehen, wird das, was ich einmal als die Seele des Fußballs beschrieben habe (Pilz 2004) und pathetisch auch als der Geist der Schlachtenbummler der 50er Jahre bezeichnet werden kann, in einer der Zeit angepassten, aber die Faszination des Fußballspiels und der Fußballkultur bewahrenden Weise wieder aufleben. Die Euro 2004 in Portugal hat hierzu ein Mut machendes Zeichen gesetzt, das beim Confederations Cup 2005 in Deutschland verstärkt wurde. Möge dieser Trend auch 2006 während der Fußballweltmeisterschaft in Deutschland seine Fortsetzung finden.

Literatur

Becker, P. und Pilz, G. A. (1988): Die Welt der Fans. Aspekte einer Jugendkultur. München (Copress).

Blinkert, B. (1988): Kriminalität als Modernisierungsrisiko. Das »Hermes-Syndrom« der entwickelten Industriegesellschaften. In: Soziale Welt (39), 4, S. 397–412.

Buford, B. (1992): Geil auf Gewalt. München (Piper).

Csikszentmihalyi, M. (1992): Flow – Das Geheimnis des Glücks. Stuttgart (Klett).

Critcher, C. (o.J.): Football Since the War: Study in Social Change and Popular Culture (Typosript) Birmingham, hier zitiert nach: Lindner, R. und Breuer, H.T.: Fußball als Show. Kommerzialisierung, Oligopolisierung und Professionalisierung des Fußballsports. In: Hopf, W. (Hg.): Fußball – Soziologie und Sozialgeschichte einer populären Sportart. Bensheim 1979 (päd. Extra), S. 170.

Elias, N. (1983): Der Fußballsport im Prozess der Zivilisation. In: Modellversuch Journalisten-Weiterbildung der Freien Universität Berlin (Hg.): Der Satz »Der Ball ist rund« hat eine gewisse philosophische Tiefe. Berlin (Transit), S. 12–21.

Fritsch, S. und Pilz, G. A. (1996): Vom »Schlachtenbummler« zum »Hooligan«. Zur Sozialgeschichte der Fußballbegeisterung und Fußballrandale bei Hannover 96. In: Peiffer, L. und Pilz, G. A. (Hg.): Hannover 96 – 100 Jahre – Macht an der Leine. Hannover (Schlütersche Verlagsanstalt), S. 204–226.

Hortleder, G. (1974): Faszination des Fußballspiels. Soziologische Anmerkungen zum Sport als Freizeit und Beruf. Frankfurt (Suhrkamp).

Kerner, H. J. u.a. (1990): Ursachen, Prävention und Kontrolle von Gewalt aus kriminologischer Sicht. In: Schwind, Baumann, u.a. (Hg.): Ursachen, Prävention und Kontrolle von Gewalt. Band II, S. 415–606.

Lindner, R. und Breuer, H. T. (1982): »Sind doch nicht alles Beckenbauers«. Frankfurt (Syndicat).

Lösel, F. u.a. (1990): Ursachen, Prävention und Kontrolle von Gewalt aus psychologischer Sicht. In: Schwind, H.-D. und Baumann, J. u.a. (Hg.): Ursachen, Prävention und Kontrolle von Gewalt. Band II, S. 4–156.

Negt, O. (1998): Jugendliche in kulturellen Suchbewegungen. Ein Persönliches Resümee. In: Deiters, F.-W. und Pilz, G. A. (Hg.): Aufsuchende, akzeptierende, abenteuer- und bewegungsorientierte, subjektbezogene Sozialarbeit mit rechten, gewaltbereiten jungen Menschen – Aufbruch aus einer Kontroverse. Münster (lit), S. 113–124.

Nutt, H. (1988): Sport: Nur noch Kampf gegen sich selbst?. In: psychologie heute (15) H.1, S. 40–55.

Paris; R. (1983): Fußball als Interaktionsgeschehen. In: Modellversuch Journalisten-Weiterbildung der Freien Universität Berlin (Hg.): Der Satz »Der Ball ist rund« hat eine gewisse philosophische Tiefe. Berlin (Transit), S. 146–164.

Peiffer, L. und Tobias, S. (1996): Das furchtlose Zugreifen – die den 96ern von jeher eigen gewesene Eigentümlichkeit. In: Peiffer, L. und Pilz, G. A. (Hg.): Hannover 96 – 100 Jahre – Macht an der Leine. Hannover (Schlütersche Verlagsanstalt), S. 14–55.

Pilz, G. A. (1991): Die Suche nach dem Abenteuer. Hooliganismus als Modernisierungsrisiko – Hooligans als Avantgarde eines neuen Identitätstyps? In: Sozial Extra. (6), S. 5–7.

Pilz, G. A. (1993): »Öffentliche Bedürfnisanstalt« – Das Fußballstadion als besonderer Ort in der verregelten Gesellschaft. In: Hansen, K. (Hg.): Verkaufte Faszination – 30 Jahre Fußball-Bundesliga. Essen (Klartext), S. 130–141.

Pilz, G. A. (1999): Seifenoper mit Sitzplatz. Interview in: Wir Profis. Magazin der Vereinigung der Vertragsfußballspieler (10), August, S. 16–19.

Pilz, G. A. (2004): Gewaltgruppierungen in deutschen Fußballstadien – eine soziologische Betrachtung. In: die neue polizei (54), H. 1, S. 14–24.

Rittner, V. (1986): Sportausübung, Selbstdarstellungsrituale und zeremonielle körperliche Gewalt. Die sozialen und symbolischen Grundlagen abweichenden Verhaltens im Sport. In: Polizeiführungsakademie (Hg): Sicherheit bei Sportveranstaltungen. Münster, S. 133–150.

Schwind, H.-D. und Baumann, J. u.a. (Hg.) (1990): Ursachen, Prävention und Kontrolle von Gewalt. Analysen und Vorschläge der Unabhängigen Regierungskommission zur Verhinderung und Bekämpfung von Gewalt (Gewaltkommission). Berlin (Duncker & Humblot) (4 Bände).

Weinhold, K.-P. (2002): Ethik und Leistung – Grundpfeiler einer humanen Sport- und Spielkultur. In: Württembergischer Fußballverband e.V. (Hg): Der Fußball … ein Beitrag zu einer Gesellschaftskultur der Zukunft. Sindelfingen (Röhm), S. 34–44.

Weis, K., Alt, C. und Gingeleit, F. (1990): Probleme der Fanausschreitungen und ihrer Eindämmung. In: Schwind, H.-D. und Baumann, J. u.a. (Hg.): Ursachen, Prävention und Kontrolle von Gewalt. Berlin (Duncker & Humbloi), Bd. III, S. 575–670.

Wippermann, C. (2001): Die kulturellen Quellen und Motive rechtsradikaler Gewalt – Aktuelle Ergebnisse des sozialwissenschaftlichen Instituts Sinus Sociovision. In: jugend & gesellschaft (1), S. 4–7.

Zwischen Fankultur, Ballkunst und Kommerz – Betrachtungen zum Systemwechsel im professionellen Fußball

Harald Christa

Einleitung

Der Fußball des 21. Jahrhunderts ist zu einem gesellschaftlich akzeptierten Geschäftszweig geworden. Wir haben uns gewöhnt an die Werbebotschaften vor, zwischen und nach dem Spiel, wir wundern uns weder über die hohen Preise von Fanartikeln und VIP-Karten, noch über die Sponsorengrüße auf Trikots und Werbebanden. Die teilweise exorbitanten Spieler- und Trainergehälter sind nur selten Gegenstand öffentlicher Diskussion; und auch der Umstand, dass Vereine Spieler und Trainer »kaufen«, verursacht keinen kollektiven Aufschrei. Ganz im Gegenteil freut sich die Fanseele, wenn es dem eigenen Verein gelingt, auf dem nationalen oder internationalen Spielermarkt durch geschickten Verkauf eines Fußballers einen finanziellen Coup gelandet oder durch einen vorteilhaften Ankauf ein »Schnäppchen« ergattert zu haben. Wir sprechen über Wert und Mehrwert der Aktiven und der Vereine, als wäre es ein Geschäft an der Warenterminbörse.

Dies alles wäre nicht möglich, ohne dass die Geldwirtschaft in den letzten fünfzig Jahren sukzessive Einzug in den Fußballsport gehalten hätte. Geld gehört mittlerweile zum Fußball, wie das Yin zum Yang. Wie die beiden Fixpunkte der älteren chinesischen Philosophie treten mittlerweile auch der Fußball und das Geld stets als Paar auf. Ebenso wie Yin und Yang befinden sich Fußball und kommerzielle Interessen in einem dauerhaften Zustand von Veränderung und Gleichgewicht. Und vor allem können wir sie nicht absolut, sondern nur in Relation zueinander verstehen.

In diesem Beitrag soll der Fußball in seinem Wandel vom Fußballsport zur Fußballindustrie analysiert werden. Untersucht werden soll dabei, inwieweit im Zuge der Ausweitung kommerzieller Interessen bereits von einer radikalen Veränderung im Sinne eines klassischen »Systemwechsels« von »Familie« zu »Unternehmen« ausgegangen werden muss. In diesem Zusammenhang betrachten wir die Implikationen für das »Fanwesen« im engeren und weiteren Sinne, die sich aus einem möglichen Wandel vom »Vereinswesen« zum »Wirtschaftssystem« ergeben, wenn neue Leitcodierungen das Denken,

Kommunizieren und Handeln der Verantwortlichen im Fußballsport bestimmen. Die theoretischen Grundlagen hierfür entnehmen wir der Systemtheorie und der Theorie kommunikativen Handelns (vgl. Luhmann 1984, 1988; Habermas 1982). Zudem wollen wir sehen, wie aktuell zentrale Aussagen der Analysen zur Soziologie des Geldes von Georg Simmel aus der Zeit des letzten Drittels des 19. Jahrhunderts noch für die Bewertung der Geldwirtschaft im Fußballsport sein können (vgl. Simmel 1992).

Geld

Beginnen möchten wir unsere Betrachtungen nicht gleich beim Fußball, sondern bei den ökonomischen Grundlagen der Geldwirtschaft. Hier zeigt sich, dass der Fußball, will er professionell ausgeübt werden, das Geld unabdingbar benötigt. Geld und Geldwirtschaft haben formal den Sinn, den vielfältigen ökonomischen Transaktionen einer Wirtschaft ein symbolisch generalisiertes Zahlungsmittel an die Hand zu geben, um den jeweiligen Marktpartnern Informationsbeschaffungs- und Transaktionskosten im Zuge ihrer ökonomischen Bestrebungen möglichst weitgehend zu ersparen. Der durchschlagende Erfolg der Geldwirtschaft gegenüber dem Naturaltausch zeigt sich in den diversen Vorzügen, die ein wertstabiles, leicht zu handhabendes, allgemein akzeptiertes und neutrales Tauschmittel wie Geld aufweist. Da Geldbesitz Konsumfähigkeit impliziert, verwechseln übrigens nicht wenige Menschen Geld mit Erfolg, wenn nicht gar mit Glück. Das »natürliche« Streben nach Geld lässt sich dabei leicht erklären: Direkt proportional zum Geldbesitz steigen die Möglichkeiten des Einzelnen im Konsum, in der Ersparnisbildung und in der Vorsorge.

Im Zuge der expandierenden Geldwirtschaft haben sich im Laufe der vergangenen fünf Jahrhunderte in wachsendem Maße Einzelmärkte und Möglichkeiten zur Professionalisierung herausgebildet. Allerdings wurden dabei immer weitere Formen der ursprünglichen Nicht-Wirtschaft dem Marktprinzip unterworfen; wir können in diesem Zusammenhang in durchaus kritischer Betrachtung mit Habermas von einer »Kolonialisierung von Lebenswelten« sprechen. In wachsendem Maße wurden demzufolge Lebenswelten einer ökonomischen Rationalität unterzogen, zunehmend erfolgt in der Moderne in vormals traditionellen Systemen der Nicht-Wirtschaft eine Steuerung über das Leitmedium »Geld«.

Kinder erhalten in der Moderne bei normgerechten Verhalten und guten Schulleistungen von ihren Eltern zunehmend Gratifikationen in Form von Geld, unfruchtbare Paare kaufen sich Adoptivkinder in der dritten Welt –

warum sollte der Fußballsport von diesem Mega-Trend der Kolonialisierung durch ökonomische Imperative ausgespart bleiben? Mit zunehmender Bedeutung des Mediums »Geld« bilden sich jedoch neue Formen der Selbstkoordination in den betroffenen Organisationen bzw. Systemen heraus. Aus diesem Wandel können sich Konflikte und Reproduktionsstörungen für die jeweiligen Institutionen ergeben. In kultureller Hinsicht dürfen wir (der Theorie zufolge) Sinnverlust, Verunsicherung der kollektiven Identität sowie Traditionsabbrüche erwarten. So einfach, übersichtlich und problemlos die Transaktion mittels Geld also zunächst erscheint, so komplex können die mittel- bis langfristigen Folgen für die Betroffenen und ihre Handlungs- und Sinnkontexte also werden. Wir dürfen nicht-intendierte Folgen zweckrationaler Handlungen erwarten, häufig gerade dort, wo wir sie am allerwenigsten vorausgesehen haben. Kauft sich der Fußball also mit wachsender Dominanz des Geldlichen Risiken und Nebenwirkungen ein, die letztendlich zu seinem schleichenden Tod führen?

Geld im Fußballsport

Aber wie stellt sich die »Lebenswelt Fußballverein« im neuen Jahrtausend eigentlich dar? Die folgende Skizze der Märkte und Umsätze soll die beachtlichen finanziellen Dimensionen des professionellen Fußballs von heute verdeutlichen.

Die Bilanzzahlen der Vereine übertreffen nicht selten jene mittelständischer Unternehmen (vgl. Blatter 2000). Die Bundesligisten kalkulierten für die Spielzeit 2004/2005 gemäß einer Umfrage der Deutschen Presseagentur mit insgesamt 581,7 Millionen Euro. Trotz der Einnahmenreduzierungen, die sich aus der Insolvenz des Medienunternehmers Kirch ergeben haben, verblieben die Umsätze mehrheitlich auf hohem Niveau. So haben vor dieser Bundesliga-Saison die Erstligisten rund 65 Millionen Euro für 121 neue Spieler ausgegeben. Als teuerster Transfer erwies sich der brasilianische Spieler Lucio mit 12 Millionen Euro bei seinem Wechsel von Bayer zu Bayern. Medienwirksame Transfers einzelner Stars verdecken indes häufig den regen Personalwechsel bei anderen Clubs; nach dpa belief sich die Fluktuation bspw. beim 1. FC Nürnberg auf elf Zugänge bei 15 Abgängen, Schalke 04 vermeldete zehn neue Spieler, in Leverkusen wurden zwölf Verträge gelöst und neun Arbeitsverhältnisse neu eingegangen. Alle Spieler wurden gegen Entgelt im Rahmen eines versicherungspflichtigen Arbeitsverhältnisses beschäftigt.[1]

1 Ähnliche Verhältnisse sind zu Beginn der Saison 2005/2006 zu vermelden. Vgl. hierzu kicker Sportmagazin 2005.

Fußball wird bekanntlich in den Stadien gespielt, aber ökonomisch betrachtet spielen Fernsehrechte für den professionellen Fußballsport eine mittlerweile wesentlich größere Rolle. Die oben angedeuteten Umsatzexplosionen im Profifußball wären ohne die expandierte Medienberichterstattung nicht denkbar, die Fernsehgelder in Deutschland decken inzwischen rund ein Drittel der Einnahmen vieler Bundesligavereine. Mit steigendem Sendevolumen erreichte der Fußball als Werbeträger auch über die Bande insbesondere in den neunziger Jahren mit jeder Saison zunehmend mehr Zuschauer und damit auch mehr Werberezipienten (vgl. Spitaler und Wieselberg 2002). Marken wie Hasseröder und König Pilsener, Nissan und Coca-Cola werden von UFA Sports auf der Basis von Medienanalysen mit einem Etat von 1,5 bis 2,5 Millionen Euro jährlich alleine im Bereich der Bandenwerbung geschätzt. Aber auch im Routinebetrieb anderer Europäischer Ligen werden durch den Rechteverkauf beachtliche Umsätze realisiert. So erzielte der italienische Verein Juventus Turin als Mitglied der Serie A mit der Veräußerung seiner Heimspielrechte in der Saison 2002/2003 einen Erlös von 60 Millionen Euro. Die wahren Dimensionen des »Geschäftsfelds Medienrechte« können indes erahnt werden bei der Nachricht, dass Günter Netzer als Teilhaber der Schweizer Sportrechteagentur Infront Sports & Media AG für 2,8 Milliarden Schweizer Franken in einem Paket die entsprechende Lizenz der WM 2002 und 2006 erwarb.

Kaum zu glauben, dass es mal eine Zeit gab, als Bundesligaspieler nur mit dem Vereinsemblem und ihrer Rückennummer aufliefen. Zumindest die Jüngeren unter uns können sich ein Spiel ohne Brustsponsoring wohl kaum mehr vorstellen.[2] Vor rund 30 Jahren musste der Spirituosen-Hersteller Günter Mast als Pionier der Sportwerbung von heute aus gesehen bescheidene 160 000 Mark aufwenden, um dem damaligen Bundesligisten Eintracht Braunschweig die vorherige Brachfläche auf dem Trikot der Spieler abzukaufen. Was damals in der Öffentlichkeit größtes Aufsehen erregte und in den Medien sehr kontrovers diskutiert wurde, ist rückblickend als zwangsläufige Entwicklung zu interpretieren: Die zu dieser Zeit nicht mehr tolerierbaren Effektivitätsgrenzen der klassischen Print- und TV-Werbung legten neue Wege in der Kommunikationspolitik und damit einen solchen Schritt nahe. Die Marke Jägermeister als erster Trikot-Sponsor der Liga ging in der Tat in die Geschichte des Sport-Marketing ein, der werbliche Ertrag dieser Idee war enorm und fand schnell Eingang in die Vermarktungsstrategie der

2 Zu ersten Vermarktungsansätzen im Profifußball vgl. Empacher 2000 sowie mit pessimistischer Prognose Grünitz und von Arndt 2002.

Clubs. Bereits in der Saison 1979/1980 trugen alle Vereine der Bundesliga ein Werbeemblem auf dem Trikot. Und der Trend hält noch an: Wie Arnold Hermanns vom Institut für Marketing an der Universität der Bundeswehr München berichtet, ist der Anteil sponsernder Unternehmen in den letzten zehn Jahren von einem Drittel auf zwei Drittel gestiegen (vgl. Hermanns 1997; Hermanns und Riedmüller 2001). Insbesondere das Markenmanagement greift zur Profilierung in weiterhin wachsendem Maße auf das Sportsponsoring zurück. Mit der erfolgreichen Etablierung von Trikotwerbung als Kommunikationsinstrument stiegen seither auch die Preise: Die Einkünfte der Bundesligaclubs aus der Spielzeit 2002/03 aus diesem Geschäft beliefen sich auf rund 100 Millionen Euro. Für die Trikotwerbung für ein Telekommunikationsunternehmen erhalten die Münchener Bayern gegenwärtig schätzungsweise 20 Millionen Euro, die Werbung der Dortmunder Borussen für einen Energieversorger erzielt rund 10 Millionen Euro, Bayer Leverkusen und der VfL Wolfsburg werden auf einen Trikot-Werbewert von jeweils 9 Millionen Euro geschätzt. Dass es übrigens auch etwas bescheidener geht, zeigen das Engagement von Iceline Kühlfrost bei MSV Duisburg und Krombacher bei Arminia Bielefeld mit 1,5 bzw. 2 Mio. Euro (vgl. kicker Sportmagazin 2005, S. 22).

Aber auch der Stadionbesucher selbst steht in Zeiten von Ausrüsterverträgen in zweistelliger Millionenhöhe, massenmedialer Mittelkreiswerbung, Hintertorschrägstellern, Einlaufteppichen, Oberrang- und Trainerbankwerbung als Kunde noch im Visier der Verkäufer. Und die Bindung der Fans an ihren Verein lohnt sich für die Clubs trotz lukrativer Komplettvermarktung durchaus noch. So kann sich der FC Bayern München auf einen jährlichen Absatz von ca. 75 000 Trikots mit einem Umsatz von über vier Millionen Euro verlassen. Insgesamt setzen die Münchener gegenwärtig rund 35 Millionen Euro im Sektor Merchandising um. Die Borussen aus Dortmund und Schalke 04 sind mit acht bzw. sieben Millionen Euro in diesem Wettbewerb dagegen als eher zweitklassig anzusehen. Zu berücksichtigen ist bei diesem Umsatzgefälle, dass die Münchener in überdurchschnittlichem Maße einen weltweiten Absatz an Fanartikeln verzeichnen können. Erkennbar sind hier deutlich die positiven Nebenwirkungen einer Dauerpräsenz in internationalen Wettbewerben, vornehmlich natürlich der Champions League. Gegenwärtig stürmen die Bayern auch den japanischen Markt (vgl. Manzenreiter 2002). Die Münchener haben eine Partnerschaft mit dem dortigen Erstligaclub Gamba Osaka, um durch Gastspiele weitere Popularität zu erzielen und die Auslandsvermarktung in Asien weiter anzukurbeln. Wie bescheiden sich indes die genannten Summen aus der Bundesliga gegen manch anderen Club in

Europa ausnehmen, zeigen die Geschäftsaktivitäten bspw. von Real Madrid. Dieser Verein erwartete bis zum Jahr 2006 Erlöse alleine aus dem Verkauf von Beckham-Trikots in Höhe von 140 Millionen Euro.

Eine Geldquelle jüngeren Datums ist das so genannte »Namens- und Titelsponsoring«, also der Verkauf von Nutzungsrechten an emotional hochwertigen Namen des Sports. Als einem der ersten Vereine weltweit gelang im Jahre 2001 dem Hamburger SV (übrigens entgegen kritischer Stimmen, die darauf verweisen, dass die Umbenennung des Volksparkstadions in »Uwe-Seeler-Stadion« bereits geplant sei) der Verkauf des Stadionnamens an den Internetprovider AOL für rund 30 Millionen Mark. Andere Vereine zogen nach. So betreten die Fußballfans in Stuttgart mittlerweile das »Gottlieb-Daimler-Stadion«, in Wolfsburg die »Volkswagen Arena«, in Bielefeld die »SCHÜCO ARENA«, in Hannover die »AWD-Arena« und in Leverkusen die »BayArena«. In Köln dürfen die Zuschauer im »RheinEnergieStadion« das Spiel genießen.

PC-Besitzer können bereits seit Jahren ihre Träume vom virtuellen Bundesligamanager offline verwirklichen, eine Reihe von Spielen zur Champions- League sowie zur Bundesliga sind als Managersimulation erhältlich. Der Schritt zum Fußball Mousepad Kalender ist dann nicht mehr weit und wurde vom Verlag Ars Vivendi im Jahre 2006 konsequent gegangen. Immer weitere Potenziale der Wertschöpfung glauben die Anbieter nun an noch weiteren Rändern des Fußballuniversums erkennen zu können, jüngstes Beispiel sind die »Sport-Portale« als spezialisierte Anbieter von Websites. Neben den bereits über das Internet realisierten Einnahmefeldern Mediasales, Content-Distribution, eCommerce und Multimedia-Dienstleistungen bot »Sport1« unter »wm-manager.de« fußballvernarrten Websurfern die Möglichkeit, ihr eigenes WM-Team zu nominieren und sogar über die Weltmeisterschaft hinweg zu managen. Das zumindest für die Hobbymanager der Deutschen Fußballnationalmannschaft damals wohl eher zweifelhafte Vergnügen war kostenpflichtig, für die Nutzung dieser »exklusiven Managersimulation« waren bei dieser »Pay-Applikation« immerhin 2,50 Euro zu entrichten.

Traumfußball am Rande der Insolvenz

Die einem Unternehmen innewohnende Pflicht zur Zahlungsfähigkeit und zu einem professionellen Geschäftsgebaren wirft für die Fußballvereine seit einiger Zeit drängende Fragen nach Möglichkeiten der Kapitalaufstockung und der Vereinsführung auf. An der Schwelle zum Unternehmen beginnt für Fußballclubs die Problematik bereits bei der Frage der adäquaten Gesellschaftsform. Einige der Bundesligaklubs mit Millionenbudget wie bspw. der FC Schalke 04 sind formalrechtlich noch »eingetragene Vereine«. Andere Fußballvereine der Profiligen haben nach und nach auf die Problematiken des noch in den neunziger Jahren vorherrschenden Konstrukts »e.V.« reagiert: Borussia Dortmund tritt mittlerweile wie auch Hannover 96, Borussia Mönchengladbach und Arminia Bielefeld als Gesellschaft mit beschränkter Haftung und Kommanditgesellschaft auf Aktien (GmbH & Co. KGaA) auf. Allerdings ist ein nicht unwesentlicher Unterschied zu beachten, denn der Dortmunder Verein ist an der Börse notiert.[3] Bayer Leverkusen, VfL Wolfsburg und Hertha BSC Berlin sind reine Gesellschaften mit beschränkter Haftung, Bayern München ist als Aktiengesellschaft (AG) eingetragen, ein Teil des Münchener Aktienpakets ist im Besitz der Firma »adidas«. Der erste Börsengang in der Geschichte des Deutschen Fußballs durch Borussia Dortmund hat den Verantwortlichen des Clubs wie den Aktionären bis dato jedoch keinen Erfolg beschert. »Ebenso schnell wie das Stadion scheinen beim BVB die Risiken gewachsen zu sein«, kommentierte DIE ZEIT am 29. Januar 2004 (S. 13) in ihrem mehrseitigen Dossier zur Schieflage des Vereins. Von einer bedenklichen Entwicklung im »Unternehmen Borussia« darf in der Tat gesprochen werden: Die BVB-Aktie ist von rund 11 Euro im Herbst 2000 kontinuierlich auf unter 2,45 Euro im September 2004 gefallen. Dem nach wie vor realen Branchenwachstum der Bundesliga musste sich in der Saison 2004/2005 als einziger Club dieser Verein konsequenterweise entziehen, aufgrund der bedrohlichen Finanzkrise ergab der Kostensenkungskurs bei den Personalkosten eine Reduzierung des Aufwands von 57 auf unter 40 Millionen Euro. Fragen nach der Erteilung der Lizenz für die nächste Saison wurden gestellt. Die Perspektiven der Aktie eines Fußballclubs werden mittlerweile eher skeptisch beurteilt. So äußerte sich bspw. René C. Jäggi als Vorstandschef des 1. FC Kaiserslautern über die Potenziale einer Aktie seines Vereins auf einer Pressekonferenz Ende 2004 bemerkenswert zurückhaltend. Zwar sehe er eine »vernünftige Kapitalstruktur« für eine mittelfristig gesicherte Zukunft im Profifußball als unerlässlich an, doch gab er zu bedenken: »Wenn ich heute behaupten würde, dass man mit Fußball Geld verdienen kann und dann noch in einer Gegend wie Kaiserslautern, würde ich die Leute schon am Tage der Zeichnung anlügen.«

Den genannten Erträgen stehen bei nicht wenigen international agierenden Clubs der Spitzenklasse bedenkliche Verbindlichkeiten entgegen. So musste

3 Zu grundsätzlichen Überlegungen zum Going Public von Fußballvereinen vgl. Paul und Sturm 2004.

Real Madrid sein traditionsbehaftetes Bernabeu-Stadion angesichts von Verbindlichkeiten in Höhe von rund 300 Millionen Euro veräußern. Der Club »erwarb« zuvor Spieler wie Zinedine Zidane im Jahr 2001 für über 70 Millionen Euro sowie die Spieler Luis Figo und Ronaldo für 60 Mio. bzw. 45 Mio. Euro. Auch nicht wenige Fußballvereine in Italien befinden sich seit einigen Jahren aufgrund ihrer expansiven Geschäftspolitik bei größter Abhängigkeit von Sponsoren und Kapitalgebern in der finanziellen Krise. Der Erstligist Lazio Rom blickt seit 2003 auf Verbindlichkeiten von über 300 Millionen Euro, die Aktie des börsennotierten Vereins wurde vom Börsenhandel vorübergehend ausgesetzt. Selbst die Politik betritt in der Krise den Rasen: In Italien versuchte Ministerpräsident Silvio Berlusconi (allerdings vergeblich) die anhaltende Finanzkrise mehrerer Clubs mit einer Gesetzgebung zu mildern, die aufgrund großzügiger Abschreibungsregelungen speziell für »Investitionen« in Spielerkäufe die bilanzielle Situation der Vereine (wenn auch nur kosmetisch) verbessern sollte. Nicht wenige italienische Vereine mussten auf die finanzielle Krise mit Notverkäufen von Spielern reagieren. Spannend wurde es auch im Mai 2005 beim englischen Erstligisten Manchester United. Dort erwarb der 76-jährige amerikanische Milliardär Malcolm Glazer mehr als 75 Prozent der Aktien des Traditionsclubs. Dieses Geschäft wurde gegen die Kritik und den Widerstand der Mitglieder und Fans durchgesetzt, die sich ihrerseits im Aktionärsclub »Shareholder United« organisiert haben, um den internationalen Kapitalinteressen Paroli bieten zu können. Für eine ernsthafte Gegenwehr reichte ihr fünfprozentiger Aktienanteil natürlich nicht aus. Details aus dieser Transaktion zeigen, warum Ereignisse wie dieses immer häufiger im Wirtschaftsteil der Zeitungen nachzulesen sind: Glazer, der bereits in Florida einen Footballclub besitzt, finanzierte einen Großteil der mit 1,2 Milliarden Euro dotierten Übernahme mit Schulden und Verpfändungen des Vereinsvermögens. Drei Hedge-Fonds und mehrere Großbanken sind unter Führung der amerikanischen Investment Bank JP Morgan am Geschäft beteiligt gewesen (FAZ 17. Mai 2005).

Sportlich-finanzielle Dramen spielen sich jedoch auch auf kleineren Bühnen ab. So durfte in Deutschland beispielsweise der ehemalige Fußball-Bundesligist SC Fortuna Köln erfahren, dass der Weg eines einst sportlich erfolgreichen Vereins nicht zwangsläufig weiter nach oben führen muss. Der finanziell angeschlagene Verein stellte am 15. November 2004 bereits den dritten Antrag auf Insolvenz und musste die in der Oberliga Nordrhein spielende erste Mannschaft vom Spielbetrieb zurückziehen. Der neben dem 1. FC stets »kleinere Bruder« der beiden bekannten Kölner Fußballclubs konnte sich fast drei Jahrzehnte in der Zweiten Bundesliga behaupten und spielte in der

Saison 1973/74 sogar in der höchsten Spielklasse, rang nach dem wiederholten finanziellen Infarkt und dem sportlichen Desaster jedoch mit seiner Existenz. Im Fall der Insolvenz können die zahlungsunfähigen Vereine aufgelöst und aus dem Vereinsregister gestrichen werden. Verdeutlichen wir uns den Niedergang an den Zeiten, als die Fortuna mit Trainernamen wie Hans Krankl, Bernd Schuster oder »Toni« Schumacher nahezu kosmopolitischen Fußballflair verbreiten konnte. Wie Ende Dezember 2004 die Deutsche Presseagentur berichtete, hatte Fortuna-Trainer Mario Kentschke dagegen in der jüngsten Zeit durchaus Mühe, elf Männer und damit überhaupt eine spielfähige Mannschaft aufzubieten. Um die Kosten des Spielbetriebs tragen zu können, hätte die Fortuna dieser Meldung zufolge sogar ihre Partien zuletzt nicht mehr im heimischen Südstadion ausgetragen, sondern sich in der Platzmiete preisgünstigere Anlagen gesucht.[4]

Geldwirtschaft und Systemwechsel im Fußballsport

Wir dürfen davon ausgehen, dass der Einzug der ökonomischen Imperative eine Reihe von nicht-antizipierten Folgen für die betroffenen Institutionen nach sich zieht. Und diese Vermutung ist ja nicht neu. Bereits Georg Simmel (1992, S. 79) hat mit dem Hinweis, die Geldwirtschaft schiebe »zwischen die Person und die bestimmte qualifizierte Sache in jedem Augenblick die völlig objektive, an sich qualitätslose Instanz des Geldes und des Geldwerts«, die kulturellen Folgen des Wirtschaftens mit Geld anschaulich beschrieben. Die Folgen der Geldwirtschaft im Fußballsport sind tatsächlich mannigfaltig und stellen die Verantwortlichen langfristig und auch kurzfristig im Extremfall vor ein schwieriges Dilemma. So entscheidet zum Beispiel notwendigerweise auch der »Preis« eines Spielers über seinen Arbeitsplatz: Zwar mag ein Sportler optimal in das Gefüge einer Mannschaft passen – aber kann er auch gekauft werden? Und umgekehrt: Muss ein unersetzlicher Spieler (vielleicht gegen seinen Wunsch) verkauft werden? Oder muss ein Spieler trotz Formschwäche zum Einsatz kommen, um seinen Marktwert jenen zu erhalten, die in ihn investiert haben (Vorstand, Kreditinstitute, gar der Trainer selbst)?

Die Risiken und Nebenwirkungen für den Fußball liegen auf der Hand. Und wieder können wir sie mit Simmel (ebenda) knapp und präzise um-

4 Für die Freunde des (vorläufigen) Happy Ends sei angemerkt, dass kurz vor Fertigstellung dieses Manuskriptes die Vereinsführung erneut vermelden konnte, dass das Insolvenzverfahren zu Gunsten des Vereins beendet worden sei. Die Fortuna lud zu Freibier in ihrem Clubheim ein. Dabei soll es auch ein kleines Feuerwerk gegeben haben.

schreiben: Geld erzeugt die »Unpersönlichkeit alles ökonomischen Tuns«. Vielleicht lässt sich nur so erklären, warum Franz Beckenbauer, dem während seiner aktiven Laufzeit die Liebe zu seinem Sport in jeder Spielminute anzusehen war, vor einigen Jahren die Anregung gab, ein Spiel künftig in »drei Halbzeiten« auszutragen, um der Medienwirtschaft mehr Werbeeinkünfte zu ermöglichen. Es gilt einerseits sich zu erinnern, dass der eingetragene Verein seit jeher »ordentlich« in dem Sinne zu wirtschaften hat, als die im Vereinsrecht bindenden Mindestanforderungen an Buchführung und Kompetenzverteilung einzuhalten sind. Mit steigenden Umsätzen und Risiken konnten wir jedoch in den vergangenen zehn bis fünfzehn Jahren einen signifikanten Wandel im Fußballmanagement beobachten. Der Übergang vom »System Verein« mit Strukturen und Aktionen, die aus systemtheoretischer Perspektive dem Familiensystem ähnlich waren, zu einem zunehmend der Wirtschaft ähnlichen System wurde unübersehbar. Modifikationen in der Gesellschaftsform ebenso wie die Herausbildung einer unternehmerischen, d.h. der Lehre von der Betriebswirtschaft entsprechend arbeitsteiligen Binnenstruktur bei Herausbildung professioneller Subsysteme, zeugen von solchen Mutationen in den ersten drei Ligen des Fußballs in ganz Europa (vgl. Swieter 2002).

Dimensionen der Servicequalität gewinnen nun für die Anbieter komplexer fußballbezogener Dienstleistungen an Bedeutung. Marketing-Strategien dominieren das Vereinsleben, das Verhältnis des Vereins zu seinen Mitgliedern, der Mannschaft und zu den Zuschauern wird Gegenstand des Relationship Managements (vgl. Hammann 2004). Neue Spielwiesen tun sich neben dem grünen Rasen auf: Neben, vor und nach dem eigentlichen Spiel betreten Betriebswirte das Feld, im Orbit des Rasens etablieren sich Lehrfelder wie Sport-Marketing oder Strategisches Vereinscontrolling. Lehrfelder werden dann zu Praxisfeldern: Unter der Überschrift »Die Geheimwaffe des VFB Stuttgart – Balanced Score Card soll den Umbau des Fußballclubs zu einem modernen Unternehmen voranbringen« berichtet das Handelsblatt im Jahre 2004 (bezeichnenderweise in der Rubrik »Karriere & Management«) von den durch professionelles Consulting begleiteten Bemühungen der Vereinsführung, ein selbst in Teilen der Erwerbswirtschaft noch neues Instrument des Strategischen Controllings mit Zielvereinbarungen für die Angestellten des Clubs einzuführen. Auch die Fußballunternehmen greifen also zu Methoden der Definition strategischer Leistungsziele, der Operationalisierung der Zielgrößen, der Quantifizierung der Leistungsziele und somit zu betriebswirtschaftlich hochmodernen Instrumenten für strategisches und operatives Führen. Kennzahlen wie »Talent-Scouting-Erfolgsquote«, »Catering-Umsatz pro Stadionbesucher« bis hin zu »Etat-Effizienz in Relation zu erzielten

Ligapunkten« und natürlich »Wertsteigerung für die Aktionäre« prägen heutzutage signifikant das Managerdenken in den Vereinen.

Die enge Verbindung von Ball und Geld beschäftigt konsequenterweise auch die Finanzwissenschaftler und die auf Gesellschaftsrecht spezialisierten Juristen. Studien wie von Bäune (2000) zu »Kapitalgesellschaften im bundesdeutschen Lizenzfußball« mit einer Analyse der Rechtslage nach den DFB-Reformen von 1998, die Analyse von Furhmann (1995) zur Frage von »Idealverein oder Kapitalgesellschaft im bezahlten Fußball«, die Berichte von Kistner und Schulze (2001) über »Strippenzieher und Profiteure im deutschen Fußball« sowie die Befunde von Parlasca (1993) zu »Kartelle im Profisport« in Verbindung mit Stoppers Studie zu »Ligasport und Kartellrecht bei Bündelung von Fernsehübertragungsrechten« (1997) zeigen die zunehmende juristische Brisanz der Wandlung des Fußballs vom Spiel zu einem Produkt mit hohen Renditeerwartungen.[5]

Es bleibt anzumerken, dass das Spiel hinter den Kulissen dort seine Grenzen findet, wo der Verteidiger in den Rasen tritt, der Torhüter daneben greift, und der Stürmer nur die Latte trifft. Mit anderen Worten: Der geschäftliche Erfolg korrespondiert nach wie vor mit dem sportlichen. Der Übergang zu einem nach wirtschaftlichen Gesichtspunkten operierenden System verändert trotzdem die Kommunikations- bzw. Handlungsmuster der Fußballvereine signifikant. Siege mögen für das betroffene System zwar nach wie vor noch die Bedeutung eines sportlichen Erfolges haben. Entscheidend ist jedoch die in der internen Kommunikation dominierende Interpretation als vermehrter Zahlungsfluss, der (glücklich investiert) weitere Siege und damit weitere Zahlungen nach sich zieht. Die aus diesem erfolgreichen »Kerngeschäft« herausgehenden derivaten Absatzfelder (Merchandising, Einkünfte aus Sponsoring, evtl. sogar anteilige Einnahmen aus Werbeauftritten einzelner Spieler) treiben das System spätestens dann, wenn sie das ursprüngliche Geschäft des Kartenverkaufs übersteigen, gänzlich in die Richtung eines selbstreferentiell an ökonomischen Gesichtspunkten ausgerichteten Denkens. Mit steigenden Umsätzen und Risiken ist dann früher oder später jener »Point of no Return« überschritten, der die Grenze zum ausschließlich nach wirtschaftlichen Erwägungen operierenden System markiert. Jenseits dieser Schwelle kann selbst die lautstark beschworene »Tradition des Vereins« von den Verantwortlichen – also nun dem »Management« – nicht mehr anders als

5 Vgl. weitere einschlägige Untersuchungen in Jaeger und Stier 2000 sowie Galli 1997. Dass die Psychologie hierbei ebenso ein Wort mitzureden hat, zeigen Publikationen wie die von Kern und Sautter 2000.

ein aus wirtschaftlichen Erwägungen heraus eingesetztes Instrument einer kommunikationspolitischen Corporate Identity im Rahmen des Marketing-Mix verstanden werden. Die »Tradition« dient dann zwar nach wie vor als Element der Selbstreproduktion des Systems. Doch kann sie nur noch im Kontext wirtschaftlicher Ziele bemüht werden, nicht mehr als Leitorientierung für das Vereinswesen.

Mit Simmel (1992, S. 85) können wir somit eine eher düstere Prognose für künftige Verhältnisse wagen: »Die fortwährend erforderliche Abschätzung nach dem Geldwerte lässt diesen schließlich als den einzig gültigen erscheinen«. Dies mag zunächst einmal nur für eingefleischte Traditionalisten im Fußballsport bedauerlich sein. Insbesondere im Kontext einer weiteren Beobachtung werden die möglichen Konsequenzen jedoch für die gesamte Fußballkultur deutlich: An der (mit dem Wechsel der Gesellschaftsform dann ja auch symbolisch verankerten) Schwelle von einer Wertegemeinschaft, die ihre Mitglieder persönlich bindet und wenigstens implizit zu Loyalitäten verpflichtet, zum sachbezogenen Dienstleistungsunternehmen, entbindet der neue sachliche und technische Charakter der Institution ihre Mitglieder von Verpflichtungen, die über den formalen und objektiv bestimmbaren Limes des Sachziels hinausgehen. Im Falle einer Aktiengesellschaft sei darauf hingewiesen, dass der Aktionär als »Stakeholder« in keiner Weise als Person, sondern lediglich mit einer Geldsumme an der Gesellschaft beteiligt ist.

Die Leitcodierung »Geld« (systemtheoretisch genauer: die binäre Codierung »Zahlung/Nicht-Zahlung«) dominiert nun gänzlich die frühere Codierung »Liebe« (zum Fußball, zum Verein). Der Fan, das Mitglied, erleben den Wandel ihres Status von »Familienmitglied« zum »Konsumenten«. Der Spieler schließlich erlebt den Wandel ebenfalls, nämlich von einem der »elf Freunde« zum Investitionsobjekt mit Refinanzierungspotenzialen bzw. Renditechancen. Für das »System Fußballunternehmen« werden sowohl Spieler als auch Mitglieder bzw. Fans zu »Umwelt«. Kuriose Beispiele hierfür lassen sich leicht finden. In einer Meldung vom 02.03.2005 zitiert dpa beispielsweise den Manager Christian Heidel vom Fußball-Bundesligisten FSV Mainz 05 mit dem Vorwurf, sein Verein habe den Liga-Konkurrenten FC Schalke 04 »mit Nachdruck« zur Zahlung der seit Ende Januar fälligen Transfersumme für den Mittelfeldspieler Mimoun Azaouagh aufgefordert. Die ausstehende Summe beliefe sich auf 700.000 Euro. Schalke habe nach Angaben des Managers bisher nicht gezahlt. Welch komplexe Tatbestände sich auch in juristischer Hinsicht ergeben können, wenn nicht voll einsatzfähige Spieler transferiert werden, zeigt sich anschaulich an diesem Beispiel: Der 22-Jährige Spieler war trotz einer Knieverletzung mit Innenbandriss wenige

Monate zuvor vom damaligen Aufsteiger FSV Mainz zum Traditionsverein nach Gelsenkirchen gewechselt. Eine Rehabilitationsmaßnahme nach dem operativen Eingriff zeitigte nicht den erhofften Erfolg, der Spieler musste in der Schweiz erneut operiert werden. »Wir haben uns am 27. Dezember mit Schalke auf einen Transfervertrag verständigt. Die Entschädigung haben wir in einen Sockelbetrag und einen variablen Betrag aufgeteilt. Der Verletzung des Spielers wurde über den variablen Betrag Rechnung getragen«, beschrieb der Mainzer Manager die Situation aus seiner Sicht. (Kaum nötig zu erwähnen, dass die Gelsenkirchener Perspektive auf diesen Transferfall eine andere war.) Damit habe Mainz »einen Teil des Risikos übernommen«, falls Azaouagh in der Rückrunde nicht mehr oder nur eingeschränkt einsatzfähig sein sollte. Betont wurde, dass der FC Schalke 04 alle vorliegenden medizinischen Befunde über die Verletzung des Spielers erhalten und über den Mainzer Mannschaftsarzt auch mit dem damals operierenden Arzt gesprochen habe. Die sowieso an Pferdehandel erinnernde obligatorische Gesundheitsüberprüfung bei Spielerwechseln erlebt hier neue Dimensionen des Konflikts.

Die Schattenseiten der Dominanz der Geldwirtschaft zeigen sich im Fußballsport an diesem und vielen anderen Beispielen anschaulich. Die von »familiären« Verpflichtungen und Loyalitäten zu ihren Mitgliedern, Angestellten und Fans befreiten Vereine treffen im Zuge der Ökonomisierung von Lebenswelten nicht zuletzt verstärkt auch auf Spieler, die nicht mehr notwendigerweise vordergründig den Wunsch verspüren, Fußball zu spielen, sondern Geld zu verdienen. Die von Simmel (1992, S. 88) beschriebene »Überwucherung der Zwecke durch die Mittel« umfasst auch den Spielermarkt und seine vielfältigen Akteure und Interessen. Wenn diese mit externen Interessen – wie zum Beispiel Sportwetten – verknüpft werden, manifestieren sich neue Facetten des Geschäfts mit dem Fußball: Wie die Süddeutsche Zeitung am 15.03.2005 meldete, habe der ehemalige Bundesliga-Profi Steffen Karl im März 2005 bei den Vernehmungen durch die Staatsanwaltschaft eingestanden, dem damaligen Cottbuser Schlussmann Georg Koch vor dem Zweitliga-Spiel Energie Cottbus gegen Regensburg eine Summe von 20.000 Euro angeboten zu haben, um die Partie zu manipulieren. Telefonische Einschüchterungsversuchen von Dritten gegenüber dem Torhüter der Cottbusser sollten offensichtlich diese pekuniären Werbeversuche flankieren.

Insbesondere der italienische Fußball wurde im Jahre 2005 massiv von einem ausufernden Skandal um Unregelmäßigkeiten und Spielbetrug beeinträchtig. Wegen Bilanzfälschungen, Untreue, Steuerschulden und anderen Vergehen wurde einer Reihe von Mannschaften im Vorfeld der Saison 2005/2006 die Zulassung zur ersten Liga verweigert. Die Fans der von einer Rückstufung in die vierte Liga betroffenen sizilianischen Hafenstadt Messina blockierten tagelang die Fährverbindungen zum italienischen Festland. Der Disziplinarausschuss des italienischen Fußballverbands verbannte auch die Mannschaft von Genua Calcio nach erwiesenen Spielmanipulationen des Genueser Vereinspräsidenten zurück in eine niedere Klasse. Das Entsetzen in der italienischen Hafenstadt wich nach kurzer Zeit wütenden Protesten und massiven Ausschreitungen der vom Spielbetrieb der Erstliga ausgeschlossenen Fans. Wie berichtet wurde, konnte man in manchen Nächten die Innenstadt nur unter Lebensgefahr betreten.

Und welche Zumutungen stellen wir bei einem Systemwechsel im Fußballsport eigentlich an jene Akteure, die von allen Beteiligten als »Umwelt« betrachtet werden, nämlich die Schiedsrichter? Die These der »Kolonialisierung von Lebenswelten« lässt ja auch ein wachsendes (und im Endstadium ausschließliches) ökonomisches Interesse der Unparteiischen an ihrer Tätigkeit erwarten. Anzeichen hierfür sind neben dem Umstand, dass in den Europäischen Ligen zunehmend Profischiedsrichter das Spiel leiten, klar zu erkennen: Der Bundesliga-Referee Robert Hoyzer hat im kürzlichen Skandal um Sportwettenmanipulation nach Ermittlungen der Staatsanwaltschaft und erdrückenden Beweisen in der Spielzeit 2004/2005 schließlich zugegeben, Fußballspiele manipuliert zu haben. Hintergrund der Taten waren hohe Sportwetten auf die von ihm geleiteten Spiele. Von den Gewinnen sollte auch der 25-jährige Schiedsrichter profitieren. Nach Aussagen Hoyzers steht hinter dem Skandal das organisierte Verbrechen.

Der für einen nachhaltigen Erfolg notwendige Doppelpass zwischen Geld und Fußballsport wird endlich bereits der nachwachsenden Generation kommuniziert, dies zeigte sich auch den Besuchern des zweiten Teils der erfolgreichen Kinderkomödie »Die wilden Kerle«, die im Februar 2005 in den Deutschen Kinos zu sehen war. In diesem Film werden die ambitionierten Juniorkicker ihren improvisierten, aber mit viel Liebe zum Detail gebastelten Bolzplatz nach UEFA-Richtlinien aufwändig ausbauen müssen, um gegen die Nationalmannschaft spielen zu dürfen. Fast wie im richtigen Leben gelingt dies den Kindern lediglich mit einem Kredit des Vaters einer der Spieler. Dieser stellt – ganz Bankdirektor und ganz Vater – die Bedingung, dass im Falle einer Niederlage in der Qualifikation die gesamte Mannschaft nicht nur dem runden Leder abschwören, sondern an einem Bastelkreis teilzunehmen habe.[6]

6 Am Rande sei erwähnt, dass die »Wilden Kerle« ihrerseits wieder einer Zweitverwertung durch Merchandising und korrespondierende Kuppelprodukte unterliegen. So ist ein Wilde-Kerle-Fußball im Geschenkkarton aus dem Baumhaus Buchverlag ebenso käuflich erhältlich wie

Fußball, Geldwirtschaft, Zuschauer und Fans

Das Kalkül der Vereinsführung wird im Zuge eines Systemwechsels verstärkt von mittelfristigen Strategien der Gewinnmaximierung bestimmt. Wird ein Spiel zum »Geschäft«, mutiert der Zuschauer zum »Konsumenten«. Aus Vereinen werden »Anbieter«, aus Fans werden »Nachfrager«. Fußballsport wird unversehens zum »Produkt«, ein Fußballspiel wird eine »Dienstleistung«. Zu betonen ist der Umstand, dass ein Verein, der einen solchen Wechsel im Selbstverständnis vollzogen hat (bzw. aufgrund der externen Effekte vollziehen musste), nun die Eigenlogik nicht mehr zurückschrauben kann. Ist ein Verein zu einem Mitglied des wirtschaftlichen Systems geworden, kann er nur noch bei Strafe des sportlichen und finanziellen Niedergangs seine Leitcodierung wieder auf »Familie« umstellen. Allen Teilnehmern des gesellschaftlichen Subsystems »Wirtschaft« bleibt aufgrund der Wettbewerbssituation und der von allen Akteuren praktizierten Spielregeln mithin keine andere Alternative, als den eingeschlagenen Weg konsequent weiter zu verfolgen.

Sind dann dem geneigten Fußballinteressierten bislang selbstverständliche Loyalitäten zu seinem Verein weiter zuzumuten? Dürfen wir weiterhin eine empathische Hinwendung zu einem Verein erwarten, der im Vorstand, auf der Trainerbank und natürlich auf dem Spielfeld von Managern und internationalen Söldnern repräsentiert wird, mit Jahresgehältern, die nicht selten das Lebenseinkommen des durchschnittlichen Besuchers um ein Vielfaches übersteigen? Essenzielle fußballkulturelle Fragen tun sich auf nach »dem Fan«, der diesen Wandel mit zu vollziehen hat – oder frustriert in solche Gefilde abzweigt, die seinen Bedürfnissen erfolgreicher entsprechen können. Welche Reize verströmt ein kapitalistisch entfesselter Fußballsport, und welche Zumutungen stellt er auf der anderen Seite an »den Fan«, der in seinem Verein Heimat, Geborgenheit, Familie, gar Liebe sucht, aber als Kunde behandelt wird? Geht das bis zum Ehe-Ähnlichen gelebte Verhältnis des Fans zu »seinem« Verein nicht den gleichen Weg wie viele andere in der Postmoderne: nämlich den der emotionalen bis faktischen »Ent-Bindung«, der optionalen, nur unter bestimmten Bedingungen wie Siege, Unterhaltung etc. realisierten und letztendlich kontingenten Beziehung? Müsste nicht das Heimspiel des BVB für »den Fan« ein Angebot unter anderen werden, sich im Wettbewerb mit vielen weiteren Outdoor-Events mit Erlebnischarakter beweisen? Können wir also weiterhin von

das vom Kosmos Verlag herausgegebene »Wilde Fußballquiz« mit »Regeln, Tipps und vielen Fragen«.

einer nicht zu hinterfragenden Tradition des »Samstagnachmittag um 15 Uhr 30« ausgehen?

Gänzlich ohne öffentliche Kritik bleibt die »Ökonomisierung« des Fußballs in der Tat nicht. Mit Fragen wie: »Wem gehört der Fußball? Präsentiert die ›schöne neue‹ Fußballwelt wirklich noch echten Zuschauersport? Oder hat da jemand klammheimlich den Ball in seinen Besitz gebracht?« werden beispielsweise vom bundesweiten Bündnis Aktiver Fußballfans (BAFF) durchaus Ernst zu nehmende Einwürfe gegen Geld und Markt im Fußball formuliert. Der Grundtenor der Einwände bezieht sich auf die Stellung des Fans in der Ära der Fußballindustrie. So kommen nach Beobachtung und Erfahrung dieses Aktionsbündnisses »die Fans immer seltener zu Wort«. Dabei seien sie es, die »aus dem Spiel erst das kulturelle und atemberaubende Ereignis machen«. Mit dem Slogan »Spieler kommen, Trainer gehen – Fans bleiben!« werden Aktionen gegen die Marginalisierung des Fans im Fußballgeschäft unternommen, Einwände gegen die selbstreferenzielle Logik des Wirtschaftens im Sport publiziert (vgl. Bündnis Aktiver Fußballfans 2003, Pieper o.J., Pfister 2002, Martens 2003).

Fußball als Erfolgsmodell – Thesen zur Zukunft des »kommerzialisierten Kicks«

Die beschriebene Ökonomisierung und der damit verbundene Systemwechsel im Fußballsport hat – zumindest wenn wir die Nachfrage nach Stadionkarten, die Medienberichterstattung und die Einschaltquoten besehen – keine breitenwirksamen negativen Folgen gezeitigt. Mit der Unabweislichkeit eines Steuerbescheids dürfen wir von ausverkauften Derbys und Spitzenspielen ausgehen, wir hören keine Klage über mangelnde Auslastungen der Kapazitäten im Dauerkartenbereich und auf den Stehplätzen, die Übertragungsrechte für Spiele der Bundesliga und der Europäischen Ligen sind nach wie vor ein zentrales Thema für die Fernsehanstalten im Kampf um eine Unique Selling Proposition im Medienwettbewerb. Offensichtlich erreicht der Fußball trotz der geschilderten Entwicklung heute noch ein Publikum, das in Millionen – und gar nicht so selten in Milliarden – gezählt werden muss.

Es ist offensichtlich, dass der Fußballsport nach wie vor Alleinstellungsmerkmale genießt, die von konkurrierenden Sportarten nicht erreicht werden können. Man denke nur an die bislang vergeblichen Versuche des American Football und anderer Sportzweige, Marktanteile in Deutschland zu gewinnen. Man bedenke auch die zwar bei der Jugend durchaus populären und auch praktizierten Trendsportarten, die bislang jedoch in keiner Weise eine dem

Fußball ähnliche massenmediale Popularität, geschweige dessen Umsatzzahlen erzielen konnten. Auch konkurrierenden kulturellen und anderen kommerziellen Feldern ist es nicht gelungen, Marktanteile des Fußballs an sich zu ziehen. Darüber hinaus ist eine Akzeptanz der teilweise spektakulären Gehälter von Spielern und Trainern auch bei den vermeintlich sensiblen »Fans« des Fußballsports festzustellen und damit von einer Einsicht in ökonomische Zusammenhänge und Sachzwänge, die sich aus der Globalisierung des Fußballsports ergeben haben, auszugehen (vgl. Hemmersbach 2003, Wächetr und Führing 2004). Wir dürfen nach unseren Beobachtungen davon ausgehen, dass sich die »Fankultur« im Hinblick auf die geschilderten Systemwechsel vergleichsweise robust gezeigt hat. Wir müssen konstatieren, dass der Fußball als Wirtschaftsbetrieb nichts an seiner Attraktivität für die Zuschauer eingebüßt hat. Und wir werden den Verdacht nicht los, dass auch die Bindung der Fans an »ihren Verein« trotz der geschilderten Ökonomisierung und Globalisierung des Fußballs keine nachhaltigen Einbußen erlitten, möglicherweise sogar wegen der genanten Trends eher Zuwächse erfahren hat. Wir stellen die Frage in den Raum, ob nicht die »alten Tugenden« des Fußballs ebenso wie die Gefahren der Entfremdung von Fan und Verein systematisch überschätzt, die Potenziale des Fußballs als massenphänomenales Event und andere korrespondierende Effekte dagegen großzügig unterschätzt wurden?

Gleichzeitig zu den eben genannten Befunden zur Überlebensfähigkeit von Fankulturen können wir jedoch davon ausgehen, dass bei einer Toleranz mikroökonomischer Sachzwänge die Frage der »Gegenleistung« an die Fans des Fußballsports aufgeworfen werden und im Zentrum der Erörterungen der Vereinsmanager bleiben muss. So werden wir gegen Ende unserer Betrachtungen wieder zurück geworfen auf die altbekannte Frage, was es denn mit dem Fußball auf sich hat, wenn er trotz Ent-Traditionalisierungen, Ent-Bindungen, einer dramatischen Merkantilisierung und auch öffentlichkeitswirksamer Skandale auf weite Kreise der Menschheit eine ebenso nachhaltige wie einzigartige Faszination ausüben kann.

Über die einfach-geniale Anlage dieses Spiels und die damit verbundenen spannungserzeugenden Kontingenzen (d.h. den Fußball »an sich«; vgl. Bredkamp 2005) hinaus sind es unseres Erachtens mehrere Momente, die den Fußball ungeachtet der genannten Restriktionen zu einem Faszinosum ohne Gleichen machen:

- Fußball als »Event« im Stadion: Es ist den Clubs als (Groß-)Veranstalter vor Ort gelungen, dem Fußball parallel zu seiner Professionalisierung den

Charakter eines »Ereignisses« zu verleihen, das die Bedürfnisse des Zuschauers nach Unterhaltung, Zerstreuung, Spannung etc. befriedigen kann. Die Stadien alter Couleur wurden zu »Multi-Media-Arenen« ausgestaltet, die dem postmodernen Bedarf an schneller, höher, weiter (und bequemer) Genüge leisten sowie bei den Besuchern beachtliche Zahlungsbereitschaften wecken können.[7]

- Fußball als »Kunst«: Es ist festzustellen, dass parallel zur Kapitalintensivierung des Fußballs eine sportliche, soll heißen: fußballkünstlerische, Entwicklung stattgefunden hat, die im Hinblick auf Körper- und Ballartistik als beachtliche qualitative Weiterentwicklung bezeichnet werden darf.
- Fußball als »Arbeit«: Ohne Zweifel verlangt der postmoderne Spielbetrieb den professionell Aktiven neben höheren technischen Fähigkeiten auch gestiegene Anforderungen an das körperliche und taktische Engagement ab. Kein Mittelfeldspieler der siebziger Jahre könnte wohl konditionell in einem durchschnittlichen Bundesligaspiel von heute länger als 30 Minuten mithalten. Die Attitüden beispielsweise eines Günther Netzers würden vermutlich unter heutigen Bedingungen selbst in der dritten Liga als Arbeitsverweigerung interpretiert und zu einer fristlosen Kündigung führen. Wir stellen fest, dass der Fußball der Neuzeit aufgrund elaborierter taktischer Systeme neben besonderen athletischen auch gruppenbezogene Leistungsfähigkeiten der Spieler einfordert, die offensichtlich zu einer gestiegenen Attraktivität des Spielbetriebs führen und von den Rezipienten durchaus gewürdigt werden.
- Gezielte Regeländerungen: Zur Förderung der Attraktivität des (insbesondere professionellen) Fußballspiels haben die Verantwortlichen der FIFA in den vergangenen zehn Jahren flankierend einige wenige, im Hinblick auf Spieltempo und Spielfluss jedoch äußerst wirksame Änderungen im Reglement erlassen. Zu verweisen ist hier neben den nunmehr gravierend verschärften Sanktionen bei rohem Spiel beispielsweise auch auf die Einschränkung des Rückpasses zum Torhüter und auf die Regelung, der siegreichen Mannschaft drei Punkte zu verleihen, um den Offensivfußball zu fördern (vgl. Hundsdoerfer 2004). Aber auch scheinbar nebensächlichere Modifikationen der Spielordnung haben zur Attraktivität des Fußballs beigetragen. Zwar ist nach wie vor nur jeweils ein Ball im laufenden Spiel erlaubt – und das sollte unseres Erachtens auch so bleiben. Doch konnte

7 Im Dortmunder Stadion wurden neben einer VIP-Lounge beispielsweise auch »kulinarische Verwöhnzonen« für alle Besucher geschaffen.

die Regelung, dass nunmehr jeder der vom Unparteiischen vor Spielbeginn zugelassenen Bälle von den Helfern im Falle einer Seiten- oder Toraussituation der ballberechtigten Mannschaft so schnell als möglich zur Verfügung gestellt werden muss, viele bis dato unnötige Spielverzögerungen erfolgreich vermeiden helfen.[8]

– Gezielte Implementierung von Leistungsdichte: Nicht zuletzt darf die erfolgreiche Etablierung der Champions-League als gelungener Zug angesehen werden, Spielklasse (im doppelten Sinne des Wortes) sowie mediale Aufmerksamkeit zu maximieren. Gleichzeitig darf die mediale Rezeption im Hinblick auf Aufwand und Qualität der Spielberichterstattung als wesentlich weiter entwickelt »angesehen« werden. Nicht ganz am Rande sei hierzu noch erwähnt, dass auch die Frage der Vermarktung von Übertragungsrechten an Heimspielen durch die Vereine selbst (Italien, Spanien) oder durch eine zentrale Institution mit gleichmäßiger Verteilung (Deutschland) von den Verantwortlichen auch im Hinblick auf den Unterhaltungswert von Fußballspielen und die Leistungsdichte bzw. Wettbewerbsfähigkeit der Clubs erörtert und in ihrer Bedeutung erkannt wird.[9]
– Gerechtigkeit: Albert Camus, der nicht nur Nobelpreisträger für Literatur im Jahre 1951 war, sondern in seiner Jugend auch Tormann beim SC Mondovi, notierte in seinen Tagebüchern 1935–1951, Gerechtigkeit könne beim Sport erfahren werden. Nach wie vor darf der Sinnspruch vom »Entscheidend ist auf'm Platz« als Devise von Spielenden und Zusehenden in Anspruch genommen, und damit auch der Rasen des Stadions als Ort einer »höhere« Gerechtigkeit bemüht werden. Erinnerlich sind uns doch auch aus der jüngsten Zeit häufig insbesondere jene Begegnungen, in denen der (wirtschaftlich) »Kleine« den (wirtschaftlich) »Großen« geschlagen und damit die Herzen der Zuschauer erobert hat. Offensichtlich erlaubt das Spielsystem des Fußballs nach wie vor und trotz der Versuche, Siege durch Kapitalintensität quasi zu »garantieren«, noch größere Unwägbarkeiten

8 Die älteren Leser werden sich erinnern: Wie quälend waren in vielen Spielen jene Sekunden, die zur Ballbesorgung verstrichen, nachdem beherzte Spieler der gegnerischen Mannschaft beim Stande von 0:1 und wenige Minuten vor Schluss in eindeutiger Absicht das Leder über das Stadiondach geschlagen haben.

9 Wissenschaftlich (auf der Basis eines spieltheoretischen Modells) konnte dieser Streit durch das Institut für Gesellschafts- und Wirtschaftswissenschaften der Rheinischen Friedrich-Wilhelms-Universität Bonn laut einer Pressemitteilung des Instituts zumindest dahingehend geklärt werden, dass eine zentrale Vermarktung Leistungsunterschiede zwischen den Vereinen nivelliert und damit spannendere, weil im Ausgang unsicherere Begegnungen provoziert. Die Kehrseite sind jedoch weniger Teams mit Höchstleistungspotenzial.

bei der spielerischen Ergebnisfindung. Scheinbar ist es dem »Fußball an sich« durch die Jahre hinweg gelungen, jenes kalte »Muss« des durch Planung, Operations Research und gezielte Investition Vorbestimmten zu unterlaufen und der Unwägbarkeit eines Spielausgangs noch genügend Raum zu lassen, so dass die Spannung auch bei vermeintlich klaren wirtschaftlichen Machtverhältnissen zwischen zwei Teams einer Liga erhalten blieb. Der Ball ist mittlerweile zwar vielerorts nicht mehr in Gold aufzuwiegen, doch in den meisten Begegnungen noch rund genug, um die Spannung aufrecht zu erhalten.

Wir kommen zu einem Schluss, von dem wir glauben, dass er nicht jeden Leser zufrieden stellen wird und der nachgerade provokant und ärgerlich klingen mag. Und doch wagen wir die These, dass der freie und kapitalintensive Markt neben den genannten, insbesondere bei Skandalen wie Spielbetrug natürlich weder zu ignorierenden noch zu tolerierenden, Friktionen und Problemzonen der Nährboden für einen Fußballsport wurde, der zu qualitativ hochwertigeren Leistungen und mehr Zufriedenheit bei den Zuschauern führte. Der moderne Fußball als Geschäft hat aus Vereinen zweifelsohne Unternehmen werden lassen, die den Sport als Produkt betrachten und Spieler als Objekt der Investition wie eine Ware handeln (müssen). Und doch ist der Fußball als Geschäft gleichzeitig mehr denn je in der Lage, regelmäßig Millionen und Milliarden an Menschen in einer virtuellen Gemeinde der Sehenden und Staunenden zu vereinen und damit qualitativ nicht unbedingt minderwertige Momente des Glücks durch Zusehen freizusetzen.

Seien wir ehrlich: Welches andere frei verkäufliche Produkt kann dies schon? Und eine letzte Frage an die Skeptiker: Wie viele Millionen Kritiker des Kapitalismus und der Globalisierung werden wohl in den 90 Minuten des nächsten Weltmeisterschaftsendspiels ebenso gespannt wie begeistert vor dem Fernseher sitzen?

Der Autor jedenfalls wird es.

Literatur

Archner, G. (1999): Die kartellrechtliche Zulässigkeit der zentralen Vermarktung der Fernsehübertragungsrechte an Bundesligaspielen durch den DFB. Hamburg (Kovac Verlag).

Blatter, J. S. (2000): Die wirtschaftliche Bedeutung des Fußballs. In: Jaeger, F./Stier 2000, S. 103–112.

Bäune, St. (2000): Kapitalgesellschaften im bundesdeutschen Lizenzfußball – Die Rechtslage nach den DFB-Reformen vom 23./24.10.1998. Aachen (Shaker Verlag).

Bredkamp, H. (2005): Die Immunität des Fußballs. Ein Kunststück. In: Stiftung Deutsches Hygiene-Museum 2005, S. 32–43.
Büsch, M.-P. (Hg.) (2000): Beiträge der Sportökonomik zur Beratung der Sportpolitik. Dokumentation des Workshops vom 11. Mai 2000. Köln.
Bundesweites Bündnis Aktiver Fußballfans (BAFF) (Hg.) (2003): Ballbesitz ist Diebstahl. Göttingen (Die Werkstatt).
DIE ZEIT (2004): Die Größenwahn AG. Wie ein Fußballverein New Economy spielt. Nr. 6 vom 29. Januar 2004, S.11–15.
Empacher, S. (2000): Die Vermarktung der Fußball-Bundesliga. Pforzheim (Wieland).
Fanizadeh, M., Höldl, G. und Manzenreiter, W. (Hg.) 2002): Global Players. Kultur, Ökonomie und Politik des Fußballs. Frankfurt/M. (Brandes & Apsel).
Frankfurter Allgemeine Zeitung (2005): Das Spiel ist stärker als die Architektur. Hysterienkessel und simples Oval. Nr. 112/2005 vom 17. Mai 2005, S. 37.
Furhmann, C. (1995): Idealverein oder Kapitalgesellschaft im bezahlten Fußball. In: SPURT. Zeitschrift für Sport und Recht 2 (1995) 1–2. S. 12–17.
Galli, A. (1997): Das Rechnungswesen im Berufsfußball. Eine Analyse des Verbandsrechts des Deutschen Fußballbunds unter Berücksichtigung der Regelungen in England, Italien und Spanien. Düsseldorf (Idw).
Grünitz, M. und von Arndt, M. (2002): Der Fußballcrash. Fußballmarketing: Die Chronik eines angekündigten Untergangs. Stuttgart; Ulm (RRS).
Habermas, J. (1982): Theorie des kommunikativen Handelns, Frankfurt a. M. (Suhrkamp).
Hackforth, J. (1988): Zwischen »Fußballkrieg« und »Fußball für alle«. Die Thematisierung der Vergabe der Fußball-TV-Übertragungsrechte in ausgewählten. Medien. Münster (Institut für Publizistik Univ. Münster).
Hammann, P., Schmidt, L. und Welling, M. (Hg.) (2004): Ökonomie des Fußballs. Grundlegungen aus volks- und betriebswirtschaftlicher Perspektive. Wiesbaden (Deutscher Universitäts-Verlag).
Hammann, P. (2004): Eine zielgruppenorientierte Marketingkonzeption für Fußballclubs. In: Hammann, P., Schmidt, L. und Welling, M. (2004), S.138–165.
Handelsblatt (2004): Die Geheimwaffe des VfB Stuttgart. Balanced Score Card soll den Umbau des Fußballclubs zu einem modernen Unternehmen voranbringen. 13./14. Februar 2004, Karriere & Management, S. 1.
Hartmann, H. A. und Haubl, R. (1996): Freizeit in der Erlebnisgesellschaft. Amüsement zwischen Selbstverwirklichung und Kommerz. Opladen (Westdeutscher Verlag).
Hemmersbach, T. (2003): Globalisierung im deutschen Profifußball. In: Zeitschrift für Soziologie 6/2003, S. 489–505.
Hermanns, A. (1997): Sponsoring. Grundlagen, Wirkungen, Management, Perspektiven. 2., völlig überarb. u. erw. Auflage. München (Vahlen).
Hermanns, A. und Riedmüller, F. (Hg.) (2001): Management- Handbuch Sport-Marketing. München (Vahlen).
Hundesdoerfer, J. (2004): Fördert die Drei-Punkte-Regel den offensiven Fußball? In: Hammann, P.,Schmidt, L. und Welling, M. 2004, S. 105–129.
Jaeger, F. und Stier, W. (Hg.) (2000): Sport und Kommerz. Neuere ökonomische Bedeutung im Sport, insbesondere im Fußball. Chur, Zürich (Rüegger).
Kern, K. und Sautter, V. (2000): Mentales Training. Texte und Analysen zur Beratung von Fußballern. Freiburg (Verlag Klaus Kern).
kicker Sportmagazin (2005): Sonderheft Bundesliga 05/06. Nürnberg.
Kistner, Th. und Schulze, L.(2001): Die Spielmacher. Strippenzieher und Profiteure im deutschen Fußball. Stuttgart (DVA).

Kistner, Th. und Weinreich, J. (1998): Das Milliardenspiel. Fußball, Geld und Medien. Frankfurt (Fischer).

Klausen, K. K. (1992): Management und Marketing im Sportverein. in: Zimmer 1992, S. 95–134.

Lemke, W. (1992): Vereinsalltag zwischen Spenden und Sponsoring. Ein Erfahrungsbericht eines Vereinsmanagers. In: Zimmer 1992, S. 76–94.

Luhmann, N. (1984): Soziale Systeme. Frankfurt a. M. (Suhrkamp).

Luhmann, N. (1988): Die Wirtschaft der Gesellschaft, Frankfurt a. M. (Suhrkamp).

Maier, F. (1995): Rechtsfragen der Organisation und Autonomie im Verbands- und Berufssport: dargestellt am Beispiel des Deutschen Fussball-Bundes und der National Football League in den USA. Bayreuth (Shaker).

Manzenreiter, W. (2002): Japan und der Fußball im Zeitalter der technischen Reproduzierbarkeit. Die J. League zwischen Lokalpolitik und Globalkultur. In: Fanizadeh, M., Höldl, G. und Manzenreiter 2002, S. 133–158.

Martens, R. (2003): Scheiß Fußball. Was echte Fans so richtig ärgert. Frankfurt/M. (Eichborn).

Mrazek, K. (2005): Cash-League. Wie das Geld den Lauf des Balles bestimmt. München (Stiebner).

Müller, K. (o.J.) : Die Entwicklung des Professionalismus im deutschen Fußballsport. In: DFB 50 Jahre Fußballbund (Südwest).

Neuendorf, R. (2004): Sportwetten strategisch gewinnen. Ideal für Wetten auf Fußball, Tennis, Baseball. Norderstedt (Books on Demand GmbH).

Parlasca, S. (1993): Kartelle im Profisport. Die wettbewerbspolitische Problematik der Mannschaftssportligen Major League Baseball, National Football League und Fußball-Bundesliga. Ludwigsburg (Wissenschaft u. Praxis).

Paul, St. und Sturm, St. (2004): Going Public von Fußballclubs. In: Hammann, P., Schmidt, L. und Welling, M. 2004, S. 195–218.

Pfister, G. (2002): Wem gehört der Fußball? In: Fanizadeh, M., Höldl, G. und Manzenreiter 2002, S. 37–56.

Pieper (o.J.): Der Ball gehört uns allen. Löhrbach (Grüner Zweig 153).

Schaffrath, M. (1999): Die Zukunft der Bundesliga. Management und Marketing im Profifußball. Göttingen (Die Werkstatt).

Schmidt, L.(2004): Überlegungen zur Entlohnung von Profifußballern mit Aktienoptionen. In: Hammann, P., Schmidt, L. und Welling, M. 2004, S. 241–265.

Simmel, G. (1992): Das Geld in der modernen Kultur. In: Simmel, G. 1992, S. 78–94 (Suhrkamp).

Simmel, G. (1992): Schriften zur Soziologie. Frankfurt a. M. 4. Auflage. (Suhrkamp).

Spitaler, G. und Wieselberg, L. (2002): Think global, act local, kiss football. Das Medienereignis WM und seine Sponsoren. In: Fanizadeh, M., Höldl, G. und Manzenreiter, W. 2002, S. 183–202.

Stiftung Deutsches Hygiene-Museum (Hg.) (2005): Spielen. Zwischen Rausch und Regel. Begleitbuch zur Ausstellung »Spielen«. Osterfilde-Riut (Hatje Cantz).

Stopper, M. (1997): Ligasport und Kartellrecht. Die Bündelung von Fernsehübertragungsrechten. Berlin (Erich Schmidt Verlag).

Swieter, D. (2002): Eine ökonomische Analyse der Fußball-Bundesliga. Berlin (Duncker & Humblot).

Tegelbeckers, W. L. und Milles, D. (2000): Quo vadis. Fußball vom Spielprozeß zum Marktprodukt. Göttingen (Die Werkstatt).

Wächter, H. und Führing, M. (2004): Anwendungsfelder des Diversity Management. Diversity Homepages, Fußball Bundesliga, Diversitätspolitik in Städten. München; Mehring (Hampp).

Wilms, W. (2004): Die regionalwirtschaftliche Bedeutung des Profi-Fußballs am Beispiel des VfL Bochum 1848 e.V. In: Hammann, P., Schmidt, L. und Welling, M. 2004, S. 61–86.
Zimmer, Annette (Hg.) (1992): Vereine heute. Zwischen Tradition und Innovation. Basel (Birkhäuser).

Spieler oder Pilger? Spiel- und ritualtheoretische Einwürfe zum Thema Fußball-Fans

Ralf Evers

»Das Merkmal des postmodernen Erwachsenseins ist die Bereitschaft, das Spiel so rückhaltlos zu akzeptieren wie Kinder.« (Bauman 1997, S. 161)

Fußballspiele

Spieltheoretische Einwürfe

Ist Fußball ein Spiel? Nicht nur für die Spielerinnen und Spieler und die Vermarkter des Produkts Fußball, sondern auch für das Alltagsbewusstsein von Fans und Nichtfans steht fest: Fußball ist viel mehr als das. Es ist bitterer Ernst, ist Wahrheit, Kult und Kommerz und – alles in allem – ein das Leben prägendes »gesamtkulturelles Phänomen« (Herzog 2002, S. 12). Schon gilt längst nicht mehr: »Entscheidend ist auf'm Platz« (»Adi« Preisler); wenigstens ebenso bedeutsam ist, was um dieses Lebensverläufe wie Lebensorte rhythmisierende und organisierende Zentrum herum geschieht. Auf dem Platz wird gespielt, aber nicht nur dort.

Dieser These und den Implikationen, die sie für alle diejenigen hat, die mit Fußball zu tun haben, gehen die folgenden Überlegungen nach. Das Augenmerk der spiel- und ritualtheoretischen Einwürfe richtet sich dabei auf ein soziales Konstrukt. Mich interessieren die Stadionfans und ihre Verbindung von Fußballspiel und Alltag. Denn insbesondere für sie gilt: »Entscheidend ist weit mehr als auf'm Platz«.

Nun gilt es in den sozialphilosophischen und soziologischen Überlegungen zum Thema Spielen seit langem, zwischen »auf'm Platz« und dem »Drumherum«, zwischen Spiel und Wirklichkeit streng zu unterscheiden. Erst in dieser Abständigkeit entfalte sich die Bedeutung des Spielens, die gerade dadurch entstehe, dass es sich mit dem Alltag und den Lebenswelten der Spieler nicht vermische. Roger Caillois, dessen Überlegungen ich stellvertretend für die vieler anderer folge, hält die Abgetrenntheit der Spiele vom normalen Leben für notwendig, da die Spiele ansonsten der Korruption ausgesetzt seien und ihre unerlässliche Eindeutigkeit einbüßten (1982, S. 52ff.).

Bliebe das Spiel vom Ernst, vom täglichen Leben getrennt, so könne es die »mächtigen Triebe«, auf denen es beruhe, zügeln und kulturell nutzbar machen. »Sich selbst überlassen, können diese ursprünglichen Antriebe, die wie alle Triebe maßlos und zerstörerisch sind, nur bei unheilvollen Folgen enden.« (ebd., S. 64) Diese Voraussetzung gilt, auch wenn der Trieb auf unterschiedliche Weise, nämlich als *paidia* oder als *ludus*, ausgelebt werden kann. Stellt *Paidia* die ungeregelte und spontane Freude an einer Betätigung dar, die Antrieb zum Spielen überhaupt ist, bedeutet *Ludus* Übung und Regelung. Beides fördert sich gegenseitig: *Paidia* stelle den Antrieb zu jedem Spiel dar, und die disziplinierende und differenzierende Kraft des *Ludus* ermögliche es, den Spieltrieb kulturell nutzbar zu machen. Das richtungslose Herumspielen wird durch den ludischen Trieb geordnet und bekommt eine Richtung.

Grundsätzlich bestimmt Caillois das Wesen des Spiels durch die folgenden Hinsichten, die als sein Fazit aus der Diskussion jüngerer spieltheoretischer Analysen gelesen werden können:

> »Das Spiel ist:
> 1. eine *freie* Betätigung, zu der der Spieler nicht gezwungen werden kann, ohne dass das Spiel alsbald seines Charakters der anziehenden und fröhlichen Unterhaltung verlustig ginge;
> 2. eine *abgetrennte* Betätigung, die sich innerhalb genauer und im voraus festgelegter Grenzen von Raum und Zeit vollzieht;
> 3. eine *ungewisse* Betätigung, deren Ablauf und deren Ergebnis nicht von vornherein feststeht (...)
> 4. eine *unproduktive* Betätigung, die weder Güter noch Reichtum noch sonst ein neues Element erschafft und die, abgesehen von einer Verschiebung des Eigentums innerhalb des Spielerkreises, bei einer Situation endet, die identisch ist mit der zu Beginn des Spiels;
> 5. eine *geregelte* Betätigung, die Konventionen unterworfen ist, welche die üblichen Gesetze aufheben und für den Augenblick eine neue, alleingültige Gesetzgebung einführen;
> 6. eine *fiktive* Betätigung, die von einem spezifischen Bewußtsein einer zweiten Wirklichkeit oder einer in bezug auf das gewöhnliche Leben freien Unwirklichkeit begleitet wird.« (1982, S. 16f.)

Die Überlegungen Caillois' führen auf der Suche nach einer weitergehenden Bestimmung von dieser Frage fort zu »jenen Eigenschaften, durch welche sie (sc. die Spiele) sich in Gruppen von irreduzierbarer Originalität einteilen lassen« (1982, S. 17). Dabei führt ihn der Gedanke, dass sich in den Spielen die organisierenden Prinzipien der jeweiligen Gesellschaft spiegeln, zu einem bemerkenswerten Klassifikationsschema (1982, S. 21ff., S. 46). Caillois unterscheidet vier Grundkategorien: *Agon* – Wettkampf, *Alea* – Chance, *Mimicry* – Verkleidung und *Ilinx* – Rausch, die er ihrerseits zwei Prinzipien zuordnet.

Weil es bei *Agon* und *Alea* um Entscheidungen geht, ist das maßgebliche Prinzip dieser Kategorien die Chancengleichheit. Die Entscheidung über den Sieger in einem Wettkampf kann wie die Zuteilung eines Gewinns in einem Zufallsverfahren nur erfolgen, wenn die Entscheidung ungewiss ist und erst im Verlauf des Spiels herbeigeführt wird und wenn die Entscheidung offen ist, weil eine symmetrische Ausgangssituation Chancengleiche für alle Spieler gewährleistet. Das Spiel selbst setzt so eine »ideale Situation«. Caillois selbst unterstreicht diesen Hinweis dadurch, dass er von »perfekten Situationen« spricht, »in denen der Anteil des persönlichen Verdienstes oder des Zufalls klar und unwiderleglich hervortritt« (1982, S. 27). Aktivität, Einsatz und Leistung auf der einen Seite und passives Vertrauen auf das Glück auf der anderen bestimmen die Spielerhaltungen.

Mimicry und *Ilinx* geht es demgegenüber nicht um die ideale Situation, sondern um die Veränderung und Durchbrechung der realen, gewohnten Situation. Beide leben davon, dass die Spieler soziale und psychische Zustandsveränderungen erreichen, die die gewohnte Welt transzendieren. »Das Spiel ist eine ständige Erfindung, Illusion und Faszination; es erzeugt eine verwandelte Welt, hervorgerufen durch eine *Verwandlung* der Spieler und ihrer Beziehungen untereinander, ihrer Gemeinschaft insgesamt.« (Gebauer und Wulf 1998, S. 199) In den Rollenspielen der Mimikry verwandele sich der Spieler vorübergehend in einen anderen, während er im Rausch seinen Zustand verändere.

Den vier Organisationsprinzipien entsprechen Spielereinstellungen. Der Wettkämpfer hat ein Interesse an dem eigenen Durchsetzen gegenüber der Konkurrenz, die Leistung entspricht der Selbstbehauptung und -bestätigung. Der Glücksspieler lebt demgegenüber von dem Nervenkitzel, der sich aus Spannung zwischen der Haltung der Passivität und der Hoffnung ergibt, der vom Schicksal Begünstigte zu sein. Lebt die *Mimicry* von der bewussten Identifikation des eigenen Ich mit einem Anderen oder einer veränderten Situation, löst sich das Ich im Rausch selbst völlig auf. Die identitätstheoretischen Implikationen dieses Modells werden uns im folgenden noch beschäftigen. Zunächst ist am vorgestellten Modell aber der Transfer auf das Alltagsleben bemerkenswert.

Die beschriebenen Organisationsformen und Spielertypen bestätigen sich im Alltagsleben und kennzeichnen dort Prozesse der Entscheidungsfindung und der Zustandsänderungen. Gebauer und Wulf (1998, S. 201) verweisen beispielsweise auf Konkurrenzprinzip (oft ideologisch auf Leistung verkürzt) und Zufallsverfahren, soziale Darstellung mit Hilfe von Masken und Rollen und Erzeugung von außergewöhnlichen, rauschhaften Zuständen (Massenerlebnisse, Kaufrausch).

Entscheidend ist dabei, dass diese Organisationsformen außerhalb der Spielsituationen ihre paradoxale Eigenlogik nicht entfalten. Sie bestimmen sich nicht länger im Gegenüber zur Wirklichkeit, sondern durch die Folgen, die sie unmittelbar im Alltag entfalten. Für Caillois entsteht die mimetische Bezugnahme der Spiele auf die Alltagswirklichkeit durch die Korrespondenz zwischen beiden Welten, die sich aus den Organisationsformen und Spielertypen bzw. -handlungen ergibt. Spiel und Alltag entsprechen sich, weil sie der gleichen Rationalität gehorchen. Was aber passiert, wenn ich unterstelle, dass Spiele den Eigensinn des Alltags brechen und überbieten? Die fiktiven Welten, die das Spielen eröffnet, sind mehr als die mimetische Simulation des Alltags.

Spielen nimmt auf eine gewusste Wirklichkeit Bezug, ohne diese abzubilden. Grundlegend sind vielmehr die auch im alltäglichen Leben gegebenen Konventionen, Haltungen und Anschauungen, die neu kombiniert werden. Spielen dient gewissermaßen dem sinnbildenden Erproben neuer Welten und Wirklichkeiten unter Rückgriff auf bekannte Muster. Der Alltag wird als Medium der Sinngebung genutzt, indem er spielerisch transzendiert wird. Das Spiel ist dabei keine Gegenwelt zur Wirklichkeit, sondern vielmehr eine Möglichkeit zu deren Erschließung und Bewältigung. Es verhilft dem Ich dazu, sich selbst neu und anders zu positionieren. Diese identitätsbezogene Potenz des Spielens ist von besonderer Bedeutung. Spiele bilden Wirklichkeit nicht ab, sondern ermöglichen in besonderer Weise die Bestimmung des eigenen Ichs im Verhältnis zur Lebenswirklichkeit. Nicht die radikale Abständigkeit, sondern die Verbundenheit von Spiel und Wirklichkeit sind für die Vorstellung von Mimesis entscheidend.

Mimesis

Zunehmend finden ästhetische Begriffe Verwendung, wenn es um die Klärung menschlichen Weltverhaltens und Weltverhältnisses geht. Das Spiel reiht sich hier ein wie die Religion und die Kunst. Friedrich Schleiermacher nimmt in seiner Theorie des »darstellenden Handelns« (1843; vgl. Stroh 2004, S. 62f.) vorweg, was die Mimesisdiskussion der aktuellen Kultursoziologie (vgl. Gebauer und Wulf 1992, 1998) einholt. Im Schleiermacher'schen Sinn bezeichnet darstellendes Handeln solche Handlungsvollzüge, die die Weltsicht oder das Lebensgefühl einer Gemeinschaft oder eines Individuums ausdrücken wollen. Handlungen, die demgegenüber etwas bewirken oder produzieren wollen, bestimmt Schleiermacher als wirksames Handeln. Unterstellt wird im Blick auf das Spiel daher, dass nicht Zwecke verfolgt, sondern ein *Ausdruck* gesucht wird. Im Sinn des darstellenden Handelns geschehende Vor- und Darstellungen des eigenen Ichs sind selbstbezüglich und selbstgenügsam, zweckfrei. Die ästhetische Darstellung des eigenen Selbst ist dabei nicht eine bloße Spiegelung oder Reproduktion des Vorgegebenen, sondern das Erzeugen von Eigenem.

Gebauer und Wulf erweitern diese Vorstellung Schleiermachers im Mimesisbegriff, indem zu der gestalterischen und expressiven Dimension des darstellenden Handelns zwei Dinge hinzutreten: die Bezugnahme auf den Anderen, die praktisch, also mit Hilfe der Sinne hergestellt wird, und die Wiederholung oder Spiegelung von vorgängigen Handlungen und Wirklichkeiten. Mimetisch seien soziale Akte dann,

> »wenn sie
> 1. Bewegungen sind, die auf andere Bewegungen Bezug nehmen;
> 2. als körperliche Aufführungen betrachtet werden können, die also einen Darstellungs- und Zeigeaspekt besitzen, und
> 3. sowohl eine eigenständige Handlung sind, die aus sich selbst heraus verstanden werden kann, als auch auf andere Akte oder Welten Bezug nimmt.« (1998, S. 11f.)

Die Bedeutung des mimetischen darstellenden Handelns liegt nicht mehr im Ausdruck oder der Präsentation des eigenen Ich, sondern in der Verknüpfung der Bestärkung des eigenen Ichs mit der Intensivierung seiner sozialen Bezüge. Und der Darstellungsaspekt wird nicht allein von Nachahmung oder Ausdruck dominiert, sondern umfasst auch transzendierende und konstruktive Dimensionen. »Im mimetischen Handeln erzeugt ein Individuum seine eigene Welt, bezieht sich dabei aber auf eine andere Welt, die es – in der Wirklichkeit oder in der Vorstellung – bereits gibt.« (Gebauer und Wulf 1998, S. 7)

Spiele werden von Wulf und Gebauer ebenso wie Rituale als Formen mimetischen Handelns beschrieben. Beide hätten ein welterzeugendes Potential. »In ihnen stellen die Handelnden eine Welt des *Als-ob* her.« (1998, S. 20) Diese Überlegungen führen dicht an die ritualtheoretischen Einsichten zur Schwellenphase heran, auf die später einzugehen sein wird.

Von Spielern und Mitspielern. Fußball als Spiel

Zwei Fragen stellen sich mir: Wie ist Fußball als Spiel zu bestimmen? Und wer spielt hier eigentlich mit? Das im Anschluss an Caillois vorgestellte Klassifikationsschema legt zunächst nahe, Fußball als *Agon* zu bestimmen (Caillois 1982, S. 21). Das Spiel lebt vom Wettkampf zweier Mannschaften, deren Spieler und deren Spielanlagen möglichst gleichwertig sind, ebenso wie vom typisch agonalen Bestreben der Spieler, der Vereine oder der Fans, die Gleichwertigkeit der Ausgangssituation zu verändern und die eigene Position von vornherein zu verbessern. Typisch ist aber auch – nicht nur für den Fußball –, dass dabei immer wieder auf den Zufall bezogene Logiken bemüht werden. Weniger die Bestechung der Schiedsrichter, sondern der oft sogar offensichtliche Aberglaube, wie das Tragen der immer gleichen Kleidungsstücke, das Vollziehen der immer gleichen Bewegungen (Bekreuzigung) unterstreichen den Wunsch, den prinzipiell offenen Ausgangs des Spiels im eigenen Interesse zu beeinflussen. In dieser und ähnlichen Hinsichten bestimmt sich das Fußballspiel durch die Kombination agonaler und aleatorischer Logiken (ideale Ausgangssituation).

Tatsächlich spielen aber auch Aspekte von *Mimicry* und *Ilinx* eine Rolle. Fußballspieler tendieren zur Selbstinszenierung, sie können sich aber dem offensichtlichen Rollenwechsel – manifest durch Eröffnungsrituale, spezifische Kleidung usw. – nicht entziehen. Unterstützt wird diese Dimension dann noch, wenn die Rollenzuschreibung von außen kommt und Spieler als Fußballgötter und Helden, wie die von Bern, bestimmt werden. Aber auch das ekstatische Element ist für Mannschaftssportarten in der Regel spätestens dann gegeben, wenn die Trennung zwischen Spielern und Zuschauern durch die Stadien und ihre Atmosphäre wie durch die mediale Aufmerksamkeit überhöht wird.

Fußball ist also gleich in mehrfacher Hinsicht ein Spiel – aber wer spielt hier eigentlich mit? Die Antwort ist einfach: Die Wahrheit liegt nicht nur auf dem Platz; auch das Verhalten der Zuschauerinnen und Zuschauer auf den Tribünen wie an den Bildschirmen, der Funktionäre und Vereine selbst ist spieltheoretisch bestimmbar. Und wenigstens für die Fans ist noch ein Schritt weiter zu gehen: Sie spielen. In dem Maß allerdings, in dem auf dem Platz *Agon* und *Alea* dominieren, bestimmen *Mimicry* und *Ilinx* das Geschehen auf den Rängen in und um das Stadion, während und um das Spiel. Nicht nur für die Spieler, sondern auch für die Fans bestimmt sich Fußball durch eine Vielzahl kultischer Praktiken (Kopiez 2002), durch Gemeindebildung (Gebauer 2002, S. 309ff.) und spielerische Momente.

Die Feststellung Sellmanns, »Wer erst einmal verstanden hat, dass es im Fußball um den hoffnungslosen Versuch geht, eine nicht zu bändigende Dynamik in ein geregeltes Setting zu bringen, der ist in der Lage, auf dem Spielfeld sein Leben zu lesen und es in die erheblich einfacheren Metaphern des Fußballs zu übertragen« (2004, S. 53), greift deshalb zu kurz und ist um die mimetische Dimension zu ergänzen: »Nicht das Ergebnis macht den Fußball faszinierend und auch nicht das rein körperliche Geschehen. Seine Faszination macht aus, dass er sich als Geschichte vollzieht, die uns ergreift, und von der wir erzählen können, weil sie auch von uns erzählt.« (Stroh 2004, S. 67) Was die Fans fasziniert, ist weniger ihrem Verhältnis zu den Spielern und Vereinen abzulauschen als den all-samstäglichen Inszenierungen der eigenen Identität. Fußballer und Vereine sind dabei Fluchtpunkte der persönlichen Identifikation und des persönlichen Bekenntnisses.

Zwischenspiel: Fußball als Kult

Den Zusammenhang von Mimesis und Fußball haben bereits Elias und Dunning (2003, S. 159ff.) gestreift, ohne dabei den Blick auf die Fans zu lenken. Ihre Feststellung, dass es »ohne ein klares Verständnis der Funktion mimetischer Erregung bei Freizeitbeschäftigungen (…) schwierig (sei), ihre persönlichen und sozialen Folgen sachgerecht zu bewerten« (2003, S. 168), drängt aber geradezu nach der Übertragung auf die Spiele der Fans. Identifikation und Bekenntnis im Spielen der Fans und seine mimetischen Konnotationen illustrieren Schilderungen wie die folgende aus der WDR-Dokumentation »Leuchte auf, mein Stern Borussia« (Buchholz 1997):

»Die Zeit als Fußballspiele noch reine Freizeitbeschäftigung waren, ist für viele Fans vorbei. Für immer mehr Menschen – so scheint es – sind Fußball-Spieltage heute Feiertage, auf die man sich die ganze Woche über freut. Denn Fußball bedeutet für sie Lebensinhalt. Und der wird von echten Fans wie eine Religion zelebriert – zu sehen beispielsweise an Liedern, Kleidung und der Verehrung der Fußballstars.

> Für Steffi B. aus Dortmund ist jeder Bundesliga-Spieltag ein Feiertag. Und der beginnt schon morgens im heimischen Garten. Da hisst sie die Flagge ihres Vereins, reckt die Fäuste gen Himmel und spricht ein Gebet: ›Sieg, Sieg, Sieg! Lieber Gott! Die Schwarzgelben sind es, die gewinnen müssen!‹ Durch die weit geöffnete Verandatür hört man bis nach hier draußen die voll aufgedrehte Vereinshymne von CD. Und Steffi singt mit: ›Leuchte auf, mein Stern Borussia! Leuchte auf, zeig mir den Weg! Ganz egal, wohin er uns auch führt, – ich werd immer bei Dir sein!‹

Steffi ist Ende 50 und hat bereits testamentarisch verfügt, dass sie einmal zu den Klängen dieses Liedes beerdigt werden möchte. Im schwarzgelben Sarg.

Von zwei bis drei solcher Beerdigungen pro Monat weiß Bruno Knust zu berichten. Der Ur-Dortmunder und ehemalige Stadionsprecher hat das Fanlied für den BVB geschrieben. Auf die sentimentale Melodie des alten englischen Chorals ›Amazing Grace‹. Ein Lied aus dem Mutterland des Fußballs. ›Und in Sachen Inbrunst‹, meint Bruno Knust, ›sind uns die Fans von der Insel um Lichtjahre voraus!‹ (…)

›Wenn du durch Stürme gehst, halte deinen Kopf hoch oben und fürchte dich nicht vor der Dunkelheit. Und du wirst niemals alleine gehen!‹ so sangen schon vor Jahren die Anhänger des FC Liverpool mit Tränen in den Augen (›You'll never walk alone!‹). Kaum zufällig erinnert der tröstliche Zuspruch dieses Liedes an einen uralten Text aus der Bibel, im Prophetenbuch Jesaja, Kapitel 43.

›Borussia ist Religion für mich‹, sagt Steffi aus Dortmund. Und meint es auch so. ›Ich hab ja sonst nichts Anderes. Darum häng ich mein Herz ganz an den Verein!‹ Zu jedem Heimspiel trägt Steffi dasselbe Trikot, dieselbe Jacke, Kette, Mütze und dieselben Schuhe. Wenn sie eine Kleinigkeit vergisst und die Mannschaft verliert, ›dann sag ich mir: Siehste Steffi: Du hast das Ritual nicht eingehalten (…)‹. Im Keller verwahrt Steffi ihre Club-Devotionalien hinter Glas: handsignierte Bierkrüge, Bälle und Star-Trikots, ihr persönlicher Haus-Altar. ›Da darf außer mir keiner ran. Das ist mein Herz und meine Seele von Borussia (…)‹

Für die wahre ›Fan-Gemeinde‹ ist Fußball schon lange kein Spiel mehr. Sondern Lebensinhalt. Je schwächer die Anbindung an traditionelle Kirchlichkeit wurde, desto stärker flossen die religiösen Rituale und Symbole in die Fan-Kultur ein: Von der ›Kutte‹ als liturgischer Kleidung über die Pilgerfahrten zum nächsten Auswärtsspiel bis zur Heiligen-Verehrung eines Fußballstars. Aus dem Abendmahlskelch der Kirchengemeinde wurde der kreisende Bierstiefel beim kollektiven Fanclub-Besäufnis, wo Steffi aus Dortmund mit ihren Freunden von den ›Hörder Borussen‹ das gemeinsame Bekenntnis anstimmt: ›Wir gehööören zusammen! Booo-russi-aaah!‹ (…)

Das Stadion ist die Kult-Stätte der Postmoderne: ›Hier fragt man nicht nach arm oder reich. Wir Fans auf der Tribüne, wir sind alle gleich‹, heißt es in der Borussia-Hymne.

Dass der Profi-Fußball längst ein eiskalt kalkuliertes Geschäft geworden ist, dass die Fans mit überteuerten Eintrittskarten und albernen Merchandising-Produkten vom Borussia-Senf bis zum Vereins-Schnuller für Babies zur Kasse gebeten werden, alles das nehmen die wahren Clubanhänger gern in Kauf für das große Erlebnis beim nächsten Spieltag: ›Trauer, Glück, Erfolg, Jubel, Tränen (…) Alle Gefühle, die im normalen Leben auftauchen, werden hier innerhalb von 90 Minuten komprimiert auf einen losgelassen‹, erzählt ein Borussia Fan von der Südtribüne begeistert. (…)

Und so wird BVB-Fan Steffi auch beim nächsten Heimspiel wieder ihre Flagge hissen, um danach laut singend im Stadion einzuziehen: ›Ich geh mit dir, Borussia! Für dich ist mir kein Weg zu weit! Ich geh mit dir, Borussia! Bis in alle Ewigkeit!‹«

Fußball genießt Kultstatus. Zu den tragenden Elementen des Fußballkults gehören: Vergemeinschaftung zur Masse, gesteigerte Selbsterfahrung, Leiberfahrung oder auch vielsinniges Erleben. Es sind diese Kultelemente, die die Rede von Fußball als einer Religion, einer Ersatzreligion nahe legen (Zimmermann 2004; Herzog 2002; Weis 1995). Denn Religion ist ohne die inszenierte Darstellung und ohne die formalisierte Vergegenwärtigung seiner zentralen Inhalte kaum vorstellbar. Ist aber Fußball eine Religion?

Im religionssoziologischen *Mainstream* wird Religion funktional bestimmt. Zuschreibungen wie »Kontingenzbewältigung« bestimmen die Bedeutung der Religion dahin, dass die Religion bewahrt, schützt und erhält, was durch Anomie, Chaos, Ziellosigkeit oder Komplexität bedroht ist. In der immer bunter werdenden Welt, die das Ich zur Orientierungssuche und zur steten Wahl verpflichtet, bedeuten die religiöse Bindung oder das religiöse Leben Stärkung und Entlastung des Ich. Religion ist – bewirkt durch die religiöse Erfahrung wie durch die Bindung des individuellen Gewissens oder durch die Identifikation mit einer verbindlichen Gemeinschaft – der Fels in der Brandung. Ein Ordnungs- und Sinnstiftungsfaktor in einer zunehmend komplexen Welt. Die religiösen Kulte helfen, der Wirklichkeit zu widerstehen und etablieren den Sonntag im Alltag der Welt.

Gerade dieser Antagonismus verweist aber auf eine zweite Dimension. Religion erfüllte und erfüllt stets auch die entgegengesetzte Funktion und bewies sich in der Störung der Ordnung, in der Kritik und der Transformation des Bestehenden.

Fußball ist ein Spiel, das einem verbindlichen, in der Regel auch kodifizierten Regelwerk folgt. Eine ganze Reihe von gemeinschaftlich durchgeführten Handlungen, die regelmäßig – im Rahmen eines Spiels oder von Spiel zu Spiel – wiederholt werden, bestimmen das Bild. Diese ritualisierten Handlungen setzen den Rahmen, innerhalb dessen einzelne Spieler, aber auch Trainer und Betreuer eine Reihe persönlicher Rituale vollziehen.[1] Für die unmittelbar am Spiel Beteiligten liegen diese Formen auf der Hand; tatsächlich aber spielen die Fans auch. Und auch ihr – anderes – Spiel trägt kultische Züge. Wichtig ist dabei, dass die Kontingenzerfahrungen durch die ge-

1 »Riten sind Verhaltensregeln, die vorschreiben, wie man sich gegenüber dem ›Heiligen‹ zu verhalten hat (Emile Durkheim); sie werden gemeinschaftlich durchgeführt und unter Beteiligung der Sinne periodisch erlebt, wiederholt und erneuert.« (von Soosten 2004, S. 24) Dunning äußert die Vermutung, »Durkheims Analyse des kollektiven Rausches (›efferservence collective‹), wie er in den religiösen Ritualen der australischen Aborigines erzeugt werde, ließe sich mutatis mutandis auf die Emotionen und die Erregung übertragen, die bei einem modernen Sportereignis erzeugt werden« (Elias und Dunning 2003, S. 14 u. 394; vgl. Durkheim 1998).

botene Unterhaltung relativiert werden. Die Sinnprobleme werden nicht gelöst, doch wird der Alltag und mit ihm der Druck des Alltäglichen relativiert. Die Flucht in die Stadien »schwitzt den Sinngebungsstress aus, (...) liftet die Falten der Langeweile, (...) verschönt die Lebensbilanz« (von Soosten 2004, S. 27).

Von Soosten unterscheidet in seiner knappen Skizze des Fanverhaltens den *cultus exterior* vom *cultus spiritualis* (24ff.). Zum äußeren Brauchtum, dem *cultus exterior*, rechnet er die Beachtung heiliger Zeiten, den Besuch des Tempels, das Bekenntnis und den Vollzug gemeinsamer Rituale. Die heiligen Zeiten der Fans werden durch Spielzeiten und Spieltage bestimmt. Wie Tempel und Kathedralen werden Stadien und Arenen in Form von Wallfahrten aufgesucht. Die Identifikation mit dem Verein und den Anbruch der jeweils heiligen Zeit markiert das Tragen von Fansymbolen, das Bekenntnis durch Farben, Fahnen und Gesänge (Prosser 2002). Das gemeinsame Handeln schließlich drückt sich vor allem im Gesang im Stadion aus (Brink und Kopiez 1998; Kopiez 2002), umfasst aber auch das kollektive Handeln der Fangemeinde, das in dieser Form vollzogen werden muss. Zum inneren Brauchtum, dem *cultus spiritualis*, gehören demgegenüber die Vergegenwärtigung und das Wissen um den Kern des eigenen Tuns. Elemente des festen rituellen Kerns wie das Hissen der Fahne, das Anlegen der Kutte, das Absingen der Hymne, das Treffen der Freunde tauchen im oben skizzierten Verhalten der Fans auf.[2]

> »Fußballkulte lockern den Sinngebungsstress, sie vertreiben die Langeweile, und sie verbessern die ›Lust-Unlust-Bilanz‹ des Alltags. Auch in dieser Hinsicht ist die Welt der Arenen der der Religion vergleichbar. Beide versprechen Erlösung und Entlastung: ›vom Alltag und, vor allem, auch von dem zunehmenden Druck des theoretischen und praktischen Rationalismus‹ (Max Weber). (von Soosten 2004, S. 26).

Die Auseinandersetzung mit den Kultaspekten des Fandaseins legt also die These nahe, dass Fußball(fansein) Sinn macht. Diese sinnstiftende Dimen-

2 Einen bemerkenswerten Sonderfall unter den Spielen der Fans stellt dabei das Phänomen des Personenkults dar (Leißner 2004). Genauer zu untersuchen wäre dabei die Form wie die Intention der Identifikation. Im Sinne des zuvor als Funktion von Religion Vorgestellten kann der Starkult im Blick auf die Persönlichkeit des Fans integrierende wie exkludierende Wirkung haben. Die Auseinandersetzung mit dem persönlichen Idol kann genauso der persönlichen Selbstvergewisserung und -vergegenwärtigung dienen, wie sie die fehlende Auseinandersetzung mit dem eigenen Ich zu kompensieren vermag. So oder so wird die subjektbezogene Dimension der Fanspiele deutlich.

sion wird in der Regel dem Sport allgemein unterstellt. »Quest for Excitement« (Die Suche nach Erregung in der Freizeit) überschrieben Elias und Dunning ihre Hinweise auf diese Dimension (2003, S. 1211ff.) und stellten fest, dass die Suche nach freudiger Entspannung ein Gegengewicht zu den Anpassungsspannungen darstelle, die den Menschen außerhalb ihrer Freizeit abverlangt würden. Dabei sei zu unterstellen, dass ernsthaft kritische Situationen weniger häufig geworden seien. Zugleich habe die öffentliche wie persönliche Kontrolle stark emotionsgeladener Handlungen zugenommen. Große Krisensituationen im Leben würden im Raum des Privaten behandelt. Kontrolle sei zu einem Teil der Persönlichkeitsstruktur geworden. Ein »gemäßigtes Aufbrechen des gewöhnlichen Selbstzwanggefüges« entdecken die Autoren dann aber doch: in neueren Entwicklungen in Musik und Theater, in neuen Gesangs- und Tanzformen – und in der aktiveren Zuschauerbeteiligung an Sportereignissen. Diese Perspektive muss nun im Blick auf die Fans und ihr Verhalten erweitert werden: Ihre Spiele lassen sich als darstellendes Handeln im Sinne Schleiermachers bestimmen. Es geht um die Repräsentation oder Präsentation, nicht um die Produktion oder das Bewirken von etwas, das zuvor nicht da war. »Die Wahrheit des Spiels, des Kunstwerks, der Darstellung ist immer das Ganze.« (Stroh 2004, S. 63)

Ein Exkurs: Die Korruption des Spiels

Würden die Spiele ihr abgeschottetes Terrain verlassen, so Caillois, käme es zu pervertierten Formen: Die agonale Tendenz, der Wettkampf, führe zu übersteigertem Ehrgeiz, *alea*, das Glücksspiel, würde zum Aberglauben, *mimicry*, die Nachahmung, könne im schlimmsten Fall zur Schizophrenie führen und *illinx*, das Bedürfnis, sich zu berauschen, zur Drogenabhängigkeit (1982, S. 52ff.).

Radikalisierung von agon und alea

Die Fans bestimmt das vitale Interesse, den Spielausgang mitzubestimmen. Nicht die prophetische Vorhersage, sondern die vollmächtige Tat oder das Maß der eigenen Identifikation mit dem Verein, den Spielern und dem Geschehen bestimmt das Bild.

Der ursprüngliche Reiz des Fußballs liegt gerade in der Kombination von *alea* und *agon*. Chancengleichheit wird für den Wettkampf vorausgesetzt; für Spannung sorgt, dass der Ausgang offen ist. Die Fans aber wollen durch ihr Handeln den Ausgang des Spieles beeinflussen. Nicht nur, in dem sie als

»zwölfter Mann« auf dem Platz agieren und ihre Mannschaft »moralisch« unterstützen.

Die Selbstbindung an den Vollzug bestimmter Rituale wie das Anlegen der Faninsignien, das Hissen der Vereinsfahne oder das Absingen der rituell vorgeschriebenen Abfolge der Fanlieder vor dem Anpfiff wird mit dem Ausgang des Spiels verknüpft. Wurde etwas unterlassen oder verändert, ist das der offensichtliche Grund für das schlechte Ergebnis. Eine quasi magische Beeinflussung der Geschehnisse wäre im Alltag wünschenswert; doch gilt dort das persönliche Schicksal eher als Verhängnis. Auf dem Fußballplatz dagegen lassen sich Wettkämpfe gewinnen. Und die Wahl der Mittel ist im Spiel der Fans durchaus offen.[3]

Radikalisierung von mimikry und ilinx

Nicht allein die Radikalisierung des auch im Alltag gegebenen Wettbewerbsdenkens und der Versuch, den Zufall zu überlisten, bestimmt das Bild. Ebenso grundlegend für die all-samstäglichen Ausbruchsversuche ist die Radikalisierung von *mimikry* und *ilinx*. Der Stadionbesuch, ja Fußball überhaupt ist ein Fest. Es ist der Sonntag inmitten der alltäglichen Welt. Eine Hochzeit, die entsprechend inszeniert und begangen werden muss. Die Kutte der Fans ist dabei nicht die Kleidung der Priester, sondern der zum Kult eingeladenen und dort eingeweihten Gäste. Die Teilnahme am Mysterienspiel lebt von der Spannung, das eigene Ich in einer anderen Rolle zu erleben und zu erblicken. Und von Anderen in dieser Rolle erlebt und erblickt zu werden. Uniformierung der Fans hebt den Einzelnen auf in die Masse.

Über diese Hinweise hinaus ist eine spätmoderne Radikalisierung der Problemlage festzustellen: Die Spiel- und Alltagswelten lassen sich nicht mehr eindeutig voneinander trennen. Inszenierungen des eigenen Selbsts tragen sich durch alle Lebensbereiche. Spieltag und Alltag, Ausnahme und Regel, Anfang und Ende sind nicht zu unterscheiden. Früher erzwangen die einst

3 Dem Sonderproblem Hooliganismus und Gewalt wie den damit verbundenden Modi der (jugendkulturellen) Identitätsbildung kann an dieser Stelle nicht nachgegangen werden. Dunning stellte fest, dass »Fußball als Sport und Zuschauersport nie frei von ›Problemen‹ war, ganz im Gegenteil. Sie bildeten einen unzertrennbaren Bestandteil des Spiels. Zuschauerausschreitungen im engeren Sinn gibt es seit Ende des vorigen Jahrhunderts (sc. gemeint ist das 19. Jahrhundert)« (o.J., S. 124f.). Tatsächlich scheint es aber in diesen Zusammenhängen zu signifikanten Verschiebungen zu kommen; die Transformation der Lebenswelten – wie der Fußballstadien und des Fußballspiels – geht mit einem veränderten Fanverhalten und anderen Formen der spielerischen Selbstverständigung einher (Pilz 2005).

klareren Differenzen zwischen Lebensabschnitten und Lebensbereichen von den Subjekten Passagen und Übergänge. Das Insistieren auf und bearbeiten von Grenzen war relevant – und konnte in anderer Weise geschehen als gegenwärtig noch möglich.

Fußball als Ritual

Ritualtheoretische Einwürfe

Die umfassenden Orientierungsmuster der Moderne verschwinden, so dass soziale Subjekte heute nach wirksamen Orientierungshilfen oder Kompensationen des Wahldrucks suchen. Zu den helfenden Mitteln im sozialen Handeln gehören Rituale. Rituale spielen mit der Vermittlung von Chaos und Kosmos, Individuum und sozialer Welt, Offenheit und Stabilität. Rituale heben diese Gegensätze nicht auf, aber sie helfen, mit ihnen umzugehen. Sie haben demgemäß insbesondere mit den Übergängen zwischen verschiedenen Ordnungen zu tun, wobei sie den sozialen Wandel und die Etablierung neuer Ordnungen ebenso stützen wie sie Sozialstrukturen inszenieren und bekräftigen, die nicht veränderlich sind.

Rituale bestehen aus zeitlich geordneten Handlungssequenzen, in denen soziale Subjekte verschiedene Rollen übernehmen. Sie wirken als Inszenierungen des Körpers, als symbolische Handlungen, als ästhetische Aufführungen und als ethisches Geschehen. Rituale sind kulturelle Aufführungen. So und ähnlich lassen sich diejenigen Handlungen bestimmen, mit denen Subjekte und Gemeinschaften die gerade erwähnten Übergänge ermöglichen und Grenzen bearbeiten.

Die von van Gennep beschriebenen transitorischen Übergangsriten sind als Grundmuster aller Rituale zu werten (1986). Sie umfassen drei Phasen: die Trennungs-, die Schwellen- und die Angliederungsphase. Von besonderer Bedeutung ist dabei die Schwellenphase, in der es zu einer radikalen Umwertung der ansonsten üblichen Wertungen kommt. Die Normalität, die in der Trennung wie in der Angliederung vorausgesetzt wird, wird in der Schwellenphase ausgesetzt. Weder das Neue, noch das Alte gilt. Die Ordnung ist offen, vieles, wenn nicht alles, ist möglich. Die Schwellenphase ist paradox und mehrdeutig und verlangt eine besondere Form von Reflexivität.

Es ist das Verdienst Victor Turners, entsprechende Schwellenzustände in der Kultur moderner Industriegesellschaften erschlossen zu haben. »Wir werden in solchen Riten mit ›einem Augenblick in und außerhalb der Zeit‹, in und außerhalb der weltlichen Sozialstruktur konfrontiert, der (…) das Erkennen einer generalisierten sozialen Bindung offenbart, die aufgehört hat zu bestehen und gleichzeitig erst noch in eine Vielzahl struktureller Beziehungen unterteilt werden muss.« (1989, S. 96) Gesellschaft wird in der Schwellenphase mit ihren antistrukturellen Bedingungen, unstrukturiert und offen, erkennbar. Turner spricht von *communitas* (1997, S. 70ff, S. 74ff.). Schwellenphasen sind also nicht nur Trennlinien, sondern Bereiche ganz eigentümlicher Ordnung, die aus der Perspektive der alten Ordnung als chaotisch erscheinen, im Durchleben des Schwebezustands aber durchaus auch als befreiend erlebt werden.

Religion kann in den Übergangssituationen, wie oben bereits angedeutet, die Funktion ritueller Aktualisierung und Steuerung übernehmen. Ihr Ziel wäre es dann, die Momente des Umbruchs und die Erfahrung der Führungslosigkeit schnell zu überwinden und ihre Auswirkungen gering zu halten. Religion kann sich aber ebenso im Zwischenbereich ansiedeln. Sie ermöglicht das Erleben der Diskontinuität und ist der besonderen Form einer Grenzen bearbeitenden Reflexivität verpflichtet. Religion ermöglicht es, neue Orientierung auszuprobieren und spielerisch zu erleben. Der Bezug auf die Spiele der Fans legt sich nahe:

> »In Spielen (und wie ich ergänzen würde in der Schwellenphase der Rituale ebenso wie im Zusammenhang mit solchen ›liminoiden‹ Phänomenen wie Charivaris, Fiestas, Halloween-Maskeraden, Vermummungsspielen usw.) dürfen wir aus zwei Gründen unordentlich sein – entweder weil wir ein Zuviel an Ordnung besitzen und Dampf ablassen wollen (das könnte man ›konservative Interpretation‹ ritueller Unordnung nennen, wie sie in Umkehrungsritualen, Saturnalien u.ä. vorkommt) oder weil wir durch das Unordentliche etwas *lernen* sollen.« (Brian Sutton-Smith zit. n. Turner 1995, S. 41)

Das Spiel wird zur Wurzel gesellschaftlicher Kreativität und zum Modus individueller Reflexivität. Es ist als auf die Schwellenphase bezogenes Phänomen funktional bestimmt, macht aber »nicht nur das bestehende System erträglich, sondern (hält auch) seine Mitglieder in einem flexibleren Zustand dem System und deshalb möglichen Wandeln gegenüber« (1997, S. 82; vgl. a.a.O., S. 87).

Schwelle und Passage

Die Eigentümlichkeit der Schwellenphase verdiente, in Auseinandersetzung mit Turner und anderen, eine eigene Untersuchung. Dazu fehlt hier der Raum. Wegweisend können dabei andere sozialwissenschaftliche Einsichten sein, die auf die Möglichkeiten der Erfahrungsverarbeitung der Subjekte hinweisen. So unterscheidet beispielsweise Paul Ricœur – in seiner umfassenden Auseinandersetzung mit dem Erzählen und der Zeit – drei zeitlich voneinander abhängige Aspekte von Mimesis: das Vorverständnis vom Bereich der Erfahrung, die fiktionalisierende Nachahmung des Erfahrenen und die Rückwirkung dieser Nachahmung auf den vorverstandenen Bereich (1988, S. 87–135). Das mittlere dieser drei Momente, Ricœur spricht von $Mimesis_1$, $Mimesis_2$ und $Mimesis_3$, eröffnet den Bereich des »als ob« und steht für den Konfigurationsvorgang, der als die eigentliche Verdichtung eines Erlebnisses zu einer Erfahrung verstanden werden kann. $Mimesis_1$ und $Mimesis_3$ begründen und vollenden als Vorher und Nachher – oder besser: als Bedingung und Konsequenz – den Konfigurationsvorgang.

Wie Turner behauptet Ricœur für die $Mimesis_2$ die Unverbundenheit und Losgelöstheit vom Vorher und Nachher. Die Autonomie der Schwellenphase drückt sich einerseits in dieser Ungebundenheit, andererseits in ihrer Offenheit und Unbestimmtheit aus. Wichtige soziale Unterschiede verschwinden ebenso wie Normen und Verbindlichkeiten; die Möglichkeit zum Positionswechsel und zur Icherfahrung wird geboten. Überraschend ist nun die Feststellung, dass der Alltag in der späten Moderne relativ reich an entsprechenden Situationen ist. Gingen die Ritualtheoretikerinnen und -theoretiker, van Gennep folgend, lange Zeit davon aus, Schwellensituationen in den Übergängen der individuellen Lebensgeschichten und den dort angegliederten Ritualen zu suchen, zeigen sich ähnliche Situationen, worauf schon Turner hinarbeitete, vielfältig in den sozialen Bezügen des alltäglichen Lebens. Die Durchbrechung der öffentlichen Sphäre durch die private oder der Antagonismus von Arbeitszeit und Freizeit zeigen relevante Übergangssituation und alltägliche Gegenwelten. Der Besuch von Museen und Theatern, der Film im Kino, das Spielen mit Freunden, Urlaubsreisen und die Lektüre von Büchern lassen sich in ihrer Bedeutung für das eigene Leben und die individuelle Reflexivität mit Hilfe des Schwellenmodells bestimmen. Sie markieren – wie der Besuch des Fußballspiels – eine Unterbrechung im Alltagsleben.

Eine entscheidende Signatur der späten Moderne ist nun aber das Verschwinden der Grenzen – weniger durch ihre Aufhebung und Überwindung als durch ihre Allgegenwart und ihre Verbreiterung ins Unendliche (Luther 1992, S. 445–50).[4] Die Schwellenphase oder das mittlere Mimesismoment ist

4 H. Luther geht davon aus, dass der Alltag zunehmend lebendig und seine Starre durch Brüche und Übergänge aufgebrochen wird. Grenzerfahrungen brechen als »alltägliche in unseren Alltag ein und dessen Enge auf« (1992., S. 242).

nicht länger eine Ausnahmesituation, sondern für viele die andauernde Situation eigenen Lebens und Erlebens. Das Subjekt wird zum Grenzgänger. Das Fragmentarische seiner Identität wird immer deutlicher. Zur reflexiven Subjektwerdung genötigt, ist die Suche nach der Vollendung der Weg, den es ein Leben lang beschreitet. Das Grundproblem auf diesem Weg sind die Passagen und Übergänge, die Bewältigung von Differenzerfahrungen. Sie sind nicht länger vorrangig als Statuspassagen vorstellbar. Da die Individuen die Situation des Übergangs nicht mehr endgültig hinter sich lassen, stellen die Lebensübergänge nicht die biographischen Ausnahmesituationen dar, sondern bestimmen die Lebensgeschichte als Ganze.

Der Verlust der Grenzen radikalisiert die Subjektproblematik. Ohne stabiles Zentrum und unerlässliche Grenzen ist es orientierungs- oder besser: heimatlos. Der Besuch des Fußballstadions, ist ein trotziger Einspruch gegen dieses Dilemma, indem es in der Wirklichkeit des Spiels eine eigene Identität behauptet und vorwegnimmt.

> »Das Fußballstadion ist der beliebteste Versammlungsplatz unserer Zivilisation. (...) In einer Zeit, in der Fernsehübertragungen die Spiele für jedermann zugänglich machen, bedeutet die körperliche Anwesenheit auf dem Fußballplatz etwas Besonderes. (...) Wer ins Stadion geht, bezahlt (...) für das Mitwirken an der letzten globalen Theatervorstellung. Die Zuschauer auf der Tribüne sind nicht nur einverstanden, das Volk zu symbolisieren. Sie spielen es gern, putzen sich heraus (...).« (Schümer 1998, S. 31f.)

So hat der Besuch eines Fußballspiels in vielerlei Hinsicht der Logik von Ritualen entsprechende Züge. Er ist nicht nur ein Ereignis im sozialen Raum, wo es sich abzuheben und zugleich einzugliedern gilt. Auch räumliche Passagen hin zu den Hochzeiten und Hochburgen des Selbsterlebens sind zu bewältigen. Der Weg zum Stadion (vgl. Sellmann 2004, S. 45ff.) lebt so vom Sog, der von dem Ort ausgeht, aber auch von Schwellen, die es zu überwinden gilt: Blickfänge, optische und akustische Wegmarken, das Passieren von Sicherheitskontrollen und dann ein exklusiver Raum. Voll überblickbar. Geteilt in Tabubereiche und eigenen Standort.

Die Wegmetaphorik wirft ein weiteres Licht auf eine große Verführung, nämlich das Spielen der Fans mit den Einsichten der Ritualforschung zu erfassen. Tatsächlich ist aber m. E. das Fanverhalten der Gegenwart nur noch sehr bedingt als Ritual zu bestimmen. Ungeachtet der vielen und schon oft bemerkten kleinen Rituale ist der samstägliche Stadionbesuch weniger die Lösung der subjekttheoretisch zu bestimmenden Herausforderungen der

Gegenwart, als vielmehr Ausdruck ihrer Brisanz. An die Stelle der grundsätzlichen Wahl des eigenen Ichs und der Entscheidung zur eigenen Autonomie tritt die ständige Herausforderung, das eigene Leben zu verwirklichen. Nicht die einmalige ethische Entscheidung, sondern die immer wiederkehrende Realisierung und Präsentation des eigenen Ich steht im Blickpunkt des Interesses. Der Sinn, den Fußball stiftet und den die Fans in ihren Spielen realisieren, verschiebt sich damit im Prozess der Modernisierung. Ungeachtet dessen, dass im Blick der Öffentlichkeit vor allem die Gewaltaffinität das Fansein bestimmt, entsteht eine neue Dynamik durch den Bezug auf das eigene Leben und den Zwang zur Bestimmung und Pflege des persönlichen Lebensstils. Die emotionale Bewältigung von Krisen tritt als Möglichkeit hinzu. Hatte Stroh vor dem Hintergrund Schleiermacher'scher Überlegungen gefolgert, dass die Wahrheit des Spiels wie des Kunstwerks immer das Ganze sei, so ist nun bescheidener zu folgern: Die ästhetische Selbstvergegenwärtigung in den Spielen der Fans etabliert einen Raum voller Möglichkeiten; doch stehen diese nicht für das Umfassende und Ganze, sondern für den Augenblick und das Glück des Moments.

Spieler oder Pilger?

> »Ich möchte behaupten, so wie der Pilger die passendste Allegorie für die moderne Lebensstrategie und ihre entmutigende Aufgabe der Identitätsbildung darstellte – so bilden der Spaziergänger, der Vagabund, der Tourist und der Spieler zusammen die Metapher für die postmoderne Strategie ihrer Furcht vor Gebundenheit und Festlegung.« (Bauman 1997, S. 149)

»Für den Pilger liegt die Wahrheit andernorts; der wahre Ort liegt immer ein Stück weit und eine Weile entfernt.« (ebd., S. 136)[5] Das Noch-Nicht, der räumlich wie zeitlich gegebene Abstand vom Ziel des eigenen Weges und der eigenen Wünsche, bestimmt die Existenz des Pilgers, als den Bauman den modernen Menschen kennzeichnet. Für ihn sei der Weg interessanter als ein Ort des Bleibens, der nur vom Ziel ablenke. Die Ort- und Heimatlosigkeit gehört ebenso zu den Grunderfahrungen modernen Selbst- und Welterlebens wie der Versuch, den zurückgelegten Weg in Bilanzen als gewinnbringend und zielführend nachzuweisen. Zeit und Raum gilt es zu durchschreiten und zu durchleben, um am Ende (oder jenseits dieses Endes) ein Ziel zu erreichen oder ihm wenigstens nahe gekommen zu sein.

5 Bemerkenswerterweise ist der Weg des Pilgers auch ein Bild für die Existenz in der Schwellenphase bei Turner (1995, S. 37).

Die Funktionen des Spielens ergeben sich in dieser Betrachtungsweise als die der Unterbrechung, des Moratoriums, die aber nicht zweckfrei ist, sondern eine z. B. pädagogische Nutzung nahe legt. Die »Phase des Zwischens« wird als Orientierungsphase, als Raum der Besinnung und des Sammelns von Kräften, gedacht, durch deren Hilfe das Ziel umso sicherer erreicht werden kann. Das Als-Ob des Spiels nutzt die Möglichkeiten der Unterbrechungen und Vergegenwärtigungen im Blick auf einen übergeordneten Sinn. Diesem Sinn, dem Ziel des eigenen wie des gemeinsamen Lebens zu entsprechen und ihn zu realisieren, wird alles untergeordnet. Als Pilger wandert der Mensch nicht, sondern er wandert zielgerichtet. Leben ist ein Fortschritt. »Das Ziel, der gesetzte Zweck der Pilgerreise des Lebens, gibt dem Formlosen Form, macht aus dem Fragmentarischen ein Ganzes, verleiht dem Episodischen Kontinuität.« (Bauman 1997, S. 140) Den Subjekten bleibt damit die Aufgabe übergeben, Lebenssinn zu erbringen. Ihre Identität konstituieren sie, indem sie das eigene Leben als Projekt ansehen. Spielerische Unterbrechungen in diesem Projekt haben den Anspruch, für den Weg zu stärken, das Ziel zu vergegenwärtigen und gewissermaßen in der Vorwegnahme des Kommenden die Gegenwart zu überwinden.

Bezeichnenderweise ist eine der Grundfiguren der radikalisierten Moderne das angedeutete Auseinanderbrechen von Zeit-Raum-Zusammenhängen. Die Welt hat sich gegenüber den Pilgern verändert. Es ist praktisch unmöglich, einen Lebensweg zu konstruieren. Personen wie Dinge haben ihre Eindeutigkeit und Festigkeit verloren. Das *theatrum mundi* zerbricht in viele Szenen und Kulissen. Das Spiel dominiert in seiner radikalen Augenblicksbezogenheit das Bild. Die Unterbrechung wird zum Dauerzustand. Identität ist noch zu haben. Im Hier und Jetzt als der Ergebnis aktueller Selbstwahl und -erfahrung. Der Preis ist, dass die Identitäten wie Kostüme häufig zu wechseln sind und schnell veralten. Die Wegwerflogik hat eine schillernde Seite: Immer sind noch Optionen offen. Sie bedeutet aber auch eine gigantische Herausforderung: Nur noch die aktuelle Selbstwahl scheint Kontinuität und Zusammenhang des eigenen Ichs zu konstituieren. »Im Lebensspiel der postmodernen Konsumenten wechseln die Regeln fortwährend im Laufe des Spiels. Es ist deshalb vernünftig, jedes Spiel ganz kurz zu halten – und das bedeutet für ein derart vernünftig angelegtes Lebensspiel: das eine, große, allumfassende Spiel mit riesigem Einsatz in eine Reihe kurzer und kleiner Spiele mit kleinen Einsätzen aufzusplitten. Die ›Entschlossenheit, immer nur einen Tag zur Zeit zu leben‹ oder ›sich den Alltag als eine Abfolge von kleineren Notfällen vorzustellen‹ wird zum leitenden Prinzip allen rationalen Verhaltens.« (Bauman 1997, S. 145)

Der Fluss der Zeit wird in die stete Gegenwart eingeebnet. Die Auswirkungen der Vergangenheit oder der Zukunft auf die Gegenwart wird unterbunden. Hier und Jetzt zu leben und sich zu erleben wird zum Prinzip, das im Fußballspiel (so oder so) seine Bestätigung findet. Dabei greift eine eigentümliche Aktivierungsstrategie Raum: Wichtig ist nicht, ein Ziel zu haben, sondern nicht stillzustehen. Nicht Gesundheit, sondern Fitness; nicht Identität, sondern Offenheit für alles; nicht dauerhafte Bindung, sondern lebhafte Beziehung.

Menschliche Beziehungen werden tendenziell diskontinuierlich und vor allem fragmentarisch. In Fragen des Umgangs mit Anderen dominiert der Geschmack und nicht die Verantwortung. In dieser Situation gewinnen Stil und Lebensstil an Bedeutung. Fußballfansein ist heute vermutlich zunächst viel eher als eine Lebensstilentscheidung zu verstehen und mit Motiven der ästhetischen Wahl begründet als das Ergebnis einer grundlegenden ethischen Wahl und prinzipiellen Identifikation. Es sind die kleinen Transzendenzen und nicht die umfassende Erlösung, die Fußball so spannend machen. Damit wird Abschied genommen von einer anderen Ganzheit als der, die die Summe ihrer Teile ist.

Die Strategien der Anpassung an die so veränderten Wirklichkeitsbedingungen verbindet Bauman mit den Metaphern Flaneur, Vagabund, Tourist und – eben – Spieler. Bleiben die ersten drei noch der Weglogik verhaftet, bricht der Spieler radikal mit dieser *cursorischen* Logik. Für ihn ist die Welt Mitspielerin, der es einen Zug voraus zu sein gilt. Die Zeit unterteilt sich in eine Abfolge von Spielen, die eigene Konventionen besitzen und eigene Sinnprovinzen bilden. Innerhalb des Spiels gelten Konventionen, die außerhalb nicht gelten. Es gibt nur die Entscheidung, mitzuspielen oder nicht zu spielen. Jedes Spiel hat Anfang und Ende; zuvor gespielte Spiele dürfen keine Folgen für die folgenden haben. Immer wieder muss man von vorn anfangen können, ohne durch Vergangenes bestimmt zu sein. Spiele dürfen keine dauerhaften Folgen hinterlassen.

Erst in diesem Sinn ist das Merkmal des postmodernen Erwachsenseins die eingangs zitierte Bereitschaft, das Spiel so rückhaltlos zu akzeptieren wie Kinder (Bauman 1997, S. 161). Ob dieser Hinweis auf die Sache »Fußball« bezogen werden kann, mag angesichts des ungeheuren Ernstes, den dieses Spiel und erst recht die Spiele der Fans und die Geschäfte der Funktionäre entfalten, bestritten werden.

Zwei den bisherigen Gedankengang zusammenfassende Hinweise können gleichwohl die These Baumans stützen:

Das Gesicht des Fußballs hat sich gewandelt: Die Verknüpfung der Spiele der Fans mit dem Spiel auf dem Platz wird lockerer. Die Fankulturen erreichen ein Eigengewicht und eine Eigendynamik, die das faktische Geschehen auf dem Platz relativiert und zum Anlass des eigenen Agierens nimmt. Die Wahrheit reicht inzwischen weit über den Platz hinaus. Präziser: Die Spiele haben und finden kein Ende.

Die einst bestehende (in der Erinnerung jedenfalls klar gegebene, vielleicht aber auch nur herbeigesehnte) Grenze zwischen Spiel und Wirklichkeit löst sich auf. Nicht weil das Spiel auf dem Platz sich sosehr verändert, sondern weil so viele weitere Spiele angelagert werden und ihre Eigenlogik entfalten. Die Wirklichkeit drängt auf den Platz. Die Eigenlogik des Fußballspiels wird durch die Inanspruchnahme von Spiel und Spielern durch Fans und Medien, ökonomische Interessen und gesamtgesellschaftlichen Bedürfnissen relativiert. Wo Caillois noch die »Korruption der Spiele« als Gefahr sah, ist eine Korruption durch die Spiele zu beobachten. Dabei werden die Spiele nicht allein im Sinne einer »Brot-und-Spiele-Politik« instrumentalisiert, sie werden benutzt, um einer breiten »Infantilisierung« der Gesellschaft zu entsprechen. Dem kulturkritischen Blick jedenfalls droht eine Dominanz von Lust und Vergnügung die Ernsthaftigkeit, derer die Gesellschaft bedarf, zu unterlaufen. Die Bereitschaft der Erwachsenen, Spiele so rückhaltlos zu akzeptieren wie Kinder, resultiert dann aus der Tatsache, dass sie nicht (oder jedenfalls jetzt nicht) anders sein wollen als die Kinder.

Und die Religion? Die Funktion der Religion wird in der Regel in ihrer integrativen, Gesellschaft und Subjekte stabilisierenden Kraft gesehen (Ich-Entlastung, Ichstärkung). Tatsächlich findet sie ihren Ort aber gerade dort, wo sie im Umgang mit Schwellen und Passagen, zur Neuorientierung und Selbsterfahrung im Raum des Als-Ob beiträgt.

Die Rolle der Religion muss in der veränderten Situation des Subjekts in der Spätmoderne und unter dem Eindruck der überbordenden Ästhetisierung der Lebenswelt neu bestimmt werden. Der Transformation des Selbstbewusstseins und der Selbsterfahrung muss mit einem der Realitätserfahrung angemessenen Bild der Subjektkonstitution entsprochen werden. Dazu reicht nun die Feststellung, dass Identität nur noch als vielgestaltige oder gebrochene möglich sei, keineswegs aus. Den Schlüssel bildet meines Erachtens vielmehr die Vermittlung zwischen den Pluralitäten und die Überwindung der Fragmentarität durch das Aufweisen der Perspektive eines veränderten Menschseins. Dieses will erlebt werden, um belebend zu wirken. Die wachsende Bedeutung der ästhetisch bestimmten und am Erleben hastenden Reflexivität weist auf die entscheidende Implikation; sie zeigt, wie Reaktion zur Aktion werden kann und um der weitergehenden Veränderung und

Entwicklung willen werden muss. Nicht die Einrichtung im Wandel, sondern seine Gestaltung ist das Gebotene.

Dazu mag auch das Spielen der Fans beitragen.

Literatur

Bauman, Z. (1997): Flaneure, Spieler und Touristen. Essays zu postmodernen Lebensformen. Hamburg (Hamburger Edition).

Brink, G. und Kopiez, R. (1998): Fußball-Fangesänge. Eine FANomenologie (mit Notenbeispielen und 1 CD). Würzburg (Königshausen & Neumann).

Buchholz, M. (1997): »Leuchte auf, mein Stern Borussia!«, WDR-Dokumentation. Zit. n. http://livelx.ard.de/special/helden1954/pages/2440.php.

Caillois, R. (1982): Die Spiele und die Menschen. Maske und Rausch. Frankfurt/M.; Berlin; Wien (Ullstein).

Dunning, E. (o. J.): Zuschauerausschreitungen. Soziologische Notizen zu einem scheinbar neuen Problem. In: Elias, N. und Dunning, E. (o. J.): Sport im Zivilisationsprozeß. Studien zur Figurationssoziologie. Hg. Von W. Hopf. Münster o. J. (LIT) (Sport, Kultur, Veränderung; 8), S. 123–132.

Durkheim, È. (1998): Die elementaren Formen des religiösen Lebens. 2. Aufl., Frankfurt a. M. (Suhrkamp).

Elias, N. und Dunning, E. (2003): Sport und Spannung im Prozeß der Zivilisation. Frankfurt a. M. (Suhrkamp).

Gebauer, G. (2002): Fernseh- und Stadionfußball als religiöses Phänomen. Idole, Heilige und Ikonen am ›Himmel‹ von Fangemeinden. In: Herzog, M.(Hg.): Fußball als Kulturphänomen. Stuttgart (Kohlhammer) (Irseer Protokolle), S. 305–314.

Gebauer, G. und Wulf, C. (1992): Mimesis. Kultur, Kunst, Gesellschaft. Reinbek (Rowohlt).

Gebauer, G. und Wulf, C. (1998): Spiel – Ritual – Geste. Mimetisches Handeln in der sozialen Welt. Reinbek (Rowohlt).

Gennep, A. van (1986): Übergangsriten. Frankfurt a. M., New York, Paris (Campus).

Herzog, M. (2002): Von der Fußlümmelei zur ›Kunst am Ball‹. Über die kulturgeschichtliche Karriere des Fußballsports. In: ders. (Hg.): Fußball als Kulturphänomen. Stuttgart (Kohlhammer), S.11–43.

Kopiez, R. (2002): Alles nur Gegröle? Kultische Elemente in Fußball-Fangesängen. In: Herzog, M. (Hg.): Fußball als Kulturphänomen. Stuttgart (Kohlhammer), S. 293–303.

Leißner, T. (2004): Fußballfans und Heiligenkult. Begegnung mit einer anderen Wirklichkeit. In: Noss, P. (Hg.): Fußball ver-rückt: Gefühl, Vernunft und Religion im Fußball. Annäherungen an eine besondere Welt. Münster (LIT) (Forum Religion & Sozialkultur; 15), S. 79–92.

Luther, H. (1992): Religion und Alltag. Bausteine zu einer Praktischen Theologie des Subjekts. Stuttgart (Radius).

Pilz, G. A. (2005): Wandlungen des Zuschauerverhaltens im Profifußball: Vom Kuttenfan und Hooligan zum postmodernen Ultra und Hooltra. In: Kursiv. Journal für Politische Bildung (2005), S. 3, S. 50–59.

Prosser, M. (2002): ›Fußballverzückung‹ beim Stadionbesuch. Zum rituell-festiven Charakter von Fußballveranstaltungen in Deutschland. In: Herzog, M. (Hg.): Fußball als Kulturphänomen. Stuttgart (Kohlhammer), S. 269–292.

Ricœur, P. (1988): Zeit und Erzählung. Bd. I: Zeit und historische Erzählung. München (Fink).

Schleiermacher, F. D. E. (1843): Die christliche Sitte nach den Grundsätzen der evangelischen Kirche dargestellt. Berlin (Reimer) (SW I.2).

Sellmann, M. (2004): Die Gruppe – der Ball – das Fest. Die Erfahrung des Heiligen im Fußballsport. In: Noss, P. (Hg.): fußball ver-rückt: Gefühl, Vernunft und Religion im Fußball. Annäherungen an eine besondere Welt. Münster (LIT), S. 35–57.

Soosten, J. von (2004): Kraftfelder des Begehrens. Religiosität – Arenakult – Religion. In: Noss, P. (Hg.): fußball ver-rückt: Gefühl, Vernunft und Religion im Fußball. Annäherungen an eine besondere Welt. Münster (LIT), S. 21–34.

Stroh, R. (2004): Die Wahrheit liegt auf dem Platz. In: Noss, P. (Hg.): fußball ver-rückt: Gefühl, Vernunft und Religion im Fußball. Annäherungen an eine besondere Welt. Münster (LIT), S. 59–68.

Turner, V. (1989): Das Ritual. Struktur und Anti-Struktur. Frankfurt a. M., New York (Campus).

Turner, V. (1995): Vom Ritual zum Theater. Der Ernst des menschlichen Spiels. Frankfurt a. M. (Fischer).

Weis, K. (1995): Sport und Religion. Sport als soziale Institution im Dreieck zwischen Zivilreligion, Ersatzreligion und körperlich erlebter Religion. In: Winkler, J. und Weis, K. (Hg.): Soziologie des Sports. Theorieansätze, Forschungsergebnisse und Forschungsperspektiven. Opladen (Westdeutscher Verlag), S. 127–150.

Zimmermann, M. (2004): Die Anwesenheit Gottes auf dem Fußballfeld. In: Noss, P. (Hg.): fußball ver-rückt: Gefühl, Vernunft und Religion im Fußball. Annäherungen an eine besondere Welt. Münster (LIT), S. 14–20.

Fußball und archaische Lust. Eine Flanke aus der Tiefe des psychoanalytischen Raumes

Volker Tschuschke

»Bewegen wir schon nicht das All,
bewegen wir doch den Ball.«
(frei nach Vergil)

Einführende Erklärungen

Über Fußball zu schreiben, allein der Gedanke daran bereitet mir schon Lust. Was hat mir der Fußball doch alles in meinem Leben gegeben und bedeutet, er hat mir wahrscheinlich sogar in meinen Jugendjahren im wahrsten Sinne des Wortes das Leben gerettet. Wenn er nicht gewesen wäre, hätte ich die krisenhafteste Zeit meines Lebens mit Sicherheit nicht überstanden, hauptsächlich er gab mir soviel Lust und Weltvergessen, dass es Sinn machte, zu leben.

Seitdem hat mich die Lust am Fußball, sei es wie in jenen Jahren aktiv beteiligt oder später und bis heute passiv konsumierend, nicht mehr verlassen. Als gestandener Psychoanalytiker ist mir mit den Jahren die Beschäftigung mit den motivationalen Hintergründen des Phänomens Fußball als eine intellektuelle Lust hinzugetreten. Die Beantwortung der Frage, was macht den Fußball mit seiner ungeheuren Faszination für die Menschen dieser Welt eigentlich aus, was steckt im Fußball bzw. Fußballspiel letztlich »drin«, dass im extremen Fall sogar Völker sich bekriegen können?

Nun, dieses Buch will auf solche Fragen Antworten finden, und das will dieser Beitrag auch. Damit reihen sich diese Bemühungen in eine lange Kette von Büchern zum Phänomen Fußball nahtlos ein. Ich bin nicht so vermessen, in meinen Ausführungen die »Weltformel« oder die ultimative Erklärung dieses Faszinosums finden zu wollen oder zu können. Mir geht es um meine Sicht, bei der ich versuche, meine eigenen lustvollen Erfahrungen mit psychoanalytischen und anthropologischen Überlegungen in Einklang zu bringen. Es kann sich dabei selbstverständlich nur um eine Annäherung an das komplexe »Phänomen Fußball« handeln, den Versuch einer Erklärung des Unerklärlichen. Die letztendliche Unerklärbarkeit macht dabei wohl auch einen Teil der Faszination aus.

Urgründe und Abgründe

Dem Brockhaus zufolge sind die Ursprünge des Ballspiels eng mit kultischen Vorstellungen verknüpft (Brockhaus 1987). Demzufolge symbolisierte das Ballspiel in fast allen Kulturkreisen den Streit zwischen Gut und Böse. Die Ureinwohner Mittelamerikas, insbesondere die Azteken (ca. 1.500 v. Chr.), verwendeten das Ballspiel für religiöse Kultakte, bei Niederlage drohte der Tod. Die Chinesen (5.000 v. Chr.) waren anscheinend die Ersten, die bereits wie »Akrobaten den Ball mit den Füßen tanzen« ließen (Galeano 2000, S. 34). Ebenfalls die Ägypter, die Japaner und die Griechen hätten sich weit vor Christus am Ballspiel erfreut (500 v. Chr.).

> »In den Komödien von Antifones lassen sich erhellende Bemerkungen finden: langer Ball, kurzer Pass, Ballvorlage (...) es heißt, Kaiser Julius Cäsar sei mit beiden Beinen ziemlich gut gewesen, und dass Nero kein guter Torschütze war: Auf jeden Fall kann kein Zweifel daran bestehen, dass die Römer etwas spielten, was dem Fußball schon sehr nahe kam, als Jesus und seine Anhänger am Kreuze starben. An den Füßen der römischen Legionäre gelangte der Fußball auf die britischen Inseln.« (Galeano 2000, S. 34f.)

Folgt man Galeano, wäre England gar nicht das »Mutterland des Fußballs«, war der Ball bereits im Latinobereich zu Hause, bevor er auf die Insel kam. Dort aber musste dem wilden Treiben königlicherseits bald Einhalt geboten werden (vgl. Dunning in diesem Band), trat doch zuweilen »(...) ein ganzes Dorf (...) den Ball gegen ein anderes Dorf und trieb ihn mit Fußtritten und Faustschlägen auf das Tor zu, das damals noch aus einem Mühlstein bestand. Die Spiele erstreckten sich über mehrere Meilen und mehrere Tage, und sie kosteten mehrere Spieler das Leben. Die Könige verboten den blutigen Spaß...« (Galeano 2000, S. 35).

Ball- und Fußballspiele waren also sehr frühzeitig kulturell verankert, sie erfüllten bis in das Mittelalter hinein auf magisch-mythische Weise kultisch-religiöse Bedürfnisse, indem Gott ins Spiel gebracht wurde, ja, der Ball wird zuweilen gar als göttliches Symbol begriffen (»Gott ist rund. Über den Fußball als Ersatz religiöser Rituale«; Dirk Schümer, zit. nach Theweleit 2004, S. 81). Zugleich zeigt sich die Aggressivität. Ein Dorf kämpft gegen das andere. Es gibt Tote. Es geht um Existenz. Alles läuft über das Fußballspiel. Erst im 19. Jahrhundert werden erste verbindliche Wettkampfregeln, vor allem in England, aufgestellt (Brockhaus 1987).

Die Vergötterung bzw. Vergötzung von Spielern ist uns heutzutage sehr bewusst. Es gab sie immer schon, in allen Ländern, die Spieler, die einen »göttlichen« Ball spielen konnten bzw. selbst als göttlich verehrt wurden. Man gab ihnen entsprechende Namen: Es muss nicht »die Hand Gottes« (Diego Maradonna) in einem Weltmeisterschaftsendspiel sein, aber das »Toni, du bist ein Fußballgott« klingt noch allen in den Ohren, die sich an die Weltmeisterschaft 1954 erinnern können. Es braucht das Fußballvolk offenbar wenn nicht die Vergöttlichung, dann zumindest die Erhebung seiner Idole in den Hochadel: den »Kaiser Franz« (die »Lichtgestalt des deutschen Fußballs«) oder auch einen »König Otto«, neuerdings einen »Prinz Poldi«.

Warum stellt der – vielleicht auch nur der männliche? – Mensch im Fußball die Verbindung mit dem Religiösen, und als Ableger davon, zum Erhabenen, etwa in Form des Adels her? Geadelt wird allerdings nur der Siegertyp, er wird erhoben zum Idol. Vielleicht, weil sich – vermeintlich – im Sieg göttlicher Wille ausdrückt? Sieg oder Niederlage als Schicksalsentscheidung über Leben und Tod? Der Sieger als gottgewollt? Und damit geadelt? Zwischen kultischem Aberglauben in grauer Vorzeit und boulevardesken Schlagzeilen der Massenblätter bei fußballerischen Triumphen der Nationalmannschaft oder einzelner Vereinsmannschaften auf europäischer Bühne heutzutage – und ihrer Spieler-Protagonisten – besteht im Kern kein Unterschied.

Die Frage »Worin ähnelt der Fußball Gott?« beantwortet Galeano mit der Analogie zum Glauben: »In der Ehrfurcht, die ihm viele Gläubige entgegenbringen, und im Misstrauen, mit dem ihm viele Intellektuelle begegnen« (2000, S. 47). Das Fußballstadion wird als heiliger Gral, als Tempel, als Kirche erlebt, in der man Gott nahe ist (Sportarenen in den USA heißen z.B. »Superdome« oder »Astrodome«). Neuerdings werden »Kathedralen des Fußballs« errichtet, die modernen Fußball-Arenen. Gehet hin und betet an!

»Solange die heidnische Messe andauert, ist der Fußballfan die Menge. Mit Tausenden von Gläubigen teilt er die Gewissheit, dass wir die Besseren sind, alle Schiedsrichter sind Verräter, alle Gegner sind Betrüger« (Galeano 2000, S. 16f.).

Die Vereinigung mit Gott findet im Stadion statt, im Bemühen, das Böse zu besiegen, verschmelzen Tausende von Individuen zur Masse, die Gegner werden zu Teufeln, Gottes Wille wird beschworen (plastisch ist dies verdeutlicht durch die Bekreuzigungen gläubiger Spieler beim Betreten und Verlassen des Rasens oder die Küsse des Kreuzes am Halskettchen, die himmelwärts gerichteten Beschwörungen und Blicke). Was man bei Menschen mit schwach ausgebildeter oder defizitärer psychischer Struktur häufig findet, die Spaltung in Gut und Böse, in Schwarz und Weiß, d.h. die Nicht-Integration, Getrenntheit, Undifferenziertheit, hier feiert sie fröhliche Urstände. Wir sind in heiliger, gerechter, gottgewollter Sache unterwegs, wir erbitten Gottes Beistand gegen die Ungerechten, die Teufel, den Gegner, den wir besiegen müssen!

Fußball als »Rotation zur Einfachstruktur«, als Reduzierung der Welt auf das Wesentliche, auf Leben oder Tod, Gut oder Böse, Sieg oder Niederlage, Schwarz-Weiß- und Freund-Feind-Denken, Sein oder Nicht-Sein. Fußball bringe das Denken auf das schlichteste Niveau herunter, sagt Biermann (2004, S.15):»Fußball leert den Kopf. Radikal und komplett. (…) Das Denken wird schlicht, und man gerät in eine wunderbare Balance von Gelöstheit und völliger Anspannung.«

Aus psychoanalytischer Sicht haben wir es hier mit einer passageren (d.h. kurzzeitigen) vollständigen Regression zu tun. Der »Mann (wird) wieder für eine Weile zum Kind« (Galeano 2000, S. 10). Und ist damit Gott näher. Diese Regression des Individuums wird durch die Masse im Stadion befördert, Ich-Funktionen werden am Stadioneingang zugunsten einer »Massenpsyche« abgegeben, wie sie schon Freud im Hinblick auf den Verlust der individuellen Strukturiertheit und Verantwortlichkeit des Individuums in der Masse kritisch beschreibt (Freud, 1921). Die anthropologische Bedürftigkeit nach Glaube und Gottesnähe würde also exzellent vom Fußballspiel befördert: Fußball als Katalysator zur Herstellung einer Einheit mit Gott, die orgiastische Vereinigung aller Gläubigen in der Kathedrale des Fußballs.

Das »Kind im Manne«, seine bekannte Neigung zum Spielen und Kindsein – hier findet sie eine ideale Kanalisierung. »Wer will schon erwachsen werden? Wenn man doch für immer zehn Jahre alt sein, mit Fußballbildern und selbstgemachten Statistiken im Kinderzimmer sitzen kann und samstags im Stadion« (Biermann 2004, S. 58).

Fußball und Aggression

Es klang bereits an: Fußball geht untrennbar einher mit »denen« und »wir«. Er braucht den Gegner und die eigene Mannschaft. Es geht um Sieg oder Niederlage. Man bemüht Gott, er möge zum Siege beistehen. Es wird »gekämpft«. Die archaische Aggression des Fußballspiels ist beispiellos. Seine Sprache ist die des Krieges: Torschütze, Bombe, über den Kampf zum Spiel finden, den Gegner vernichtend schlagen, Konter, Schussposition, Verteidigung, Angriff und unendlich mehr martialische Begriffe.

> »Mit einer geschickten taktischen Variante der vorher abgesteckten Strategie stürzte sich unsere Mannschaft in einen Überraschungsangriff auf den Gegner. Es war ein vernichtender Schlag. Als die Kämpfer der Heimmannschaft ins gegnerische Territorium eingedrungen waren, schlug unser Stürmer eine Bresche in die schwächsten Flügel der Abwehrmauer und drang in die Gefahrenzone ein. Dort wartete der Schütze auf sein Geschoss, brachte sich durch ein geschicktes Manöver in Schussposition, bereitete den Abschuss vor und schloss den Konterschlag mit einer Bombe ab, die den Torwart wegputzte. Besiegt fiel der Hüter dieser Bastion, die so unüberwindlich aussah, auf die Knie und schlug die Hände vors Gesicht, während der Schütze, der ihn gerichtet hatte, die Arme in die Luft riss und die Menge ihm zujubelte. Der Gegner trat nun zwar nicht den Rückzug an, doch konnte sein Sturm die heimischen Verteidigungslinien nicht in Schrecken versetzen, und so wurden sie wieder und wieder von unserer gut gewappneten Abwehr zurückgeschlagen. Seine Schützen schossen mit nassem Pulver« (Galeano 2000, S. 29f.).

Mir vor Augen erscheint das Bild der Gladiatorenkämpfer in römischen Arenen, in denen eine jubelnde Masse sich an dem Kampf auf Leben und Tod ergötzte (»Brot und Spiele«). Ist es nicht heute genau so? Auch wenn es nicht mehr um reales Sterben geht, sondern um symbolisiertes? Ist dies nicht in allen modernen Arenen so, selbst in der Tennis-Arena, dem ultimativen (symbolisierten) Showdown zwischen zwei Menschen? Bei dem nur derjenige überlebt, der die absolute Killermentalität abrufen kann?

In meiner eigenen aktiven Zeit war ich immer dann am besten, wenn ich mit einer Grundaggressivität in das Spiel gegangen bin. Ich fand im wahrsten Sinne des Wortes »über den Kampf zum Spiel«, konnte also spielerisch erst selbstbewusst – und erfolgreich – werden, wenn ich das Gefühl erlangt hatte, ich kann den Gegner ausspielen bzw. ihm den Ball abjagen. Einstellungen der entspannteren Art, etwa »schön spielen« zu wollen bzw. den Gegner elegant austricksen zu können, führte zu der berüchtigten »pomadigen« Spielweise, bei der die »rechte Einstellung« fehlte, die kaum je im selben Spiel dann noch erreichbar war, so dass ich in solchen Spielen regelmäßig schlecht spielte.

Die Menschen im Stadion neigen in der Vermassung zur Gewalt, die malignen Kräfte sozialer Aggregate treten in der Anonymisierung und affektiven Aufschaukelung unter Suspendierung von individueller Verantwortlichkeit, in Extrembeispielen der Lynchjustiz, der Mobbildung, des »Hooliganismus« zu Tage. »Im Stadion steigen viele Übelgerüche aus den Seelen auf. In vielen lauert ein Hooligan, der darauf wartet, freigelassen zu werden«, schreibt Biermann (2004, S. 52). Es ist, als ob es einen unheimlichen Sog mit Kriegslust oder -sehnsucht gäbe, je länger Wohlstand und Friedenszeit währen. Ein »Zusammenspiel von Fußball, Masse und Gewalt« (Biermann, S. 40f.). Der Ausspruch »Fußball ist Krieg« wird Rinus Michels zugeschrieben (Theweleit 2004). Zu einem tatsächlichen Krieg, der mehrere tausend Opfer forderte, kam es 1969 anlässlich eines Fußballländerspiels zwischen Honduras und El Salvador.

Fußball als praktizierte Massenveranstaltung in Stadien würde demzufolge die Gelegenheit für eine dumpfe, in tieferen Schichten angesiedelte Aggressivität (Triebabfuhr) und Gewalteskalation bieten. Im günstigen Fall eine Sublimierung aggressiver Triebpotenziale, die sich in andere Kanäle ergießen würde, könnte sie nicht im symbolischen Krieg, in der Schlacht im Hexenkessel des Stadions zwischen der »eigenen« Mannschaft und dem »Gegner« ihren Platz finden. So betrachtet, kann Fußball »(…) als eins der bedeutendsten Mittel (bezeichnet werden), an der Zivilisation dieser Gewaltpotenziale mitzuwirken« (Theweleit 2004, S. 96). Theweleit vermutet deshalb, dass Fußball gerade »*nicht* als ›Krieg‹ zu sehen« sei:

> »Was tut Fußball? Er organisiert einen Kampf; Kämpfe um die Herrschaft über ein bestimmtes Stückchen Erde – also genau das, worum Staaten Kriege führen. Er gibt dazu allerdings beiden Parteien *ein und dasselbe Spielgerät* in die Arena, den Ball. Dieses Spielgerät darf nicht zerstört werden. Sonst wird das Spiel unterbrochen oder abgebrochen. … Und: Man ist auf die gegnerische Mannschaft *angewiesen*, sonst gibt es kein Spiel. Krieg dagegen führen Staaten auch ganz gern gegen *nicht vorhandene* Gegentruppen. Wenn so die einen sagen, Fußball militarisiere, kann mit gleichem Recht geantwortet werden, Fußball zivilisiere kriegerische Potenziale.« (Theweleit 2004, S. 95; Hervorh. im Orig.)

Dem kann uneingeschränkt zugestimmt werden. Dennoch ist die *symbolische Kriegsführung* der entscheidende Punkt. Dahinter steckt der Ernst einer wirklichen, potenziellen, vorhandenen Gewaltbereitschaft, die sich im Wege der Sublimierung abreagiert bzw. in sozial verträgliche Kanäle gelenkt wird. Insofern kann Fußball auch als »ritualisierte Sublimierung des Krieges«, als »getanzter Krieg« (Galeano 2000, S. 28) aufgefasst werden. Die Grenzen und Überschreitungen zum Ernst, d. h. zur tatsächlichen Gewaltausübung, sind fließend und werden gerade von psychisch labilen Menschen in der Mobbildung der Masse auch leicht überschritten.

Fußball, Geschlecht und Sexualität

Die Aggressivität, die mit Fußball verbunden ist, sei es die im Kampf auf dem Platz, sei es die in der aggressiven Aufschaukelung der Zuschauer auf den Rängen, hat viel mit der Spezies »Mann« zu tun. Die Diskussion einer größeren Aggressions- und Gewaltbereitschaft der männlichen im Vergleich zur weiblichen Menschheitshälfte braucht hier nicht weiter diskutiert zu werden, sie ist nicht mehr in Frage zu stellen. Und dies hat keineswegs primär soziale Gründe! Ich bin der festen Überzeugung, dass Fußball im Kern ein reiner Männersport ist.

Der Frauenfußball wird ja ausführlicher im Beitrag von Gabriele Sobiech behandelt. Ich möchte an dieser Stelle nur andeuten, dass meiner Meinung nach Frauen heutzutage einen sehr ästhetischen, technisch feinen Fußball spielen, der auf inzwischen ungemein hohem Niveau angelangt ist (sonst wären die deutschen Damen ja auch nicht Weltmeister!). Dies unterlag natürlich ebenfalls einer Entwicklung und ist nicht mehr zu vergleichen mit den Anfängen, die ich in den sechziger und siebziger Jahren selbst in Augenschein nehmen konnte. Viele der damaligen Kickerinnen wirkten sehr männlich, nicht nur in ihrer Art zu kicken. Daher mit Sicherheit auch das damals übliche Gelächter der zuschauenden Männer, die ihre unbewusste Reaktion wohl gar nicht verstanden: Lächerlich wirkten die Bemühungen der Frauen damals, weil sie die Männer kopierten, weil sie wie die Männer sein wollten (was natürlich scheitern musste, und deshalb wohl komisch wirkte). Psychoanalytisch würde ich vermuten, dass sich eher phallisch-männlich identifizierte Frauen dem Fußball näherten und ihn praktizierten. D. h., Frauen, die ohnehin – aus welchen Gründen auch immer (chromosomal oder erziehungsbedingt) – unbewusst eine Entwicklung in Richtung Männlichkeit vollzogen, was sich in Aussehen, Stimme und Körperform oft genug deutlich manifestierte.

Dies kann man bei den heutigen Kickerinnen nicht mehr so uneingeschränkt stehen lassen. Es gibt zunehmend sehr weiblich identifizierte (und dann auch so aussehende), sehr attraktive Spielerinnen, die sehr erfolgreich Fußball spielen. Dann aber meist auch technisch und elegant, eben weiblich! Kein kämpfender Sturmtank oder Brecher mehr, die es natürlich auch noch gibt, sondern immer mehr elegant-kreative Schönspielerinnen, die durchaus sehr erfolgreich sein können und sehr effizient spielen. Nach meiner Auffassung handelt es sich hierbei um eine medial-sozialisationsbedingte Spezies, die durch die mediale Beachtung eine (Selbst-) Darstellungsform findet, der es also primär nicht so sehr um die Lust am Ballspiel und den Kampf geht, als vielmehr eine tiefer verankerte, unbewusste Möglichkeit der Selbstdarstellung, der lustvollen, körperbetonten, narzisstisch motivierten Exhibition. Man kann darunter eine verkappte Erotisierung bzw. Sexualisierung vermuten, wie sie einem ja immer deutlicher ins Auge springt beim Volleyball-Spiel von Frauen und insbesondere beim Beach-Volleyball, wo die knackigsten Frauen in knappsten Textilien ihre Körper zur Geltung bringen. Ein neuer Weg für Frauen, ihre verführerischen körperlichen Vorzüge erotisch ins Bild zu setzen, natürlich nur für das Spiel und den Sieg. Honi soit, qui mal y pense.

Dagegen speist sich die eigentliche, so lustvolle Motivation zum Ball- und Fußballspielen u. a. wesentlich aus der archaischen männlichen Aggressivität, die primär biologisch determiniert ist und sich erst sekundär sozial in Rollen und Stereotypien manifestiert. Dieser »Ebene fortdauernden Konkurrenz- und Hahnenkampfgehabes«, die sich im »konkurrierenden Bolzgehabe« (Theweleit 2004, S. 94) ausdrückt – (man beachte die spielerische Nähe zum »Balzgehabe«) – liegt eine archaische Lust zum Kampf und zum Siegen zugrunde, die sich nur biologisch motiviert begründen lässt. Sie kennt keine kulturellen und keine zeitlichen Limitierungen. Es gab und gibt sie, und es wird sie geben, so lange die Menschheit überleben wird. Analog zu Frauen, die vielleicht das tief unbewusste Motiv der Verführung evolutionär im genetischen Programm haben (müssen), verfügen Männer über ein Programm des Kämpfens und Siegen-Müssens, wohl auch biologisch begründbar durch die Evolution: Der kräftigste Hirsch oder Bock am Platz kann seine Gene weiter geben. Es geht eben immer um die Arterhaltung, und die geht nur über den Sieg über den (oder die) Konkurrenten: »Bei jedem Zusammentreffen zweier Mannschaften (sic! *Mann*schaften, nicht Frauschaften; d. Verf.) werden alter Hass und alte Liebe ins Feld geführt, von den Vätern auf die Söhne übertragen« (Galeano 2000, S. 28).

Das (genetische) Programm war nie ein anderes, letztlich »funktioniert« der Mensch auf der Basis von recht einfachen, primitiven Mechanismen, man muss nur etwas tiefer denken und etwas genauer hinschauen. Sozial sind diese Phänomene allein nicht verstehbar und nicht erschöpfend erklärbar. Alles Soziale ist letztlich eine Auswirkung tiefer liegender basalerer Bedürfnisse und Notwendigkeiten, die sich wirklich nicht aus einem freien Willen ableiten lassen (vgl. Geyer, 2004; Libet, 2005).

Es geht eben immer um den »Hau des *Gewinnenmüssens* (...) diesem absoluten männlichen Schaden, der siamesisch mit dem System Fußball verbunden ist« (Theweleit 2004, S. 76; Hervorh. im Original).

Oder ganz plastisch: »22 durchtrainierte Typen ochsen full power aufeinander los, um sich dieses Ding abzujagen. Wenn das zufällig fünf Minuten lang elegant aussieht, reden großspurige Fußball-Ideologen gleich von Tanz und ›Ballett‹« (Theweleit 2004, S. 96; Hervorh. im Original).

Im Gegensatz zum gegenwärtigen Frauenfußball, der immer weiblicher und damit technischer wird und schön anzuschauen ist, geht es bei den Männern um Kampf als Grundmotiv. Technik und Schnelligkeit werden ergänzend gelernt, entsprechen aber genuin weniger der männlichen Natur und sind eher Mittel zum Zweck, der primär auf die Auseinandersetzung mit dem Gegner aus ist. Sehr gut von Theweleit beobachtet und in Worte gefasst kann man es auch so sagen:

> »Merkwürdige anthropologische Differenz. Ich habe nie ein Mädchen einen Ball aus freien Stücken endlos gegen eine Wand köpfen sehen. Der Unterschied zwischen den Geschlechtern, vom Ball her gesehen, bestand zunächst darin, dass Mädchen Hände nahmen, wo die Jungs Füße benutzten. Zweitens darin, dass sie heile Bälle hatten und die Jungs nicht.« (Theweleit 2004, S. 35)

Fußball kann im bereits angesprochenen Sinne auch mit Potenz zu tun haben. Martialisches und Potenzgehabe gehen Hand in Hand.

> »Es heißt, Petrone konnte mit einem seiner knallharten Schüsse eine Wand umlegen. Wer weiß, ob's stimmt. Ausreichend bewiesen ist hingegen, dass er Torhüter ohnmächtig schoss und Tornetze durchlöcherte. Unterdessen schoss am anderen Ufer des Rio de la Plata ein Argentinier, Bernabé Ferreyra, seine Tore ebenfalls mit dem Ungestüm eines Besessenen. Die Fans aller Vereine kamen, *la Fiera*, die Bestie, zu sehen, der mit seinen Weitschüssen die Abwehrmauern durchlöcherte und den Ball mitsamt dem Torwart ins Netz trat.« (Galeano 2000, S. 79; Hervorh. im Original)

Die Schusskraft eines »Besessenen« als Ausdruck von die Massen faszinierender männlicher Potenz, eben des »Mannes mit dem Hammer«, am deutlichsten in »Der hat einen Bums«, eher niedlich umschrieben bei Lothar Emmerichs »linker Klebe«.

Fußball und Identität

Fußball ist ein Mannschaftsspiel. Es benötigt die Anderen, diejenigen der eigenen Mannschaft und die der gegnerischen. Einer alleine kann den Gegner nicht besiegen; es geht nur gemeinsam, nicht einsam. Fußball bildet somit auch ein archaisches Zugehörigkeitsbedürfnis des Menschen ab: die Spieler, die zusammen gehören, zu einer Mannschaft und die Fans, die Zuschauer, die sich in aller Regel auch zugehörig fühlen, die zu einer Mannschaft »gehören« oder mit ihr sympathisieren. Der Mensch ist als Spezies ein soziales Wesen, er benötigt Zugehörigkeit und kann ohne sie nicht überleben, physisch und psychisch nicht (Tschuschke 2002). Alleinsein macht Angst, es rührt unbewusst an existenzielle Ängste, die phylogenetischen Ursprung haben. Das Herdentier Mensch benötigte evolutionär den Schutz der Gruppe. Dies ist die Grundlage mannigfaltiger Identifikationen, die Menschen benötigen und die sie vornehmen.

Fußball bietet eine einzigartige Gelegenheit des Dazugehörens. »Wir sind Schalker und ihr nicht!« (Biermann 2004, S. 54), »unsere haben gewonnen«. Der »eigene« Verein bedeutet mehr als nur ein Name, das Stadion ist mehr als ein Ort, um sich am Wochenende zu vergnügen. »Ich bin HSV, du bist Schalke« (Theweleit 2004, S. 31) beim kindlichen Bolzen vor Garagentoren. Ohne Identität bzw. Kennzeichnung einer Zugehörigkeit geht es nicht. Das geht natürlich auch mit Spielernamen (früher Pelé, Beckenbauer, Overath, Netzer oder Maradona). Fanclubs bieten vielen eine Art Heimat, Vereinssymbole werden immer wichtiger in einer zunehmend anonymisierten, globalisierten Welt, weil sie Zugehörigkeit und Heimat signalisieren und transportieren. Der Ball als Fahne; Fußball und Vaterland gehen Hand in Hand (Galeano 2000, S. 49).

Der Ball wird sogar als Schnittstelle zwischen »Ich« und »Welt« gehandelt, quasi als Verbindung des Individuums zur Welt, zum Leben, zu den Anderen, als »Weltanschluss« (Theweleit) eben. Wobei wir die Faszination des Fußballspiels bisher dahingehend erklärt hatten, als mittels des Ballspiels (die Erklärung der Bedeutung des Spielens des Balles mit dem Körperteil Fuß steht allerdings momentan noch aus!) zwei Parteien ins Spiel gebracht werden, die im Wettstreit miteinander liegen, wobei offenbar regressive Soge eine temporäre Glückseligkeit bzw. Vergessenheit und Verschmelzung mit einem vermeintlichen göttlichen Willen bewirken können, die alltägliche Vereinzelungen und Vereinsamungen von Menschen zeitweise überwinden helfen. Dabei geht es um (göttliche) Gerechtigkeit und Vernichtung des Gegners (Sieg), also um die gerechte Sache, was wiederum dem Dasein einen Sinn verleiht. In der subjektiv erlebten Vereinigung mit den anderen wird eine wohlige Aufgehobenheit und Zugehörigkeit hergestellt, die die Urangst der Getrenntheit (Separation) und des Alleinseins überwindet (Tschuschke 2002).

Die orgiastische Vereinigung gelingt im Stadion, in der Masse, am besten, wenn wichtige Europacup- oder Länderspiele stattfinden. Beim Tor für die

»eigene« Mannschaft oder beim Sieg derselben liegen sich wildfremde Menschen berauscht in den Armen. Ganze Nationen können die Steigerung oder Festigung ihres Selbstwertgefühls durch den Sieg ihrer Nationalmannschaft erlangen. »Wir haben gewonnen« oder »Deutschland hat gewonnen«, obwohl es sich doch nur um eine Auswahl von Fußballspielern (14 maximal von in diesem Fall 83 Millionen Einwohnern) eines Landes handelt. Unvergessen sind die Beispiele, besonders der Sieg der deutschen Nationalmannschaft im Weltmeisterschaftsendspiel 1954 in Bern, der einem völlig demoralisiertem Volk eine Motivationsspritze gab, deren Wirksamkeit noch 50 Jahre danach zu verspüren ist. Auch 1950 der völlig unerwartete Sieg Uruguays über den haushohen Favoriten Brasilien in dessen eigenem Land. Oder der Sieg der DDR über die Truppe von Helmut Schön 1974 bei der Weltmeisterschaft in der Bundesrepublik Deutschland. Oder der Sieg der österreichischen Nationalelf über Deutschland bei der Weltmeisterschaft 1978 in Argentinien. Nicht die Nationalelf hatte jeweils gewonnen, nein, die Nation hatte gewonnen. »Wir haben die besiegt.« Und »wir« meint stets: Ich gehöre dazu. Unbewusst ist im Spiel: »Ich habe gewonnen.« Eine ungeheure narzisstische Aufwertung: »Ich siege, also bin ich.« Die vollendet geglückte Identifikation erreicht im Sieg der eigenen Mannschaft ihren absoluten Höhepunkt und das Individuum ein Gefühl der Daseinsberechtigung, das für viele Menschen in anderer Form kaum noch erreichbar ist. Von daher lassen sich auch die Kränkungen, die Wutausbrüche und Gewalttätigkeiten von Zuschauern verstehen, wenn die eigene Mannschaft verliert und als Reaktion darauf der »Gegner« als verhasstes Objekt angegriffen wird, weil er das eigene Selbstwertgefühl, ja das eigene Existenzgefühl bedroht.

Im depressiv gewendeten Fall – etwa bei andauerndem Versagen der sonst idealisierten Mannschaft – mündet die Verzweiflung in Attacken gegen die eigene Mannschaft oder einzelne Spieler derselben. Ganz analog zur Selbstverletzung und zum Suizid bei schwer Depressiven. Das idealisierte Selbst-Imago »Mannschaft« oder »Spieler« wird als Teil des Selbst in einer Art sozialem Suizid zerstört, ganz ähnlich beim individuellen Suizid, bei dem ebenfalls die internalisierten Imagines zerstört werden sollen.

Das leicht dahin geworfene Argument: »Das ist doch nur ein Spiel!« kann somit nur von solchen Menschen kommen, die entweder in ihrer individuellen Identität bereits so gefestigt sind, dass sie den Fußball hierzu nicht mehr brauchen oder die von Fußball überhaupt keine Ahnung haben.

»›Das ist doch nur ein Spiel!‹ gehört deshalb auch zum Verlogensten, was man im Stadion hören kann. Nur ›Möge die bessere Mannschaft gewinnen‹ ist noch

> schlimmer. Wer so etwas sagt, will sich vernünftig verlieben, geschützt vor der Möglichkeit der Enttäuschung. Das ist die Angst davor, sich dem Schicksal auszuliefern, und der Irrglaube, dass man das vermeiden kann, und natürlich ist das falsch, ganz falsch! Denn es muss heißen: Möge meine Mannschaft gewinnen! Und spiele sie noch so schlecht. Sei sie noch so unfähig und hölzern, inkompetent und von allen guten Geistern verlassen. Bitte, wenn es da oben einen gerechten Gott gibt, lass mein Team in diesem Kampf des Guten gegen das Böse gewinnen.« (Biermann 2004, S. 15f.)

Es scheint, dass die meisten Fans »ihr Geschick (…) mit dem der Spieler, dem Spielverlauf und seinem Ergebnis verbunden« haben (ebd.).

Fußball und (Selbst-) Objektbeziehung

Die Beziehung des Fußballspielers zum Ball hat zweifellos die Qualität einer bedeutsamen psychologischen (Objekt-)Beziehung. Es wurde ja schon angesprochen, dass das Symbol Ball – häufig ver*ball*hornt als »Pille«, »Kirsche« oder »Leder« – anscheinend »sogar die andere Person (ersetzt)« (Theweleit 2004, S. 29). Er dient als Objekt an sich und verleiht somit dem Spieler das Gefühl, nicht alleine zu sein; er stellt als Transmissionsriemen mit Sicherheit Beziehung zu anderen her, dient quasi als »Schnittstelle zwischen ›Ich‹ und ›Welt‹« (Theweleit 2004, S. 73).

Es stellt sich allerdings die Frage: Warum eigentlich eine Beziehungsgestaltung mit dem Fuß? Wie oben bereits zitiert, nehmen Mädchen instinktiv eher die Hände, um den Ball zu behandeln, Männer eher die Füße. Reine rollenspezifische Sozialisation? Also erlernt, erworben, via Modelllernen? Einfach tradiert? Das würde allerdings nicht erklären, wie es dazu hat kommen können. Ist im Stoßen und Schießen mit dem Fuß eine Entwertung zu sehen, nicht wert einer Handhabung? Dem widerspräche die symbolische Bedeutung des Balles. Eher scheint die größere Wucht, die dem Ball als Geschoss mit den Füßen gegeben werden kann, bei Männern eine Rolle zu spielen. Die Umsetzung von innerem aggressivem Potenzial in äußerlich sichtbare Wirkung, in ein Geschoss, eine Bombe z.B., was dem Gegner Schaden – eine Niederlage, ein Tor – zufügt. So gesehen wäre die männliche aggressive, stoßende Handlungskomponente (Ballgeschoss als Symbol für den Penis, der das Tor penetriert? – »Das Runde muss in das Eckige!«) wieder einmal im Unterschied zur weiblichen Sensibilität zu sehen, die den Ball instinktiv »handhaben« würde. Das erzielte Tor dann als »Orgasmus des Fußballs« (Galeano 2000, S. 19), womit sich die Verbindung zum Geschlecht und zum Sexuellen wieder herstellen würde.

Nun gibt es aber begnadete Techniker, die den Ball »streicheln«, quasi liebkosen können, eben »ballverliebt« sind. Was sie im entscheidenden Falle (fast) niemals davon abhalten würde, den Ball letztlich doch auch »zu schießen« (nachdem sie die Selbstverliebtheit in ihr virtuoses Spiel ausgelebt bzw. ihre Showeinlage für die Galerie erledigt haben, was einerseits den sexuellen Aspekt des hinausgezögerten Orgasmus, andererseits den narzisstischen Aspekt des Ballspiels und seine Instrumentalisierung zum Selbstzweck beleuchten würde). Manche Supertechniker können sich bekanntermaßen nicht vom Ball trennen (Selbstobjekt?), was den Rest der Mannschaft und das Publikum in aller Regel auf die Palme bringen kann, verstehen sie doch unbewusst oder bewusst, dass hier nicht mannschaftsdienlich gespielt wird und im Grunde die ungeschriebenen Regeln der Kollektivität verletzt sind. Fußball ist eine Gemeinschaftsleistung, im wahrsten Sinne des Wortes eine Mannschaftsleistung, die eine funktionierende Gruppenleistung benötigt. Ein guter Fußballer ist damit ein sozial hoch entwickeltes Wesen, das blitzschnell den Anderen erkennen können muss, wenn dieser Andere eine bessere Position als er selbst hat und damit der gesamten Mannschaftsleistung bzw. dem gemeinsamen Ziel besser zuarbeiten kann.

Fußball als soziale Aufstiegsmöglichkeit

Im vermeintlichen Triumph des Intellekts über die Niederungen des Animalischen (symbolisiert durch die Geringschätzung der Fußarbeiter) drückt die Triebfeindlichkeit vieler Intellektueller – oder die sich dafür halten – aus:

> »Die Verachtung vieler konservativer Intellektueller gründet auf der Gewissheit, die Anbetung des Fußballs sei der Aberglaube, den das Volk verdient. Fußballbesessen denkt der Plebs mit den Füßen, wie es ihm gebührt, und in diesem niederen Vergnügen wird sie sich gerecht. Der animalische Instinkt triumphiert über die menschliche Vernunft, die Ignoranz zerschmettert die Kultur, und so bekommt der Pöbel das, was er verdient und was er will.« (Galeano 2000, S. 47)

Mit Sicherheit hat der deutsche Fußball sehr darunter gelitten, dass er in den Schulen und der vermeintlich gebildeten Mittelschicht mit der Zeit zunehmend verpönt war. Man hatte sich mit dem wirtschaftlichen Aufschwung standesgemäßeren Sportarten zugewandt, beispielsweise Tennis oder Golf. Der wirtschaftliche Aufstieg sollte sich selbstredend in äußeren Standes-Symbolen niederschlagen und Fußball gehörte mit Sicherheit nicht dazu. Als wäre der Fuß die unterste, verachtenswerte Ebene und die Hand (Tennis,

Golf) die gehobene. Der »Plebs« denkt und spielt eben mit dem Fuß, der niveauvolle Mensch mit der Hand. Die Hand ist anscheinend dem Kopf näher als der Fuß.

Ein Grund, falls nicht *der wesentliche* überhaupt, warum der deutsche Fußball in den letzten zehn Jahren einen Niedergang erlebt, ist der, dass hierzulande Fußball keine wirkliche soziale Aufstiegsmöglichkeit mehr bietet. Dies war früher anders. Im »Ruhrpott« beispielsweise bot Fußball speziell den vielen einfachen Bergarbeitersöhnen, die meist polnischer Abstammung waren wie Kelbassa, Kwiatkowski, Czieslarcyk, Libuda, Tilkowski, Szymaniak, Konietzka, Szepan, Kuzorra und tausend anderen, eine Aufstiegschance (ein Podolski – auch polnischer Herkunft – ist heute eher die Ausnahme). Im heutigen Deutschland ist der Sattheitsfaktor – auch in der Leichtathletik deutlich zu sehen, die sportlich lediglich noch von »DDR-Restposten« lebt – der wesentliche Grund, warum ausländische Spieler (aus Afrika, Südamerika, dem Balkan und den Ostblockländern) in der Bundesliga reüssieren und nicht deutsche. Diese ausländischen Spieler erleben in ihren Herkunftsländern den Fußball noch als exzellente soziale Aufstiegsmöglichkeit. Der Straßenfußball eines Uwe Seelers ist tot in Deutschland, auch wenn man versucht, den früheren spontanen Straßenkick derzeit wieder zu beleben (beispielsweise über Bolzplatz-Initiativen).

Diese rückläufigen Entwicklung in Deutschland könnte allerdings noch eine andere zusätzliche Ursache haben. In dem Maße, in dem Fußball ein Medienereignis wurde, sieht beispielsweise Biermann den klassischen »Unterschicht-Fußball« bedroht. Er zitiert den britischen Soziologen Ian Taylor, nach dem »das Spiel ein neues Publikum aus der Mittelschicht, angezogen (habe). Das traditionelle Arbeiter-Publikum hat sich durch diese Veränderungen bedroht und zurückgedrängt gefühlt« (Biermann 2004, S. 26).

Dem würde der Protest der Fußball-Anhänger entsprechen, die lautstark ihren Unmut gegen den Ausbau der großen Stadien zu »Fußballarenen« bekundeten. Sitzplätze überall und Catering-Service in Separée-Logen, die Verballhornung des Fußballs zu einem medialen bzw. gesellschaftlichen »Event« rauben anscheinend dem Fußball seine Wurzeln. Ist das so und raubt die »Bourgeoisierung« des Fußballspiels diesem seine Identität? Kann es in Zukunft einen in seinem Grundcharakter veränderten Fußballer der gesetzten Mittelschicht, den erfolgreichen intellektuellen Fußballer geben? Der kein Instinkt-Fußballer mehr wie früher (oder heute noch Podolski) wäre?

Wenn man die These vom Verfall erfolgreicher deutscher Fußballkultur aufzugreifen gewillt ist, würde hieraus folgen, dass Fußball als der Arbeiterklasse entfremdeter Sport genauso kontraproduktiv wäre für ein talentförderndes Klima wie das Naserümpfen vermeintlicher Intellektueller über den »Proletensport«, was zur Verbannung des Fußballs besonders in den Schulen führte.

Auch das identifikatorische Element des Fußballs würde hierunter leiden. Biermann schildert, wie früher (noch 1974, gar nicht so lange her also) zehn Spieler des VfL Bochum tatsächlich noch aus Bochum kamen und heute keiner mehr. Entsprechendes gilt auch für Gelsenkirchen, München oder andere Städte.

Insgesamt würde meiner Ansicht nach eine Entwicklung des Fußballs hin zum Schauspiel eine Verkümmerung von Freude mit sich bringen, eben eine Beschädigung von Lust.

> »Das Spiel ist zum Schauspiel geworden, mit wenigen Hauptdarstellern und vielen Zuschauern, Fußball zum Zuschauen, und das Schauspiel ist zu einem der besten Geschäfte der Welt geworden, das nicht stattfindet, damit gespielt wird, sondern um zu verhindern, dass gespielt wird. Die Technokraten des Profisports haben einen Fußball der Schnelligkeit und Kraft durchgesetzt, der auf die Freude verzichtet, die Phantasie verkümmern lässt und den Mut zum Risiko verbietet.« (Galeano 2000, S. 10)

Fußball heute als ein Mischmasch aus allem Möglichen? Biermann gibt allerdings zu bedenken, dass der Fußball wohl nie der Arbeiterklasse ganz allein gehört habe – um das »Spiel des Lebens« habe es schon immer »Fabrikbesitzer, Leiter von Handelshäusern oder Zechendirektoren« gegeben, die ihre soziale Verantwortung und ihr Engagement in den Dienst des Fußballs gestellt hätten. Es »entstand in Wirklichkeit ein undurchdringliches Gewusel. Geschäft und Gefühl, Loyalität und Profit, Karriere und Anhänglichkeit, Unterhaltung und Herzensblut, lokale Bindung und Internationalität überlagern sich allenthalben.« (Biermann 20004, S. 29) Quo vadis, Fußball?

Versuch einer Integration

Fußball ist mindestens so schwer zu erklären wie »Liebe«. Er ist ganz Vieles, er gibt den Menschen unendlich viel. Weil sie sich in ihm selbst wieder erkennen (ohne es zu merken), weil sie sich über den Fußball mit anderen identifizieren können, sei es als Spieler oder als Zuschauer, weil sie mittels seiner Hilfe Verbindung mit anderen aufnehmen können, dazu gehören können, sich an ihm aggressiv abreagieren oder ihn selbstverliebt wie eine Geliebte behandeln können, weil sie über den Ball spielerisch Verbindung mit elementaren Seinsfragen aufnehmen, mit Gott und ihrer Existenz regressiv Eins werden können. Und ganz viel mehr.

Wie lächerlich muss da der Spruch wirken, Fußball sei »die schönste Nebensache der Welt«? Im Gegenteil: Er ist die Hauptsache!

Literatur

Biermann, Ch. (2004): Wenn du am Spieltag beerdigt wirst, kann ich leider nicht kommen. Die Welt der Fußballfans. 4. Auflage. Köln (Kiepenheuer & Witsch).

Brockhaus Enzyklopädie (1987): »Ballspiele«. 19. Auflage. Mannheim (F.A. Brockhaus), S. 523.

Freud, S. (1921): Massenpsychologie und Ich-Analyse. GW XIII. Frankfurt/M. (Fischer) 1976.

Galeano, E. (2000): Der Ball ist rund. Zürich (Unionsverlag).

Geyer, Ch. (Hg.) (2004): Hirnforschung und Willensfreiheit. Frankfurt/M. (Edition Suhrkamp).

Libet, B. (2005): Mind Time. Wie das Gehirn Bewusstsein produziert. Frankfurt/M. (Suhrkamp).

Theweleit, K. (2004): Tor zur Welt. Fußball als Realitätsmodell. 4. Auflage. Köln (Kiepenheuer & Witsch).

Tschuschke, V. (2002): Die Anderen in der Gruppe – therapeutische Chancen, aber auch Risiken? Jahrbuch für Gruppenanalyse 8, S. 53–66.

»Titan« und »Queen von Madrid« – Fußball zwischen Männlichkeitspraxis und Kommerz

Lothar Böhnisch und Holger Brandes

Männlichkeitspraxis Fußball

Fußball ist entschieden mehr als ein Spiel, bei dem es darum geht, einen Ball über ein Feld zu treiben und im gegnerischen Tor zu versenken. Wäre das alles, würde diese Sportart keine so beeindruckende Popularität besitzen und solche Emotionen auslösen.

Zu dem, was den Fußball seit jeher ausmacht, gehört sein Charakter als »Männlichkeitspraxis«. Schon in den Frühphasen des Fußballs ging es immer wieder darum, dass er als ideales und herausgehobenes Feld angesehen wurde, auf dem sich »hegemoniale Männlichkeit« im Sinne des jeweiligen gesellschaftlich dominanten und Standards setzenden Männlichkeitstypus ausdrückt (vgl. Dunning in diesem Band).

Denn Fußball besteht nicht nur aus dem Spiel und den Spielern, sondern genauso aus den zumeist männlichen Zuschauern und ihrer Erfahrungs- und Gefühlswelt. Fußball ist ein Magnetfeld der Männlichkeit und Maskulinität, das anzieht und abstößt und das Jungen und Männer unterschiedlichster Herkunft zusammentreibt. In diesem unsichtbaren Käfig Fußball, in den engen Stadien von Dortmund, Manchester und Madrid brodelt es in allen Temperaturen und schlägt die schillerndsten Blasen. Das Spiel läuft nur scheinbar zwischen zwei Mannschaften, es geht mit dem Publikum ab. Es baut immer wieder neu seine Männerwelt auf. Nicht nur samstags und sonntags, sondern genauso in den Chatrooms und Homepages der Fangemeinschaften.

In dem Maße, wie Fußball nicht nur zu einer der weltweit populärsten Sportarten wurde, sondern mit der Entwicklung zum Profifußball zugleich zu einem kommerziellen Faktor und Medienereignis, wird er auch zum Spiegel jener »digitalisierten« und darin flexiblen Formen kapitalistischer Vermarktung von Männlichkeit, wie wir sie heute erleben. Zumeist macht sich dies an einzelnen herausragenden Spielerpersönlichkeiten fest, die zum sportlichen Vorbild und zugleich zu Repräsentanten des Männlichkeitsklischees des jeweiligen medial vermittelten »Zeitgeistes« werden.

Zur Zeit der Berner Weltmeisterschaft 1954 war dies besonders Fritz Walter, der in seiner ganzen Persönlichkeit zum Vorbild des familienorientierten, bodenständigen Sportlers und später Geschäftsmannes in der Bundesrepublik der Wirtschaftswunderzeit wurde. Anfang der siebziger Jahre repräsentieren Paul Breitner als der »Maoist« unter den Fußballern und Günther Netzer als langmähniger genialer Passgeber und angeblicher Intellektueller eine Männlichkeit, deren Symbolik mit APO und Studentenbewegung assoziiert wurde. Diese Fußballer sind sowohl geprägt durch den Einfluss der jeweiligen Zeitströmungen auf das Bild, das sich die Gesellschaft von »richtigen«, d.h. erfolgreichen und attraktiven Männern macht, wie sie auch zugleich durch ihr Agieren auf dem Platz und im (veröffentlichten) Leben aktiv zur Ausformung dieses Bildes beitragen. Durch ihre Art, Fußball zu spielen und sich hierüber zugleich als Männer darzustellen, beeinflussen sie nicht nur das mediale Bild des Mannes ihrer Zeit, sondern werden zugleich zu männlichen Identifikationsfiguren für unzählige mit Ballkontakt heranwachsende Kinder und Jugendliche.

Dies ist heute nicht anders, wobei es immer es immer schwieriger zu sein scheint, Männlichkeit verbindlich zu definieren, da konkurrierende Männlichkeitsentwürfe unterschiedliche Optionen eröffnen, in denen »Mannsein« gelebt und ausgedrückt werden kann. Besonders im Profifußball repräsentieren dabei erfolgreiche Fußballer in erster Linie »hegemoniale«, d.h. gegenüber Frauen dominante und machtstrebende Formen der Männlichkeit. Bezogen auf die führenden Industrienationen definiert der australische Männerforscher Robert Connell (2000) diese hegemoniale Männlichkeit als »transnational business masculinity«, repräsentiert durch die »global players« in Wirtschaft und Politik. Dieses Männlichkeitsmuster sieht er charakterisiert »durch einen gesteigerten Egozentrismus, sehr relativierte Loyalitäten (sogar der eigenen Firma gegenüber) und ein sinkendes Verantwortungsgefühl für andere (ausgenommen zum Zwecke der Image-Pflege)«. Diese Beschreibung lässt sich unschwer auf die heutige Generation von Profifußballern übertragen: Gemeinsam ist vielen von ihnen, dass die bodenständige Verankerung in einem Nahmilieu fehlt, dafür sind sie eher Globetrotter und gut verdienende Angestellte mit der Option, sich wie die Söldner der heutigen Managergeneration dem jeweils meistbietenden Verein anzuschließen. Sie haben entschieden mehr mit den heutigen, global agierenden Wirtschaftsführern gemein als mit den Fußballern früherer Zeiten.

Innerhalb dieses Rahmens hegemonialer Männlichkeit gibt es aber immer noch unterschiedliche Interpretationsformen von Männlichkeit. Das schlägt sich auch im Fußball nieder. Exemplarisch deutlich wird dies an Oliver Kahn und David Beckham und der Art und Weise, wie diese kommerziell vermarktet und in ihrer Männlichkeit medial inszeniert und problematisiert werden.

»Fußball ist eine Machobranche« – Oliver Kahn

Die traditionelle Variante hegemonialer Männlichkeit, die sich durch unmissverständliche Heterosexualität, Dominanzfähigkeit und die klare Abgrenzung von allem Weiblichen auszeichnet, lässt sich an dem »Titan« des deutschen Fußballs, Oliver Kahn, beziehungsweise an der Art und Weise seiner medialen Präsentation festmachen. Der Keeper von Bayern München, vom »Playboy« zum »besten Torhüter des Planeten« geadelt, scheint ein traditionelles Männlichkeitsideal zu verkörpern. In einem »Playboy«-Interview von 2003 sagt er selbst, dass sich bei ihm »schon vieles um Leistung« dreht. Er agiert alles nach außen aus und steht für die »Externalisierung« männlicher Gefühlswelt (vgl. Böhnisch 2003). Geballte und gleichzeitig blockierte Gefühle, Zähnefletschen. Die Zuschauer werfen Bananen. Er fordert sich permanent Höchstleistungen ab, geht im Fußball auf. Er will absolut funktionieren und wenn er von sich redet, dreht sich alles darum. Seine Angst vor Kontrollverlust ist zwanghaft: »Egal, wo ich hingehe, ich stehe immer unter Beobachtung«. Er glaubt, sich mit sich selbst auseinander zu setzen, wenn er sich alles abfordert und lädt dann doch wieder alles an seinen Beziehungen ab. Ein Mann wie er will aber alles, Fürsorglichkeit und Sex, und so waren die Seitensprünge unausweichlich. Er rannte in sie tollpatschig hinein, zu Lasten seiner Frau. Die Medien haben ihm das schlecht ausgelegt. Er verstößt gegen eines der Rituale der Fußballer-Interviews, dass nämlich die Familie heilig ist. Ohne sie wäre man nichts. Von psychologischer Beratung will aber Oliver Kahn nichts wissen. Im »Playboy«-Interview fürchtet er, dass dies »manche Leute als Schwäche auslegen. Fußball ist eine Machobranche«. Oliver Kahn, der einsame Kämpfer, der nur sich und andere unter Kontrolle haben kann, wenn er sich vorantreibt und dabei vermeidet, mit sich konfrontiert zu werden. Obwohl er dauernd die Sehnsucht nach Selbstfindung preisgibt.

Auch die FAZ (vom 10. März 2004) charakterisiert Kahn in einem ausführlichen Portrait als Sinnbild des durch und durch traditionellen Bildes eines Mannes als Kämpfer, als einer, der um seine Mannesehre (Torwartehre) zu kämpfen weiß. Anlass ist Kahns Ausspruch: »Dann muss ich das Rückspiel eben alleine gewinnen«, formuliert vor dem Champions-League Rückspiel der Bayern gegen Real Madrid. Der Hintergrund ist die Niederlage im Hinspiel durch einen von ihm nicht gehaltenen Kullerball. Originalton FAZ: »Fußball als Duell. Der Torwart gegen alle. So denkt Kahn. So ist Kahn. Ballack würde einen solchen Satz niemals sagen«. Der überraschende Schwenker zu Michael Ballack als dem eigentlichen Spielgestalter der Bayern ist nicht so zu verstehen, dass dieser eine so fußballblödsinnige Größenfantasie, wie »das Rückspiel alleine gewinnen« zu wollen, kaum von sich gegeben hätte. Nein – hier wird darauf angespielt, dass Ballack aus Mediensicht zum damaligen Zeitpunkt der von Kahn ausgedrückte Kampfeswille nicht zugetraut wurde.

Man kann diese mediale Präsentation von Kahn durchaus als Lobpreisung des althergebrachten Mythos vom »richtigen Mann« verstehen, der sich nicht unterkriegen lässt und in ähnlichen Duellkategorien wie früher die »satisfaktionsfähigen« Männer denkt. Aber es wäre zu leicht, in ihm nur den traditionellen Männertyp zu sehen. Er spaltet die Fans in Verehrer und Hasser. Er hat traditionelle Maskulinität modernisiert. Viele andere Männer möchten das auch, Umfragen belegen es. Auch die Wirtschaft braucht einen solchen Männertyp: Er verkörpert in sich den permanent leistungsverfügbaren »abstract worker« und bindet darin Maskulinität. Mit Sympathie vermerkt die FAZ, dass Kahn sich nach dem verpatzten Hinspiel nicht nur in ein Extratraining gestürzt hat, sondern am Abend noch die Verfilmung des Romans »Papillon« angesehen habe. Dort gelingt einem unschuldig zu lebenslanger Haft in der Gefängnishölle von Französisch-Guayana Verurteilten die Flucht. »Das sind die Bilder, die ich immer im Kopf habe«, sagt Kahn angeblich. Oliver Kahn, der Steve McQueen des Fußballs – diese Assoziation liegt nahe und sie zeigt, wie eng Fußball und mediale Kommerzialisierung inzwischen verschmolzen sind. Dass Kahn dabei nicht nur einen deutschen Männlichkeitstypus repräsentiert, sondern auch international ein immer noch attraktives Männlichkeitsideal verkörpert, zeigt ein Kommentar des berühmten spanischen Romanziers Javier Marías, der in einer seiner regelmäßigen Fußball-Kolumnen für eine Madrider Zeitung anlässlich eines Champions-League-Spiels zwischen Bayern München und dem FC Valencia den spanischen Torhüter Cañizares und Kahn gegenüber stellt:

> »Cañizares ist keine Respektsperson (...) Wie soll man jemanden respektieren, der anfängt, hemmungslos herumzuschreien, der wie ein Schlosshund heult und mit einem Handtuch über dem Kopf über den Rasen läuft (...)« Und als Gegenpol, am dem Marías Sieg und Niederlage festmacht: »Sehen Sie sich Oliver Kahn an, den Torwart von Bayern: Der ist zwar urwüchsig, hässlich, etwas eingebildet und wirkt nicht gerade sympathisch, aber er ist ehrgeizig und würde niemals ein solches Theater veranstalten wie der in ein Handtuch gehüllte und heulende Cañizares.« (Marías 2002, S.137f.)

Dass dieses von Kahn repräsentierte Männlichkeitsideal nicht mehr unumstritten und konkurrenzlos ist, wird nicht nur an Diskussionen über die angebliche »Metrosexualität« der erfolgreichen jungen Männer in den Aktiengesellschaften, Börsen und Designbüros der Metropolen des »digitalen Kapitalismus« deutlich, sondern findet auch im Fußball seinen Niederschlag. Hierfür steht exemplarisch David Beckham.

Die zwei Welten des David Beckham

Als der englische Fußballprofi David Beckham von Manchester United zu Real Madrid wechselte, schüttelten viele Fußballexperten den Kopf. Denn eigentlich war Beckham dabei, den Zenit seiner Profikarriere zu überschreiten, und alternde Stars hatte das spanische Traditionsensemble genug. Als dann aber Beckham auf eine Promotion-Tour nach Südostasien geschickt wurde und ihn dort Massen von Fans jeden Alters und beiderlei Geschlechts bestürmten, wurde klar, was die spanischen Clubmanager mit ihm im Sinn hatten. Proficlubs im Fußball sind heute Unternehmen, die ihre Einnahmen nicht nur über den Verkauf von Tickets und von Spielern erzielen, sondern vor allem auch über ein breites Sortiment von Fanartikeln und Medienpaketen. Beckham sollte nun eine entsprechende Image- und Werbekampagne mit seinem Mythos umgeben und tragen. Und dies auf einem Kontinent, auf dem man sich zunehmend am europäischen Fußball begeistert und Fanclubs wie Pilze aus dem Boden schießen. Beckham bringt alles mit, was heute eine Promotion-Tour braucht. Er verkörpert einen Mythos, nicht nur als Fußballer, sondern auch als »Popstar«. Er ist zudem mit einem eben solchen, »Victoria« als ehemaliges »Spicegirl«, verheiratet, strahlt aber ein Image aus, das den Ehemann an ihm vergessen lässt. Er kann sein Outfit ständig so wechseln, dass an ihm immer wieder neue Trends festgemacht werden können. Und vor allem: Er vereinigt in sich männliche und feminine Züge. Es ist verwirrend, wie unterschiedlich und wechselnd er auftritt. Sei es nun im Stadion oder in der »Szene«: Immer neue Frisuren und Outfits, einmal maskuliner, einmal femininer, einmal androgyner Chic. Der englische Soziologe Cashmore, der ein Buch über ihn geschrieben hat, sieht in Beckham den Prototyp einer um sich greifenden verwirrenden Geschlechtervermischung. Gender Confusion: Männer tragen Tattoos, Frauen auch, Männer sind gepierct, Frauen auch. Sie tragen gleiche Schuhe und gleiche Hüte. Männer benutzen inzwischen sogar Make-up. Beckham verkörpert diese Konfusion. »Er wurde in einem Salon fotografiert. Er trägt sein Haar ständig anders. Er zeigt sich mit Schmuck. Und kürzlich trug er dieses Alice-Band – wir nennen das so wegen Alice im Wunderland – das sein Haar zurückhielt, damit man seine Narbe über den Augen sehen konnte. Er trägt dieses Mädchen-Band, trotzdem scheint er sehr selbstbewusst in seiner Rolle als Mann«. Inzwischen läuft er mit kahl rasiertem Kopf herum, ohne deshalb aber in das Klischee des rüpelnden Skinheads zu passen.

Welche Irritationen solche Metamorphosen hervorrufen können, zeigt sich an einem Portrait wiederum in der FAZ vom 10. März 2004: Dort wird bezogen auf Beckham die schon gegenüber Kahn mitschwingende Frage nach der Männlichkeit noch expliziter formuliert:

> »Ein echter Mann? Was ist das? Die Frage, die sämtliche Frauenzeitschriften der Welt seit dem Tag ihrer Erfindung am meisten beschäftigt, erhält in diesen Tagen durch Beckhams vielseitig vermarktbare Hülle eine neue Antwort: Er schwitzt nicht mehr in jeder Lebenslage seine Hormone aus oder malt in Latzhosen Aquarelle. Der Mann Marke Beckham ist nach dem Wunsch der Konsumanimateure ›metrosexuell‹. Stark und sexy, sportlich und spirituell, er liebt Kinderhüten und Shopping (!), ist ehrgeizig und liebevoll.«

Dieser Artikel ist im Unterschied zu dem über Oliver Kahn von einer Frau geschrieben. Deshalb auch die anschließende Frage: »Laufen solche Exemplare auch in der freien Wildbahn herum?« Aber der Zweifel der FAZ-Autorin geht noch tiefer und berührt die Substanz dessen, was sie als Frau mit Männlichkeit verbindet. Von Beckhams ehemaligem Trainer Ferguson berichtet sie, dass dieser es irgendwann nicht mehr ertragen habe, wie Beckham die »femininen Seiten seiner Persönlichkeit auslebte«, sich »von seiner Frau an- und umziehen ließ wie eine Barbiepuppe« und beim Training fehlte, weil sein Sohn krank war. Die Autorin ist angesichts dieser Gegensätzlichkeit hin- und hergerissen. Am deutlichsten wird dies, wenn sie schreibt: »Und nun empfiehlt er seinen Geschlechtsgenossen ungeniert, doch einmal wie er für ihre Herzdame das Obst auf dem Teller in Herzform zu arrangieren. Manch eine Romantikerin dürfte bei diesem Gedanken sehnsüchtig aufseufzen, falls sie nicht plötzlich entdeckt, dass ihr eigener Lebensgefährte auf Beckhams Spuren ganz ungeniert ihre Nagellackfläschchen und Cremetiegel durchprobiert hat.«

Die Ambivalenz der Autorin spiegelt genauso wie der Kontrast zwischen den beiden in der gleichen FAZ-Ausgabe publizierten Portraits von Kahn und Beckham eine in der Gesellschaft umgehende Unsicherheit bezüglich dessen wider, was in der Gegenwart eigentlich noch verbindlich unter Männlichkeit verstanden werden kann. Das traditionelle Männlichkeitsideal, so wie Kahn es repräsentiert, überzeugt nicht mehr vollständig, es provoziert schon Adjektive wie »hässlich«, und »eingebildet«, wenngleich es immer noch Sympathien und eine soziale Basis nicht nur in den Unterschichten besitzt. Aber auch die moderne, durch die Frauenbewegung beeinflusste und für feminine Züge offene »metrosexuelle« Variante, festgemacht am medialen Bild David Beckhams, wirft Zweifel auf, weil in ihr das vermeintlich Männliche völlig zu verschwinden scheint. Unzweideutig ist offenbar nur eines, dass nämlich der Fußball als Männlichkeitspraxis hierfür ein angemessenes Explorationsfeld darstellt. Allein die Tatsache, dass die Portraitierten Fußball spielen, bleibt als gemeinsame und scheinbar sichere Basis von Männlichkeit.

Der Fußball fungiert hier wie dort offensichtlich als männlicher Anker. Er ist als »Männlichkeitspraxis« so unumstritten, dass er sogar den schillernden Auftritten des David Beckham noch die notwendige männliche Bodenhaftung vermittelt. Über Fußball spielt Beckham die »männliche Dividende« (Connell) neu und in jeweils anderen Arrangements aus. Andere Männer mögen darin lächerlich erscheinen, er nicht. Er bedient einen warenästhetisch passfähigen modulen und flexiblen Männertypus, wie ihn die Konsumwirtschaft offenbar sucht und braucht. Damit er für unterschiedlichste Konsumenten attraktiv wird, soll er sowohl denjenigen repräsentieren, der »sich für die Jungs in den Dreck wirft, wenn es sein muss, und einer für alle, wenn harte Zeiten kommen« (FAZ 10. März 2004), wie auch zugleich denjenigen, der die »Glitzerwelt« und ihre androgynen Rollenwechsel widerspiegelt.

Insofern Beckham unzweideutig Teil des von Männern dominierten und »unter Männern« ablaufenden »ernsten Spiels des Wettbewerbs« (Bourdieu 2005), also im männlichen System Fußball bleibt, kann er auch Gruppen aus den sozialen Unterschichten erreichen. So strahlt seine Art der männlichen Präsenz auf die dort dominierenden Formen der Männlichkeit aus und ergänzt sie durch Ausdrucksformen, die dieser Männlichkeit der überkommenen Starre und Ungelenke nehmen. Cashmore (2002) meint entsprechend auch, dass Beckham einen neuen Ausdruck von Männlichkeit vorstellt: »Die bisherige Konzeption von Männlichkeit im Fußball war die einer harten, traditionellen Person, die ausgeht um einen zu trinken. Wäre er nicht ein so hervorragender Spieler, hätte man sich über ihn lustig gemacht. Weil er nicht trinkt, weil er nicht hinter Frauen her ist. Seine Priorität ist die Familie, nicht der Fußball. Man erwartet nicht, dass Fußballer so sind. Es ist ein dramatischer Abschied vom traditionellen Modell. Wenn er nicht so begabt wäre, wäre er zum Gespött geworden«. Vor allem ist er gerade zur rechten Zeit aufgetaucht. Er verkörpert alle Arten der empor gekommenen neoliberalen

Gattung. Und, was wohl mit am wichtigsten ist: Auch die sozial abgestiegenen und sozial ausgeschlossenen Männer nehmen über ihn ein bisschen teil an der Erfolgskultur, in deren Schatten sie stehen. Auch David kam von unten.

Beckham ist in der Gesellschaft des sozial spaltenden neuen Kapitalismus deshalb so wichtig, weil er gerade nicht spaltet, sondern in seiner habituellen Selbstdarstellung und Medienpräsenz sowohl soziale Gegensätze wie auch Geschlechtergegensätze zusammen führt. Dass er dabei vor allem auch Frauen anzieht, ist nicht zufällig. Er strahlt eben beides aus: Einerseits Sensibilität und Offenheit für weibliche Neigungen und Attribute, andererseits bleibt aber, gleichzeitig vermittelt über den Fußball und das in dieser Gesellschaft alles dominierende Kriterium des »Erfolgs«, auch das Maskuline an ihm greifbar. Er verkörpert damit einen Wunschtyp von Mann, wie ihn sich viele Frauen heute in Medienumfragen vorstellen. Er scheint (zumindest in der medialen Darstellung) nicht auf Kosten seiner Familie zu leben. Seine Frau ist selbstständig, hat ihren eigenen Beruf und ihr eigenes Image. Er geht auch nicht so tollpatschig fremd wie andere. An dieser Achillesverse der Stars versuchen ihn die Paparazzis seit langem zu erwischen.

So hat es Beckham bis jetzt geschafft, in allen Geschlechterwelten zu Hause zu sein. Keiner würde auf die Idee kommen, ihn »schwul« zu nennen, aber er spielt wie die »metrosexuelle« Kultur mit den Stilen einer Homosexuellenszene und zeigt damit einen für Profifußballer ungewöhnlich niedrigen Grad von Homophobie. In seiner Gillette-Werbung (»Mach's wie Beckham! Bloß auf nichts festlegen, sich jeden Tag neu erfinden«) wird mit ihm eine Körperlichkeit inszeniert, die alle Blicke zulässt. Viele Männer sind in diesem Mann. Zugleich ist er aufgrund seiner fußballerischen Fähigkeiten und seines bemerkenswerten Erfolges davor gefeit, zu einem Exoten des Fußballs zu werden. Er gehört dazu und wird in einem Atemzug mit anderen Stars wie Ronaldo, Figo oder Zidane genannt. Androgyner Chic und harte Männlichkeit können offensichtlich heute ohne weiteres nebeneinander existieren.

Dies ist insofern bemerkenswert, als sich insgesamt betrachtet in kaum einem anderen gesellschaftlichen Bereich (außer dem Militär) das Tabu der Homosexualität so hartnäckig hält wie im Fußball. Hier scheint eine der letzten stabilen Bastionen männerbündischen Widerstands gegen körperliche Liebesbeziehungen unter Männern zu bestehen. Fußball als Männlichkeitspraxis wird in der Öffentlichkeit bis dato immer noch in einem unvereinbaren Gegensatz zu Homosexualität gesehen und unter Fußballanhängern bestehen häufig ausgeprägte Ressentiments gegenüber »Schwulen«. Zwar gibt es an den Randzonen des Fußballs Aufweicherscheinungen dieses Homosexualitätstabus, wie einen schwulen Vereinspräsidenten (FC St. Pauli) oder schwul-lesbische Fanclubs (Dynamo Junxx), aber unter den professionellen Profis ist dies nach wie vor ein »heißes Eisen«. Zumindest öffentlich leugnen die allermeisten Spieler beharrlich, auch nur geringste Hinweise auf Homoerotik wahrzunehmen. Sie befürchten bei andersartigen Äußerungen extreme Formen des Mobbings. Dass dies keine übertriebene Befürchtung ist, zeigt das Beispiel des Engländers Justin Fashanus, dem bislang einzigen Profi, der sich zu seiner Homosexualität bekannte, aber dem sozialen Druck, der daraufhin gegen ihn ausgeübt wurde, nicht standhalten konnte und sich 1998 erhängte.

Aber auch jenseits der Homosexualitätsfrage kommen am Phänomen Beckham Veränderungen im Fußball wie in der Gesellschaft zum Ausdruck. Als Günther Netzer in den 1970er Jahren den beinharten Prolli-Fußball »aus der Tiefe des Raumes« aushebelte, wurde er noch als »Fußballrebell« abgesondert. Er passte trotz der zeitbedingt auch im Fußball verbreiteten langen Haare nicht in die damalige traditionelle Männerwelt des Fußballs, und wenn er nicht so genial gespielt hätte, wäre ihm wohl kaum diese Karriere gelungen. Netzer galt mit seinem ganzen Wesen als antiautoritär, er war immer für querulante Überraschungen gut. Aber er blieb in der damaligen Reportersprache eine »Orchidee«, und neben ihm wurde weiter »zur Sache gegangen«.

Bevor Beckham der Szenestar wurde, ging es ihm zu erst einmal nicht anders als Netzer. In England hat sich die Klassengesellschaft stärker gehalten als bei uns in Mitteleuropa. Beckham stach aus den »Fußballarbeitern« heraus, die dort immer noch die meisten Sympathien genießen. Aber David spielte genial. Und viele spürten, dass er deshalb auch anders sein musste. Er ließ sie über das Fußballfeld hinaus in eine ihnen fremde Welt blicken. An ihm reiben sie sich anders, als an den traditionellen Spielertypen. Er hat abgehoben, und sie versuchen ihn auf ihre Art zu greifen. Sie verachten und beneiden ihn gleichzeitig. »Weil er an der Spitze der 5000 steht, weil er der Masse entkommen ist, die sie sind und sich alles kaufen kann, was ihnen die 5000 vor die Nase halten, die sie unter der Woche ausbeuten und die sie, wenn auch streng getrennt, am Wochenende im Stadion treffen (…) Sie hassen ihn, weil er sie verraten hat und bewundern die Schamlosigkeit, mit der er es zeigt.« So halten sich – in der Schilderung des Wiener Standard-Reporters Samo Kobenter (2005, S. 38) – die Fanproleten ihren Beckham – der nicht mehr und doch der ihre ist – auf Distanz und klammern ihn dennoch. Die »5000« sind die neuen Reichen, die in den abgewrackten Städten des englischen Nordens ihre unkontrollierbaren Profite machen und die VIP-Logen in Old Trafford bevölkern. Mit ihnen müssen sich die Fans »ihr« ManU teilen und zusehen, wie sie aus David einen Star der anderen Welt machen, wo doch ManU dafür bekannt ist, dass in der Truppe alle gleich sind. Von daher war es für Beckham doch an der Zeit, auszuwandern.

Wie geht eigentlich David Beckham selbst mit dem um, was mit ihm und um ihn herum inszeniert wird? Liest man seine Biografie »My Side« (in der deutschen Ausgabe 2005 einfältig mit »Mein Leben« übersetzt) ist man erst einmal enttäuscht, aber auch erstaunt. In der Kultfigur Beckham steckt ein schlichter maskuliner Kern. Das Schillernde und Modulare, das auch in unserer Beckham-Analyse hervortritt, verflüchtigt sich. Gerade noch auf der Rückseite des Covers wird damit geworben:

> »David Beckham ist einer der besten Fußballspieler der Welt. Doch das Phänomen Beckham strahlt weit über den Sport hinaus. Als Model ist er international gefragt, bei den Frauen heiß begehrt. Er gilt als das Vorbild einer ganzen Generation: Romantik, Zärtlichkeit und Körperbewusstsein stehen seit Beckham nicht mehr im Widerspruch zu starker Männlichkeit. Nun meldet sich der Mega-Star selbst zu Wort und erzählt seine faszinierende Geschichte vom Aufstieg zur Kultfigur unserer Tage!«

Auf den 500 Seiten aber sucht man vergebens nach einer entsprechenden Selbstinszenierung. Sicher, er hat das Buch nicht selbst geschrieben, und der BBC-Journalist Tom Watt, der ihn sprechen lässt, verfolgt ein offensichtliches Kalkül: Er will David den Fans zurückgeben, demonstrieren, dass die Erdung immer noch stimmt. Trotz aller Börsenträume ist es ja hauptsächlich noch die Präsenz und das Geld der Fankonsumenten, das den Profifußball nährt. Dennoch scheint in dem Buch vieles in sich stimmig. Um was es Beckham da geht, ist »seins« (my side), was aus ihm gemacht wird, weniger. Die bubenhafte Begeisterung, mit der er alles auf sich einströmen lässt, schwappt förmlich in den Alltag der Fans. Seine Formel ist eben die vieler Fan-Männer: »Fußball und meine Familie. Wer diese beiden Facetten meines Lebens kennt, der weiß eigentlich alles, was es über David Beckham Notwendiges zu wissen gibt.«

Die Familie, der unbedingte emotionale Anker vor allem auch der Profis, zieht sich durch die ganze Biografie. Während wir die Euphorie gerade des weiblichen Publikums der feminin durchwirkten männlichen Ausstrahlung Beckhams zuschreiben, rechnet er dies seinem Familiensinn zu:

> »Unsere Promotion-Tour durch den Fernen Osten im Sommer 2003 war einfach phantastisch und Japan für mich, obwohl ich es von der WM her schon ein

wenig kannte, eine ganz neue Erfahrung. Japanische Frauen beten Victoria an – ihr Aussehen, ihre Ausstrahlung, ihre Haltung, alles an ihr. Die gleichen Frauen scheinen auch mich zu mögen. Das ist ein bisschen seltsam, oder? Wir haben mal mit einer Amerikanerin gesprochen, die in Tokio lebt. Sie sagte, mein Aussehen spiele nur eine geringe Rolle. Ihrer Meinung nach ist es das Bild der Japaner vom perfekten Ehemann, vom perfekten Vater.«

Und bei Real Madrid kann er sich erst wohlfühlen, wenn er sich auch dort in seiner Familie wohlfühlt: »Familie hat hier einen enorm hohen Stellenwert. Das ist bei mir ganz ähnlich. Kommende Spielsaison werde ich hoffentlich nicht allzu oft allein neben einer Familie Madridistas sitzen. Die Jungs und Victoria werden bei mir sein.« So haben ihn die Fans wieder. Den eigentlich bedürftigen Jungen, der früher nie so recht an sich glaubte und in den Trainern seine eigentlichen Väter fand. Den sie hoch getragen haben und von dem sie ihre Sprache und ihre Gefühle einfordern. Der Glamourtransfer nach Madrid wird deshalb auch in den Stallgeruch, der die Biografie durchzieht, zurückgeholt: »Ich sitze alleine da, die Knie unter das Kinn gezogen, hocke auf dem Stuhl vor dem Fernseher, während sich die Luft vor dem Morgen abkühlt. Mich fröstelt und dann wird mir bewusst, dass ich übers ganze Gesicht strahle: Ein Junge aus Chingford. United-Spieler mit Leib und Seele. Der für Real Madrid spielen wird.« Der Naturmann und der Leistungsmann verschmelzen.

Neuer Kapitalismus und Männlichkeit

Beckham und Kahn sind zwei Männlichkeitstypen, die Wesenszüge des neuen Kapitalismus und der hierzu passenden Männlichkeit zusammenbringen: Unbedingte Durchsetzungs- und Konkurrenzfähigkeit bei zugleich hoher Flexibilität. Das Modul Kahn steht noch für eine archaisch anmutende Maskulinität, die im Konkurrenz- und Verdrängungskapitalismus aber bereits eine neue Rahmung erhält. David Beckham bauen die Medien als Wanderer zwischen zwei widersprüchlichen Welten auf. Hier die eher proletarisch geprägte Kultur der Massen, wo von den Rängen Spieler auch schon mal als »Heulsuse« oder »schwule Sau« tituliert werden, dort die global ausstrahlende und für feminine Züge geöffnete neue Erfolgskultur. Das Modul Beckham erweist sich nicht nur als Magnet für die feminine Seite des Mannes, die ihn in seiner Verfügbarkeit geschmeidiger macht, er kann auch am ehesten die Brücke vom lokalen Helden zum »global player« schlagen, an der die Manager der Topvereine der globalisierten Fußballindustrie zurzeit heftig bauen. Franz Beckenbauer ist in den letzten Jahren (wenn auch lange nicht so schillernd) in diesen Spagat hineinmodelliert worden. Inzwischen hat auch er gelernt, ihn zu inszenieren. In einem jüngeren Werbespot wechselt er aus der Welt der Golfaristokratie und der Telekommunikation wie selbstverständlich in die Mentorenrolle bei einem männerschweißigen Thekenclub in der Provinz. Solche Brückenfiguren werden immer wichtiger, um das Marktpotenzial Profifußball in seinen beiden Welten synergetisch auszuschöpfen. An Ballack wird schon gearbeitet.

Hier bildet sich ein besonderer Typ modularisierter Männlichkeit heraus. Nicht nur in der beschriebenen Art und Weise, wie alte und neue maskuline Züge gemischt werden. Neu ist vor allem, wie das Globale und Lokale über die multiethnischen Truppen des Profifußballs zueinander in Beziehung gebracht werden. Die wenigen großen Vereinskonzerne (»G14«) agieren als global players, ohne dabei ihren Vereinstouch verlieren zu wollen. Jedes Jahr wird die internationale Truppe von Bayern München mit einheimischer Tracht (Lederhosen und Wadlstrümpfen) ausstaffiert.

So ist die These nicht abseitig, dass sich der globalisierte und hierdurch entbettete Kapitalismus seine soziale »Erdung« und damit Akzeptanz bei den Massen inzwischen auch über den Profifußball und seine entsprechenden Symbolfiguren wie Beckham und Kahn sucht. Dieser Spagat ist nicht ohne Konflikte machbar, denn die Fans sind misstrauisch und die lokale Welt der bodenständigen Vereine findet sich in diesem abgehobenen Fußballgeschäft nur noch bedingt wieder. Sogar der sonst jeder Kapitalismuskritik unverdächtige FIFA-Präsident Sepp Blatter – so war unlängst in der Presse zu lesen – hat die international agierenden Fußballkonzerne mit den transnationalen Konzernen des neuen Kapitalismus verglichen. Sie setzten sich über die nationalen Verbände hinweg, schafften ihre eigenen Fußballmärkte, kauften den afrikanischen Kontinent leer und bauten sich so eine eigene hegemoniale Welt auf.

Es ist müßig, darüber zu spekulieren, ob dies ein kapitalkritischer Hauch war, der Blatter da streifte. Aber seine Konzernschelte passt ins Modell. Transnationale Konzerne sind die Korsettstangen des globalisierten Kapitalismus, sie hebeln die Regulationsmacht der Nationalstaaten ökonomisch und politisch aus und grasen die Arbeitsmärkte der Welt nach dem Niedrigkostenprinzip ab. Während auf den nationalen Arbeitsmärkten um zehntel Prozente Lohnsteigerung erbittert gerungen wird, werden auf global flottierenden Kapitalmärkten in einer Nacht Unsummen verdient, an den gleichen Firmen, die permanent ihre Lohnkosten drücken. Während im Fußball die kleinen Amateurvereine um Erhalt oder geringfügige Erhöhung von

Übungsleiterpauschalen kämpfen, übersteigern sich Schwindel erregende Ablöse- und Gehaltssummen auf den Transfermärkten.

Wir wollen die Assoziationen nicht weitertreiben, zumindest ist die politisch-ökonomische Rahmung deutlich geworden, in der Kahn, Beckham und andere ihren medialen Status gewinnen, obwohl sie subjektiv glaubhaft beteuern, dass sie doch »nur Fußball« spielen. Unter dem Strich nimmt es der Fan nicht nur in Kauf, er sonnt sich – trotz allem Misstrauen – schließlich auch in dieser Erfolgskultur. Robert Connells Begriff der »männlichen Dividende« kommt hier wieder ins Spiel, um das Verhalten jener Männer zu beschreiben, die zwar sozial unterprivilegiert sind, ihre Maskulinität aber als ein Kapital betrachten, das sie dennoch über Frauen stellt. Auch wenn ihnen nichts mehr bleibt, sie bleiben doch Mann und haben teil an der Dominanz des Männlichen, wie sie auch der Profifußball im Kern immer noch und immer wieder neu ausstrahlt. Auch wenn diese Männlichkeit so viel schillernder geworden ist.

Literatur

Beckham, D. (2005): Mein Leben. München (Blanvalet).
Böhnisch, L. (2003): Die Entgrenzung der Männlichkeit. Opladen (Leske & Budrich).
Bourdieu, P. (2005): Die männliche Herrschaft. Frankfurt a. M (Suhrkamp).
Cashmore, E. (2002): Beckham. Cambridge. (University Press).
Connell, R. W. (2000): The Men and the Boys. Cambridge (Polity Press).
Kobenter, S. (2005): Abseitsfalle. Wien (Löcker).
Marìas, J. (2002): Alle unsere frühen Schlachten. München (DTV).
Netzer, G. (2004): Aus der Tiefe des Raumes. Mein Leben. Reinbek (Rowohlt).

Im Abseits? Mädchen und Frauen im Fußball-Sport

Gabriele Sobiech

Die Ausübung sportiver Praxen als Möglichkeit der Körperinszenierung und Selbstdarstellung hat in den letzten Jahren auch für Mädchen und Frauen enorm an Bedeutung gewonnen. Lediglich in den Ballsportarten wie Fußball, auch Handball und Basketball, also in Sportspielen, die einen direkten Körperkontakt erfordern, sind sie immer noch unterrepräsentiert. Und dies, obwohl der Frauenfußball durch die deutsche Nationalmannschaft spätestens mit dem Gewinn der Weltmeisterschaft im Jahre 2003 und der Bronzemedaille bei Olympia 2004 eine feste Größe in Deutschland darstellt.

In diesem Beitrag soll in einem ersten Schritt der Frage nachgegangen werden, wie sich Mädchen und Frauen Sport und Spiel im Allgemeinen und Fußball im Besonderen trotz einer häufig gegenläufigen gesellschaftlichen Körperpolitik angeeignet haben. Auf welche Weise Frauen in die »Spiel-Räume« des Fußballs, die als ein herausragendes Feld für die Produktion überlegener und dominanter, also hegemonialer Männlichkeit gelten können, ein- bzw. ausgeschlossen werden, kann Aufschluss über gesamtgesellschaftliche Normierungs- und Legitimationsprozesse geben. Insofern besitzt der Sport eine Art Lupenwirkung auch oder gerade im Hinblick auf die Geschlechterordnung, deren (Re-) Konstruktionsmechanismen wie durch ein Vergrößerungsglas hervorgehoben werden.

In einem zweiten Schritt soll präziser analysiert werden, wie sich Frauen und Männer innerhalb von Sport-Spiel-Räumen und analog dazu innerhalb der gesellschaftlichen Ordnung positionieren. Grundlage hierzu bildet die Habitustheorie von Bourdieu, denn der Habitus wird durch »Mitspielen« in der sozialen Praxis, also in Spiel-Räumen erworben. Aufgrund eines »vergeschlechtlichten und vergeschlechtlichenden Habitus« (Bourdieu 1997) haben in der Regel Mädchen und Frauen wenig Spiel-Sinn erworben, was eher zu einer »Ich-kann-nicht-Haltung« in Bezug auf das Spielen von Sport-Spielen führt.

In einem dritten Teil schließlich wird der Fokus auf die Frage gerichtet, was Fußball-Spielen so attraktiv macht und welche Profitchancen damit für Mädchen und Frauen verbunden sein können, wenn es ihnen gelingt, sich in diesem Feld zu positionieren. Dass dies nicht konfliktfrei geschieht und zum

Teil mit sozialen Benachteilungen verbunden ist, kann in einem Feld, in dem konkrete Praxen ein sehr spezifisches Männlichkeitsideal konstruieren, letztlich nicht verwundern.

Zum Wandel geschlechtsdifferenter Körperkonzepte in Sport und Spiel

Die Geschichte des modernen Sports ist Ausdruck der neu entstehenden »politischen Ökonomie« des Körpers, die seine Kräfte und Fähigkeiten zu steigern sucht, indem seine Energien entsprechend den Bedürfnissen kapitalistischen Wirtschaftens in verwendbare und ausnutzbare transformiert werden (vgl. Foucault 1977, S. 36). Diese Entwicklung, die den modernen Körper produziert, erschafft ihn jedoch nicht geschlechtslos, im Gegenteil, durch eine spezifische Körperpolitik entstehen geschlechtsdifferente polare Körperkonzepte. Eine entscheidende Manifestation letzterer gelingt durch die wissenschaftliche Erforschung der körperlichen »Natur« von Männern und Frauen, aus der eine Zuordnung spezifischer Funktionen im sozialen Leben resultiert. Zur Normalität erhoben wird der Männerkörper; er ist es, der als erster den Disziplinierungstechniken im Militär, in Fabriken und Schulen unterworfen wird und die ihn »maschinenhaft« zum Funktionieren bringen wollen (vgl. Foucault 1977, S. 192 ff.). Auch in den Konzepten der Körpererziehung im 18. und 19. Jahrhundert sollen Methoden der Abhärtung und Selbstbeherrschung den Körper und seine Leidenschaften zähmen, um diese als Störfaktor zu überwinden. Nur in der »Umformung des empirischen So-Seins« (vgl. Sobiech 1994, S. 67), im disziplinierten Körper, offenbart sich nach Auffassung der Philanthropen die »wahre Natur« des aufgeklärt-bürgerlichen Mannes. In ähnlicher Weise zielten die Körperübungen des so genannten »Turnvaters Jahn« auf die Formierung des Körpers als gehorsamen – erst als unterworfener, so die Vorstellung, kann er in effektiverer Produktivität funktionieren. Durch die hierarchische Klassifizierung der »männlichen« Jugendlichen, die kollektiven Dressuren ihrer Haltungen und Körpertätigkeiten durch die komplexen Methoden der Raum- und Zeiteinteilung werden diejenigen Mechanismen der Disziplinarmacht sichtbar, die auch im Militär, in Fabriken und Internaten das »männliche« Individuum produzieren (vgl. Sobiech 1994, S. 48 ff.). Erst im Zuge staatlicher Biopolitik, die eine qualitative Bevölkerungsverbesserung erreichen wollte, erhielten Töchter zunächst nur wohlhabender Eltern Gelegenheit, sich ihrem angeblich »weiblichen« Wesen entsprechend zu bewegen. Die Ziele des Mädchenturnens verweisen auf den Ort, den Frauen in der bürgerlichen Gesellschaft einnehmen sollten, nämlich liebende Ehefrau und Mutter an der Seite eines Mannes zu sein. Deshalb war eine Intention, die Heiratschancen der so genannten »schiefen Mädchen« zu erhöhen. Spezielle Übungen zielten auf die Formung des Körpers nach ästhetisch-weiblichen Standards. Die Sorge richtete sich weiterhin und im Besonderen auf die Gebärfähigkeit, die es zu erhalten und zu fördern galt. Nach der Devise »Starke werden nur von Starken geboren«, setzte sich schließlich nach und nach bei Mädchen und Frauen breiterer Bevölkerungskreise die Beteiligung an Turnen und Gymnastik durch (vgl. Pfister 2002, S. 73).

Den Prinzipien der fortgeschrittenen Industrialisierung, die letztlich zu einer tief greifenden Veränderung in der Zielsetzung der Zurichtung von Körpern führte, entsprach vor allem der aus England importierte Sport. Entsprechend den Arbeitsvorgängen in den industriellen Großbetrieben, in denen Leistung und Wettbewerb, Ein- und Unterordnung, Disziplin und Regelhaftigkeit zählten, gehörten auch zum Sport das individualisierende Leistungsprinzip und das Streben nach Erfolg. Dass ein solchermaßen sportives Körperverhältnis und die mit ihm einhergehende instrumentelle Codierung des Körpers mit »Männlichkeit« gleichgesetzt wurden und zum Teil noch werden, versteht sich von selbst. Aus dem Überbietungsprinzip des »Höher – Schneller – Weiter« gemäß der sich entwickelnden Leistungs- und Erfolgsrationalität waren Frauen zunächst ausgeschlossen. Ihnen oblagen etwa mit dem Ende des 19. und Beginn des 20. Jahrhunderts die Ausführung gymnastisch-expressiver Tätigkeiten sowie leichter Spiele wie Federball, Tamburinball oder Sing- und Reigenspiele. Alle Spiele aber, die schnelle, kräftige und anstrengende Bewegungen voraus setzten, blieben Jungen und Männern vorbehalten (vgl. Pfister 2002).

Dass die von Frauen ausgeübten sportiven Praxen damals wie heute als »Frauensport« bezeichnet werden, verweist nicht einfach nur auf eine Unterscheidung körperlicher Praxen. Vielmehr ist die Geschlechtszugehörigkeit in der Regel mit der Erzeugung sozialer Ungleichheit verbunden. Denn der von Männern betriebene Sport gilt als universell und bedarf keiner besonderen Erwähnung.[1] »Das zentrale Bestimmungsmerkmal moderner Männlichkeit«, konstatiert Scholz (2004, S. 40), »ist ihre Unsichtbarkeit« –

1 Dies ist im Übrigen eine bis heute gängige Strategie, die Geschlechterordnung zu zementieren, denn die Nachfrage nach eindeutiger Geschlechtszugehörigkeit gilt nur für Frauen. Auf internationalen Wettkämpfen werden z.B. unter Frauen Geschlechtstests durchgeführt mit dem Argument, gleiche Ausgangsbedingungen erzeugen zu wollen. Bei Männern hingegen verzichtet man auf diese Tests, auch aus dem Grund, wie Hartmann-Tews (2003, S. 24f.) vermutet, dass Sportlerinnen keine Konkurrenz für Sportler darstellen.

sie gilt innerhalb eines spezifischen Feldes als Norm und dem »Weiblichen« als überlegen. Hingegen erscheint das, was Frauen tun, als das Besondere, Partikulare und Abweichende (vgl. Krais 2001, S. 325), gekennzeichnet durch eine besondere Bezeichnung in denjenigen Sportbereichen, die vornehmlich von beiden Geschlechtern ausgeübt werden können. Die Sportart Fußball heißt z.B., wird sie von Männern betrieben, schlicht »Fußball«; die gleiche Aktivität von Frauen ausgeübt, wird dann eben »Frauenfußball« genannt. Die Überlegenheit des von Männern betriebenen Sports erhält in einem System, das sich durch die Zentrierung auf den Körper und die Steigerung körperlicher Leistungsfähigkeit auszeichnet, eine besondere Anschaulichkeit, da soziale Ordnung nicht nur durch äußere Zeichen wie Kleidung, Schmuck, Haartracht und Schminke visualisiert, also die hierarchische Geschlechterdifferenz zum Ausdruck gebracht wird. Vielmehr sitzt die »überlegene Männlichkeit« unter der Haut: Männer werden als muskulöser, stärker und kräftiger wahrgenommen und es scheint offensichtlich, dass sie z.B. schneller laufen und weiter schießen können. »Allzu leicht wird damit eine natürliche Ordnung zwischen den Geschlechtern als erwiesen angesehen und immer wieder als Referenzpunkt für die Aktualisierung der sozialen Geschlechterdifferenz und der Legitimierung von Exklusion hervorgebracht« (Hartmann-Tews 2003, S. 24). Um mit Foucault (1978, S. 119 ff.) zu sprechen, lässt sich die Geschlechterdifferenz als ein *Machtdispositiv* auffassen, das sich aus architektonischen Einrichtungen, Institutionen, reglementierenden Entscheidungen und wissenschaftlichen Diskursen, Interaktionsmustern und spezifischen Körperpraxen zu einem heterogenen Ensemble zusammensetzt. Wie die institutionellen Arrangements präziser betrachtet im Fußballsport für Mädchen und Frauen aussehen, wird noch aufzuzeigen sein. Die wissenschaftlichen Diskurse, die insgesamt eine hohe Definitionskraft bezüglich des legitimen Körpers in einer Kultur besitzen, richteten sich damals, zum Teil auch heute noch, auf die Abschätzung des richtigen Maßes und die Angemessenheit der sportlichen Betätigung von Frauen. Die Erhaltung einer wie auch immer zu gestaltenden »Weiblichkeit« galt und gilt als Ziel aufgestellter Reglements, die vor allem das Eindringen von Frauen in als männlich definierte Ressorts – wie es insbesondere der Fußballsport darstellt – , mit dem Mittel der Drohung vor »Vermännlichung« aufhalten sollen.

Dieses Machtdispositiv ist aber nicht als unveränderbar zu betrachten, vielmehr sind Positionswechsel und Funktionsveränderungen, die sich innerhalb eines historischen Feldes zu einer bestimmten Strategie verdichten können, dem »Spiel der Macht« immanent. Dies zeigt auch die Geschichte des Frauenfußballs, obwohl es ein weiter Weg war, bis Frauen im Deutschen

Fußballbund eigene Fußballabteilungen gründen und einen regelmäßigen Spielbetrieb eröffnen konnten. Da sich der Fußballsport als ausgesprochen männliche Domäne präsentiert, war wiederum die Erhaltung von »Weiblichkeit« der Ausgangspunkt aller Diskussionen. »Es ist noch nie gelungen, Frauen Fußball spielen zu lassen«, behauptete Buytendijk noch 1953 (S. 20). Und weiter: »Das Treten ist wohl spezifisch männlich, ob darum das Getretenwerden weiblich ist, lasse ich dahingestellt. Jedenfalls ist das Nichttreten weiblich«. Zudem waren die Verantwortlichen davon überzeugt, dass die schwächere Konstitution von Frauen ein Durchhalten eines nach internationalen Maßstäben ausgerichteten Fußballspiels unmöglich mache. Auch das alte Argument, Frauen wollten sich nur emanzipieren, das die Inklusionsbestrebungen von Frauen in den Sport von Beginn an begleitet hatte, wurde wieder ins Spiel gebracht, so dass 1955 ein regelrechtes Fußballverbot für Frauen ausgesprochen wurde. Erst 1970 gelang es, dass Frauenfußballteams im Deutschen Fußballbund offiziell zugelassen wurden; und dies hauptsächlich deshalb, weil die Fußball interessierten Frauen ihren eigenen Verband gründen und eine inoffizielle Weltmeisterschaft durchführen wollten. Seit 1996 schließlich gehören Fußballspiele von Frauen zum Olympischen Programm.

Festzuhalten bleibt, dass mit dem Eintritt in das wettkampforientierte Sportsystem Frauen genau jenen Mechanismen ausgesetzt sind, die als Techniken der Disziplinarmacht vorgestellt wurden und zunächst das »männliche« Individuum produzieren. Die Anpassung an »männliche« Standards, den Körper nach einem rationellen Leistungs- und Erfolgskalkül zum Funktionieren zu bringen, hat den Effekt der Individualisierung qua körperlicher Leistungsfähigkeit. Für Frauen tritt zusätzlich hinzu, was ich an anderer Stelle als »doppelte Disziplinierung« (Sobiech 1994, S. 48 ff.) beschrieben habe, nämlich die Disziplinierung zum »weiblichen« Körper. In der Erfüllung reproduktiver Aufgaben und gesellschaftlich normierter, ästhetischer Standards bleiben Frauen auf die Anerkennung und Bestätigung durch Andere verwiesen.

Geschlechtstypischer Habitus und Positionierung in Spiel-(Räum)en

Die Konstruktionen von »Weiblichkeit« und »Männlichkeit« implizieren, wie gesehen, eine bestimmte Positionierung von Frauen und Männern innerhalb einer gesellschaftlichen Ordnung. Nach Überzeugung von Bourdieu findet die Konstruktion dieser Ordnung wiederum in der sozialen Praxis statt. Das bedeutet, die Herstellung von Geschlecht, das »doing gender«, ist nicht beliebig, sondern ereignet sich in einer vorstrukturierten sozialen Praxis, die in Form von Klassifikationssystemen in den Gegenständen, den Köpfen und Körpern präsent ist und durch das Handeln aller Akteure, also Mitspieler und Mitspielerinnen, in einem bestimmten sozialen Feld oder Spiel-Raum (re-)produziert und (re-)konstruiert werden. Bourdieu spricht von der »eigentümlichen Wirkungsweise des vergeschlechtlichten und vergeschlechtlichenden Habitus« (Bourdieu 1997, S. 167). In den Habitus sind die Denk- und Sichtweisen, die Wahrnehmungsschemata, die Prinzipien des Urteilens und Bewertens eingegangen, die in einer Gesellschaft bedeutsam sind. Sie strukturieren die Handlungen, Körpervorstellung und Körpererleben, ja in gewisser Weise auch die Gestalt des Körpers, die sprachlichen und expressiven Äußerungen. Der Habitus ist aber nicht einfach gesellschaftlich bedingt, vielmehr wird er durch »Mitspielen«[2] in der sozialen Praxis (vgl. Engler 2004, S. 225), in relativ autonomen Feldern oder Spiel-Räumen erworben, in denen nach jeweils besonderen Regeln gespielt wird. Diese legen fest, was im Rahmen des Spiels erlaubt bzw. verboten ist, welche Spiel-Praktiken angewendet werden müssen, um sich als Mit-SpielerIn zu definieren. D.h., es besteht gewissermaßen ein Zwang, dem sich die Akteure und Akteurinnen nicht entziehen können, ohne das Spiel und den Spiel-Raum zu verlassen. Zugleich ist aufgrund dieser Regeln das jeweilige Spiel erst möglich. Zum Habitus, der das Spiel als wichtig erachtet, gehört ein auf das Spiel bezogener praktischer Sinn, der Spiel-Sinn. Durch den Erwerb dieses Spiel-Sinns wird eine Handlungsweise erzeugt, die mit den Spiel-Regeln, also der sozialen Ordnung des Feldes, übereinstimmt. Dieser praktische Sinn oder »Spiel-Sinn« ist demnach nichts anderes »als Natur gewordene, in motorische Schemata und automatische Körperreaktionen verwandelte gesellschaftliche Notwendigkeit« (Bourdieu 1987, zit. n. Krais 2001, S. 322). Auf der konkreten Spielebene erfolgt der Aufbau von Spiel-Sinn – also der Aufbau eines spezifischen Habitus für die Teilhabe an Sportspielen – demnach durch das Spielen in den entsprechend dafür vorgesehenen Spiel-Räumen.

Wie haben sich nun genauer Mädchen und Frauen gegenwärtig im Sportsystem im Allgemeinen und in Sportspiel-Räumen[3] im Besonderen positioniert?

2 Bourdieu benutzt das »Spiel« als eine Analogie, eine Konkretion gesellschaftlicher Strukturen. Das Spiel ist für Bourdieu (1992a, S. 85) eine Möglichkeit, »sich soziale Verhältnisse zu veranschaulichen« bzw. den praktisch-körperlichen Bezug einer bloß theoretischen Anschauung des Sozialen zu erschließen. Dieser Analogie wird hier gefolgt.

3 Die Kategorie des Raumes tritt deshalb dazu, da über die Verlagerungen und Bewegungen des Körpers, körperlicher Stellungen und Körperhaltungen die sozialen Strukturen in Raumstrukturen umgewandelt werden (vgl. Bourdieu 1991, S.27).

Inzwischen haben Frauen, was die Sportaktivitäten insgesamt angeht, stark aufgeholt. Sie sind heute nur in geringerem Maße sportabstinenter als Männer. Dies scheint auch auf die sportliche Betätigung von Mädchen zuzutreffen[4]. Rose (2003, S. 31) konstatiert, dass Sport in den Mädchenwelten des vereinten Deutschland eine ähnlich bedeutende Rolle erhält wie in den parallelen Jungenwelten. Und dennoch, schaut man sich die Aktivitäten genauer an, so fällt auf, dass Ballspiele, die einen körperlichen Kontakt und kämpferische Auseinandersetzung implizieren wie Basketball und Fußball, nach wie vor von Jungen dominiert sind. Während es neben einer Zugehörigkeit zum Fußballverein zur selbstverständlichen Alltagskultur von Jungen gehört, sich zum Fußballspielen, sei es auf dem nah gelegenen Bolzplatz oder auf der Straße, zu treffen, gehört es bis heute nicht zu den Gepflogenheiten von Mädchen, sich gegenseitig zum Fußballspielen abzuholen. Sportspielpraxis, so konstatiert Müller (2002, S. 161), wird durch eine (vorbewusste) praktische Vernunft reguliert. Praktische Vernunft – also nichts anderes als Spiel-Sinn – entwickelt sich in der Praxis, »von Praxis zu Praxis«. Erst durch die Teilhabe am Feld der (Sport-)Spiele wird die Disposition oder der Sinn für das Spiel habituell hervorgebracht. Demnach ist es nicht unwesentlich, welche Orte von Mädchen und Jungen aufgesucht und wie sie genutzt werden, da dies Auswirkungen auf den Habitus und die individuelle Positionierung in Spiel-Räumen nach sich zieht.

Untersuchungen zeigen, dass die öffentlichen Freiräume stärker von Jungen in Anspruch genommen werden, wie zum Beispiel der Bolzplatz und auch die Skateboardbahn, die hauptsächlich von Jungen zu raumgreifenden und bewegungsbetonten Aktivitäten genutzt werden. Ihre Aktivitäten sind insgesamt wesentlich raumbetonter als die der Mädchen. Dies gilt sowohl für die Bewegung des Körpers im Raum als auch im Hinblick auf die räumliche Ausdehnung der von ihnen beanspruchten Orte. Mädchen sind häufiger im nahräumlichen Bereich (Hinterhöfe, Gärten am Haus) zu finden. Typische Mädchenspiele, die sich aus der Standortgebundenheit entwickeln, sind:

4 Hierbei muss eingeschränkt werden, dass es hier vornehmlich um Mädchen und Frauen der so genannten »Mittelschichten« geht. Die Angehörigen aus bildungsfernen Schichten haben eher starke Vorbehalte gegenüber vereinsorganisierten Sportaktivitäten (Kleindienst-Cachay 1990). Frauen werden hier wenig Chancen zur Selbstrepräsentanz eröffnet, da das Selbstbild der Frauen stärker in Abgrenzung von Konstruktionen von Männlichkeit definiert wird und wenig von dieser Definition abweichende Verhaltensmodelle im Bereich des Sports existieren (vgl. Sobiech 1994, S. 126). Auch die Kategorie »Ethnie« trägt zur Einschränkung dieser positiven Einschätzung bei: Muslimische Frauen sind auch in der zweiten und dritten Generation stärker isoliert und benachteiligt und haben in der Regel einen sehr geringen Zugang zu Sport und Bewegung entwickelt (vgl. MSWKS NRW 2001).

Figurenhüpfen, Schreitspiele, das Ballspielen an der Wand und Seilhüpfen. Die Art der Raumnutzung zieht nun spezifische Formen von sozialen Kontakten nach sich. Während Jungen ihre Aktivitäten eher in Gruppen organisieren, die durch den Kampf um Status und Dominanz gekennzeichnet sind, ist für Mädchen die Zweiergruppe typisch, die stärker auf der Basis von Gleichheit funktioniert. Die Herstellung wie auch der Umgang mit Dominanz sowie die Austragung von Konflikten gehören kaum zu mädchentypischen Interaktionsformen[5]. Wenn man verstehen will, wie grundlegende Prinzipien der legitimen Kultur – hier »des vergeschlechtlichten und vergeschlechtlichenden Habitus« – sich in Form von Positionen und Dispositionen des Körpers naturalisieren, so muss man, wie Bourdieu zeigt, die Bildungs- und Formungsarbeit beschreiben, die gerade auch durch die Eingewöhnung in einen symbolisch strukturierten Raum eine dauerhafte Transformation des Körpers und der üblichen Umgangsweise mit ihm erzeugt. Diese »stille Pädagogik«, die »den Grundprinzipien des kulturell Willkürlichen« (Bourdieu 1999, S. 128) Geltung verschafft, gerade weil sie sich dem Bewusstsein und der Überprüfung entzieht, hat Auswirkungen auf die Teilhabe von Mädchen und Frauen an Sportspielen mit direktem Körperkontakt, da sie eher zu den Konstruktionen von Männlichkeit und männlicher Körperpräsentation zu passen scheinen. Oder anders formuliert: Die räumliche Standortgebundenheit und die spezifische Form sozialer Interaktion setzen sich in der Körperlichkeit fort, sie werden z.B. sichtbar in einem eng begrenzten Körperraum, also einer schmalen Fußstellung und zusätzlich eng am Körper gehaltener Arme und einer wenig Raum beanspruchenden binnenkörperlichen Bewegungsweise, die zur weiblich-ästhetischen Körper-Stilisierung gehören. Zugleich haben die häufig selbsttätige Begrenzung des eigenen Körperraumes durch gesellschaftliche Schönheits- und Attraktivitätszwänge sowie mangelnde Erlebnisse körperlicher Kraft, Durchsetzungs- und Verteidigungsfähigkeit Auswirkungen auf das eigene Körperkonzept. Der Umgang mit und das Erleben des eigenen Körpers sind eher mit Ängsten verbunden, die wiederum zu innerer Zurückhaltung, mangelnder Selbstsicherheit und Nachgiebigkeit führen. Bezogen

5 Die Maßgabe, wenig dominant zu sein, sondern soziales und kommunikatives Verhalten zu zeigen, das gesellschaftlich mit den Konstruktionen von Weiblichkeit übereinstimmt, wird nicht von allen Mädchen praktiziert. Pilz (2004, S.45 ff.) hebt hervor, dass Mädchen in gewaltbereiten Fußballszenen neben einer »aktiv gewalthemmenden Rolle« zu einem geringen Teil auch selbst gewaltbereit sind. Ursachen liegen in Abwertungserfahrungen angesichts gesellschaftlicher Erwartungen an weibliches Verhalten, die mit den eigenen Bedürfnissen nach Autonomie kollidieren. Gewalthandeln wird dann in z.B. einer Hooligangruppe zur Quelle von Anerkennung und Wertschätzung.

auf Sportspiele zeigen sich diese z.B. in der vielfach konstatierten »Angst vor dem Ball« (vgl. Scheffel 1996, Kugelmann 1999, Pfister 2002, Sobiech 2002a, b), also der Angst, vom Ball getroffen oder verletzt werden zu können, und mangelnder Risikobereitschaft, sich in beengten Räumen Raum zu verschaffen, zum Tor durchzubrechen oder sich breit und kampfbereit im Raum zu positionieren, um den Ball oder den Raum zu verteidigen. An die Stelle von »Abenteuerlust« und »Risikofreudigkeit« tritt eine »Ich-kann-nicht-Haltung« (Emme 1990), die Mädchen häufig gegenüber Sportspielen entwickeln, bevor sie je an einem solchen, ob in der Freizeit oder in der Schule, teilgenommen haben (vgl. Sobiech 2002a, S. 17). Hinzu tritt, dass sie in der Regel nicht durch ihr soziales Umfeld bzw. durch die eigene Familie ermutigt werden, die eng gesteckten Grenzen gesellschaftlich erwarteter weiblicher Körperpräsentation zu überschreiten und z.B. Fußball zu spielen. Möhwald und Kugelmann (2005) heben hervor, dass es offenbar insbesondere die Mütter sind, die die Einstellungen der Töchter und den Zugang zum Fußball-Sport fördern oder hemmen.

Ausdruck für die Korrespondenzen zwischen der Aneignung sozialer (Raum-) Strukturen und leiblichem Verhalten und Bewegen sind folgende Untersuchungsergebnisse: In einem Projekt mit dem Titel »Gemeinschaftserlebnis Sport – Neue Wege der Kooperation Schule und Verein« (Hermet 2000, S. 322 ff), begonnen im Schuljahr 1995/96, betrug bei allen angebotenen Turnierserien, hauptsächlich im Fußball, Basketball und Streetball, sowie bei der regelmäßig angebotenen Veranstaltung »Basketball um Mitternacht«, der Anteil der männlichen Teilnehmer 80%. Als Ursache für die geringe Anzahl der Mädchen wird das mangelnde Interesse an sportlicher, sprich körperlicher Auseinandersetzung vermutet, denn Angebote nur für Mädchen wurden von ihnen nicht besser angenommen als gemischtgeschlechtliche Veranstaltungen. Zu ähnlichen Ergebnissen kam eine Freiburger Studie, bei der zentrale Bewegungsräume eines ausgewählten Stadtteils beobachtet wurden. Bei der Aktivität Fußball waren unter 86 beobachteten Personen gerade mal 6 Mädchen zu verzeichnen, beim Basketball wurden innerhalb dieses Zeitraums 35 Jungen und 5 Mädchen beobachtet (vgl. Giess-Stüber 2005).

Bezogen auf Ballspiele mit Körperkontakt im Sportunterricht, kann eine Untersuchung an einer Dortmunder Gesamtschule[6] als exemplarisch gelten, in der es um Chancen und Hindernisse von Mädchen im koedukativen

6 Das Projekt mit dem Titel »Chancen und Grenzen für Mädchen im koedukativen Sportunterricht« wurde im Schuljahr 1997/98 unter meiner Leitung im Auftrag des Ministeriums für Schule und Weiterbildung NRW durchgeführt.

Sportunterricht ging: Hier nahmen fast 50% der Mädchen eines achten Schuljahres nicht am Sportspielunterricht »Basketball« teil.

Mädchen verweigern im Sportspielunterricht häufig ihre Teilnahme, indem sie dem Sportunterricht fernbleiben oder sich auf die Bank setzen. Wenn man bedenkt, dass der Sportunterricht in der Schule häufig das erste und einzige Angebot ist, bei dem Mädchen allgemein eine Motivation zum Sporttreiben und speziell die Motivation zu Sportspielen entwickeln können, ist das Ergebnis dieses Projektes nicht gerade ermutigend. Schulsport wird auch nach einer Analyse von Falk, Breidenbach und Niessen (2002, S. 19) insgesamt als nicht besonders förderlich für die Integration von Mädchen in Ballspiele angesehen. So werden sie in der Regel von Lehrerinnen und Lehrern als ungeeignet für Fußball und Handball betrachtet, d.h. beide Sportarten werden als Inhalte im geschlechtsheterogenen Sportunterricht tendenziell vermieden. Aber auch der geschlechtergetrennte Sportunterricht scheint die Sozialisationserfahrungen von Mädchen und Jungen im Sinne einer Geschlechtertypisierung eher zu verstärken, indem Zielschussspiele in der Regel im Sportunterricht der Jungen Anwendung finden, während Turnen und Tanzen Inhalte im Sportunterricht von Mädchen sind.

Dazu gehört, dass in der für Lehrer und Lehrerinnen relevanten Fachliteratur, wie Kugelmann (1999, S. 157f.) analysiert hat, weder von Spielerinnen, Schülerinnen, Trainerinnen oder Lehrerinnen die Rede ist. Der Eindruck, dass Sportspiele mit ihrem kraftvollen Bewegungsstil und einer Dominanz ausstrahlenden Körperpräsentation hauptsächlich an die Konstruktionen von Männlichkeit anknüpft, wird noch verstärkt über das Bildmaterial, das in der Mehrzahl Jungen und Männer in Sportspiel spezifischen Aktionen zeigt.

Auch die Medien, die mit ihren geschlechtstypisierten Bildern von Schönheit, Aktivität und Erfolg einen omnipräsenten Raum einnehmen, tragen zum Erhalt der Geschlechter-Asymetrie bei (vgl. Kotthoff 2003, S. 134). So konstatieren Hartmann-Tews und Rulofs (2003, S. 67), dass die Sportberichterstattung sich ebenso an der Inszenierung der »›gewohnten‹ Geschlechter- und Körperordnung« beteiligt. Das bedeutet, dass bei Sportlerinnen ein ästhetisches und erotisches Erscheinungsbild ins Zentrum der Berichterstattung tritt, während Sportler als aktive und starke Männer dargestellt werden.

Wie aber lässt sich verstehen, dass nicht nur die publizierten Bilder an der Konstruktion des hierarchischen Geschlechterverhältnisses beteiligt sind, »sondern auch die dahinter stehenden Akteure und Akteurinnen in den Redaktionen der Sportmedien, die mit den Medien zusammenarbeitenden Akteure und Akteurinnen der Wirtschaft« (Hartmann-Tews und Rulofs 2003, S. 68) sowie – und dies ist interessant – neben den Sportlern auch die Sportlerinnen selbst?

Bourdieu hat gezeigt, dass der Habitus unentrinnbar durch ein Klassifikationsschema geformt ist, das männlich und weiblich als polaren Gegensatz konstruiert. Zugleich formt der Habitus das Handeln von Männern und Frauen durch ständige Anwendung dieser Klassifikation mit. Die mit dem Herstellen der Differenz verbundene soziale Ungleichheit bezeichnet Bourdieu (1997, S. 158 ff.) als »symbolische Gewalt«. Die symbolische Dimension der Macht drückt sich darüber aus, dass sie selbst von den Beherrschten eine Form der Zustimmung erhalten muss. Diese beruht allerdings nicht auf der freiwilligen Entscheidung eines aufgeklärten Bewusstseins, sondern auf der unmittelbaren und vorreflexiven Unterwerfung der sozialisierten Körper, d.h. in den praktischen Schemata des Habitus, die dem Zugriff der Selbstreflexion und der Willenskontrolle oftmals entzogen sind. Das praktische Erkennen und Anerkennen bestimmter Grenzen schließt die Möglichkeit der Überschreitung aus, da sie in den Bereich des Undenkbaren verwiesen wird. Wer also hemmende Verbote und Ordnungsrufe im Hinblick auf den legitimen Körper anerkennt, wird von seinem Körper durch Zurück-Haltung in bestimmten Spiel-Räumen verraten, in denen ein anderer Habitus eher ausdrückliche Aufforderungen und stimulierende Anregungen erkennen könnte. D. h. die Folge kann ein Selbstausschluss aus genau jenen Spiel-Räumen sein, die möglicherweise Profit versprechen.

Genauso wie Foucault feststellt, dass die Macht nicht ohne Widerstandspunkte existiert, konstatiert auch Bourdieu (1997, S. 174), dass der symbolischen Herrschaft Widerstand entgegen gebracht werden kann, indem die Beherrschten sich mit den Kategorien der legitimen Kultur wappnen und diese gegebenenfalls umkehren.

Sind bislang eher die hemmenden Faktoren zur Sprache gekommen, die Mädchen und Frauen davon abhalten, Spiel-Sinn aufzubauen und sich den Anforderungen von Sportspielen mit direktem Körperkontakt zu stellen, soll im Folgenden untersucht werden, was Fußballsport zum einen als gesellschaftliches Feld so attraktiv macht und wie zum anderen die Bedingungen für Mädchen und Frauen, die an diesem Feld teilhaben, beschaffen sind, wie sie sich dort positionieren und welche Profitchancen sich möglicherweise für sie durch die Teilhabe ergeben.

Erfolgreicher Erwerb von Spiel-Sinn = Erhöhung der Profitchancen im sozialen Raum?

Sind Spiele, wie z.B. das Fußballspiel, die »schönste Nebensache der Welt«, die lediglich als attraktive Freizeitbeschäftigung gelten können, jedoch mit den Notwendigkeiten der Alltagswelt nichts gemein haben? Oder korrespondieren Spiel- und Alltagswelt auf eine miteinander verflochtene Weise, so dass Spielhandlungen und Spielprozesse Auskunft über elementare Prozesse der Herstellung von Gesellschaft geben können?

Tatsache ist zunächst, dass die Spiele moderner Gesellschaften und die Erwerbsarbeit sich historisch aufeinander bezogen entwickelt und verändert haben und als Gegenwelten wahrgenommen wurden und werden. Während die Erwerbsarbeit in hochdifferenzierten, urbanisierten Gesellschaften strikte Zeit- und Affektkontrolle erfordert, eine disziplinierte Haltung demnach Voraussetzung und Ziel ist, wird Spielen hingegen mit Kreativität, Spaß und Freude assoziiert (vgl. Elias und Dunning 2003, S. 174 ff.). Besonders in der gegenwärtigen Gesellschaft, in der ja Erwerbsarbeit vor allem im modernen Dienstleistungssektor physische Aktivitäten aufs äußerste reduziert, ist die Suche nach körperlicher Erregung und Spannung, starken Emotionen und Erlebnissen mit Spielen, z.B. im Bereich des Fußballsports, verbunden. Spiele, so resümiert Gebauer (2002a, S. 34), zeigen die Bedeutung der Affekte und Emotionen für die jeweilige Gesellschaft, »sie stellen diese dar wie eine Theateraufführung: als stark kontrolliert, aber auch als lustvoll gesucht, regelrecht begehrt, fast gefordert, aber mindestens ebenso gefürchtet«. Spiele erzeugen eigene symbolische Welten, die Züge einer Fiktion tragen, also Spielwelten, die relative Autonomie besitzen. Zugleich nehmen sie aber auch Bezug auf soziale Strukturen und kulturelle Praktiken auf die Welt außerhalb des Spiels[7]. Sie zeigen Prinzipien auf, die auch die Gesellschaft und die Alltagwelten organisieren, d.h. die Spielordnung und die Gesellschaftsordnung verweisen aufeinander. Ungeachtet konkret unterschiedlicher Bedeutungen im Spiel und in der Alltagswelt, stellen diese Prinzipien eine Vermittlung zwischen beiden Welten dar, so dass im Spiel Organisationsstrukturen auch der Alltagswelt erlernt werden können[8]. Roger Callois (1960) hat als erster auf die Verflechtung zwischen Spielordnung und Gesellschaftsordnung verwiesen und damit die Möglichkeit einer von den Spielen

7 Auf diese Zusammenhänge verweist insbesondere der erste Abschnitt dieses Beitrags, in dem die Implikationen des kulturellen Systems der Zweigeschlechtlichkeit, ihre wissenschaftliche Ausdifferenzierung und normierenden Disziplinierungen, selbstverständlich auch im Feld des Sports im Allgemeinen und im Bereich der Sportspiele im Besonderen wieder zu finden sind. Man denke nur an die Sorge vor »Vermännlichung« beim Eindringen von Frauen in die männlich dominierten Sportspiele, mit deren Androhung ja noch heute Sportlerinnen zu kämpfen haben.

8 Diese werden sichtbar, wenn z.B. aus einer fremden Kultur ein Spiel übernommen wird. In der Regel wird es so verändert, dass es nach den üblichen Prinzipien dieser Gesellschaft als spielbar erscheint. Ein gutes Beispiel in diesem Kontext sind die Navajo-Indianer aus dem

ausgehenden Soziologie eröffnet. Nach Callois gibt es vier Grundprinzipien: Agon: der Wettkampf; Alea: der Zufall; Mimikry: Maske und Verkleidung, und Illinx: der Rausch. Entsprechend diesen Organisationsprinzipien existieren jeweils verschiedene Einstellungen zum Spiel. In agonalen Spielen können die Spielenden beispielsweise die Lust an Konkurrenz, Leistung und Rekord ausleben. Sie erhalten Gelegenheit, ihren Spielsinn zu entfalten, indem sie ihre Fähigkeiten ausspielen, ihre Kräfte gegen andere mobilisieren, sich körperlich durchsetzen und Regeln nach eigenem Vorteil deuten. Zugleich lernen sie, dass in Mannschaftsspielen nur über Kooperationen, dem Zuspiel zu Mitspielenden, ein Erfolg erzielt werden kann.

Das Spiel ist also eine Form, in der sich Vergesellschaftung in spezifischer Weise vollzieht, also ein Vergesellschaftungsmedium, zum anderen produziert das Spiel Elemente und Strukturen, die für die Herstellung gesellschaftlicher Ordnung grundlegend sind. Gebauer und Alkemeyer (2001, S. 117 ff.) sprechen von der »Aufführung« der Gesellschaft im Spiel.

In einem bestimmten Spiel-Raum können nun, ähnlich dem Sportspiel, in dem der Spielerfolg von physischen Eigenschaften der Spieler/Spielerinnen und taktischen Fähigkeiten des Teams abhängig ist, spezielle Ressourcen die Durchsetzungschancen einzelner Akteure und Akteurinnen erhöhen. Solche Einsätze, die in einem Spiel Gewinn versprechen, sind nach Bourdieu als »Kapitalsorten« definiert, zu denen neben dem ökonomischen und kulturellen vor allem auch soziales Kapital gehören. Beim letzteren handelt es sich um Ressourcen, »die auf der Zugehörigkeit zu einer Gruppe beruhen« (Bourdieu 1992b, S. 63). Je umfassender das Netz an sozialen Beziehungen gegeben ist, das ein Akteur durch permanente »Beziehungsarbeit« aufrecht erhält und das er im Bedarfsfall nutzen kann, desto größer sind die Chancen bei der Anhäufung ökonomischen (verschiedene Formen materiellen Reichtums) und kulturellen Kapitals (Bildungstitel, kulturelle Fertigkeiten und Wissensformen). Wie wichtig diese Ressource bei den sog. »ernsten Spie-

Südwesten der Vereinigten Staaten (Neu-Mexiko), die Basketball vom Grundsatz her andersspielen als dies ihre Lehrer in anglo-amerikanischen Schulen von ihnen fordern. Die hochbewerteten Grundsätze der Kultur der Navajos sind Gruppensolidarität, Homogenität und kooperatives Handeln. Während ihre Sportlehrer, die wiederum nach den Prinzipien ihrer Gesellschaft, in der Leistungsmotivation, Wettkampf und Konkurrenz oberste Maxime sind, im Spiel harten Körpereinsatz verlangen, versuchen die Navajos diesen gerade zu vermeiden. Der große Respekt vor dem Gegner, der in ihrer Logik das Spiel erst möglich macht, unterscheidet sich von der Haltung der Anglo-Amerikaner, die den Gegner symbolisch »getötet« sehen wollen (vgl. Allison 1982, S. 115 ff.).

len«[9] (vgl. Bourdieu 1997, S. 196, 211) ist, bei denen es um ökonomische Erfolge und/oder um politische Macht sowie letztlich auch um Ehre geht, zeigt z.B. das für Fach- und Führungskräfte im Top-Management gern verwendete Zauberwort »Networking«. Dies wird als ein Gewebe ausgesuchter Beziehungen zwischen einzelnen Menschen verstanden, die Informationen und Unterstützung austauschen, um sich anderen Konkurrenten gegenüber einen Vorteil zu verschaffen, es ist demnach ein auf Gewinn-Maximierung ausgerichtetes Kalkül (vgl. Albrecht 2002, S. 208). Die Bedeutung des sozialen Kapitals wird nach Albrecht (ders., S. 210) als Struktur bildende Kraft in der sozialen Praxis und als Chance erfolgreicher Positionierung häufig unterschätzt. Die Tatsache nun, dass nicht jede/r gleiche Zugangschancen und Verfügungsmacht über diese Ressource besitzt, hat Raumkämpfe zur Folge. Die Spielfelder sind demnach zugleich »Kampffelder, auf denen um Wahrung oder Veränderung der Kräfteverhältnisse gerungen wird« (Bourdieu 1984, S. 74). Ein Ergebnis der Kämpfe ist die Positionierung im sozialen Raum, die als Anordnung von Personen und Personengruppen auf der Basis gleicher bzw. unterschiedlicher Verfügungsmöglichkeiten über ökonomisches, kulturelles und soziales Kapital verstanden wird, was im jeweiligen Habitus seinen »augenfälligen« Ausdruck findet.

Zum Habitus gehört, wie oben beschrieben, der so genannte Spiel-Sinn, d.h. das »Spiel« als wichtig zu erachten und den Willen aufzubringen, im Spiel zu verbleiben. Oder anders formuliert: Um den Zwängen und Anforderungen des Spiels überhaupt folgen zu können und zugleich auch die Chancen wahrzunehmen, die ein Spiel bietet, muss innerhalb der Sozialisation der Sinn für die immanente Notwendigkeit des Spiels erworben worden sein. Folgt man nun der Vorstellung, dass Gesellschaft im Spiel aufgeführt wird, so fällt auf, dass Erfolg, Überlegenheit und Durchsetzungsvermögen auf den Arbeitsmärkten und in der wirtschaftlichen Konkurrenz innerhalb moderner Gesellschaften wichtige Kriterien sind, die mittlerweile am Körper ablesbar sein müssen, um glaubhaft zu wirken. Ähnliche Elemente sind auch auf Sportspiele bezogen zu identifizieren: die Überbietung des gegnerischen Teams, also das Leistungs- und Konkurrenzprinzip, die Einteilung in Gewinner und Verlierer, sowie der Wille zu kooperieren, um das gemeinsame Ziel zu erreichen, sich also erfolgreich durchzusetzen.

---

9 In Bourdieus Überlegungen zur symbolischen Herrschaft, die sich auf die geschlechtliche Arbeitsteilung im ökonomischen Sinn bezieht, sind es die Männer, die die so genannten »ernsten« Spiele spielen. Frauen hingegen erscheinen als symbolische Werte, Objekte und Instrumente, die auf symbolischen Märkten und im Privaten zirkulieren.

Besondere Chancen bietet nun das Spielen jener Spiele, für die sich die Mehrheit einer Nation interessiert, denn hier lassen sich Entwicklungen erkennen, die in der Tiefe der Gesellschaft vor sich gehen. So ist Fußball z. B. deshalb so attraktiv, weil es die Leidenschaften einer Nation und das Bild, das sich diese von sich selbst machen will, verkörpert. Zugeschriebene Nationaltugenden sind beispielsweise Disziplin, Fleiß und Kampf bis zum Schlusspfiff, die auf dem Rasen inszeniert und aufgeführt werden (vgl. Gebauer 2002b, S. 172 ff.). Wer Fußball spielt, kann sich damit auch Fähigkeiten aneignen, die für das Einnehmen höherer Positionen im sozialen Raum, im Spiel-Raum, zentral sind, wie einen Raum einnehmenden Habitus, Kognitionen und Gestaltungsprinzipien. Bourdieu (1992a, S. 84) führt aus:

> »Der Habitus als Spiel-Sinn ist das zur zweiten Natur gewordene, inkorporierte soziale Spiel. Nichts ist zugleich freier und zwanghafter als das Handeln des guten Spielers. Gleichsam natürlich steht er genau dort, wo der Ball hinkommt, so als führte ihn der Ball!«

Der gute Spieler bewegt und platziert sich auf eine Weise, die eine günstige Stellung zu anderen Mit-Spielern – ihre Potentiale zum eigenen Erfolg wohlweislich nutzend –, zur Besetzung Erfolg versprechender Zonen oder Territorien des Raumes und zur Aneignung relevanter Zeichen und Gegenstände im Spiel-Raum führen. Selbst der weniger gute Spieler hat die Chance, wenn er sich stetig der Spielsituation stellt, also Spiel-Sinn besitzt, soziales Kapital zu erwerben, da das Austragen von Konflikten, das Aushandeln von Spielregeln und die Abstimmung taktischer Maßnahmen, die Gestaltungsräume eröffnen, zum (Sport-)Spiel gehören. Nur diejenigen, die über entsprechende Ressourcen, einen »Zugangs-Habitus« und Spiel-Sinn verfügen, werden sich im Spiel-Raum langfristig und erfolgreich positionieren können.

Erfolg und Positionierung von Mädchen und Frauen im Fußball-Sport

Als erstes muss festgehalten werden, dass die Erfolgsbilanz im Leistungsbereich des bundesdeutschen Mädchen- und Frauenfußballs enorm ist: 2003 die erfolgreiche Fußball-Weltmeisterschaft in den USA, 2004 der dritte Platz bei den Olympischen Spielen in Athen und der Gewinn der U-19 Weltmeisterschaft in Thailand und 2005 der Gewinn der Europameisterschaft in England. Kurzfristig hatten diese Erfolge Auswirkungen auf die Sportberichterstattung in den Medien: Es wurden mehr Berichte sowohl in den Printmedien publiziert als auch im Fernsehen ausgestrahlt und das sogar zu attraktiveren Sendezeiten, was sich günstig auf die Zahl der Zuschauerinnen und Zuschauer und im Weiteren auf den Gewinn zahlungskräftigerer Sponsoren auswirkte. Eine weitere positive Konsequenz bezieht sich auf die Weiterentwicklung des Frauenfußballs in den Vereinen und Verbänden, so dass heute mit Fug und Recht der Frauenfußball mit seinen insgesamt 20 Millionen Fußball spielenden Mädchen und Frauen als Weltsportart bezeichnet werden kann.

Betrachtet man nun die Mitglieder- und Mannschaftsstatistiken im Deutschen Fußball-Bund von 1999 bis 2004 genauer, so zeigt sich, dass trotz der Erfolge die Anzahl der Mädchen- und Frauenmannschaften stagnieren bzw. der Anteil der Mädchenmannschaften von 1999 (3473) bis 2004 (3400) sogar leicht gesunken ist.[10] Dies kann allerdings damit zusammen hängen – darauf deutet der leichte Anstieg der absoluten Mitgliederzahl von 214.514 im Jahre 1999 auf 222.148 im Jahre 2004 –, dass viele Mädchen in Jungenmannschaften mitspielen, da die Vereine möglicherweise keine Mädchenteams anbieten können oder mögen (vgl. Sinning 2005a). Eine Ursache für den innerhalb von vier Jahren relativ geringen Anstieg um 7634 Fußball spielende Mädchen mag darin liegen, dass immer noch sehr wenig Mädchen von Fördermaßnahmen der Landesverbände des DFB profitieren. Von 22.000 Kindern und Jugendlichen, die gefördert werden, sind es lediglich 700 Mädchen, was bedeutet, dass bei 3004 Mädchenteams (mit ca.15 Spielerinnen pro Team, also bei rund 50.000 Spielerinnen) nur jedes 71. Mädchen gefördert wird, während bei 60.000 Jungenmannschaften, (mit durchschnittlich 15 Spielern pro Mannschaft, also ca. 90.000 Spielern) ca. 21.300, also jeder 42. Spieler an einer Fördermaßnahme teilnehmen kann (vgl. Sinning 2005a). Eine weitere Schwierigkeit ergibt sich durch den Umstand, dass für die Auswahlarbeit bei den Mädchenteams immer noch weit weniger qualifizierte Trainerinnen und Trainer zur Verfügung stehen als dies bei Jungenmannschaften der Fall ist. Hinzu tritt, dass der Mangel an Vorbildern die Mädchen sicher nicht gerade ermutigt, eine Fußballkarriere anzustreben. So ist z. B. unter 29 hauptamtlichen Koordinatoren an den Talentstützpunkten lediglich eine Frau vertreten. Giess-Stüber (2002, S. 93 ff) zeigt auf, dass die Situation von Trainerinnen in den Sportspielen insgesamt die hierarchisch angelegte Geschlechterordnung im Sport widerspiegelt. Statushöhere, attraktive Positionen sind auf der Trai-

10 Von 1989 bis 1998 sind wesentlich mehr Eintritte von Mädchen und Frauen in die Fußballvereine zu verzeichnen. So stieg, bezogen auf den Jahresdurchschnitt, die Anzahl der Mädchen- und Frauenteams im DFB um jeweils ca. 10%. Inwieweit hier allerdings die Vereinigung der BRD und der DDR für den Anstieg eine Rolle gespielt hat, ist aus den Mitgliederstatistiken des DFB nicht ersichtlich (vgl. Kugelmann und Sinning 2004, S.136).

nerinnenebene für Frauen sehr schwer zugänglich, und wenn sie es schaffen, sich dort zu positionieren, müssen sie bereit sein, mit sozialer Benachteilung – fehlende Anerkennung gehört z.B. in diesem Kontext zu den harmloseren Formen – bis hin zu Diskriminierungen zu leben.[11] Dies ist allerdings kein Phänomen nur des Fußballsports, die Unterrepräsentanz von Frauen in Führungspositionen und hohen Funktionen in den Entscheidungsgremien kennzeichnet die Sportlandschaft auf nationaler und internationaler Ebene insgesamt, wobei die Regel gilt: »Je höher das Amt, desto weniger Frauen sind zu finden« (vgl. Hartmann-Tews, Combrink und Dahmen 2003, S. 151 ff). Dass dies so ist, hat sicherlich wieder Auswirkungen auf die Situation von Fußball spielenden Frauen in den Vereinen, insbesondere der Verteilung von Ressourcen, sei es bei ungünstigeren Trainings- und Spielzeiten, der Verteilung von Spielorten – z.B. hat das Bundesligateam der Frauen des 1. FC Freiburg keinen eigenen Trainings- und Spielplatz zur Verfügung –, bis hin zur finanziellen Unterstützung. Aber auch die Preisgelder sowie die individuellen Spielerinnengehälter, z.B. in der Bundesliga, halten dem Vergleich mit der wesentlich höheren Bezahlung der männlichen Fußballprofis nicht stand.

Was finden nun Fußballspielerinnen selbst attraktiv am Fußball? Bezogen auf diese Fragestellung gibt es in der Sportwissenschaft bisher lediglich wenige Untersuchungen. Dies wird sich wohl zukünftig ändern, da der DFB im August 2004 ein Mädchenfußball-Programm verabschiedet hat, um mehr Mädchen für die Fußballvereine zu gewinnen und damit sowohl den Breiten- als auch den Spitzensport im Mädchen- und Frauenfußball zu stärken. Innerhalb dieses Kontextes plant eine Erlanger Forschungsgruppe eine wissenschaftliche Untersuchung derjenigen Faktoren, die die Beteiligung von Mädchen am Fußball-Sport in seiner organisierten Form ermöglichen oder verhindern (vgl. Möhwald und Kugelmann 2005). Ich beziehe mich im Folgenden auf die Untersuchung von Pfister (1999), die neben anderem auch die Biografien von Fußballerinnen auf der höheren Leistungsebene untersucht hat und zwar in Deutschland, England, Norwegen und Spanien. An dieser Stelle interessiert nicht vorrangig der interkulturelle Vergleich, sondern

11 Allerdings muss hier angemerkt werden, dass sich der Deutsche Fußballbund mit den Nationaltrainerinnen Tina Theune-Meyer und Sylvia Neid gegenüber anderen Sportspiel-Verbänden als recht fortschrittlich zeigt. Bis vor kurzem hatte die Bundesliga relativ viele Trainerinnen zu verzeichnen, in einer Saison belief sich ihr Anteil sogar bis auf 50%. Mit der Attraktivität des Frauenfußballs scheinen allerdings vermehrt Männer Interesse am Traineramt zu entwickeln, so dass mittlerweile nur noch 25% der ersten Bundesliga und 18% der zweiten Bundesliga von Frauen trainiert werden (vgl. Sinning 2005a).

bezogen auf die o. g. Fragestellung, das Lustvolle und Attraktive am Fußball-Sport für die befragten Fußballspielerinnen.

Vorab, ganz kurz ein paar Fakten dazu, wie die Frauen Eingang in die Sportart gefunden haben. Der Start in die Fußballkarriere gelang durch die Abweichung von der typischen Raumaneignung und Raumnutzung von Mädchen. Häufig als einziges Mädchen »kickten« sie mit den Jungen auf der Straße oder in Parks. Sie wurden von den Jungen akzeptiert, weil sie gut Fußball spielen konnten und sich nicht wie »typische« Mädchen bewegten und verhielten. Sie bezeichnen sich selbst als untypische, »wilde« Mädchen, die lieber Jungen sein wollten. Nach den Erfahrungen mit dem Straßenfußball traten die deutschen Frauen in einen Fußballclub ein, zum Teil wurden sie hierzu auch von ihren Vätern oder Brüdern angeregt. Insgesamt scheinen die Männer (auch Lehrer) ihre Karriere wesentlich intensiver unterstützt zu haben als dies von Seiten der Mutter oder Lehrerin der Fall war. Während einige Frauen versuchten, Mädchenteams in den Sportvereinen zu finden, spielten die anderen bis zum Alter von 12–14 Jahren in Jungenmannschaften. Der Sport im Verein hat insgesamt eine zentrale Bedeutung für die Leistungssportkarriere, die geradlinig auf die Steigerung des Leistungsniveaus abzielt. Die Ausübung des Fußballsports sehen sie als abhängig vom männlich dominierten Sportsystem, da nur die Integration in die vorgegebenen Strukturen ihnen die Chance eröffnet, Fußball auch als Spitzensport zu betreiben.

Wie stellt sich nun Fußball im eigenen Erleben dar? Die große Attraktivität des Fußballspielens und zugleich auch ein Konfliktherd liegt in der Ausweitung der eng gesteckten Grenzen eines gesellschaftlich konstruierten, legitimen »weiblichen« Körpers: sich hinwerfen, schmutzig werden, sich körperlich ein und auseinander setzen, die eigene Stärke ins Spiel bringen, also »auch mal reingrätschen« (vgl. Sobiech 2002b, S. 45). Insgesamt bevorzugen die Fußballerinnen Körperideale, Präsentationsformen und Praktiken, die eher als »männlich« definiert werden und dies nicht nur während der sportlichen Aktivität, sondern auch im Alltag, sichtbar z.B. an einem »männlichen« Kleidungsstil und der Vermeidung von Make-up. Ihnen ist es wichtig, einen durchtrainierten, muskulösen Körper zu haben und leistungsstark zu sein. Durch die sportiven Praxen, so die Aussagen, können sie sich Verhaltensweisen aneignen, die ihnen in alltäglichen Konflikten oder Konkurrenzsituationen nützlich sein können, wie Durchsetzungsfähigkeit und Aggressivität. Eine Bundesligafußballspielerin ist davon überzeugt, »Fußball habe sie durchsetzungsfreudiger gemacht und sie habe sich ›gewisse Charakterzüge von Männern‹ angeeignet« (Pfister 1999, S. 152). Dass die befragten Frauen in mancher Hinsicht von der Norm eines weiblichen Körpermanagements abweichen, führt aber nicht dazu, dass sie sich als »männlich« klassifizieren, vielmehr sehen sie sich als Frauen, die Weiblichkeit neu definieren wollen. Allerdings hat diese Art der Körperformung und der Raumaneignung ihren Preis: Außerhalb der Sport-Spiel-Räume verstärkt sich für diese Frauen der Druck, nicht zuletzt durch erfahrene Diskriminierungen – z.B. wurden sie als »Mannweiber« tituliert –, aber auch durch persönliche Wünsche und Sehnsüchte, die Geschlechterordnung wieder herzustellen. In einem Interview der FR vom 5. Juni 2004 sagt die Weltmeisterin Steffi Jones folgendes:

> »Die Jungen haben mich damals nur als Kumpel gesehen, nie als mögliche Freundin. (...) Aber irgendwann wollte ich auch einen Freund haben und ich überlegte, dass er es bestimmt nicht witzig fände, wenn Leute auf der Straße denken würden, da gehen zwei Jungen Hand in Hand. Ich beschloss deshalb, meine Haare wachsen zu lassen und auch mal ein Kleid zu tragen. Aber ich war damals schon 22 Jahre alt.«

Die Anforderung, wenigstens im Alltag den gesellschaftlichen Imperativen im Kontext von »Weiblichkeit« zu entsprechen, kann zu heftigen Konflikten zwischen Sportlerin-Sein und Frau-Sein, zwischen »Turn- und Stöckelschuh« (vgl. Palzkill 1990), führen. So berichten nahezu alle Frauen von dem langen und konfliktreichen Prozess, sich selbst als Frau zu akzeptieren und sich zumindest in gewisser Hinsicht als »weiblich« zu inszenieren.

Zusammenfassung und Ausblick

Es dürfte deutlich geworden sein, dass die »Somatisierung der Geschlechterverhältnisse«, die in unterschiedlichen Bewegungs- und Sichtweisen, in Gesten und Posituren, Wahrnehmungen, Dispositionen und Haltungen zum Ausdruck kommt, in sportiven Praxen, also im nach bestimmten Regeln bewegten Körper, besonders augenfällig werden. Die durch Inkorporierung der gesellschaftlichen Ordnung entstandene »Logik der Differenz« erzeugt nicht einfach eine Unterscheidung, sondern offenbart soziale Ungleichheit. Z. B. werden Männer immer wieder Frauen gegenüber als (körperlich) überlegen (vgl. Gisler 1995, S. 657), insbesondere im medienwirksamen Leistungssport, präsentiert. Dadurch entsteht eine Vorstellung über die »Natur« der Geschlechter und es erscheint eben natürlich, wenn Männer Fußball präferieren, während Frauen in der Mehrzahl immer noch gymnastisch-expressive Aktivitäten bevorzugen. In der gesellschaftlichen Arbeit aber, in der die Wirklichkeit und die Vorstellungen von Wirklichkeit die Vergesellschaftung des Biologischen und die Biologisierung des Gesellschaftlichen zur Folge haben, wird indes Ursache und Wirkung vertauscht. Der Effekt ist, dass eine naturalisierte gesellschaftliche Konstruktion als natürliche Rechtfertigung der *willkürlichen* Vorstellung von Natur dient (vgl. Bourdieu 1997, S. 166). Paradigmatisch für diese Strategie kann die Veränderung der Argumentationen über die »Natur der Frau« bis in die Gegenwart stehen, die durch das Betreiben bestimmter Sportarten als gefährdet deklariert wird, wie z.B. die Geschichte des »Frauen-Fußballs« zeigt.

Da Frauen der Ausübung »symbolischer Gewalt« gewissermaßen ihr »Einverständnis« entzogen, indem sie einen eigenen Verband zu gründen drohten, gelang ihnen der Eintritt in die Spiel-Räume des Fußballs. Ihre vielen Erfolge haben die Fußball spielenden Frauen inzwischen sicher aus dem »Abseits« heraus geführt, allerdings ist mit einer gleichrangigen Anerkennung im Hinblick auf das Fußballspiel der Männer in naher Zukunft gewiss nicht zu rechnen. Helden, wie einst die von Bern 1954, sind in unserer Gesellschaft und der aus ihr hervorgehenden Nationalsportart bislang »männlich« assoziiert. Auch wenn der DFB sich augenblicklich bemüht, Mädchen in die Fußballvereine herein zu holen, so ist die Aussage: »Die Zukunft des Fußballs ist weiblich« (Sinning 2005b, S. 15) wohl eher als Wunsch denn als Wirklichkeit zu verstehen. Lediglich einzelne Fußballerinnen, hauptsächlich des Nationalteams, profitieren von der errungenen Position in diesem Feld. Sie können sich durch das Fußballspielen Spiel-Sinn, einen raumgreifenden Habitus, Durchsetzungsfähigkeit und soziales Kapital aneignen, die auch in alltäglichen Interaktionen Gewinn bringend einsetzbar scheinen. Auf breiter Ebene betrachtet produzieren die institutionellen Arrangements, die Frauen aus den Spitzenpositionen der Entscheidungsgremien ausschließen, nach wie vor die bekannten Effekte, so dass sich die grundsätzliche Geschlechterordnung im Sport, die Einteilung in »Fußball« und »Frauenfußball«, in absehbarer Zeit kaum ändern wird. Der Sport ist und bleibt eben ein Abbild der Gesellschaft, aus der er entstammt.

Literatur

Albrecht, S. (2002): Netzwerke als Kapital. Zur unterschätzten Bedeutung sozialen Kapitals für die gesellschaftliche Reproduktion. In: Ebrecht, J. und Hillebrandt, F. (Hg.): Bourdieus Theorie der Praxis. Erklärungskraft – Anwendung – Perspektiven. Wiesbaden (Westdeutscher Verlag), S. 199–224.

Allison, M. T. (1982): Basketball – wie ihn die Anglo-Amerikaner verstehen und die Navajo ihn spielen. Ein kulturspezischer Zugang zur Sportsozialisation. In: Becker, P. (Hg.): Sport und Sozialisation. Reinbek bei Hamburg (Rowohlt), S. 115–132.

Bourdieu, P. (19993): Sozialer Sinn. Kritik der theoretischen Vernunft. Frankfurt a. Main (Suhrkamp).

Bourdieu, P. (1997): Die männliche Herrschaft. In: Dölling, I. und Krais, B. (Hg.): Ein alltägliches Spiel. Geschlechterkonstruktion in der sozialen Praxis. Frankfurt a. Main: Suhrkamp, S. 153-217.

Bourdieu, P. (1992a): Rede und Antwort. Frankfurt a. Main (Suhrkamp).

Bourdieu, P. (1992b): Die verborgenen Mechanismen der Macht. Hamburg (VSA-Verlag).

Bourdieu, P. (1991): Physischer, sozialer und angeeigneter physischer Raum. In: Wentz, M. (Hg.): Stadt-Räume. Frankfurt a. Main/New York, S. 25–34.

Bourdieu, P. (1984): Sozialer Raum und »Klassen«. Leçon sur la leçon. Zwei Vorlesungen. Frankfurt a. Main (Suhrkamp).

Buytendijk, F.J.J.(1953): Das Fußballspiel. Eine psychologische Studie. Würzburg (Werkbund Verlag).

Caillois, R. (1960): Die Spiele und die Menschen. Maske und Rausch. Stuttgart (Verlagsgesellschaft Curt E. Schwab).

Elias, N. und Dunning, E. (2003): Sport und Spannung im Prozess der Zivilisation. Frankfurt (Suhrkamp).

Engler, St. (2004): Habitus und sozialer Raum: Zur Nutzung der Konzepte Pierre Bourdieus in der Frauen- und Geschlechterforschung. In: Becker, R. und Kortendiek, B. (Hg.): Handbuch Frauen- und Geschlechterforschung. Theorie, Methoden, Empirie. Wiesbaden (VS Verlag für Sozialwissenschaften), S. 222–233.

Falk, R., Breidenbach, R. und Niessen, Ch. (2002): Come on girls, let's play BASKET-BALL. Schorndorf (Verlag Karl Hofmann).

Foucault, M. (1978): Dispositive der Macht. Michel Foucault über Sexualität, Wissen und Wahrheit. Frankfurt a. M. (Suhrkamp).

Foucault, M. (1977): Überwachen und Strafen. Über die Geburt des Gefängnisses. Frankfurt a. M. (Suhrkamp).

Gebauer, G. (2002a): Das Spiel in der Arbeitsgesellschaft. Über den Wandel des Verhältnisses von Arbeit und Spiel. In ders.: Sport in der Gesellschaft des Spektakels. Sankt Augustin (Academia), S. 31–46.

Gebauer, G. (2002b): Fußball: Nationale Repräsentation durch Körperinszenierungen. In: ders.: Sport in der Gesellschaft des Spektakels. Sankt Augustin (Academia), S. 172–187.

Gebauer, G. und Alkemeyer, Th. (2001) (Hg.): Das Performative in Sport und neuen Spielen. In: Fischer-Lichte, E. und Wulf, Ch. (Hg.): Paragrana. Internationale Zeitschrift für historische Anthropologie. (Theorien des Performativen), Bd. 10 (1), S. 117–136.

Giess-Stüber, P. (2005): Gender Mainstreaming in der Sportentwicklungsplanung – Erste Erfahrungen und Perspektiven. In: dies. und Sobiech, G. (Hg.): Gleichheit und Differenz in Bewegung – Entwicklungen und Perspektiven der Geschlechterforschung in der Sportwissenschaft. Dokumentation der Jahrestagung der dvs-Kommission »Frauenforschung in der Sportwissenschaft« vom 04.–06.11. 2004 in Freiburg. (Erscheinungstermin Ende 2005).

Giess-Stüber, P. (2002): »Von der lasst ihr euch was sagen…?« Wie erleben Trainerinnen ihre Situation in Sportspielen? In: Ferger, K., Gissel, N. und Schwier, J. (Hg.): Sportspiele erleben, vermitteln, trainieren. Hamburg (Czwalina Verlag), S. 93–99.

Gisler, P. (1995): Liebliche Leiblichkeit: Frauen, Körper und Sport. In: Schweizer Zeitschrift. Soziol. Rev. suisse social 21 (3), S. 651–667.

Hartmann-Tews, I. (2003): Soziale Konstruktion von Geschlecht im Sport: Neue Perspektiven der Geschlechterforschung in der Sportwissenschaft. In: Hartmann-Tews u. a. (Hg.): Soziale Konstruktion von Geschlecht im Sport. Opladen (Leske & Budrich), S. 13–28.

Hartmann-Tews, I. und Rulofs, B. (2003): Sport in den Medien – ein Feld semiotischer Markierung von Geschlecht? In: Hartmann-Tews u.a. (Hg.): Soziale Konstruktion von Geschlecht im Sport. Opladen (Leske & Budrich), S. 29–68.

Hartmann-Tews, I., Combrink, C. und Dahmen, B. (2003): Gendering Prozesse in Sportorganisationen – Zur (Re-)produktion von Geschlechterverhältnissen in Führungsgremien des Sports. In: Hartmann-Tews u.a. (Hg.): Soziale Konstruktion von Geschlecht im Sport. Opladen (Leske & Budrich), S. 151–186.

Hermet, D. (2000): »Gemeinschaftserlebnis Sport«. Praktische Erfahrungen in einem offenen Projekt aus jungenpädagogischer Sicht. In: Sportunterricht 49, Heft 10, S. 322–327.

Krais, B. (2001): Die feministische Debatte und die Soziologie Pierre Bourdieus: Eine Wahlverwandtschaft. In: Knapp, G.-A. und Wetterer, A. (Hg.): Soziale Verortung der Geschlechter. Münster (Verlag Westfälisches Dampfboot), S. 317–338.

Kugelmann, C. und Sinning, S. (2004): Wie lernen Mädchen Fußball-Spielen? – Überlegungen zu einer adressatenbezogenen Sportspieldidaktik. In: Kugelmann, C., Pfister, G. und Zipprich, Ch. (Hg.): Geschlechterforschung im Sport. Differenz und/oder Gleichheit. Hamburg (Czwalina), S.135–152.

Kugelmann, C. (1999): Schöne Mädchen, starke Frauen? Weiblichkeitszwang und Sport im Alltag. Butzbach-Griedel (Afra Verlag).

Kotthoff, H. (2003): Was heißt eigentlich doing gender? Differenzierungen im Feld von Interaktion und Geschlecht. In: Freiburger Frauen Studien. Ausgabe 12, Band 1, S. 125–161.

Ministerium für Städtebau und Wohnen, Kultur und Sport (MSWKS) des Landes NRW (Hg.) (2001): Integration durch Sport – Migrantinnen im Sport. Wiss. Begleitung: Prof. Dr. Klein, M.-L. Düsseldorf.

Möhwald, M. und Kugelmann, C. (2005): Begleitstudie zum »DFB Mädchenfußball-Programm«. In: Giess-Stüber und Sobiech (Hg.): Gleichheit und Differenz in Bewegung.

Müller, L. (2002): Sportspieldidaktische Überlegungen in Anschluss an Bourdieu. In: Ferger, K., Gissel, N. und Schwier, J. (Hg.): Sportspiele erleben, vermitteln, trainieren. Hamburg (Czwalina), S. 155–162.

Palzkill, B. (1990): Zwischen Turnschuh und Stöckelschuh. Die Entwicklung lesbischer Identität im Sport. Bielefeld (AJZ Verlag).

Pilz, G. A. (2004): Mädchen und junge Frauen in gewaltbereiten rechten Fußballszenen. In: Kugelmann, Pfister und Zipprich (Hg.): Geschlechterforschung im Sport. Differenz und/oder Gleichheit. Hamburg (Czwalina), S. 45–57.

Pfister, G. (2002): Ist Spielen Männersache? In: Ferger, Gissel und Schwier (Hg.): Sportspiele erleben, vermitteln, trainieren. Hamburg (Czwalina), S. 71–92.

Pfister, G. (1999): Sport im Lebenszusammenhang von Frauen. Ausgewählte Themen. Schriftenreihe des Bundesinstituts für Sportwissenschaft. Bd. 104. Schorndorf (Karl Hofmann).

Rose, L. (2003): Alles anders? Zum Wandel der Körperinszenierungen von Mädchen und Jungen im Sport. In: Diskurs 3/2003. Studien zu Kindheit, Jugend, Familie und Gesellschaft. Thema: Jugendliche Körper. Identitäten und Kulturen. 13. Jg. Heft 3, S. 27–35.

Scheffel, H. (1996): MädchenSport und Koedukation. Aspekte einer feministischen SportPraxis. Butzbach-Griedel (Afra Verlag).

Scholz, S. (2004): »Hegemoniale Männlichkeit« – Innovatives Konzept oder Leerformel. In: Hertzfeldt, H., Schäfgen, K. und Veth, S. (Hg.): Geschlechterverhältnisse. Analysen aus Wissenschaft, Politik und Praxis. Berlin (Karl Dietz Verlag), S. 33–45.

Sinning, S. (2005a): Aufbruchstimmung im Mädchen- und Frauenfußball! – Welche Wirkungen zeigt die aktuelle Erfolgsbilanz? In: Giess-Stüber und Sobiech (Hg.): Gleichheit und Differenz in Bewegung.

Sinning, S. (2005b): »Die Zukunft des Fußballs ist weiblich«. Silke Sinning zum ersten Kongress »Frauen- und Mädchenfußball«. In: Hessen-Fußball 1–2, S. 15.
Sobiech, G. (1994): Grenzüberschreitungen. Körperstrategien von Frauen in modernen Gesellschaften. Opladen (Westdeutscher Verlag).
Sobiech, G. (2002a): Gleicher Raum für alle? Aneignung von »Sport-Spiel-Räumen« im Spiegel von Klasse und Geschlecht. In: Forum Wissenschaft. (Sport – Politik – Bewegung). 19. Jg.(2), S. 14–18.
Sobiech, G. (2002b): Die Aneignung von Sport-Spiel-Räumen im Geschlechterverhältnis. In: Kramer, C. (Hg.): FREI-Räume und FREI-Zeiten: Raum-Nutzung und Zeit-Verwendung im Geschlechterverhältnis. Baden-Baden (Nomos), S. 35–47.

Lebenslaufkonzept und Leistungsförderung bei jungen Fußballern

Uwe Harttgen und Dietrich Milles

Vorurteile und Hypothesen

Zur Fußballweltmeisterschaft 2006 möchte der Deutsche Fußballbund (DFB) selbstverständlich eine starke Nationalmannschaft vor heimischem Publikum präsentieren. Das mittelprächtige Abschneiden unserer Nationalmannschaft in den letzten Jahren hat diesbezüglich nicht gerade Mut gemacht. Sorgen und Ängste gehen um. Wie wird der deutsche Fußball, das historische Symbol sportlich auferstandener und anerkannter Kraft nach dem Zweiten Weltkrieg, zukünftig vertreten? (Bausenwein 1995, Tegelbeckers und Milles 2000) Wo sind die Talente und wo die Leitfiguren geblieben, die wir doch in den zurückliegenden Jahrzehnten regelmäßig vorzeigen konnten?

Noch zu Beginn der neunziger Jahre haben deutsche Spieler in den führenden europäischen Vereinsmannschaften Schlüsselpositionen besetzt, hingegen findet man heute dort holländische, französische, osteuropäische, südamerikanische und afrikanische Talente. Zum gegenwärtigen Zeitpunkt spielen nur vereinzelt deutsche Nationalspieler bei ausländischen europäischen Spitzenclubs. Auch in der Bundesliga werden die Schlüsselpositionen von ausländischen Kräften besetzt.

Grund genug für den DFB, die Vereine und die Trainer, über den Nachwuchs des deutschen Fußballs nachzudenken. Unter dem Druck solcher Fragen und den öffentlichen Erwartungen verabschiedete der DFB unlängst ein Konzept, das die Qualität der Juniorenausbildung zu optimieren versucht. Dieses enthält im Wesentlichen drei Punkte:

- die Talentsichtung in den Landesverbänden soll verbessert werden;
- bei der Spezialförderung der 13–17jährigen steht an 121 neu eingerichteten Trainingsstützpunkten in ganz Deutschland die technische Ausbildung im Vordergrund;
- um die Ausbildung der Spitzentalente zu optimieren, werden Bundesligavereine verpflichtet, Leistungszentren zu führen.

Schaut man genau hin, enthält dieses Konzept keine wirklichen Neuerungen, sondern baut vielmehr auf den bestehenden Strukturen auf. Dieses ist auch bei den Argumenten der Verantwortlichen in Vereinen und Verbänden der Fall: Vor allem wird die große Zahl der ausländischen Spieler in den Vereinen dafür verantwortlich gemacht, dass die jungen Spieler nicht zum Einsatz kommen. Meistens wird argumentiert, Vereine wie Trainer wären zu sehr vom unmittelbaren Erfolg abhängig, als dass sie mittel- und langfristig auf Talente bauen könnten. Zudem wird den jungen Spielern selbst eine mangelnde Einstellung vorgeworfen, sogar ein einseitiges Interesse an materiellen Dingen des Lebens. Sie hätten nicht mehr den »Biss«, sich gegen Schwierigkeiten, wie u. a. die etablierten Spieler, durchsetzen zu wollen. Ihnen gehe es zu gut oder sie würden sich aufgrund der vielen Angebote in der Freizeitindustrie nicht mehr auf den Fußball konzentrieren. Grund genug, genauer zu fragen: Was ist heute anders als früher?

Will man mit einem gezielten Konzept den deutschen Fußballnachwuchs mittelfristig verbessern, bedarf es einer weitergehenden Analyse der augenblicklichen Probleme in der deutschen Talentförderung. Besonders scheint es uns notwendig, hierbei die psychische Entwicklungssituation dieser Jugendlichen in der Spitzenförderung in den Blick zu nehmen. Man kann diesen Blick anhand zentraler *Vorurteile* schärfen:

- die Jugendlichen bringen weniger Leistungsbereitschaft mit, haben eine zu »satte« Lebenseinstellung;
- die Jugendlichen konzentrieren sich zu wenig auf ein sportliches Lebensziel und sind deshalb zu schwach im Konkurrenzkampf;
- die Jugendlichen haben zu hochfahrende Erwartungshaltungen und zu geringe eigene Verantwortlichkeit.

Ergebnisse einer empirischen Untersuchung

In einer empirischen Studie (Harttgen und Milles 2004) konnten verschiedene Aspekte dieser Vorurteile näher beleuchtet werden. Befragt wurden Nachwuchsspieler in Leistungsmannschaften von sieben Bundesligisten (Nord-, West- und Südvereine). Insgesamt wurden 331 Nachwuchsspieler (jeweils 1. C-, 1. B- und 1. A-Jugend) erfasst. Es waren vor allem 14–18jährige Spieler vertreten. Unter den 331 Spielern sind 216 Landesauswahl-Spieler (66,7%) und 79 Nationalspieler (24,9%).

Die Jugendlichen wurden von uns mit zwei Fragebögen befragt, einem psychologischen Test zur Persönlichkeitsentwicklung (Frankfurter Selbstkonzeptskalen, FSKN; Deusinger 1986), der einen Vergleich mit einer allgemeinen Population von Jugendlichen ermöglicht und einem zweiten Fragebogen, der

Einflussbereiche umfasst, mit denen sich die jungen Spieler im Laufe ihrer sportlichen Aktivität auseinandersetzen müssen. Die Fragen betreffen sowohl den Spieler selbst (Motivation, Einstellungen, Einschätzungen, Vergleich mit anderen) als auch das für ihn relevante Umfeld (Eltern, Schule, Mannschaft, Trainer, Verein, Freizeit, Freunde/in).

In den empirischen Befunden wurden die angesprochenen Vorurteile nicht bestätigt. Vielmehr zeigte sich, dass die jugendlichen Leistungsfußballer sehr schwierige Bedingungen vorfinden, in denen sie ihre Leistungsbereitschaft entfalten müssen, dass sie komplexe Erfahrungen machen und Zielsetzungen auf verschiedenen Ebenen entwickeln müssen, dass sie mit enorm hohen Anforderungen der psychischen und sozialen Entwicklung konfrontiert werden und ihre Leistung in dem Focus auf den unmittelbaren sportlichen Erfolg in der gesamten Breite zu wenig anerkannt wird. Dies soll an einigen zentralen Punkten erörtert werden.

Ausrichtung auf Bundesliga-Karriere

Bei den Befunden der Untersuchung springt ins Auge, wie wichtig und schwierig eine Bundesliga-Karriere für die jungen Spieler ist. 96,2% der Spieler gaben an, dass sie unbedingt Profi werden möchten. Die Freude, dass sie bereits aus einer Vielzahl von jugendlichen Fußballspielern auserwählt wurden und bei einem Bundesligaverein gefördert werden, wird begleitet von einem enormen Erwartungsdruck, und entsprechend wollen sich 95,5% zur Zeit »sehr« oder »ziemlich« auf die sportliche Entwicklung konzentrieren. Die Spieler setzen immer die eigene momentane sportliche Leistung in Beziehung zur perspektivischen Bundesligatauglichkeit: Über 70% trauen sich (sehr/ziemlich) zu, aufgrund ihrer bisherigen Leistungen Bundesligaspieler zu werden. Die Orientierung auf die Bundesliga ist so stark, dass sie alle anderen Zusammenhänge überdeterminiert. Selbst unter den Ersatzspielern, also denjenigen, die sich nicht als Stammspieler deklarieren, geben über 50% an, dass sie sich zutrauen – aufgrund ihrer bisherigen Leistungen – Bundesligaspieler zu werden. Die Bundesliga ist frühzeitig Paradies und Nadelöhr zugleich: eine glänzende Zukunft, die alles andere neben sich in den Schatten stellt und zugleich eine enorme Belastung für jeden einzelnen Karriereschritt, die nichts anderes neben sich duldet.

Unter den von uns befragten 331 Spielern äußern nur 112 Vorstellungen und Wünsche zu beruflichen oder schulischen Perspektiven oder setzen sich mit einer anderen Aufgabe auseinander. Nur für 15 Spieler ist eine Doppelbelastung durch Schule bzw. Studium oder Beruf und ein weiteres Engagement im Fußballsport vorstellbar. Die weit überwiegende Mehrzahl der Jugendlichen ist so auf den Erfolg in ihrer sportlichen Entwicklung fixiert, dass für sie keine andere Perspektiven denkbar ist. Von 121 Spielern, die den negativen Fall der nicht gelingenden Bundesligakarriere bedenken, planen 77 trotzig eine fortgesetzte Fußballlaufbahn außerhalb der Bundesliga (»dann werde ich eben Profi im Ausland«; »dann spiele ich eben 2. Liga« usw.). Noch eindeutiger ist die Orientierung auf die Bundesliga bei Spielern, die ihre Reaktion auf ein mögliches Nichterreichen ihres Traumes in folgenden ausgewählten Bildern zum Ausdruck bringen:

> »Dann habe ich verschissen, dann gibt es mich nicht mehr!« »Dann bin ich ein trauriger Mensch.« » Dann habe ich versagt und mein größtes Ziel nicht erreicht. Dann sehe ich, dass ich nicht genug dafür getan habe.« » Dann werde ich Meister im Beruf; stehe mir Gott bei.« » Dann arbeite ich solange daran, bis ich es werde.« » Dann bringt mich mein Vater um.« »Dann weine ich und versuche, bei jedem BL-Verein zu fragen, ob ich mittrainieren darf.«

Man muss solche Äußerungen sicherlich nicht überbewerten, da sie einen kulturellen Umgang mit Problemlagen dokumentieren. Andererseits ist eindeutig: Die sportliche Entwicklung ist für die jugendlichen Fußballspieler ein ganz schwieriges Pflaster, auf dem in der Beschleunigung wie im Abbremsen die Räder durchdrehen oder rutschen können und man leicht ins Schlingern kommt (Oerter und Montada 2002).

Diese Bundesliga-Orientierung wird begleitet von einer problematischen Erfolgsorientierung: Da die Meßlatte so hoch und der wirklich zählende Erfolg so weit weg sind, dominiert insgesamt eine Misserfolgs-Orientierung. Die Spieler sind überwiegend mit der eigenen Leistung unzufrieden und befürchten, die geforderten Entwicklungsaufgaben nicht kontrollieren und bewältigen zu können. Diese Angst ist bei Ersatzspielern signifikant hoch, bei Nationalspielern dagegen geringer ausgeprägt.[1]

Die Dominanz der Orientierung auf den Bundesligafußball entsteht nicht ohne weiteres oder befällt virusartig einzelne Spieler. So gibt es viele Hinweise darauf, dass die Spieler frühzeitig Wertungen und Verhaltensweisen von Eltern, Spielern und Trainern aus den tatsächlichen oder vorgestellten Zusammen-

1 Diese Ängste bezieht sich auf die Befürchtung einer Herunterstufung im Leistungsgefüge und wurden gemessen in negativen Antworten auf die Fragen: *»Meine Trainingsleistungen sind besser als meine Spielleistungen«; »Wenn ich schlecht gespielt habe, kann es passieren, dass ich beim nächsten Spiel auf der Ersatzbank sitze«.*

hängen des Bundesligafußballs internalisieren. Diese Internalisierung wird systematisch honoriert und entspricht den Selektionskriterien, die der junge Fußballer auf seinem Weg erfährt. Damit wird jedoch auch die Verbindung zwischen Leistungsentwicklung und gesellschaftlicher Sozialisation zusätzlich kompliziert. Auch die »einfachen« Lebensaufgaben, gerade in der Pubertät, werden mit der Bundesliga-Orientierung überfrachtet.

Gleichzeitig wird das Bundesliga-Geschehen selbst immer herausragender – als Medienereignis und als alltäglicher Gesprächsstoff. Was dort passiert, hat einen eigenen Wert und eine eigene Wertsetzung. Die Bundesliga erscheint als eigene und vollständige Welt, die alle gesellschaftlichen Bezüge und Wertsetzungen vorhält: Alles das, was zur Entwicklung eines Bundesliga-Spielers nötig ist, wird durch die Bundesliga selbst bereit gestellt. Wenn den jungen Spielern immer wieder mitgeteilt wird, dass sie sich mehr auf den Bundesliga-Fußball konzentrieren müssen und dass sie sich nicht ablenken lassen dürfen, dann ist dies durch eben die Vorstellung begründet, dass keine anderweitig zu erhaltende Erfahrung nötig ist. Schwierigkeiten mit der Bundesliga-Orientierung können so nur mit zusätzlich verstärkter Bundesliga-Orientierung beantwortet werden. Betrachten wir unter diesem Aspekt die Vorurteile, wonach die Jugendlichen weniger Leistungsbereitschaft mitbringen, sich zu wenig auf ein sportliches Lebensziel konzentrieren und zu hochfahrende Erwartungshaltungen haben, so muss zunächst konstatiert werden, dass die Anforderungen der Leistungsentwicklung durch die Bundesliga-Orientierung enorm verkompliziert werden und überhaupt nicht mit einfachen Konzepten von mehr oder härterem Training zu bewältigen sind.

Die Bundesliga-Orientierung wirkt sich im Sinne eines Stressfaktors auf kurzfristige Aspekte der Leistungsbewältigung aus: Dies belegt die von den Befragten ausgedrückte Aufregung vor jedem Spiel. Dabei sind 85,3% der Befragten aufgeregt, weil sie sich auf das Spiel freuen. Aber bereits 67,2% wollen keinen Fehler machen; 56,2% wollen Andere nicht enttäuschen. Auch retrospektiv ergibt sich ein ähnliches Bild: Wenn sie schlecht gespielt haben, steigert dies bei 80,4% den Ehrgeiz; 57,2% geben an, dass sie nach einem schlechten Spiel befürchten, beim nächsten Spiel aus der Stammelf genommen zu werden. Im Gegenlicht sind 95,5% lockerer und geht es 84,9% der Befragten sehr oder ziemlich besser, wenn sie gut gespielt haben; die Zuversicht für das nächste Spiel steigt sehr bei 63,9% und 41% kommen dann viel besser mit Spielern und Trainer aus.

Selbstkonzept und Irritierbarkeit

Die jungen Spieler selbst sehen keinen Zusammenhang zwischen ihrer Leistung und ihrer Entwicklung im außersportlichen Bereich. Diese Kategorie der Befragung ist eher unauffällig und zeigt geringe Korrelationen. Aber selbst für Ersatzspieler scheint das Lebenslaufkonzept völlig durch den Fußball ausgefüllt zu sein, was auch deren zirkuläre Rückbindung an die Bundesliga-Karriere wieder stärkt.

In der Befragung zum Selbstkonzept zeigt sich im Allgemeinen, dass die jugendlichen Fußballer der Bundesliga-Vereine im Vergleich zu ihren Altersgenossen besser abschneiden. Dabei spiegeln hohe Werte bei der Kontakt- und Umgangsfähigkeit die gesellschaftliche Wertigkeit wider, die dem Leistungsfußball beigemessen wird und die sich in der Wertschätzung durch Andere ausdrückt.

Während die Gefühle und Beziehungen zu Anderen von den Jugendfußballern durchgängig deutlich positiv eingeschätzt werden, widerspricht dem die Irritierbarkeit durch Andere oder durch Leistungsschwankungen.[2] Lediglich die Nationalspieler und A-Jugendlichen zeigen leicht überdurchschnittlich positive Werte, während alle anderen deutlich unter dem Durchschnitt liegen. Auf entsprechende Fragen[3] ergeben sich Gegensätze zu der andererseits geäußerten Stärke. In der Tendenz geben die jungen Fußballspieler an, sich nicht als Versager zu fühlen und haben doch Angst zu versagen. Sie geben an, Probleme zu meistern und zugleich auch leicht den Kopf zu verlieren. Sie haben ihrer Meinung nach eine sichere Einschätzung und entschuldigen sich trotzdem oft. Sie wollen kein Niemand sein und haben zugleich wenig Achtung vor sich. Sie sind fröhlich und zugleich verletzbar. Sie haben keine Furcht, aber auch keine selbstbewusste Meinung. In dieser ausgeprägten Irritierbarkeit schlägt sich die immanente Widersprüchlichkeit des sportlichen, auf die Bundesliga fixierten Selbstkonzepts nieder.

Die Landesauswahlspieler bilden bei der Irritierbarkeit eine besonders signifikante Scheidelinie. Wer nicht in einer Landesauswahl spielt, zeigt eher geringere Fähigkeiten der Problembewältigung und eine geringere Stand-

---

2 »Irritierbarkeit« wird gemessen als positive Antwort auf die Fragen: *»Ich spüre den Leistungsdruck innerhalb der Mannschaft.« »Schwankungen in meiner sportlichen Leistung verunsichern mich.« »Ich reagiere verunsichert auf sportliche Leistungen, die nicht meinen Erwartungen entsprechen.«*

3 Zum Beispiel: *»Es ist mir wichtig, dass ich stets einen guten Eindruck mache.« »Ich würde mich sicherer fühlen, wenn ich nicht so verschieden von anderen wäre.« »Es macht mir Angst, wenn sich jemand aktiv um mich bemüht.«*

festigkeit. In der vergleichenden Analyse finden sich deutlich mehr Spieler als erwartet, die stärker irritierbar sind und nicht in einer Landesauswahl spielen beziehungsweise weniger Spieler, die eher nicht irritierbar sind. Unter dem Aspekt des Bildungsgrades sind Hauptschüler unter den Fußballern eher irritierbar als Gymnasiasten. Gleiches gilt bezogen auf die Nationalität, wo Spieler ausländischer Nationalität irritierbarer sind, was vor allem auf Schwierigkeiten zurückzuführen ist, »meine Meinung in einer Gruppe zu äußern, auch wenn ich etwas Wichtiges zu sagen habe«.

Das sportliche Selbstkonzept ist folglich deutlich geprägt durch die Bundesliga-Orientierung, und die Irritierbarkeit verweist auf deren psychologische Folgen.

Neid, Angst und wahrgenommener Druck

Mit den Stichworten Neid, Angst und wahrgenommener Druck sind die individuellen psychischen Problemlagen benannt, die bei den Spielern auftauchen.

Neid[4] ist dabei nach unseren Untersuchungsergebnissen verbunden mit »sozialer Einbettung« in Familie, Umfeld und Verein: Spieler mit starker sozialer Einbettung zeigen weniger hohen Neid als solche mit schwacher Einbettung.[5] Es gibt damit also einen Hinweis auf eine soziale Verstärkung des Neidproblems. Auf der subjektiven Ebene korreliert Neid mit wahrgenommenem Druck.[6] In verschiedenen Zusammenstellungen der diesbezüglichen Fragen ergibt sich jeweils ein sehr deutlicher Zusammenhang zwischen hohen Angaben für Neid und Äußerungen zur Wahrnehmung von hohem Druck. Der psychische Belastungsfaktor ist hier evident.

Wie erwartet hängt Neid auch mit Irritierbarkeit zusammen: Hoher Neid verbindet sich mit hoher Verunsicherung. In gewisser Weise kann Neid als sachlich-sportliches Pendant der Irritation durch Andere, wie sie die Selbstkonzept-Skalen erfassen, angesehen werden. Darüber hinaus korreliert Neid auch mit

4 Unter »Neid« wird die positive Antwort auf folgende Fragen verstanden: *»Einige Leute sind neidisch auf meinen sportlichen Erfolg.« »Das wirkt sich negativ auf unsere Beziehungen aus.« »Einige meiner Mitspieler freuen sich, wenn ich schlecht gespielt habe.«*

5 »Einbettung« wird gemessen in positiven Antworten auf die Fragen: *»In meinem Verein fühle ich mich wohl.« »Innerhalb der Mannschaft kann ich über meine sportliche, über meine persönliche Situation reden.«*

6 »Wahrgenommener Druck« wird unterstellt bei Bestätigung der Aussagen: *»Ich bin vor jedem Spiel aufgeregt, weil ich keine Fehler machen will.« »Weil ich andere nicht enttäuschen will«; »Weil ich den Druck von außen (Trainer, Eltern) spüre« » Wenn ich verletzt bin, habe ich den Eindruck, dass der Trainer sauer auf mich ist.«*

Schulproblemen: Deutlich mehr Spieler, die hohen Neid angeben, haben auch Schulprobleme. Dies belegt sehr deutlich, dass die Persönlichkeitsentwicklung nicht auf eine individuelle Charakterentwicklung reduziert werden kann.

Sportliche Belastung auszuhalten, gehört dagegen zum Selbstverständnis der jungen Spieler. In der Befragung geben sie durchweg an, gerne zum Training zu gehen. Auch die Anzahl der Trainingseinheiten wird nicht als Belastung empfunden. Nur ca. ein Viertel der Spieler empfindet den Druck, immer gute Leistungen erbringen zu müssen, als Belastung. Zur Erholung von den körperlichen Anstrengungen haben 63% der Spieler genügend Zeit.

Belastungen werden allerdings erkennbar, wenn nach außersportlichen Bereichen gefragt wird. Demnach ist das Freizeitverhalten durch den Fußball anders geworden. Sie haben keine Zeit mehr für andere Hobbys. Viele Dinge können neben Fußball nicht mehr gemacht werden. Auch in der Freizeit beschäftigen sich die Jugendlichen mit Fußball. Selbst wenn sie durch aktives Fußballspielen und Training müde sind, beschäftigen sie sich noch mit Fußball. Alle Tage haben für sie das gleiche Muster. Sie spüren den Leistungsdruck innerhalb der Mannschaft, schätzen das Konkurrenzverhalten jedoch als förderlich für Erfolg ein.

Wie sind diese gegensätzlichen Aussagen zu erklären? Die sportliche Situation (Auseinandersetzung im Training und Spiel usw.) wird von den Spielern offenbar gerne angenommen. Sie haben Spaß beim Training und können auch mit sportlichen Leistungsanforderungen umgehen. Zugleich geben die Spieler die Belastungen, die sich um ihren Sport kumulieren, vermutlich auch nicht gerne zu, da sie sich durchsetzen müssen, ohne Schwächen zu zeigen. Allein die Begriffe Belastung, Einschränkung und Verunsicherung lassen die Jugendlichen in eine Abwehrhaltung übergehen. Wer schon als Nachwuchsspieler über Belastungen klagt, kann aus ihrer Sicht nicht Bundesligaspieler werden. Deutlich wird das, wenn 71,5% der Spieler zugeben, dass sie eigentlich über ihre Situation nicht meckern dürfen, da es ein Traum ist, ausgewählt worden zu sein.

Die Belastungen und wahrgenommener Druck werden also insgesamt kaum auf das Training bezogen. Wahrgenommener Druck wird lediglich auf Fehler, Dissonanzen und Abwertung bezogen. Hinsichtlich des Selbstkonzepts hängt Belastung mit geringerer Standfestigkeit und mit Kontaktschwierigkeiten zusammen. Dabei zeigt sich ein Zusammenhang zwischen dem wahrgenommener Druck einerseits und der Schullaufbahn andererseits: Hauptschüler nehmen erheblich deutlicher als erwartet hohen Druck wahr, während Gymnasiasten eher niedrigen Druck registrieren. Jugendliche aus Fußball-Internaten zeigen ebenfalls eine höhere Erwartung von hohem Druck.

Wahrgenommener Druck hängt unmittelbar mit Ängsten zusammen, festgemacht an Verunsicherung nach schlechten Leistungen und durch drohende Ersatzbank. Spieler, die einen hohen Druck wahrnehmen, äußern deutlich häufiger Versagensängste, während Spieler mit niedrigem wahrgenommenen Druck eher keine Ängste äußern. Hier zeigt sich die Kehrseite der Bundesliga-Orientierung. Das Problem liegt darin, bei der auseinander laufenden Schere zwischen der fernen Bundesliga-Orientierung und den nächsten Aufgaben den Anschluss nicht zu verlieren. Nicht verwunderlich ist daher auch, dass sich die angesprochene Bedeutung der Irritationen in den Ängsten wiederfindet: Hohe Verunsicherung äußern diejenigen mit Versagensangst und umgekehrt.

Berücksichtigt werden muss bei alledem immer, dass in dieser widersprüchlichen Konstellation die tatsächlichen Belastungen und Bewältigungen nicht immer offen benannt werden – vielmehr schimmert die Haltung durch: Ich darf eigentlich nicht meckern, da diese Situation mein Traum ist und dazu mein einziger. Umgekehrt gibt es denn auch keinen einfachen Weg, der von der wirklichen Auseinandersetzung mit Belastungen zu einem starken Selbstkonzept führt, denn die durch den Fußball gespeiste Stärke ist sozusagen ein Abglanz der Bundesliga und nicht eigentlich das, was der Einzelne selbst erarbeitet hat. Die Bundesliga wird somit unter der Hand auch irritierende Stellvertreterin der Gesellschaft insgesamt. Und das wird wiederum durch alle medialen Präsentationen der Bundesliga in der Öffentlichkeit dick unterstrichen.

Die jungen Fußballer haben somit nicht nur mit den »klassischen« Bewältigungsproblemen der individualisierenden modernen Gesellschaft zu kämpfen, sondern sind auch noch eingeschränkt im Rückgriff auf Ressourcen alltäglicher Problembearbeitung durch andersartige (nicht sportlich definierte) gesellschaftliche Bezüge. Ihre naheliegenden sozialen Bezüge, von den ehrgeizigen Eltern über die Trainer und Bundesliga-Vereine, werden auf die Bundesliga ausgerichtet, alles andere sogar als eher schädlich angesehen. So gesehen ist die vorgestellte Stärke des Selbstkonzeptes der jungen Leistungssportler häufig ein starker Selbstbetrug. Oder anders formuliert: Die Stärke im Selbstbild wendet sich mit Macht gegen die jungen Sportler, wenn es nicht gelingt, ihr in den sozialen Bezügen innerhalb der Mannschaft, der Familie, des Vereins, zu dem Trainer, zu der Schule usw. materielle Inhalte zu geben.

Insgesamt zeigen die Zusammenhänge von Neid, Angst und wahrgenommenem Druck eine enorme Kraft; sie erweisen sich bei genauerer Betrachtung jedoch keineswegs als unabhängige Variablen. Es macht wenig Sinn, eine Selektion nach Persönlichkeitsmerkmalen vorzunehmen, weil Angst, wahrgenommener Druck oder Neid wesentlich durch soziale Einbettung und Förderung sowie durch Erwartungen und Rolle des Trainers beeinflusst werden.

Soziale Einbettung und Förderung

Ist mit der Konzentration auf rein sportliche Zusammenhänge eine optimale Förderung gegeben, bzw. welche Rolle spielen die sozialen Beziehungen für die Talententwicklung? Wir haben diese Fragenkomplexe auf einander bezogen und festgestellt, dass beide eine positive Verbindung aufweisen: Eine gute soziale Einbettung und eine gute Förderung[7] hängen zusammen.

Dabei ist die Familie immer noch die wichtigste Form sozialer Einbettung, der Stütz- und Schutzfaktor Nummer Eins. Allerdings zeigen sich die in der Gesamtgesellschaft deutlichen Probleme von Familien (durch z.B. Trennung und Scheidung) auch in unserem Zusammenhang. Hinzu kommen spezifische Schwierigkeiten: So sehen die talentierten Spieler ihre Familien immer weniger; die Familie hat andere Ansprüche hinsichtlich der schulischen Leistungen; die Eltern der talentierten Spieler mischen sich in die Auswahl der Vereine und selbst der Mannschaften ein; sie müssen sich mit den Gegebenheiten des Fußballs auseinandersetzen und nicht selten haben sie konkrete Vorstellungen über die zukünftige Entwicklung ihrer Sprösslinge. In wachsendem Maße werden 15–18-jährige Spieler für drei bis fünf Jahre von den Vereinen verpflichtet. Berater und Vermittler treten immer früher zwischen Spieler, Eltern und Vereine. Die Eltern geben ihre Kinder ins Internat und hoffen, dass die Vereine verantwortungsvoll mit den Jugendlichen umgehen. Die Nachwuchsspieler müssen ihr Leben neu organisieren und bewältigen – hierbei ergeben sich Spannungen in den Perspektiven. Die Spieler registrieren, dass für die Familie die schulische oder berufliche Ausbildung im Vordergrund steht. Zugleich glauben 92,2% von ihnen, dass die Unterstützung der Eltern sehr oder ziemlich wichtig für ihre sportliche Entwicklung ist. Und 91,2% wenden sich bei Problemen im sportlichen (!) Bereich an die Familie, nur 58,5% an den Trainer und nur 43,5% an Leute im Verein, zu denen sie Vertrauen haben. Auch über den

7 »Förderung« wird unterstellt bei Bestätigung der Aussagen: *»Dem Verein ist daran gelegen, dass wir uns nicht nur als Fußballer, sondern auch als Personen weiter entwickeln.« »Der Verein fördert mich in meiner schulischen und beruflichen Entwicklung, in meiner persönlichen Entwicklung.«*

sportlichen Bereich hinaus übt die Familie den größten Einfluss auf das Verhalten aus (75,7%), weniger die Freunde (24,9%), die Freundin (16,0%) oder Trainer und Mannschaft (31,1%).

Darüber hinaus hat sich das Freizeitverhalten bei den Befragten durch den Fußball stark verändert. Zwar sehen 40,2% die Familie noch so oft wie früher (aber 59,8% schon nicht mehr), die Treffen mit Freunden aber haben sich zu 74,7% geändert, viele Dinge können nicht mehr gemacht werden (86,1%) und die Zeit für andere Hobbys fehlt (69,1%). Neben dem Nachmittags- oder Abendtraining absolvieren die meisten Spieler – durch entstandene Kooperationen (Schule/Verein) – noch Trainingseinheiten am Vormittag. Sie leben in verschiedenen sozialen Umwelten zugleich und müssen mit diversen Anforderungen und Bewertungen ihrer Leistung umgehen lernen. Daher werden sie innerhalb des geregelten Alltags unterschiedlich angesprochen und bewertet. Lehrer, Trainer, Familie und der Spieler haben nicht immer die gleichen Vorstellungen über Aktivitäten und Prioritäten in der Vorbereitung, Ausübung und Bewertung der schulischen respektive der sportlichen Leistung. Die soziale Einbettung der jugendlichen Spitzenfußballer ändert sich also grundlegend.

Verschiedene Versuche in der Talentförderung laufen darauf hinaus, durch Separation, Internat, Zurückdrängen des familiären Einflusses usw. diese Veränderung noch zu verschärfen. Dabei wird die Trennung zwischen sportlichem und familiärem Bereich von den Spielern selbst nicht betrieben. Und es fragt sich, ob diesbezügliche Bemühungen der Vereine, die familiäre Einbettung aufzulösen und die Familie aus der Talentförderung zurück zu drängen, wirklich sinnvoll sind. Die Familie ist nämlich ein schwer zu ersetzender Stützfaktor und Schutzfaktor, wenn eine Einbindung der sportlichen Orientierung in ein übergreifendes persönliches Entwicklungskonzept der Jugendlichen gelingen soll.

Tiefgreifende Konflikte stellen sich vor allem dann ein, wenn die dominierende Bundesliga-Orientierung in Spannung gerät zu anderen sozialen Bezügen: Wenn der gute Lehrer nichts von Fußball hält, wenn die Familie die Leistungsorientierung als Verdummung begreift, wenn die Freundin tägliches Training ätzend findet usw. Aber es kommen auch andere Konflikte vor, wenn z.B. der Vater größere Sprünge der Leistungsentwicklung einfordert, wenn die Freundin den Leistungsdruck durch Anhimmeln der Bundesligakicker erhöht oder wenn sich immer früher Berater und Spielervermittler zwischen Spieler, Familien und Vereine drängen.

Diese Konflikte führen tendenziell dazu, dass die separate Welt des Bundesliga-Bezugs weiter separiert und eingezäunt wird: Soziale Bezüge reduzieren sich auf die Mannschaft[8], das Vereinsumfeld und immer öfter auf Berater. Anerkennung und Bewältigungsressourcen werden einseitig rückgebunden an die Leistung auf dem Wege zur Bundesliga.

So ist es nicht verwunderlich, dass in unserer Befragung die soziale Einbettung auch einen starken Zusammenhang aufweist zur Irritierbarkeit der Jugendlichen: Wir finden deutlich mehr Spieler mit schwacher Einbettung, die eine hohe Verunsicherung aufweisen, als solche mit starker Einbettung. Und wie bereits angeführt, hängt schwache Einbettung auch mit hohem wahrgenommenen Druck zusammen. Entsprechend negativ fällt dagegen der Zusammenhang von sozialer Einbettung und Beliebtheit aus (geringe Beliebtheit hängt mit schwacher Einbettung zusammen). Dies zeigt sich beispielhaft in dem Gefühl, »dass ich für manche Menschen nicht interessant genug bin, um mit ihnen befreundet zu sein«. Besonders diejenigen, die sich nicht zu den Stammspielern zählen, bestätigen diese Aussage.

Ein weiterer zentraler Aspekt sozialer Einbettung ist die *Kommunikation.* 57,3% der befragten Talente wünscht sich beispielsweise, dass der Trainer mehr mit ihnen über Vorfälle in der Mannschaft redet. Hohe Werte zur sozialen Einbettung finden wir bei gutem Austausch mit dem Trainer und entsprechend niedrigere bei geringem Austausch. Gute soziale Einbettung ist umgekehrt auch der kommunikativen Situation förderlich, und man kann davon ausgehen, dass die Kommunikation zwischen Trainern und Spielern auch auf die übrigen sozialen Beziehungen wirkt.

Rolle des Trainers und Erwartungen an ihn

Der Trainer nimmt für die Nachwuchsspieler innerhalb der Bundesligavereine eine zentrale Stellung ein. Dabei vereinfacht die schwierige Stellung des Trainers im Verein (er soll mit den Mannschaften in der Meisterschaft oben mitspielen und möglichst viele Spieler ausbilden, die den Sprung in die Bundesligamannschaft schaffen können) das Verhältnis der Spieler zum Trainer nicht. Der Trainer steckt in einer grundsätzlichen Zwickmühle: Wenn ein Talent (von dem alle Trainer eines Vereins ausgehen, dass es mal Bundesligaspieler werden könnte) den Übergang zu den Profis nicht schafft, liegen die Ursachen entweder in der mangelnden Einstellung des Spielers (oder in Ver-

8 Die Ergebnisse der Untersuchung verweisen auf große Widersprüche in der Bedeutung, die den Mannschaften zukommt: Beispielsweise zwischen der allgemein hoch gehaltenen Aufforderung, mannschaftsdienlich zu spielen, und dem praktisch wirkungsvollen Selektionskriterium, sich individuell durch- und ins gute Licht setzen zu können.

letzungen, mangelndem Sozialverhalten oder Stillstand in der sportlichen Entwicklung) oder in der unzureichenden Ausbildung durch den Trainer. Es ist leicht verständlich, dass Trainer zum Schutze der eigenen Rolle auf die erste Möglichkeit abheben.

Den Spielern ist ihre besondere Bindung an den Trainer klar. Es gibt nur eine Handvoll, die bei Enttäuschung oder Abneigung nicht der Meinung sind, dass ihre sportliche Entwicklung vom Urteil des Trainers abhängt. Dabei ergab die Befragung eine durchgehend positive Bewertung der Trainer: 90% der Jugendlichen stimmen mit den Einschätzungen des Trainers über ihre sportliche Leistung zumeist überein und betonen, dass sie in ihrer sportlichen Entwicklung vom Trainer gefördert werden. Im Detail zeigen sich jedoch Widersprüchlichkeiten: Z.B. erklärt der Trainer nach Ansicht der Jugendlichen ganz überwiegend (95%), was besser zu machen ist, während andererseits aber nur 65% der Spieler angeben, dass der Trainer genügend mit den Spielern redet. 93% der Befragten sehen sich vom Trainer auch als Person anerkannt, gleichzeitig wünschen 75% häufiger Gespräche mit dem Trainer über sportliche Dinge und immerhin noch 30% auch über persönliche. Auch, dass 62,7% den Führungsstil des Trainers als autoritär beurteilen und 40% sich durch Beschimpfungen (!) des Trainers angestachelt fühlen, gehört in dieses widersprüchliche Bild.

Das Verhältnis zum Trainer ist nach Spielklassen unterschiedlich, wobei nicht überrascht, dass Nationalspieler das beste Verhältnis und Ersatzspieler das schlechteste Verhältnis angeben. Die meisten Spieler jedoch geben eher ein neutrales Verhältnis an (Nationalspieler sogar mehr als ein gutes), was in gewisser Weise den Trainer aus der Beurteilung nimmt. Das Verhältnis zum Trainer hängt auch mit dem wahrgenommenen Druck zusammen, ausgeprägt vor allem negativ: Hoher Druck passt nicht zu einem guten Verhältnis. Wichtig ist schließlich, dass eine Verbindung zwischen Erwartungen des Trainers und der Neiderfahrung zu erkennen ist: Wenn der Trainer die sportliche Erwartung steigert, gibt es deutlichere Brüche in der Mannschaft und höheren Druck von außen, was sich in einer stärkeren Rolle des Neids und größerer Irritierbarkeit ausdrückt.

Bezogen auf das Selbstkonzept hängen hohe Erwartungen des Trainers mit Irritierbarkeit und mit negativen sozialen Beziehungen zusammen. Insgesamt und zusammengefasst kann man sagen: Je negativer das persönliche Selbstkonzept des Jugendlichen ist, desto höher werden die Erwartungen des Trainers eingeschätzt.

Auch Angst korreliert mit den wahrgenommenen Erwartungen des Trainers. Differenziert man die Erwartungen nach mannschaftlicher oder einzelkämpferischer Orientierung, so drücken mehr Spieler als erwartet eine Verbindung von einzelkämpferischen Erwartungen und Versagensangst aus. Generell äußern Spieler, die hohe Erwartungen des Trainers erkennen, stärkere Ängste. Nach dem Verhältnis zum Trainer befragt, äußern Spieler mit einem negativen Verhältnis eher Angst als solche mit einem guten Verhältnis zu ihm. Niedrige Erwartungen des Trainers (wahrgenommener Druck) verbinden sich zudem eher mit geringer als mit hoher Verunsicherung. Die Erwartungen des Trainers wirken sich also generell stark sowohl auf den Grad von Angst wie von Irritierbarkeit aus.

Auch bezogen auf den Austausch mit dem Trainer, d.h. die Rückmeldung über Leistungen und das sportliche wie persönliche Gespräch, äußern sehr viel mehr Spieler mit geringem Austausch eine Versagensangst. Vor allem dieser Zusammenhang zwischen Angst und geringem Austausch gibt zu denken. Schwierige Kommunikation und psychische Belastung gehen offenbar Hand in Hand. Hier sind Ansatzpunkte für sinnvolle Verbesserungen offensichtlich. In der gleichen Konsequenz hängt geringer Austausch mit dem Trainer mit hohem wahrgenommenem Druck zusammen. Nimmt man hinzu, dass die Versagensangst auch unmittelbar mit dem wahrgenommenen Druck sowie geringer Austausch mit niedriger Einbettung korrelieren, wird hier eine Schlüsselstelle für die Entwicklung der Jugendlichen deutlich.

Herausgehoben werden kann diese Schlüsselstelle im Zusammenhang zwischen Austausch und Förderung: Vor allem geringer Austausch korreliert mit geringer Förderung. Dieser einleuchtende Zusammenhang muss immer wieder deutlich herausgehoben werden.

Zusammenfassung der Untersuchungsergebnisse

Die jugendlichen Leistungsfußballer finden in der modernen Gesellschaft, vor allem rund um die Fußball-Bundesliga, sehr schwierige Bedingungen vor, in denen sie ihre Leistungsbereitschaft entfalten müssen. In der Auseinandersetzung mit komplizierten Anforderungen und unter erschwertem Rückgriff auf außersportliche soziale Ressourcen müssen sie persönliche Stärke entwickeln, komplexe Erfahrungen machen und spannungsreiche Zielsetzungen auf verschiedenen Ebenen angehen. Junge Menschen im Leistungsfußball sind mit enorm hohe Anforderungen der psychischen und sozialen Entwicklung konfrontiert, deren Bewältigung nicht einfach in unmittelbaren sportlichen Erfolgen abzulesen sind.

Die heutigen Anforderungen des Bundesligafußballs können von einem 18–19-Jährigen noch gar nicht ohne Hilfestellung bewältigt werden. Die jungen Spieler brauchen eigentlich mehr Zeit, bekommen aber immer weniger. Jeder im Umfeld der Spieler möchte alles so schnell wie möglich – der Berater das Geld, der Verein den fertigen Profi, und die Familie hat Erwartungen, die durch die enormen Summen geweckt werden, die man heute als Fußballer verdienen kann. Oft bleiben die persönlichen Entwicklungsaufgaben unerledigt, von den Qualifizierungen außerhalb des Fußballs, die für den jungen Spieler so wichtig sein können, ganz zu schweigen.

Es zeigt sich, dass die Spieler die latente Gesetzmäßigkeiten des Fußballs akzeptieren, wenn sie Training und Spiel nicht als Belastung thematisieren, weil sie wissen, dass ein Spieler, der in der Jugend schon Überforderung anzeigt, durch das Sieb der Bundesliga-Späher fällt. Für die meisten Jugendlichen ist es aber ein Traum, Bundesligaspieler zu werden. Die referierten Aussagen der jugendlichen Spieler zeigen, dass sich auf verschiedenen Ebenen ihrer spezifischen Situation ein Spannungsverhältnis zeigt. Auffällig hierbei sind die Schwankungen und die Zerrissenheit der Spieler in den Aussagen über Belastungs- und Konkurrenzsituationen als auch über die Trainer und die Schulsituation: Sie bezeichnen die Belastung durch Training und Spiel als ziemlich gering, haben aber wenig Zeit für andere Hobbys und sind oft zu müde, um sich noch mit anderen Dingen außer Schule und Sport zu beschäftigen. Sie geben an, dass sie regelmäßig zur Schule gehen, verpassen durch den Fußball aber Unterricht in der Schule.

In deutschen Talentförderungsprogrammen werden bis zum heutigen Tag vor allem fußballspezifische Aspekte wie technische, taktische oder konditionelle Fähigkeiten berücksichtigt. Die Persönlichkeitsentwicklung der jungen Fußballer droht dabei vernachlässigt zu werden. 13–17-jährige pubertierende Jugendliche müssen in dieser Lebensphase lernen, einer Vielzahl neuer unterschiedlicher Anforderungen gerecht zu werden. Die für das spätere Leben wichtige Selbständigkeit kann man aber nicht allein im isolierten und möglicherweise hierarchisch geführten Fußballverein erlernen, vielmehr sind hierfür Auseinandersetzungen mit den alltäglich existierenden Problemen notwendig und bedeutsam. Jugendliche müssen steigenden Anforderungen in kognitiver und sozialer Hinsicht gerecht werden und altersspezifische Entwicklungen ausleben können.

Eine solche Perspektive ist notwendig, weil die sportliche Leistung, über die sich die meisten Talente definieren, von zu vielen Faktoren abhängig ist und deshalb erheblichen Schwankungen unterliegt. Darüber hinaus wird das entwickelte persönliche Selbstbewusstsein später einmal auch auf dem Fußballplatz von größter Bedeutung sein. Die Vereine tun folglich gut daran, die außersportlichen Belange der jungen Spieler über der Förderung fußballspezifischer Fähigkeiten nicht zu vergessen. Insbesondere wenn man berücksichtigt, dass nur ein Bruchteil der geförderten jungen Spieler später Berufsfußballer werden.

Konsequenzen für die Talentförderung

Die sportliche Ausbildung sollte sich deshalb neuen Wegen öffnen. Diese müssten darauf abzielen, die einseitige Bundesliga-Orientierung zu relativieren und eine breitere Entwicklungsperspektive für die Jugendlichen zu eröffnen. Dies erfordert, über die Förderung des sportlichen Selbstbildes hinaus auch Fragen des übergreifenden Lebenslaufkonzeptes und einer stabilen, breiten sozialen Einbettung zu integrieren.

Dabei nimmt der Trainer eine Schlüsselstellung ein in der Verbindung von sportlicher und persönlicher Entwicklung, für die soziale Einbettung in Mannschaft, Verein und Familie und auch bei dem Rückbezug auf die Bundesliga-Orientierung.

Konzeptionell sollte sich seine Aktivität in der Talentförderung unseres Erachtens an folgenden Grundsätzen ausrichten:

Die Bundesliga-Orientierung ist »mehr als Fußball« und die sportliche Entwicklung kann allgemeine Sozialisation nicht voraussetzen und nicht ersetzen

Durch die Orientierung auf die Bundesliga kommen die persönlichen Stärken der jugendlichen Leistungsfußballer nicht zum Tragen, sondern werden durch Neid und hohen Druck vielmehr ins Gegenteil verkehrt. Zugleich zeigt sich, dass stärkere soziale Einbettung die Irritationen senkt, den Neid vermindert und mit einer besseren Kommunikation einhergeht. Verein und Familie sollten stärker in eine breiter angelegte, auch über eigentliche Trainingsvorgänge hinausgehende Förderung einbezogen werden. In einer guten sozialen Einbettung und einem guten Austausch mit dem Trainer sollten die Bewältigung der Belastungen und die Fortschritte der sportlichen Entwicklung als eigene Leistung und Stärke für die Jugendlichen erfahrbar werden.

Talente brauchen allgemeinere Kompetenzen, die nicht nur »auf'm Platz« erworben werden können

Die Analyse zeigt, dass der Anteil der Spieler mit gymnasialer Bildung beständig wächst. Dies hat sicherlich mit familiärer Herkunft (Ressourcen) zu tun, aber auch mit zunehmenden intellektuellen Ansprüchen. So finden wir im Gegenlicht hohen wahrgenommenen Druck bei niedrigem Bildungsniveau, oder auch den Zusammenhang zwischen hohem Neid und schulischen Problemen. Ansonsten finden wir fast erschreckende Leerstellen, wenn nach positiven Zusammenhängen mit schulischer oder anderweitiger Bildung gefragt wird. Zusammen mit den angesprochenen Entwicklungsbedingungen sollte die berufliche, schulische und anderweitige Qualifikation verstärkt werden, sollte der Zusammenhang zwischen sportlicher Leistung und darüber hinausgehender sozialer und kognitiver Qualifikation hergestellt werden.

Die Schlüsselposition des Trainers braucht Unterstützung

Die Befragung der jungen Spieler bestätigt die zentrale Rolle des Trainers, der die Schlüsselposition für die Karriere einnimmt. Der Austausch der jungen Talente mit dem Trainer ist besonders wichtig, muss jedoch inhaltlich ausgefüllt werden. Dies erscheint besonders schwierig, weil einerseits viel auf Trainer und Training einstürzt, anderseits die Trainer leicht eine Konzentration auf das »Fußballerische« als eine Art Selbstschutz betreiben. Hier sollte sich der Trainer bei den Vereinen zusätzliche Unterstützung organisieren, ohne die Verantwortung abzuschieben.

Die besondere Rolle des Trainers kann nur kommunikativ entwickelt werden. Über die angesprochen sachlichen Zusammenhänge und Unterstützungen hinaus sollte daher auf diesen Bereich ein deutliches Gewicht in der Trainerausbildung gelegt werden. Unsere Untersuchung zeigt, dass der Trainer große Chancen hat, Selbstbewusstsein und Selbstbewusstsein der jungen Spieler zu nutzen und Irritierbarkeit, Druck und Angst abzubauen. Dabei sollte er dazu beitragen, die Diskrepanz zwischen der gesellschaftlich hoch bewerteten Karriere und gesellschaftlich zirkulären Entwicklungsvorgängen (Selbstbezug der Bundesliga-Orientierung) zu verringern und sich an einem Lebenslauf-Konzept orientieren, das die sportliche Karriere einschließt, zugleich aber deutlich darüber hinaus reicht. Dieses Konzept müsste also auf Kompetenzen ausgerichtet sein, mit der die Anforderungen der sportlichen Karriere bewältigt werden und die zugleich für einen späteren Lebensweg nützlich sind. (Richartz 2000)

Um diesen Herausforderungen zu begegnen, hat der SV Werder Bremen seit 2002 eine Psychologenstelle installiert. Neben anderem begleitet der Psychologe die Spieler bei der Bewältigung ihrer komplexen Aufgaben und bereitet sie auf ihre zukünftigen Belastungen vor. Er bildet damit ein Bindeglied zwischen dem Spieler und seinem sportlichen und außersportlichen Umfeld. Allem voran geht es hierbei um die individuelle Beratung der Spieler. Diese betrifft die Persönlichkeitsentwicklung, den Aufbau von Handlungsalternativen oder Bewältigungsstrategie in Problemsituationen oder es können psychologisch diagnostische Methoden genutzt werden. Als unabhängige Instanz ist der Psychologe auch Ansprechpartner bei alltäglichen, z.B. schulischen oder privaten Problemen, die die Jugendlichen nicht primär mit dem Trainer oder den Eltern besprechen mögen. Das Herstellen von Außenkontakten gehört ebenso in sein Tätigkeitsfeld wie die Integration von ausländischen oder überregionalen Spielern.

Die praktischen Erfahrungen mit dieser unterstützenden Position zeigen, dass die Installation einer psychologischen Fachkraft in professionell geführten Fußballvereinen sinnvoll sein kann und sich positiv sowohl auf die Lebenslaufkonzepte der Jugendlichen wie auch deren sportliche Leistung auswirkt.

Literatur

Deusinger, I. M. (1986): Die Frankfurter Selbstkonzeptskalen (FSKN). Handanweisung. Göttingen (Hogrefe).

Bausenwein, Ch. (1995): Geheimnis Fußball. Auf den Spuren eines Phänomens. Göttingen.

Harttgen, U. und Milles, D. (2004): Leistungsbereitschaft und Bewältigungsressourcen. Überlegungen zur Talentförderung im Fußball. In: Leistungssport 4/2004, S. 5–13.

Oerter, R. und Montada, L. (Hg.) (2002): Entwicklungspsychologie. Ein Lehrbuch. Weinheim (Psychologie Verlags Union) (5. Aufl.).

Richartz, A. (2000): Lebenswege von Leistungssportlern. Anforderungen und Bewältigungsprozesse der Adoleszenz. Aachen (Meyer & Meyer).

Tegelbeckers, W. L. und Milles, D. (2000) (Hg.): Quo vadis, Fußball? Vom Spielprozess zum Marktprodukt. Göttingen (Die Werkstatt).

»Wir müssen die Gruppendynamik steuern und optimieren, das kriegt der Trainer hin.«[1] Fußball aus gruppenanalytischer Perspektive

Holger Brandes

Grundsätzliches zu Gruppendynamik und Fußball

Zuerst einmal: Fußball ist ein körperbetontes Spiel um und mit einem Ball. Insofern lebt dieses Spiel ganz erheblich von Körperbewegungen und dem Zweikampf von Mann gegen Mann (oder Frau gegen Frau) um diesen Ball und allem, was dabei an Finessen und Tricks möglich ist. Dies am Anfang zu betonen, scheint mir wichtig zu sein, weil im Folgenden dieser Aspekt des Spiels im Hintergrund bleibt.

Darüber hinaus ist Fußball aber ein Gruppenspiel und Mannschaftssport. Als solcher weist Fußball wie jede andere Gruppenaktivität eine spezifische Gruppendynamik auf. Eine solche Feststellung mag trivial erscheinen angesichts der Tatsache, dass der Begriff »Gruppendynamik« auch im Fußball in aller Munde ist und fast schon den Charakter eines Mythos besitzt. Gerade der gelegentlich inflationäre Gebrauch des Begriffs verweist aber auf die Notwendigkeit, sich zuerst einmal zu vergewissern, was hiermit eigentlich gemeint ist.

Eine Gruppe besteht zwar aus einzelnen Individuen, durch deren Zusammenwirken entsteht aber eine neue soziale Qualität, die offensichtlich mehr ist als nur die Summe der Teilnehmer. Gruppen bilden eine eigene, spezifische *Struktur* aus, die als »Netzwerk« oder »Figuration« verstanden werden kann. Diese Struktur ist nicht statisch, sondern Gruppen machen einen *Prozess* durch, in dem sich diese Struktur bildet und verändert, sie besitzen also eine besondere *Dynamik*. Beides, die Struktur wie auch der Prozess einer Gruppe sind gemeint, wenn im Folgenden der ursprünglich von Kurt Lewin geprägte Begriff der Gruppendynamik zur Anwendung kommt.

In den sozialwissenschaftlichen und insbesondere psychologischen Fachdiskussionen werden Fragen der Gruppendynamik aus der Perspektive unterschiedlicher Theorieansätze und Praxiskonzepte aufgegriffen. Der vor-

1 Wolfgang Holzhäuser von Bayer Leverkusen als Replik auf Kritik an Spiel der Profimannschaft im Februar 2004 (www. netzeitung.de/ sport/bundesliga/274743.html).

liegende Beitrag basiert auf der *Gruppenanalyse*, einem Ansatz, den der Psychoanalytiker S. H. Foulkes in den 40er Jahren in Zusammenarbeit mit dem Soziologen Norbert Elias begründete und der heute eines der international am weitesten verbreiteten Konzepte der Gruppenarbeit ist.

Bei der Übertragung des Begriffs der Gruppendynamik auf das Fußballspiel scheint mir von fundamentaler Bedeutung zu sein, dass wir es hier mit zwei ganz unterschiedlichen Sichtweisen auf Gruppe und Gruppenphänomene zu tun haben. Dieser Unterschied macht sich daran fest, ob man sich bei der Verwendung des Begriffs der Gruppendynamik auf ein Spiel oder eine Mannschaft bezieht.

Nimmt man das eigentliche *Fußballspiel* in den Blick, so entsteht eine Gruppendynamik aus dem Zusammentreffen von zwei Mannschaften; sie entwickelt sich in lediglich 90 Minuten in jedem Spiel neu und unverwechselbar und ist nach Spielende nicht mehr existent.[2] Sprechen wir also von der Gruppendynamik oder dem Gruppenprozess eines Fußballspiels, haben wir es immer mit mindestens 22 Akteuren, einem Ball und einem durch Regeln festgelegten Rahmen zu tun. In diesem Sinne bedeutet Gruppendynamik also immer *Spieldynamik*.

Davon zu unterscheiden ist die *Gruppendynamik in einer einzelnen Fußballmannschaft*. Hier handelt es sich um eine Dynamik, die sich über Monate und manchmal Jahre im gemeinsamen Spiel, Training und zeitweiligen Zusammenleben entwickelt und die zumeist in Begriffen wie Zusammenhalt, Stimmung oder Atmosphäre beschrieben wird. Hier haben wir es mit einem weniger klaren Rahmen und einem Gemisch von sportlichen und persönlichen Beziehungen zu tun. Zur Unterscheidung kann man hier auch von Gruppendynamik als *Teamdynamik* sprechen.

Um die Besonderheit von Fußball aus der gruppentheoretischen Perspektive in den Blick zu bekommen und der möglichen Gefahr zu entgegnen, vorschnell und unzutreffend dem Fußball Modelle aus anderen Gruppenkontexten über zu stülpen, spricht viel dafür, mit dem Spiel selbst und seiner besonderen Dynamik zu beginnen.

Dies ist auch deshalb geraten, weil wir es beim Fußball mit einer Gruppenkonstellation zu tun haben, die den herkömmlichen psychologischen Gruppenansätzen und auch der Gruppenanalyse eher fremd ist. Allen psychologischen Gruppenansätzen ist nämlich gemeinsam, dass sie in erster

2 Was nicht ausschließt, dass diese Dynamik in der Erinnerung lebendig bleibt wie beispielsweise bei »legendären« Spielen, wo Augen- und Ohrenzeugen noch Jahre später schwärmerisch diese Dynamik nachempfinden können.

Linie immer nur auf *eine* Gruppe bezogen sind und Konstellationen zwischen Gruppen als Außenbeziehung definieren bzw. nur als Ausnahmephänomene im Sinne des Gegeneinanders von Subgruppen innerhalb eines Kontextes kennen. Im Fußball ist das Aufeinandertreffen von zwei Gruppen aber nicht nur die Regel, sondern dieses definiert geradezu das Spiel und bestimmt fundamental das Ziel und die Wechselbezüge aller Aktivitäten.

»Ein Spiel dauert 90 Minuten«: Figurationen und Spieldynamik

Das Besondere der Spieldynamik im Fußball ist also, dass sie aus zwei Mannschaften oder Parteien gebildet wird, die zwar gegeneinander spielen, aber notwendig auch *miteinander*, denn sonst wird es kein richtiges Spiel. Man kann aus der Perspektive auf das Spiel und bezogen auf dessen Dynamik also nicht beide Mannschaften getrennt betrachten, als ob jede von ihnen ihre eigene Dynamik hätte.

Diese Spieldynamik im Fußball haben 1966 erstmalig Norbert Elias und Eric Dunning (neu erschienen 2003) in einer heute als »klassisch« geltenden Studie[3] untersucht. Dabei beschreiben sie Fußball aus der Perspektive eines sozialen Gesamtzusammenhangs, angelehnt an die von Elias begründete Methode einer *Figurationsanalyse*, die sie hier auf das Fußballspiel übertragen:

> »In einem Fußballspiel ist die Figuration der Spieler der einen Seite und die der anderen voneinander abhängig und nicht voreinander zu trennen. Sie bilden in der Tat eine einzige Figuration. Wenn man von einem Sportspiel als einer spezifischen Form von Gruppendynamik spricht, bezieht man sich auf den Wandel in der Figuration der Spieler beider Parteien insgesamt.« (2003, S. 41)

Dabei ist das, was Elias als Figuration benennt und worauf wir heute zumeist mit dem Begriff der Gruppendynamik abzielen, *mehr als nur die Summe individueller Entscheidungen und Aktionen.* Vielmehr sind die individuellen Entscheidungen der Einzelnen zu jedem Zeitpunkt abhängig von den Ent-

3 Dieser Artikel »Zur Dynamik von Sportgruppen« ist für eine gruppenanalytische Annäherung schon deshalb von zentraler Bedeutung, weil Norbert Elias durch seine Zusammenarbeit mit S. H. Foulkes maßgeblich zur Entwicklung der Gruppenanalyse beigetragen hat. In einer Fußnote dieses Artikels nehmen die Autoren hierauf Bezug, wenn sie darauf hinweisen, dass sich der von ihnen gewählte figurationstheoretische Ansatz auch und »vor allem bei der theoretischen Grundlegung der gruppen-analytischen Therapie (S.H. Foulkes)« als »höchst fruchtbar erwiesen hat« (2003, S. 338).

scheidungen und Bewegungen der anderen Spieler – der eigenen wie der gegnerischen Mannschaft. Alle Akteure bilden gemeinsam eine dynamische Figuration im Sinne von wechselnden Spielmustern, die gegenüber den Bewegungen und Intentionen des Einzelnen eine eigenständige Qualität besitzt und rückwirkend auf den Einzelnen die Effektivität seiner Aktionen definiert. Gruppenanalytisch formuliert könnte man sagen: Die Aktion des Einzelnen gewinnt ihren spezifischen »Spielsinn« nur im Kontext der jeweils aktuellen Gruppenkonstellation. Der gleiche lang geschlagene Pass ist das eine Mal genial, wenn er dem rechtzeitig gestarteten Mitspieler mehr oder minder vor die Füße fällt, und er ist ein völliger Flop, wo eben dieser Mitspieler einen anderen Weg eingeschlagen hat oder ein gegnerischer Spieler in den freien Raum gelaufen ist.

All diese Bewegungen der Akteure erfolgen nicht zufällig, sondern sind mehr oder minder bewusst aufeinander abgestimmt. Elias und Dunning vergleichen diesbezüglich das Fußballspiel mit einem Tanz: Aus ihrer Sicht ist »jedes individuelle Spiel eine Gruppenkonstellation. Um ein Spiel spielen zu können, gruppieren sich die Spieler in bestimmter Weise. Beim Fortgang des Spiels gruppieren sie sich fortlaufend neu, ähnlich wie Tänzer sich während eines Tanzes fortlaufend neu formieren« (2003, S. 106).

Jede Einzelaktion ist also in ein räumliches und zeitliches Interdependenzgefüge (im Sinne wechselseitiger Abhängigkeit) von Aktionen sowohl der Mitspieler wie der generischen Mannschaft eingebunden. Dabei ändern die beteiligten Individuen »ihre Beziehungen zueinander bei fortlaufender gegenseitiger Abhängigkeit voneinander ständig in Raum, Zeit und Bewusstsein« (ebd.). Wie beeindruckend die individuelle Spielkunst eines einzelnen Spielers auch immer sein mag – ihre Effektivität erweist sich immer nur im Kontext eines flexiblen Abhängigkeitssystems.

Wenn man in gruppenanalytischen Kontexten betont, dass Individualität und Kollektivität keine Gegensätze sind, sondern Individuation soziale Bezogenheit voraussetzt (vgl. Brandes 1993), so setzt das Fußballspiel diese fundamentale Einsicht auf eindrucksvolle Weise in Szene. Das Fußballspiel lebt geradezu vom Zusammenhang und der Spannung zwischen Individualität und Kollektivität, und nichts wäre unangemessener als die Verabsolutierung einer dieser Seiten. Hierin ist auch die Fußballweisheit begründet, dass elf geniale Einzelspieler noch keineswegs zwangsläufig eine gute und erfolgreiche Fußballmannschaft ausmachen.

Folgt man den Überlegungen von Elias und Dunning, so setzt die für das Fußballspiel spezifische Gruppendynamik »Spannung und Kooperation auf verschiedenen Ebenen zur gleichen Zeit voraus«. Dabei sehen sie »den

Hauptmotor der Gruppendynamik eines Fußballspiels« in folgenden vier Polaritäten:
- Die Polarität zwischen den beiden gegnerischen Mannschaften
- Die Polarität von Angriff und Verteidigung
- Die Polarität zwischen Kooperation und Spannung zwischen den beiden Mannschaften
- Die Polarität zwischen Kooperation und Konkurrenzspannung innerhalb jeder Mannschaft (2003, S. 357)

Entscheidend für ein spannendes und im Spielsinne gelungenes Fußballspiel ist nach Elias und Dunning, dass diese Polaritäten in einer gewissen *Balance* gehalten werden. Dabei beschreiben sie Entwicklungen dieser Dynamik aus einer weitgreifenden soziologisch-historischen Perspektive, z.B. wenn sie darauf hinweisen, dass das Ringen um die Balance zwischen Angriff und Verteidigung in der Geschichte des Fußballs immer wieder zu Abänderungen des Regelsystems geführt hat.[4]

Darüber hinaus hat sich aber auch die Anlage des Fußballspiels selbst, die Strategie der Mannschaften und Trainer im Laufe der Jahrzehnte erheblich verändert, und diese Veränderung läuft letztlich darauf hinaus, dass die Gruppendynamik in der Spielanlage eine zunehmende Bedeutung gewonnen hat.

Strategieveränderungen im Fußball

Wenn man sich Spiele der Jüngsten in den Vereinen unter dem Aspekt der Figuration des Spiels anschaut, so kann man häufig einen sich ständig über das Spielfeld verschiebenden Pulk von Spielern beobachten, in dessen Mittelpunkt der Ball ist. Offenbar ist es Kindern an der Grenze des Schulalters nur schwer zu vermitteln, dass es anderen Varianten des Spielaufbaus gibt als das: »Alle auf den Ball«. Jeder will den Ball erobern und um ihn herum tobt zumeist ein verwirrendes Klein-Klein-Spiel, bis es einem Spieler gelingt, den Ball aus dem Pulk herauszubefördern und alle Beteiligten ihm nachjagen, bis sich das gleiche Szenarium an anderer Stelle wiederholt. Von

4 Bezogen auf die Polarität von Angriff und Abwehr erläutern sie dies beispielsweise an der Abseitsregel, die bis 1925 noch forderte, dass bei Ballabgabe noch mindestens drei gegnerische Spieler zwischen dem angespielten Angreifer und dem Tor sein mussten. Diese Regel verschob das Gleichgewicht derart zugunsten der Verteidigung, dass unentschiedene und torlose Spiele häufiger wurden. Als Reaktion auf dieses Verflachen des Spiels wurde die Zahl der abseitsrelevanten Verteidiger (inkl. Torwart) auf zwei reduziert.

außen betrachtet erinnert dieser Spielverlauf an einen Bienenschwarm, der sich in Zick-Zack-Bewegungen und Hin und Her über das Feld bewegt. So ähnlich mögen auch die ersten organisierten Spiele Ende des 19. Jahrhunderts ausgesehen haben.

Der erste wesentliche Umschwung in der Strategie der Spielanlage ergab sich durch die allmähliche Etablierung fester Positionen in der Mannschaft und eine entsprechenden Funktions- und Raumaufteilung zwischen den beteiligten Spielern: Die Verteidiger blieben hinten, auch wenn der Ball sich aus ihrer Sicht in der gegnerischen Hälfte bewegte, die Außenläufer hatten an den Außenlinien zu kleben und dort auf ein Anspiel zu warten, während sich die Stürmer zur jeweils gegnerischen Spielhälfte orientierten und das Anspiel durch die Mittelläufer erhofften. Durch diese ausgeprägte Arbeitsteilung innerhalb der Mannschaften wurde das ganze Spiel auseinander gezogen und die Akteure verteilten sich stärker über das ganze Spielfeld. Diese Spielanlage beherrschte über einen langen Zeitraum mit wenigen Modifikationen, wie beispielsweise Veränderungen innerhalb des Mittelfeldes oder auch der Verteidigung durch Manndeckung oder die Etablierung eines Liberos das Fußballspiel. Bis heute ist es üblich, je nach Funktionszuschreibung und Positionsbestimmung einzelner Spieler von unterschiedlichen Strategievarianten auszugehen, die sich in ihrer Anlage als eher offensiv oder defensiv unterscheiden und die zumeist durch zahlenmäßige Gewichtungen zwischen Abwehr, Mittelfeld und Angriff, als 4-3-3-System, als 4-4-2-, 3-5-2-, 4-5-1- oder 3-4-3- System gekennzeichnet werden (vgl. Bauer 2001).

Diese ursprünglich sehr stark durch arbeitsteilig ausgerichtete Positionen geprägten Spielkonzepte wurden Mitte der 70er Jahre revolutioniert und durch ein strategisches Konzept ersetzt, bei dem im Idealfall alle Feldspieler auf allen Positionen agieren können. Die unterschiedlichen positionsorientierten Konzepte der Spielanlage wurden dabei nicht ganz aufgehoben, aber in hohem Maße flexibel »interpretiert«.

Als Erfinder dieser Art des modernen Fußballs gelten gemeinhin die Niederländer mit Rinus Michels als Trainer von Ajax Amsterdam (die dreimal in Serie den Europapokal gewannen) und als Nationaltrainer des Teams von 1974. Regisseur und Spielmacher dieser Mannschaften war Johan Cruyff, dem man nicht zu Unrecht nachsagt, er würde Fußball »als eine komplette Bewegung auf dem ganzen Spielfeld sehen und nicht nur als eine individuelle Aktion« (Jeroen Hennemann, zit. n. Biermann und Fuchs 2004).

Der Kern dieser neuen Spielphilosophie ist ein verändertes, flexibles Verständnis der Spielpositionen und damit verbunden ein bewegliches Raumkonzept: Es geht darum, je nach Spielsituation Räume zu öffnen oder zu schließen, und hierbei wird die ganze Mannschaft auf allen Positionen flexibel ins Spiel gebracht. Biermann und Fuchs beschreiben dies in ihrer Analyse des modernen Fußballs wie folgt:

> »Sie (die Niederländer, H. B.) versuchten das Spielfeld je nach Bedarf groß oder klein zu machen. Das hört sich zunächst seltsam an, denn an den Abmessungen änderte sich selbstverständlich nichts. Aber im Fall eigener Angriffe positionierten sich die Spieler möglichst weit auseinander, um über viel Platz für ihre Angriffe zu verfügen. Hatte der Gegner den Ball, zogen sie sich nicht so weit zurück, wie man es gewohnt war. Einerseits bauten sie nur gut zehn Meter hinter der Mittellinie eine Abseitsfalle auf, auf der anderen Seite wurde der Gegner mit Pressing schon in der eigenen Hälfte systematisch attackiert« (Biermann und Fuchs 2004, 108).

Diese Spielweise erfordert eine Rotation der Spieler, die die herkömmliche Positionsphilosophie nicht vollkommen auflöst, aber tatsächlich hochgradig relativiert. Damit wird das zu früherer Zeit stark arbeitsteilig angelegte und zur Schematisierung neigende Spiel stärker auf die Figurationsdynamik ausgerichtet, wobei die Rolle der einzelnen Positionen sowohl zwischen links und rechts auf dem Spielfeld als auch zwischen Offensivposition und Defensivposition je nach Figuration wechselt. Hierzu nochmals Biermann und Fuchs:

> »Wenn etwa in einer klassischen Pressingsituation des heutigen Fußballs der ballführende gegnerische Außenbahnspieler auf Höhe der Mittellinie unter Druck gesetzt wird, dann werden wir häufig beobachten können, dass an dieser Aktion ein Angreifer beteiligt ist, dazu der Spieler hinter den Spitzen und der Außenbahnspieler, der weit nach vorne rückt, um sein Gegenüber im Verbund mit den Kollegen aufzuhalten. Es sind an dieser Defensivaktion also zwei Offensivspieler beteiligt, und das ist kein Zufall, sondern planvoll organisiert« (2004, S. 125).

Genauso wie hier Offensivspieler an einer Defensivsituation beteiligt sind, erwartet man von modernen Defensivspielern, dass sie sich im geeigneten Augenblick in die Offensive einschalten, oder von Spielern, die eben noch auf der linken Seite des Feldes agiert haben, plötzlich auf der rechten aufzutauchen.

Das Stilmittel dieses modernen Fußballs ist das Kurzpassspiel, ein schnelles Kombinationsspiel auf engstem Raum, bei dem die Beteiligten jeweils nur kurz in Ballbesitz sind. Dabei ist die Mannschaft im Vorteil, die durch Überzahl dem Ballführenden mehrere Abspieloptionen ermöglicht und dadurch den Überzahlversuch des Gegners ins Leere laufen lassen kann. »Das schnelle Spiel und die mindestens doppelte Abspieloption bestimmt den verwirrenden Charakter dieser Kombinationen durch die Enge der Räume. Der Fußball der Moderne versucht also, aus der Enge herauszufinden, indem er sich in ihr zurechtfindet« (Biermann und Fuchs 2004, S. 139).

Diese Beschreibungen verdeutlichen einen enormen Zugewinn an Spieldynamik, der heute für den Fußball prägend ist. Von allen Akteuren ist strenggenommen ständige Bewegung verlangt, auch wenn sie noch nicht unmittelbar in den Kampf um den Ball einbezogen sind. Dabei verlangt die Strategie, in Offensive wie Defensive permanent Überzahl in Ballnähe herzustellen, von allen Akteuren nicht nur ein erhöhtes athletisches Potenzial, sondern darüber hinaus eine beachtliche Antizipationsfähigkeit bezüglich sich entwickelnder Spielfigurationen. Die Anforderungen an den modernen Fußballspieler wachsen und verändern sich also: Ballfertigkeit und Durchsetzungsfähigkeit im direkten Spiel mit einem Gegner bleiben selbstverständlich wichtig; von zunehmender Bedeutung sind aber die Anforderungen an körperliche Fitness und besonders jene im intuitiven Verständnis von Figurationen auf dem Feld.

Zugleich verschiebt sich bezogen auf die Dialektik zwischen Gruppe und Einzelnen durch diese Spielanlage das Gewicht zunehmend auf das Funktionieren eines Teams als Gruppe, d.h. auf ein höchst flexibles Netzwerk aus aufeinander abgestimmten Aktionen und Laufwegen. Das heißt zugespitzt, das letztlich nicht mehr die Klasse einzelner Spieler entscheidend ist, »sondern das Ineinandergreifen der Kräfte, die Zusammenarbeit« (Biermann und Fuchs 2004, S. 116).

In diesem Sinne ist der Fußball ganz offensichtlich auf dem Weg, seine ihm eigene Gruppendynamik immer stärker ins Spiel zu bringen und als einen für Sieg oder Niederlage ausschlaggebenden Faktor in die Waagschale zu werfen.

»Die Mannschaft spielt wie ausgewechselt«: Der Prozesscharakter des Spiels

Es gehört zu der besonderen Attraktion und Faszination des Fußballspiels, dass sich seine Dynamik häufig nicht stetig oder quasi »linear« entwickelt, sondern dass diese über einen Spielverlauf ganz unterschiedliche Rhythmen gewinnen kann und Brüche oder Wendepunkte aufweist. Insofern ist der von Elias und Dunning gebrachte und ansonsten für den Figurationsaspekt sehr plastische Vergleich von Fußball und Tanz unzutreffend: Beim Tanz sind radikale Rhythmuswechsel eher unüblich; er lebt von dem fließenden, bruchlosen Übergang von einer Figuration in die andere. Dies ist im Fußball anders: Spiele können regelrecht »kippen«. Hat die eine Mannschaft bis zu einem Zeitpunkt brillant gespielt und dominiert, kann plötzlich und manchmal ohne ersichtliche Ursache oder durch scheinbar marginale Ereignisse auf dem Platz, diese ihren »Faden verlieren« und gegenüber dem Gegner einbrechen. Manchmal werden Fußballspiele so innerhalb von wenigen Minuten entschieden, manchmal verschieben sich die Gewichte auf dem Platz auch eher schleichend, bis dann durch unerwartete oder auch sich immer deutlicher ankündigende Tore eine Wende manifest wird. Solche Kipp-Prozesse in einem Spiel bringen nicht nur die Zuschauer in Wallung und manche Trainer an den Rand der Verzweiflung, sie verursachen auch Erklärungsnotstände bei Kommentatoren, die dann meist mehr oder weniger konsterniert im einen Fall das »Auseinanderfallen« oder »Zusammenbrechen« einer Mannschaft registrieren oder im anderen Fall, dass ein »Ruck durch das Team« geht. Symptomatisch ist ein Satz wie: »Sie spielen wie ausgewechselt.«

Aus Gruppenanalyse und Gruppentherapie sind vergleichbare Phänomene gut bekannt. Auch dort kennen wir qualitative Veränderungen des Prozesses, die durch plötzliche Themen- und Stimmungswechsel ausgezeichnet sind und deutliche Veränderungen in dem Beziehungsgeflecht der Gruppe signalisieren. In der Prozessanalyse haben wir hierfür den Begriff des »Wendepunktes« eingeführt. In anderen Konzeptionen wird auch vom »Kipp-Prozess« gesprochen.[5]

Wendepunkte im Gruppenprozess sind dabei definiert als Ereignisse, die qualitative Veränderungen des Gruppenprozesses einleiten und zumeist auf mehreren Ebenen registrierbar sind: In therapeutischen Gruppen wird dies deutlich an Themenwechseln und einer merklichen atmosphärischen Veränderung in der Gruppe, einem Wechsel von Entspannung zu Anspannung oder umgekehrt, einem Wechsel von Sprechen zu Schweigen oder Schweigen zu Sprechen. Zum anderen zeigt sich meist eine Veränderung in dem Beziehungsgeflecht der Gruppe, es kommt zu Umgruppierungen und einem Wechsel der Protagonisten des Prozesses.

Nun sind Fußballteams keine Therapiegruppen und wie schon angedeutet unterscheidet sich die Gruppendynamik eines Spiels wegen der Figuration

5 Der Begriff des Wendepunkts entstammt der Münsteraner gruppenanalytischen Praxis (IGS Münster) und der des Kipp-Prozesses der Ostberliner Tradition der Intendiert Dynamischen Gruppentherapie.

aus zwei Mannschaften fundamental von einer Gesprächsrunde. Herausragende Situationen, die in einem Fußballspiel zu Wendepunkten im Geschehen werden können, sind in erster Linie natürlich Tore. »Mit dem Ausgleich änderte sich das Spiel« und »Nach dem Rückstand brachen die Gäste völlig ein und verloren zu Recht« – sind willkürlich herausgegriffene Spielkommentare.[6] Offenbar sind Tore und Gegentore, besonders wenn sie zeitlich relevant platziert sind wie nach einem Tor das postwendende Gegentor oder der erfolgreiche Abschluss kurz vor der Halbzeitpause, geradezu dazu prädestiniert, eine Spielwende einzuleiten. Ähnliches gilt für verschossene Strafstöße, ausgelassene Torchancen oder spektakuläre Eigentore und Torwartfehler. Exemplarisch für letzteres sind Kahns Patzer im Champions-League-Achtelfinale Bayern München gegen Real Madrid und im vorentscheidenden Spiel zur Meisterschaft 2004 gegen Werder Bremen.

Aus der Prozessanalyse von Therapiegruppen lässt sich als grundlegende Einsicht auf die Dynamik eines Fußballspiels übertragen, dass solche Wendepunkte *nie zufällig* sind, sondern bei genauerem Hinsehen immer auf vorbereitende oder initiierende Ereignisse zurückgehen, die zumeist selbst wieder eine spezifische Vorgeschichte haben. Eine Aussage wie die, dass eine Mannschaft geradezu »um ein Gegentor gebettelt habe«, bringt das zum Ausdruck. Wie wir kürzlich in einem Forschungsprojekt[7] untermauert haben, gehen solche Wendepunkte in einem Gruppenprozess sehr häufig (oder vielleicht sogar in der Regel) mit *Grenzereignissen* oder Regelproblemen einher bzw. werden durch solche eingeleitet. Typische Grenzereignisse sind in Therapiegruppen z.B. das Ausscheiden oder Hinzukommen eines Gruppenmitglieds, Zuspätkommen oder Fernbleiben von Sitzungen oder die explizite bzw. implizite Einbindung von Ereignissen und Interaktionen, die außerhalb der eigentlichen Gruppensitzungen stattfinden oder quasi »zwischen Tür und Angel« am Übergang von Anfang und Ende der Gruppe ausgehandelt werden. Besonders gilt dies auch für Regelverstöße oder Konflikte, die sich an Fragen der Gruppenregeln festmachen. Ich will dies hier bezogen auf den therapeutischen Bereich nicht weiter ausweiten, sondern nach den Entsprechungen im Fußballspiel fragen.

Eine Entsprechung hierzu besteht beim Fußball in der Möglichkeit der Ein- und Auswechselung von Spielern während eines Spiels. Hier haben wir es mit einem eindeutigen Grenzereignis zu tun, das nicht selten einen Spiel-

6 Zitiert aus dem »Kicker« (25.3.2004) zum Spiel zwischen Bayer Leverkusen und Hertha BSC Berlin, das Leverkusen trotz anfänglich Berliner Führung mit 4:1 gewann.

7 Ergebnisse dieses Forschungsprojektes werden in der Zeitschrift »psychosozial« Anfang 2006 veröffentlicht.

verlauf beeinflusst. Dabei braucht es keinesfalls der Idealfall des so genannten »Jokers« zu sein, der kurz nach seiner Einwechslung ein Tor schießt – genauso wenig, wie eine Zwangsläufigkeit unterstellt werden kann in dem Sinne, dass *jede* Einwechslung einen Wendepunkt des Spiels einleiten würde. Trotzdem spricht m. E. einiges dafür, dass die Ein- und Auswechslung von Spielern das wichtigste Mittel ist, über das der am Spielfeldrand stehenden Trainer verfügt, um durch die Setzung eines möglichen Wendepunktes ein Spiel zu beeinflussen. Diese Möglichkeit ist aber nicht nur durch Regeln, die das Auswechselkontingent festlegen, begrenzt, sondern auch durch die Gruppendynamik selbst. Wird nämlich zu häufig ausgewechselt, was gelegentlich bei Freundschaftsspielen zu beobachten ist, führt dies häufig dazu, dass die Gruppendynamik des Spiels leidet, d. h. das Spiel zerfasert oder verflacht, weil »eingespielte« Figurationen durch die Auswechslung zerstört und erst mühsam wieder aufgebaut oder neu gefunden werden müssen. Gruppenfigurationen sind nämlich unter dem Prozessaspekt nicht nur im dauernden Fluss, sie müssen sich zuerst auch finden, damit sie im Wechselspiel von Angriff und Verteidigung ineinander greifen können. Der »frische« Spieler wirkt in diesem Sinne also nicht notwendig belebend, er kann auch stören, weil er sich erst in ein laufenden Spiel und seine Figurationen einfinden muss.

Wenn dem so ist, bedeutet das auch, dass wir in unser Konzept von der Gruppendynamik des Fußballspiels die *Trainer* mit einbeziehen müssen. Sie stehen zwar außerhalb des eigentlichen Spielfeldes und damit in einer gänzlich anderen Position als die Spieler, trotzdem beeinflussen sie aus dieser Position das Spiel und sind deshalb auch Teil seiner Dynamik. Und diese Beeinflussung beschränkt sich nicht auf die Auswechselungsmöglichkeit. Auch durch ihre Körperhaltung, Gestik und Mimik greifen sie in die Spieldynamik ein bzw. versuchen dies mehr oder minder bewusst. Offenbar gibt es diesbezüglich unter Trainern unterschiedliche Philosophien, die angesiedelt sind zwischen den Extremen einer rational-distanzierten Haltung, bei der gelegentlich auch akribisch Notizen produziert werden und einer emotional-involvierten Haltung, bei der der Trainer innerlich mitkämpft, permanent Anweisungen ins Spiel brüllt, an der Außenlinie auf und ab rennt und sich auch schon mal wie ein »wildgewordener Derwisch« (so ein Spiel-Kommentator) aufführt. Wenngleich die Effekte der einen wie der anderen Trainermentalität umstritten sein mögen, ist kaum von der Hand zu weisen, dass sie nicht nur Ausdruck der Spieldynamik sind, sondern auch auf diese zurückwirken. Das heutige Regelsystem im Fußball trägt dem dadurch Rechnung, dass es die Trainer mit einschließt, ihnen gewisse Verhaltensweisen vorschreibt und selbst den Platzverweis des Trainers ermöglicht. Aus gruppenanalytischer Perspektive jedenfalls macht es Sinn, den Trainer als einen besonderen, abgegrenzten und zugleich beeinflussenden Teil seiner Mannschaft anzusehen. Vor diesem Hintergrund erweist sich das Modell von Elias und Dunning als erweiterungsbedürftig, insofern die Trainer zwar außerhalb der unmittelbaren Spielfigurationen stehen, aber nicht außerhalb der Gruppendynamik des Spiels.

Eine weitere Ergänzung betrifft die *Schiedsrichter*. Für diese gilt ähnliches wie für die Trainer, weshalb auch zwischen Trainern und Schiedsrichtern nicht selten heftigste Konflikte entstehen. Auch die Schiedsrichter greifen nämlich in die Spieldynamik ein und sie beeinflussen vermutlich durch Regelentscheidungen nicht nur die Entwicklung von Wendepunkten in einem Spiel, sondern setzen sie gelegentlich sogar. Beispielhaft hierfür sind Hinausstellungen von Spielern, Strafstoßentscheidungen oder die an dem Schiedsrichter liegende Anerkennung oder Aberkennung eines Tores. Darüber hinaus gilt dies aber prinzipiell für alle ihre Regelentscheidungen und besonders solche, die strittig sind. An unzähligen Beispielen lässt sich belegen, wie Schiedsrichterentscheidungen (zumeist ungewollt) dazu beitragen, ein Spiel zu »kippen«.[8]

Auch bezogen auf Schiedsrichter muss deshalb davon ausgegangen werden, dass sie zwar nicht unmittelbar Teil der Spielfigurationen sind (mit Ausnahme von Situationen, wo sie unbeabsichtigt Spielern im Weg stehen oder einen Ball abfälschen) – sie sind aber Teil der Gruppendynamik des Spiels und vermutlich bezogen auf dessen Wendepunkte ganz wichtige Akteure.

Ein weiterer »Akteur« beim Fußballspiel ist der so genannte »12. Mann«, d.h. Publikum und Fans. Diese versuchen zumindest, Wendepunkte in einem Spiel zu beeinflussen oder (wenn die eigene Mannschaft führt) zu verhindern, indem die eigenen Mannen angefeuert und angestachelt werden: »Wir wollen Euch kämpfen sehen!«. Vermutlich wird dieser Einfluss häufig aber (besonders von den Fans selber) überschätzt, denn viel offensichtlicher ist das Publikum in seiner Aktivität vom Spielverlauf abhängig und in starken Schwankungen der Geräuschkulisse lässt sich häufig ablesen, wie Wendepunkte im Spielgeschehen auf die Zuschauer rückwirken und diese beispielsweise im negativen Fall genauso lähmen wie die Spieler der eigenen Mannschaft.

8 Dass diese Einflussnahme auf den Spielverlauf auch bewusst geschehen kann, zeigen 2004 in Deutschland aufgeflogene Manipulationsversuche durch Schiedsrichter, die hierdurch Wettgewinne zu realisieren versuchten. Dieses Negativbeispiel verdeutlicht aber gerade auch die generelle Mitwirkung der Schiedsrichter an der Spieldynamik und damit auch ihren möglichen Beitrag am Spielausgang.

»Fußball wird im Kopf entschieden«: Zum Verhältnis von Psychodynamik und Gruppendynamik

Vor dem Hintergrund der bisherigen Ausführungen erweist sich der viel benutzte Satz »Fußball wird im Kopf entscheiden« als genauso richtig wie falsch. Einerseits besitzt er aus der Perspektive des Einzelnen durchaus seine Berechtigung, und mancher Spieler wird ihn nach einem »rabenschwarzen Tag«, an dem ihm wenig gelungen ist, bestätigen. Selbst begnadete Fußballer spielen manchmal grottenschlecht und weder sie noch andere würden behaupten, sie hätten plötzlich verlernt, Fußball zu spielen. Letzteres wäre auch allein hirnphysiologisch betrachtet äußerst unwahrscheinlich. Denn Fußball gehört zu den Aktivitäten (wie z.B. auch Tennis, Schlittschuh- oder Skilaufen), die – sind sie einmal gelernt – auf spontanen, automatisierten und weitgehend unabhängig vom Bewusstsein ablaufenden Bewegungszusammenhängen beruhen und als solche im Gehirn gespeichert sind. Ihnen ist gemeinsam, dass bewusste Regulationsversuche den Ablauf eher stören als fördern. Deshalb wirkt bei diesen Tätigkeiten zuviel Nachdenken im Sinne eines abwägenden Grübelns eher schädlich. Konkret gesprochen: Wenn man beginnt, nachzudenken, sind Chance und Ball zumeist schon vorbei.

Was also an diesem Satz richtig ist, bezieht sich auf den individuellen psychophysiologischen Regelungszusammenhang von Bewegungen, insbesondere bezogen auf das Verhältnis von hemmenden Denkprozessen, Motorik und Ball. Darüber hinaus ist dieser Satz aber auch falsch, insofern er aus einer individuumszentrierten Sichtweise nahe legt, dass in einem Mannschaftssport wie Fußball der einzelne Spieler oder »Kopf« autonom und unabhängig von anderen funktioniere.

Wir hatten oben bereits begründet, dass Fußball selbst den schlagendsten Beweis dafür gibt, dass Individualität und Kollektivität keine Gegensätze sind, sondern immer in einem wechselseitigen Abhängigkeitsverhältnis gedacht werden müssen. Es gibt nämlich beim Fußball strenggenommen kein individuelles Spiel. Würde ein Spieler ein solches versuchen und sei er auch noch so genial am Ball, würde er letztendlich elend scheitern, weil er das verliert, was man unter Fußballexperten »den Kontakt zum Spiel« nennt.

Foulkes und Elias haben seinerzeit, als sie die gruppenanalytische Methode entwickelten, bereits darauf hingewiesen, dass der fundamentale Zusammenhang von Individualität und Kollektivität auch für die psychischen Prozesse in einer Gruppe gilt und die in den Wissenschaften verbreitete Trennung von Psychodynamik und Gruppendynamik (und auf Disziplinen bezogen Psychologie und Soziologie) höchst problematisch und für das Verständnis von Gruppenprozessen wenig hilfreich ist. Selbstverständlich ist »Psyche« als das, was in Kopf und Körper vor sich geht, immer an ein neurophysiologisches System und damit an Individuen gebunden. Folglich ist es nur eine Metapher, wenn Gruppenanalytiker vom »Gruppengeist« oder der »Gruppenpsyche« sprechen. Trotzdem gibt es einen hochwirksamen Zusammenhang des kollektiven Prozesses, also der Gruppendynamik, auf das, was wir als die »individuelle Psyche« zu verstehen gewohnt sind.

Aus der gruppentherapeutischen Praxis ist bekannt, dass das, was in den Köpfen der einzelnen Teilnehmer geschieht, durch wechselseitige Beeinflussung (verbale und nonverbale Kommunikation) ständig auf eine Art gemeinsamen Nenner gebracht wird. Es spricht einiges dafür, dass immer dann, wenn wir es mit einem direkten Gruppenzusammenhang zu tun haben, sich die Beteiligten in ihrem Denken und Fühlen unbewusst stark beeinflussen. Diese permanente Beeinflussung geschieht in Therapiegruppen zu einem erheblichen Anteil durch verbale Kommunikation, aber auch dort spielt bereits die nonverbale Kommunikation über Haltungen und Mimik eine grundlegende Rolle. Dies ist vermutlich bezogen auf Fußball nicht anders, aber stärker auf die nonverbale Kommunikation zugespitzt.

Während eines Fußballspiels stimmen sich die Spieler nicht nur hinsichtlich der Figurationen ab, die sie bezogen auf Ball, Tore und Gegner bilden, sondern permanent auch bezogen auf affektive Grundmuster und hiervon beeinflusst Siegeswillen, Erfolgssicherheit oder Einfügen in eine drohende Niederlage. Diese affektiven Grundmuster werden in erster Linie nonverbal kommuniziert, in Körperhaltungen, Gestik und Mimik und von außen entsteht dabei häufig der Eindruck eines mysteriösen »Ansteckungseffektes«, der sich auch auf die Motorik und elementare technische Fertigkeiten auswirkt. Dieser affektive Abstimmungsprozess, den man in Anlehnung an die Säuglingsforschung auch als »affect attunement« im Sinne wechselseitigen Bekräftigens und Hochschaukelns verstehen kann (Dornes 1992), geschieht nicht nur innerhalb einer Mannschaft, sondern durchaus auch zwischen den Mannschaften, insofern beispielsweise der Siegeswille der einen Mannschaft den der anderen brechen kann.

Während eines Spiels wird eben nicht nur ein Ball getreten, sondern viel wichtiger ist vermutlich, dass die Akteure dabei in einem Spiel ununterbrochen kommunizieren, ob sie gewinnen können oder nicht. Und dies kommunizieren sie über Äußerungen, Körperhaltungen, Mimik und Gestik nicht nur untereinander in einer Mannschaft, sondern auch mit den gegnerischen Spielern in einer Art ständigem Abgleich: »Bist du/seid ihr siegesgewisser als ich/wir?«.

Wir haben es also beim Fußballspiel mit einem Prozess *permanenter wechselseitiger psychischer Beeinflussung* zu tun, in dessen Mittelpunkt die *Affektabstimmung* zwischen den Spielern steht. Insofern dieser Abstimmungsprozess zu einem erheblichen Teil unbewusst und über nonverbale Signale und körperlichen Ausdruck erfolgt, sind die Akteure auch nur in Ausnahmefällen in der Lage, hierüber Auskunft zu geben. Nur relativ selten werden zumindest Momente dieses Abstimmungsprozesses so deutlich wie in einer von Rudi Michel geschilderten Erinnerung von Sepp Herberger an eine spielentscheidende Situation des Endspiels der Weltmeisterschaft von Bern 1954:

Im Rückblick auf die 9. Spielminute, dem Anstoß nach dem 0:2 gegen Ungarn,

> »beschreibt Herberger eine kurze Szene, die wohl von keinem der 65.000 Zuschauer bemerkt wurde (...) ›Unser Innentrio postierte sich gerade für das Anspiel. Mit dem Blick zurück zu unserer Abwehr verriet Fritz Walters Verhalten halb Resignation, auf jeden Fall aber Ärger und Enttäuschung über die vermeidbaren Fehler unserer Abwehr beim zweiten Tor. Aus der engen Vertrautheit mit Fritz hatte ich einen solchen Fall befürchtet und ihm auch gleich vorgebeugt. Max Morlock, nervenstark und durch nichts zu erschüttern, hatte von mir den Auftrag, Fritz in einer solchen Situation wieder aufzumöbeln. Und während die drei unseres Innentrios sich für das Anspiel anschickten, trat Max in seiner Rolle in Aktion: ›Was ist los, Fritz? Wir lassen uns doch nicht klein kriegen! Allaa hopp, Fritz, jetzt erst recht!‹ Und schon lief unser Spiel. Und wie es lief‹« (Michel 2004, S. 83).

Sicher ist diese Schilderung stark subjektiv geprägt und nachträglich gestaltet. Außerdem darf man unterstellen, dass hier nur ein Bruchteil des Abstimmungsprozesses erfasst wird, der in diesem Moment nicht nur zwischen den genannten zwei Spielern, sondern in der ganzen Mannschaft erfolgt. Trotzdem: Dass Herberger überhaupt diese Szene benennt, macht seine Sensibilität für den Aspekt der affektiven Abstimmung deutlich und die von ihm behauptete Vorsorge glaubwürdig.[9]

9 Interessant ist, dass Günter Netzer als Beispiel eines Spielers, der dem Gruppenaspekt des Fußballspiels nach eigener Einschätzung persönlich wenig abgewinnen konnte, bezogen auf eine Schlüsselszene, in der sein Mitspieler Berti Vogts das demoralisierte Team von Mönchengladbach wieder aufrichtet, reflektiert: »Wenn Sepp Herberger in diesem Moment wieder hätte diskutieren wollen über den Geist einer Fußballmannschaft, ich hätte wohl einräumen müssen, dass auch eine Ansammlung von Profis eine Seele hat« (Netzer und Schümann 2004, S. 78).

Auch heute noch fordern Trainer nicht selten von einzelnen Spielern, andere anzufeuern und aufzurichten. Dies setzt aber voraus, dass sie das auch können und nicht immer ist die »Nervenstärke« eines Einzelnen hierfür ausreichend. Auch hieran wird deutlich, dass Individualität und Kollektivität eng zusammenhängen. Das Beispiel eines Oliver Kahn, der in seiner Mannschaft häufig die Rolle einnimmt, die Herberger 1954 Max Morlock zugeschrieben hatte, macht zudem deutlich, dass sowohl die objektive Spielposition eines Akteurs, wie auch die Stellung in der informellen Mannschaftshierarchie nicht unerheblich für den Effekt von Beeinflussungsversuchen ist. Ein Torwart hat es allein aufgrund seiner Position im Rücken der Feldspieler diesbezüglich erheblich schwerer als ein Mittelfeld- oder Angriffsspieler. Aber auch die Spielposition selbst ist keine hinreichende Voraussetzung, wie immer dann festzustellen ist, wenn es einem Akteur nicht gelingt, die ihm zugedachte Rolle als »Motor« oder »Antreiber« aufgrund seiner Persönlichkeit und Stellung in der informellen Hierarchie wahrzunehmen. Es muss also schon einiges zusammen kommen, damit es einem einzelnen Spieler gelingt, diesen komplexen affektiven Abstimmungsprozess in einer Mannschaft durch einen bewussten Impuls zu dominieren – viel häufiger geschieht dies eben unbewusst und durch vielfältige ungewollte wechselseitige Beeinflussungen.

Um nochmals auf den Satz, dass ein Spiel im Kopf entschieden wird, zurückzukommen: Genau genommen müsste man also sagen, dass ein Spiel im kommunikativen Zusammenspiel von Köpfen (Plural also) und – wegen des hohen Anteils nonverbaler Kommunikation – *Körpern* entschieden wird.

»Mit- und nebeneinander oder über- und untereinander«: Gruppenanalytische Hinweise zur Teamentwicklung

Die vorherigen Überlegungen leiten direkt über zum zweiten anfänglich genannten Aspekt der Gruppendynamik im Fußball: *Der Dynamik innerhalb einer Mannschaft*. Hier wird jetzt bedeutsam, dass eine Fußballmannschaft nicht nur 90 Minuten spielt, sondern vor und nach den Spielen zusammen ist. Dieses Zusammensein einschließlich aller Trainingseinheiten, Trainingslager und informeller Kontakte außerhalb bestimmt das mit, was auf dem Platz zu Stande gebracht wird. Hierbei spielen die persönlichen Beziehungen der Spieler, die Kommunikationskultur innerhalb der Mannschaft und die interne Mannschaftshierarchie eine Rolle, besonders aber auch die Trainer, die außerhalb des eigentlichen Spiels eine viel deutlichere Leitungsrolle einnehmen, als während der 90 Minuten.

Dieser Aspekt von Gruppendynamik spielt in den Äußerungen von Fußballpraktikern die größte Rolle und hier finden sich auch die abweichendsten Auffassungen. Der zentrale Gegensatz wird dabei gebildet durch einerseits eine *gruppenzentrierte* Perspektive, die die Gleichwertigkeit aller Spieler und die Bedeutung der »Kohäsion« innerhalb der Mannschaft betont, und andererseits eine *individuumszentrierte* Perspektive, die auf die Hierarchie innerhalb der Mannschaft und die Bedeutung von »Führungspersönlichkeiten« fokussiert.

Die gruppenzentrierte Auffassung wird durch das Herberger-Zitat »11 Freunde sollt ihr sein« zum Ausdruck gebracht. Und auch Rudi Völlers Einschätzung 2002 nach der Endspielniederlage seines Teams gegen die brasilianische Seleção liegt auf dieser Linie, insofern er die Gruppendynamik als Gegengewicht gegen die individuellen Ballkünstler ins Feld führt: »Brasilien hat hervorragende Individualisten. Wir haben über Erwarten gut abgeschnitten und eine neue Gruppendynamik gefunden, die uns für die Zukunft hoffen lässt« (www.espace.ch). Hierzu passt, dass Völler in anderem Zusammenhang, nämlich bezogen auf die Diskussion um Führungspersönlichkeiten im deutschen Fußball, diese mit dem Hinweis relativiert: »Dieser Begriff wird hier zu Lande viel zu wichtig genommen, in anderen Ländern gibt es ihn in diesem Sinne gar nicht« (kicker 13.04.2004).

Zu denen, die den Begriff der Führungspersönlichkeit und damit die Frage der Hierarchie innerhalb der Mannschaft als erfolgsentscheidend herausstreichen, gehört Udo Latteck, ehemals Trainer u.a. bei Bayern München, von dem die Metapher stammt: »Wenn der Leitwolf schwächelt, fangen andere an zu kratzen und zu beißen«. In diesem Sinne gibt er als Kommentator heute noch Ferndiagnosen von sich wie die folgende: »Hertha BSC ist eine stumme Mannschaft. Es fehlt ein Chef, der das Sagen hat« (kicker 13.04.2004). Passend hierzu die rückblickende Interpretation von Paul Breitner über seine Zeit als ein solcher Führungsspieler in München: »Diese Leute bestimmten die Taktik, nicht die Trainer. Beckenbauer und ich sagten, wo es langgeht« (ebd.).

Überhaupt scheint es in dieser Kontroverse clubspezifische Traditionen zu geben, wobei der FC Bayern München, bei dem von Beckenbauer über Matthäus und Effenberg immer Einzelspieler im Mittelpunkt standen, die eine Vereinsphilosophie repräsentiert. Die andere Philosophie lässt sich vielleicht am ehesten an Werder Bremen festmachen.

Klaus Allofs, Sportdirektor von Werder Bremen: »Eine erfolgreiche Mannschaft braucht etliche Persönlichkeiten, die sich über Leistung, Ehrgeiz und Ausstrahlung definieren – im Idealfall sind es elf« (kicker 13.04.2004).

Zeitgleich Werders Mittelfeld-Regisseur Johan Micoud: »Wir spielen ja mit- und nebeneinander, nicht über- oder untereinander. Jeder Einzelne ist gefordert, seine Meinung zu sagen, wenn es einen Missstand anzuprangern gilt« (ebd.).

Eine repräsentative Untersuchungen über die Verbreitung solcher Auffassungen gibt es bislang meines Wissens nicht. Eine der wenigen Studien mit wissenschaftlichem Anspruch zu dieser Thematik stammt von König (2002). Er hat eine Expertenbefragung unter 10 Trainern von Mannschaftssportarten vorgenommen und referiert folgende Ergebnisse: Neun der zehn Befragten »sehen einen Zusammenhang zwischen dem Zusammenhalt einer Mannschaft (Kohäsion) und ihrer Leistung«, wobei die Gewichtung differiert (S. 23). Acht Trainer zeigen auch »eine klare Vorstellung von den Maßnahmen, die sie zur Förderung der Kohäsion ihrer Mannschaft planen. Diese reichen von eher traditionellen Dingen (gemeinsam weggehen oder zusammensitzen) über Spiele zur Entwicklung der Gruppendynamik bis hin zu Maßnahmen, die von professionellen Unternehmen geplant und durchgeführt werden« (ebd.). Bemerkenswert ist weiterhin das Verhältnis der Trainer zu Hierarchiebildungen innerhalb der Mannschaft sowie zu Konsequenzen des impliziten Gruppenkonzepts auf die Zusammenstellung der Mannschaft: »Ganz eindeutig favorisieren alle zehn befragten Trainer die Existenz einer Hierarchie innerhalb der Mannschaft. Auffallend bei diesem Ergebnis ist, dass die Trainer einer Hierarchie offensichtlich mehr Bedeutung beimessen als der Kohäsion, da nahezu alle Aussagen eindeutig sind« (ebd.). Hierzu passt, dass bei der Zusammensetzung des Teams zwar »gute Teamfähigkeit« eine Rolle spielt, aber bei einigen auch die Tendenz besteht, »Querdenker« zu verpflichten, um einer als leistungshemmend gewerteten »heilen Welt« entgegen zu wirken.

Aus der Perspektive von Gruppenforschung und Gruppenanalyse ist zu dieser Dauerkontroverse – Hierarchie versus Gruppendynamik – zu sagen, dass es in jeder Gruppe eine mehr oder minder ausgeprägte Hierarchie gibt, sich aber solche Gruppen *auf längere Sicht* als erfolgreicher erweisen, die über eine flexible und wechselnde Hierarchie bzw. in managementorientierter Terminologie eine »flache Hierarchie« verfügen. Insofern nimmt auch der Faktor »Gruppenkohäsion« in der Gruppenpsychotherapieforschung einen herausragenden Platz ein, während ein Faktor wie »Hierarchie« dort überhaupt nicht auftaucht (vgl. Yalom 2001). Nicht nur im therapeutischen Bereich erweisen sich Gruppen als effektiver, die allen Mitgliedern möglichst große Spielräume für individuelle Entwicklung und die Entfaltung individueller Stärken und Kompetenzen einräumen. Dies setzt einen demokratischen Leitungsstil im Sinne von Lewin (im Kontrast zum autoritären und laissez-faire Stil) voraus und eine entwickelte Kommunikationskultur in der Gruppe.

Dass dies im Bereich des Fußballs kontrovers diskutiert wird, hängt vermutlich mit dem Faktor zusammen, dass eine Fußballmannschaft außerhalb des Spieles einen eindeutigen Leiter, nämlich den Trainer aufweist, während des Spiels aber weitgehend ohne diesen auskommen muss. Damit stellt sich die Frage, wer stellvertretend für den Trainer während des Spiels die Orientierungen gibt. In diesem Sinne ist die Aussage von Werner Mickler, Lehrbeauftragter an der Sporthochschule in Köln, zu verstehen: »Trainer brauchen Führungsspieler als verlängerten Arm auf dem Feld, damit die in kritischen Situationen sagen, was zu tun ist« (kicker 13.04.2004). Darüber hinaus spricht einiges für die Annahme, dass ein Fußballteam wegen der unterschiedlichen Funktionen der Mannschaftsteile (Angriff, Mittelfeld und Abwehr) eine stärker ausgeprägte Positionszuordnung der Einzelnen bedarf im Sinne der Arbeitsteilung zwischen z.B. »Lenkern« und »Ideengebern«, »Vollstreckern«, »Flankengebern« und »Arbeitsbienen«.

Die Zielstellung der Entwicklung maximaler Entfaltungsmöglichkeiten jedes Einzelnen ordnet sich zudem in einem Fußballteam dem übergeordneten Ziel unter, ein Spiel zu gewinnen und hierfür Tore zu schießen bzw. zu vermeiden. Insofern spricht auch einiges für die Annahme von Elias und Dunning, dass ein relevanter Erfolgsfaktor die *Balance zwischen Kooperation und Konkurrenzspannung innerhalb einer Mannschaft* ist.

Am Beispiel des Kontrastes zwischen Bayern München und Werder Bremen zeigt sich dabei, dass es keineswegs einfach ist, unterschiedliche Lösungen dieses Balanceproblems mit Erfolgswahrscheinlichkeiten zu belegen. Gruppenanalytisch betrachtet liegt die Behauptung nahe, dass eine »flache Hierarchie« wechselseitigen Kommunikationsprozessen in der Mannschaft und der Förderung der individuellen Stärken aller Beteiligten dienlicher ist als eine ausgeprägt hierarchische Struktur. Hierfür spricht, dass gerade Werder Bremen recht erfolgreich ist mit einem Konzept, dass weniger profilierte, aber in besonderer Weise mannschaftsdienliche Spieler zu integrieren versucht. Dagegen steht ein Konzept, das wie das von Vereinen wie Bayern München oder Real Madrid auf den bewussten Einkauf sehr profilierter »Leitwölfe« setzt und damit streckenweise sehr erfolgreich ist, aber auch ein hohes Risiko fährt, weil die Konkurrenz von Leitwölfen ein Team auch blockieren kann und damit die Gefahr heraufbeschwört, teure Fehleinkäufe zu realisieren.

Insgesamt ist aus dem, was aus den Interna von Fußballmannschaften nach außen dringt, herauszulesen, dass im Fußball – unter Trainern, wie auch

Funktionären und Spielern – ein Gruppenmodell verbreitet ist, das stark leiterzentriert ist und bei dem die Gruppe nur als Summe von Einzelspielern wahrgenommen wird. Dabei gibt es vermutlich einen Zusammenhang zwischen dem Leitungsstil des Trainers und dem Hierarchiebedarf einer Mannschaft. Unterstellt man, dass der Trainer in einer Fußballmannschaft eine ähnliche Rolle wahrnimmt, wie der Leiter einer Therapie- oder Arbeitsgruppe, so gilt vermutlich generell: Je autoritärer der Leitungsstil des Trainers, desto größer der Bedarf in einer ausgeprägten Hierarchie innerhalb der Mannschaft und auf dem Platz.

Indizien dafür, dass von Fußballtrainern häufig ein autoritärer Stil der Teamleitung erwartet wird, gibt es einige: So ist z.B. die Kennzeichnung eines Fußballtrainers als »hartem Hund« (wie bei Felix Magath) keineswegs ehrenrührig und wird nicht als Absprache seiner Leitungsfähigkeit interpretiert. Auch die Ablösepraxis von Fußballtrainern spricht dafür, dass diese gemeinhin nicht als Teil einer Gruppendynamik gesehen werden und dass man sich von einem Trainerwechsel plötzliche Leistungssteigerungen erwartet. Meist ist dem nicht so, aber die wenigsten Vereine im Profifußball wagen es, dieser Auffassung gegenüber konträr zu handeln und ihren Trainern gemeinsam mit der Mannschaft Zeit zu geben, auch Phasen der Erfolglosigkeit zu überstehen.

Ein weiteres Indiz ist, dass Spieler auf Fragen nach wichtigen Entscheidungen bzgl. ihrer Position in der Mannschaft häufig auf den Trainer verweisen: »Das muss der Trainer entscheiden« oder »Da müssen Sie den Trainer fragen«. Offensichtlich ist es gängige Praxis, dass Spieler beispielsweise ihre Aufstellung oder Nichtaufstellung nicht in vorbereitenden Gesprächen in der Mannschaft oder im Einzelgespräch erfahren, sondern erst in der letzten Mannschaftsbesprechung oder sogar nur daraus entnehmen, dass sie im vorbereitenden Training dem Reserveteil des Teams zugeordnet werden.[10] Viele Trainer scheinen zudem generell Einzelgespräche mit Spielern der Gruppendiskussion vorzuziehen. Nur in zugespitzten Krisensituationen wird auch der Ruf danach laut, dass sich die Mannschaft »mal ausspricht«, »mal zusammen setzt« oder »gemeinsam was unternimmt«.

10 Beispiel hierfür ist die Aussage im Interview des »Kicker« (29.3.04) mit Benjamin Lauth (München 1860) zu einer Verbannung auf die Reservebank. Auf die Frage, wann der Trainer ihm das mitgeteilt habe: »Ich habe es in der Mannschaftsbesprechung vor dem Spiel erfahren. Aber im Training unter der Woche hatte sich das schon angedeutet.« Kicker: »Wie?«; Lauth: »Wenn man das falsche Leibchen anhat, erkennt man schnell die Idee des Trainers.« Interessant auch die nächste Nachfrage: »War die Maßnahme aus Ihrer Sicht nachvollziehbar?« Antwort Lauth: »Wir haben gewonnen, also hat der Trainer alles richtig gemacht«.

Die Logik dieses Modells spiegelt den realen Kontext des Fußballs wider mit hohem wirtschaftlichen und medialen Druck auf Vereine und Trainer einerseits und andererseits der enormen Konkurrenz unter den Spielern, die zumeist bei Kadern von 25 und mehr Vertragsspielern permanent um einen Platz in der Mannschaft konkurrieren müssen. »Die in einem Spielerkader existierende Konkurrenz der Spieler untereinander um die begrenzte Zahl von elf Plätzen sowie die Macht des Trainers, über Einsatz und Ersatzbank oder Tribünenplatz und damit auch über berufliche Entwicklungen und Karrieren entscheiden zu können, entfachen eine Teamdynamik, die hohe Anforderungen an die Trainer stellen« (Damberg 2000).

Die Teamdynamik im Fußball ist deshalb wesentlich dadurch bestimmt, dass Konkurrenzsituation und Leistungsdruck einerseits und Gruppendynamik andererseits in einem hochgradig konfliktträchtigen Wechselverhältnis zueinander stehen. Die Vereine benötigen aufgrund hoher Anforderungen gerade im Profibereich zahlenmäßig starke Kader, in denen im günstigen Fall jede Position doppelt besetzt ist, um z. B. bei Verletzungen oder individuellen Formkrisen reagieren zu können. Die hierdurch entfachte Konkurrenz versuchen die Trainer leistungsmotivierend zur Wirkung zu bringen. Im Spiel allerdings muss diese Konkurrenz zugunsten der Kooperation aller zurücktreten und die individuelle Orientierung der Spieler dem gemeinsamen Ziel untergeordnet werden, sonst ist der Erfolg in einem Mannschaftssport nicht zu realisieren.

Eine solche Balance zwischen Konkurrenz und Kooperation ist alles andere als problemlos herstellbar, und es gibt ausreichend Hinweise dafür, dass Konkurrenz, Rangkämpfe und Neid innerhalb eines Teams nicht selten erhebliche kontraproduktive Dynamiken anstoßen. Michael Skibbe deutet dies an, wenn er darauf hinweist, dass bei Ersatzspielern die Niederlage des eigenen Teams auch auf positive Resonanz stoßen kann (Damberg 2000) – aus der Sicht von Ersatzspielern erhöht das Versagen von Stammspielern nämlich die Wahrscheinlichkeit, bei der nächsten Aufstellung berücksichtigt zu werden.

Diese Situation konfrontiert die Trainer besonders im Spitzensport mit einer erheblichen Anforderung. Sie müssen Konkurrenz und Kooperation in eine produktiv wirkende Balance bringen, was ein gehöriges Maß an Sensibilität sowohl für die Mentalitäten einzelner Spieler als auch die Atmosphäre in der gesamten Mannschaft erfordert. Die Lösung dieser Aufgabe wird zusätzlich dadurch erschwert, dass die Trainer selbst im Rampenlicht stehen und sich einem erheblichen medialen und wirtschaftlichen Druck und nicht zuletzt einer zugespitzten Konkurrenzsituation untereinander um eine begrenzte Zahl von Arbeitsplätzen ausgesetzt sehen.

Vor diesem Hintergrund stellt sich die Frage, ob gruppenanalytische Supervision eine Möglichkeit ist, die Trainerarbeit zu qualifizieren und positiv zu unterstützen.

Kann gruppenanalytische Supervision zur Teamentwicklung im Fußball beitragen?

Grundsätzlich ist psychologische Beratung in einem Praxisfeld wie Fußball ein heikles Thema, insofern Beratung immer noch damit assoziiert wird, dass jemand mit den an ihn gestellten Anforderungen nicht allein zurecht kommt. Eine solche Assoziation ist besonders in einem Männerumfeld nach wie vor prekär. Darüber hinaus dominieren im Fußball körperbetonte Qualitäten und auch bei der Trainerausbildung und -auswahl stehen fußballtechnische Qualitäten, zumeist eine vorgängige Profikarriere als Voraussetzungen im Vordergrund. Psychologische und pädagogische Qualitäten sind dagegen in den einschlägigen Lehrgängen eher randständige Themen und werden intern wie extern (über Medien) eher jenseits professioneller Kriterien als schwer greifbare Persönlichkeitseigenschaften (Charisma) thematisiert.

Angesichts dessen verwundert es nicht, wenn Damberg (2000) in einer Recherche zur Supervision im Profi-Fußball zu dem Ergebnis kommt: »Supervision für Trainer im Profi-Fußball ist z.Z. keine in der Praxis genutzte Beratungsform. Trotz mancher Gerüchte und Hinweise ist es mir jedenfalls nicht gelungen, Beispiele für Supervisionsprozesse zu entdecken«. Wo es Beispiele für Beratung gibt, so haben diese zumeist semi-professionellen Charakter, basieren auf persönlichen Bekanntschaften und beschränken sich auf unverbindliche Ratschläge.

Diese Abstinenz hat Gründe, die im Fußball als sozialem und wirtschaftlichem System verankert sind: Zum einen ist Supervision in ihrem Effekt nur begrenzt, wenn überhaupt in eine kurzfristige Erfolgsperspektive integrierbar. Supervision betrachtet nämlich das jeweilige Geschehen aus einer gewissen professionellen Distanz und setzt deshalb ein Heraustreten aus dem unmittelbaren Handlungsdruck voraus, was offenbar besonders im Profi-Fußball immer weniger möglich wird. Folglich sind klassische Supervisionsansätze überfordert, wenn es um den Erfolg im jeweils nächsten Spiel geht.

Darüber hinaus setzt die Inanspruchnahme von Supervision voraus, »sich als Person in seinem beruflichen Handeln in Frage zu stellen. Diese Eigenschaft ist im Leistungssport insgesamt und im Profi-Fußball insbesondere unterentwickelt« (Damberg 2000). Jede Form der Schwäche und Bedürftigkeit wird im Leistungssport, besonders im männlichen vermieden und bedroht elementar die sportliche Karriere. Sensibilität droht in diesem gesellschaftlichen Umfeld noch immer mit fehlender Durchsetzungsfähigkeit assoziiert zu werden. Zeigen Spieler derartige Seiten, müssen sie befürchten, wie beispielsweise Andreas Möller als »Weichei« tituliert zu werden, und im Fall von Sebastian Deißler war es ein Hauptanliegen des behandelnden Arztes, dessen Depression im Sinne einer zeitweiligen »organischen« Erkrankung zu definieren, um damit für den Betroffenen die drohende Zuschreibung als nicht durchsetzungsfähig im Profisport abzuwehren. Noch einmal zugespitzt gilt dies für Trainer, wo Hinweise auf eine partnerschaftliche Umgangsweise mit den Spielern schnell umschlagen können in den generellen Verdacht, nicht durchsetzungsfähig und dominant genug für diesen »Job« zu sein.

Diese Widerstände sagen noch nichts darüber, ob zumindest für die langfristige Arbeit von Trainern an der Entwicklung ihrer Teams nicht doch gruppenanalytische Supervision hilfreich sein könnte. Voraussetzung hierfür ist freilich die Widerstandsfähigkeit vor allem der Vereinsführung gegenüber kurzfristigen Erfolgserwartungen.

Nach dem hier bislang Ausgeführten, könnte und müsste der Schwerpunkt einer solchen Supervision auf dem skizzierten Problem der Balance zwischen Konkurrenz und Kooperation innerhalb der Mannschaft liegen. Supervision könnte die Funktion eines »Frühwarnsystems« einnehmen, das die Trainer für Anzeichen auf schädliche Auswirkungen eines »zuviel« an Konkurrenz und mangelnde Kooperation sensibilisiert.

Ein zweiter Aspekt betrifft die Empfindsamkeit für das, was in Psychoanalyse und Gruppenanalyse unter den Stichworten »Übertragung und Gegenübertragung« diskutiert wird und die emotionale Ebene der Beziehungsmuster betrifft, die in Fußballteams wie in anderen Gruppen auch zum Tragen kommen. Vereinfacht ausgedrückt ist mit Übertragung gemeint, dass jedes aktuelle Beziehungsgeschehen bei den Akteuren frühere Beziehungserfahrungen wieder aufleben lässt. Dies wird besonders bei einem Autoritätsgefälle deutlich, wo in der Übertragung Kindheitsgefühle gegenüber dem in der Autoritätsposition stehenden Interaktionspartner auftreten und umgekehrt in der Gegenübertragung elterliche Empfindungen gegenüber dem untergeordneten Partner.[11]

Dies ist ein potentieller Stolperstein für jeden Fußballtrainer, weil er auf der emotionalen Ebene der Teamentwicklung mit Reaktionsformen kon-

11 Zum Verständnis von Übertragung und Gegenübertragung in der Psychoanalyse vgl. Mertens und Waldvogel 2002; zur Übertragung und Gegenübertragung besonders in Männergruppen vgl. Brandes 2003.

frontiert ist, die aus dem lebensgeschichtlichen Hintergrund seiner Spieler gespeist sind, aber auch mit seinem eigenen diesbezüglichen Erfahrungshintergrund zu tun haben. Damberg (2000) schreibt: »In der Auseinandersetzung zwischen Trainer und Spielern aktualisieren sich persönliche Erfahrungen von Autonomie und Abhängigkeit im Hinblick auf verinnerlichte Bilder von Eltern, Lehrern und anderen Vorbildern (wie z.B. früheren Trainern), die sich wie in allen Interaktionsprozessen zwischen Leitung und MitarbeiterInnen bzw. Teams in Form von Beziehungsstörungen und -kämpfen ausdrücken können«.

Im (Männer-)Fußball betrifft dies ganz besonders die auf den Fußball übertragende Linie der Vater-Sohn-Beziehung und des hierin enthaltenen Konflikts von Autonomie und Abhängigkeit. Angefangen vom Breitensport und dort den ersten Jugendmannschaften bis zum Profisport sind Trainer unvermeidbar Adressaten von Vaterübertragungen. Der Erfolg eines Trainers hängt vermutlich zu einem Gutteil davon ab, inwieweit er diese Übertragungen (und die damit verknüpften emotionalen Bindungen an ihn) nutzen und in die Erfolgsorientierung einer Mannschaft ummünzen kann. Dies setzt voraus, dass er sich dieser Übertragungen nicht nur bewusst ist, sondern dass er auch kontrolliert mit seinen eigenen Gegenübertragungen auf diese Gefühle umgehen kann.

Aus der Gruppenanalyse gibt es einen breiten Erfahrungsfundus bezogen auf dieses Problem, von dem Fußballtrainer profitieren könnten – vorausgesetzt, sie lassen sich auf eine solche Reflexion, die die eigene Person und ihre Gewordenheit berührt, ein. Zu diesem Erfahrungsfundus gehört, dass Übertragungen zuerst einmal akzeptiert und angenommen werden müssen und grundsätzlich Voraussetzung einer gelungenen, emotional getragenen Arbeitsbeziehung sind. Übertragungen sind also nichts Pathologisches, sondern Teil jedes Alltagsgeschehens und auch Voraussetzung für das erfolgreiche Leiten einer Gruppe. Insofern ist die prinzipiell »väterliche Haltung« eines Trainers sicherlich hilfreich, insofern sie anknüpft an mit dem Fußball verbundene Beziehungserfahrungen der Spieler mit ihren Vätern und anderen männlichen Bindungspersonen. Wie bedeutsam diese emotionale Dimension ist, kann man erahnen, wenn man sich vor Augen führt, dass viele Jungen die intensivsten Erlebnisse mit ihren Vätern rund um Fußball und Fußballplätze haben und die ersten Jugendtrainer häufig ganz ausgeprägt aus der Perspektive »Er war wie ein Vater für mich« erinnert werden.

Im positiven Fall ist ein solches Übertragungsmuster die Grundlage dafür, dass das, was der Trainer sagt, von den Spielern auch wirklich gehört und engagiert verfolgt wird. Die Vaterfigur des Trainers kann dabei auch dazu beitragen, Rivalitäten zwischen den Spielern in den Hintergrund treten zu lassen, weil alle in erster Linie »für ihn« spielen.

Der positiven Variante steht aber auch eine negative gegenüber, bei der der Trainer die Spieler infantilisiert und Rivalitäten und wechselseitigen Neid aus seiner eigenen Gegenübertragung heraus schürt. In diesem Fall sind kurzfristige Leistungssteigerungen eines Teams nicht ausgeschlossen, langfristig bereitet dies aber den Boden für eine Mannschaftsentwicklung, in der mehr gegeneinander als miteinander gespielt wird.

Gruppenanalytische Supervision könnte dazu beitragen, dass Trainer professioneller mit diesen Übertragungen und ihren eigenen spontanen emotionalen Reaktionen hieraus umgehen lernen. Dies schließt ein, dass Trainer sich über ihr inneres Vaterbild bewusst sind und vor diesem Hintergrund auch ihre eigene Fußball-Biographie reflektieren können. Erst dann gewinnen sie die nötige Distanz zu ihrem eigenen Tun und die Möglichkeit, zwischen unterschiedlichen Interventionsformen entscheiden zu können.

Literatur

Bauer, G. (2001): Lehrbuch Fußball. Erfolgreiches Training von Technik, Taktik und Kondition. München (blv-Verlag).

Biermann, C. und Fuchs, U. (2004): Der Ball ist rund, damit das Spiel die Richtung ändern kann. Wie moderner Fußball funktioniert. Köln (Kiepenheuer & Witsch) (4. Aufl.).

Brandes, H. (1993): Individuation und Bezogenheit. Zum Verhältnis von Einzelnem und Gruppe in der Gruppenanalyse. In: Arbeitshefte Gruppenanalyse 1/1993, S. 44–64.

Brandes, H. (2003): Übertragung, Geschlecht und Gruppe. Ein Versuch der theoretischen Konzeptualisierung von Gruppenübertragungen am Beispiel therapeutischer Männergruppen. In: Gruppenpsychotherapie und Gruppendynamik (39), H. 2, S. 109–131.

Damberg, F. (2000): Supervision für Trainer im Profi-Fußball. Unveröffentlichtes Manuskript.

Dornes, M. (1992): Der kompetente Säugling. Die präverbale Entwicklung des Menschen. Frankfurt a. M. (Fischer).

Elias, N. und Dunning, E. (2003): Zur Dynamik von Sportgruppen – unter besonderer Berücksichtigung von Fußballgruppen. In: Elias und Dunning: Sport und Spannung im Prozeß der Zivilisation. Frankfurt a. M. (Suhrkamp), S. 338–362.

König, S. (2002): Projektmanager und Sportspieltrainer: Zwei Seiten einer Medaille? In: Projektmanagement 1/2002, S. 19–24.

Mertens, W. und Waldvogel, B. (Hg.) (2002): Handbuch psychoanalytischer Grundbegriffe. Stuttgart, Berlin, Köln (Kohlhammer).

Michel, R. (2004): Deutschland ist Weltmeister! Meine Erinnerungen an das Wunder von Bern 1954. München (Südwest-Verlag).

Netzer, G. und Schümann, H. (2004): Aus der Tiefe des Raumes. Mein Leben. Reinbek b. Hamburg (Rowohlt).

Yalom, I. (2001): Theorie und Praxis der Gruppenpsychotherapie. Stuttgart (Pfeiffer).

Erfolgsmodell Werder Bremen – aus Sicht des gruppenanalytischen Organisationsberaters[1]

Rudolf Heltzel

Annäherungen an ein Phänomen

Franz Böhmert, der inzwischen verstorbene Aufsichtsratsvorsitzende von Werder Bremen, erzählte mir bei unserem ersten Treffen von vielen persönlichen Begegnungen, die ihm der Fußball ermöglichte. »Fußball verbindet« – so könnte man seine Erzählungen zusammenfassen, und diese Haltung hat er zusammen mit anderen im Verein gelebt und zu einer Art »Markenzeichen« des SV Werder gemacht. Als ich ihm sagte, dass es mir in meinem geplanten Vortrag nicht etwa nur um die phänomenale Saison 2003/2004 ginge, sondern um den Erfolg des Vereins seit Jahrzehnten, antwortete er: »Also, von ›Erfolg‹ dürfen wir nicht sprechen, das müssen andere beurteilen, aber wenn Sie das so sagen, dann freut uns das natürlich!« Er sagte »wir« und »uns«, antwortete also als Teil einer Gruppe, und das führt mitten ins Thema. Einer der bekanntesten Angestellten des Vereins, der Trainer Thomas Schaaf, verhielt sich nämlich genauso wie sein damaliger Aufsichtsratsvorsitzender. Die

1 Die folgenden Gedanken basieren auf einem Vortrag, den ich im Februar 2005 zur Eröffnung einer Fachtagung für gruppenanalytische Supervision und Organisationsberatung in Bremen hielt. Er richtete sich einerseits an fußballinteressierte Öffentlichkeit, andererseits an gruppenanalytische Professionelle, die wenig oder gar keine Erfahrung mit Fußball mitbrachten. Ich sollte Anregendes zu diesem »Freundschaftsspiel« zwischen sehr ungleichen Mannschaften vortragen. Ich war gespannt, welchen Verlauf dieses Spiel nehmen und wie sich die Beteiligten die Bälle zuspielen würden. Dabei empfand ich mich selbst in einer intermediären Position, weil ich mich teils mit der einen, teils mit der anderen Seite identifizierte – so wie es Gruppenanalytiker in ihrer Beratungsarbeit zu tun pflegen (über den Verlauf der Fachtagung siehe Koehncke 2005). Dass überhaupt ein »Freundschaftsspiel« zwischen Werder Bremen und den Gruppenanalytikern stattfinden konnte, ist Dr. Franz Böhmert zu verdanken, dem früheren Werder-Aufsichtsratsvorsitzenden, der während der Tagungsvorbereitung plötzlich verstarb. Er war von der Tagungsidee begeistert und unterstützte sie aktiv, u. a. dadurch, dass er Gespräche mit Marco Bode, Uwe Harttgen, Klaus Allofs, Thomas Schaaf und Klaus-Dieter Fischer auf den Weg brachte. Die folgenden Überlegungen basieren zudem auf Gesprächen mit Dr. Hess-Grunewald, Uwe Jahn vom Dachverband der Fußballfans und Thomas Hafke vom Fan-Projekt e. V. Ich danke allen erwähnten Gesprächspartnern und der Werder-Geschäftsführung insgesamt.

Fußball-Zeitschrift »Kicker« ehrte ihn 2004 zum »Mann des Jahres«. Der »Kicker« fragte dabei, was solche Titel ihm wert seien: »Thomas Schaaf spricht wie immer. Er spricht nicht von sich, sondern betont das Wir-Gefühl. Der Team-Gedanke, die Gemeinschaft, Werder stehen für ihn an erster Stelle: ›Es ist eine Anerkennung für die Arbeit, die wir geleistet haben‹« (kicker 27.12.2004). Erfolg als Gruppenleistung – offenbar das Markenzeichen des Double-Gewinners. Übrigens drückte sich der Faktor »Gruppe« auch in den Gesprächen aus, die ich mit den Werderanern führte. Obwohl nicht abgesprochen, überschnitten sich ihre Ausführungen vielfach, oder sie deckten sich sogar – manchmal bis in die Wortwahl hinein, so dass ich beim Zusammenfassen nicht immer sicher zuordnen konnte, wer von ihnen mir nun was erzählt hatte. Ihre Beiträge schienen irgendwie immer miteinander zu tun zu haben, sie korrespondierten und ergänzten sich – das spiegelt die Matrix (das Geflecht von Beziehungen bei Werder) wider.

Über Fußball lässt sich in meinem Alter nicht wirklich sprechen, ohne persönlich zu werden. Das liegt einerseits daran, dass ich – wie die meisten Jungen der Nachkriegs-Generation – sehr viel Zeit mit Fußball verbrachte: auf dem Sportplatz, auf der Straße, auf dem Schulhof – eigentlich spielten wir überall, zu fast jeder Gelegenheit und mit fast jedem Spielgerät. Und dann kommt hinzu, dass die spezifisch deutsche Fußballgeschichte unvermeidlich Spuren in unserer Gesellschaft hinterließ, so dass wir alle auf irgendeine Weise davon beeinflusst wurden – ob wir uns dessen bewusst sind oder nicht (diesen Hintergrund von Kultur bezeichnen Gruppenanalytiker als Grundmatrix). – Eine meiner zentralen Kindheitserinnerungen ist z.B. die an meine allererste Fernseherfahrung: Zum Endspiel der Fußball-Weltmeisterschaft 1954 trafen sich viele Männer vor dem ersten Fernsehgerät des Dorfes in der Wohnstube des stolzen Besitzers, eines Arbeitskollegen meines Vaters, und ich durfte – als einziger Junge von nicht ganz sechs Jahren – dabei sein. Am Ende waren wir alle Weltmeister, und vielleicht war es diese Erfahrung, die mich in allen kommenden Fußballspielen immer dann am besten sein ließ, wenn es in Strömen regnete und der Platz tief war, wenn also »Fritz-Walter-Wetter« herrschte.

Es war »der Sonntag, an dem ich Weltmeister wurde«, wie ich mit Friedrich Christian Delius sagen könnte. Er schreibt in seiner so betitelten Erzählung: »(…) und als wir uns, wie blöde geworden, Wortbrocken wie ›Weltmeister!‹ und ›Deutschland!‹ und ›Dreizuzwei!‹ zuriefen, (…) war ich, ohne es zu begreifen, der glücklichste von allen, glücklicher vielleicht als Werner Liebrich oder Fritz Walter« (Delius 2004, S. 120). In der gruppenanalytischen Arbeit ist die Berücksichtigung des Kontextes eines Phänomens (inklusive seiner geschichtlichen Hintergründe) wesentlich: Vermutlich empfand ich – in Identifikation mit meinem Vater – auch dessen Glück mit, da ihn das Endspiel vorübergehend den »Alptraum eines physisch, moralisch und politisch ruinierten Deutschlands« (Hannah Arendt, zitiert in: Heinrich 2004, S. 179) vergessen ließ. Heinrich (2004) beschreibt die Zusammenhänge zwischen der Nachkriegssituation, dem Weltmeistertitel und der dadurch ausgelösten Stimmung, also die Bedeutung des Fußballs für das Selbstwertgefühl einer Nation sehr anschaulich.

In Bremen ist nun heute zwar kein Ruin zu beklagen wie bei Kriegsende 1945, aber um das Selbstwertgefühl vieler Menschen in der Region ist es schlecht bestellt. Auch hier ist es »(…) geradezu mit Händen zu greifen, dass die Identifikation mit einem siegreichen Kollektiv für eine ganze Region eine ungeheure Bedeutung hat« (Bolz, zitiert in: Biermann 2002, S. 193). In der taz war daher zu lesen: »Bremen, das kleinste Bundesland, ist (…) gebeutelt von Fehlinvestitionen und Werftenpleiten (PISA und der ›Kanzlerbrief‹ nicht zu vergessen, der Verf.) und finanziell nur mehr am Tropf der Bundesregierung überlebensfähig (…). Die Erfolge des Fußballvereins trösten die waidwunde Seele des hanseatischen Bürgers: Die Menschen sind (…) im Werder-Fieber« (taz vom 17./18.04.2004). Bei der TV-Übertragung der Meisterfeier auf dem Marktplatz hieß es: »Die Bürger schweben! Bremen ist im Ausnahmezustand – es ist unglaublich, was elf Spieler in Sachen Selbstwertgefühl auslösen können!« Der Blick in die Gesichter, so erinnerte sich Thomas Schaaf später, habe gezeigt, »dass bei den Menschen ein Traum in Erfüllung gegangen ist (…). Das war mit nichts zu vergleichen, einmalig« (Weser Kurier vom 14.12.2004).

Exakt dieses Gefühl, etwas Einmaligem beizuwohnen und dabei mit vielen anderen zutiefst verbunden zu sein, hatte ich, als ich gemeinsam mit meinem Sohn inmitten der 30.000 Menschen auf dem Domshof stand und das Spiel gegen die Bayern auf der Großbildleinwand verfolgte. Ich rufe das Wesentliche zum Verständnis dieses Spiels in Erinnerung: Um die Bremer einzuschüchtern und zu verunsichern, hatte Bayerns Manager Uli Hoeneß »eine Kriegserklärung der unfeinen Art« (Weser Kurier vom 03.05.2004) über den Fernsehsender »Premiere« verbreitet: Seine Mannschaft würde Werder in München »wegmachen, richtig niedermachen!« Thomas Schaaf ließ sich jedoch nicht zu einer Gegenattacke hinreißen, und auch Klaus Allofs blieb zurückhaltend und ruhig, das hat den meisten Bremern sehr gut gefallen. Was dann passierte, ist Teil der deutschen Fußball-Geschichte: Der nervöse, offenbar »übermotivierte« Bayern-Torhüter Kahn ließ einen harmlosen Ball relativ weit ab vom Tor fallen, der schlitzohrige Ivan Klasnic nahm die Kugel mit dem Rücken zum Tor auf, drehte sich einmal um die eigene Achse und schoss sie traumwandlerisch sicher zum 1:0 ein. Nicht so sehr das Tor selbst, als vielmehr die besondere Art seines Zustandekommens bedeutete das definitive Aus für die Bayern, sie waren schwer getroffen: »In jedem Sieg«, sagt der Philosoph Norbert Bolz mit Blick auf Hegel,

> »(...) steckt auch ein Stück Knechtung. Da das aber unseren fundamentalen bürgerlichen und demokratischen Prinzipien flagrant widerspricht, sind wir damit einen Schritt zurück in eine längst vergessene Kultur gegangen. Eine Kultur, in der es noch Sieger und Besiegte, Herrn und Knechte, Mächtige und Ohnmächtige gibt. Uns bleibt im Grunde nur noch übrig, offiziell erlaubt: die Schadenfreude. Wenn nämlich ein Mächtiger, im Sinne von materiell mächtig – also Bayern München – gegen einen kleinen, scheinbar Ohnmächtigen verliert. Also wenn der Knecht, der Ohnmächtige, den Herrn besiegt. Das ist ja die Urgeschichte unserer bürgerlichen Kultur: die Knechte rotten sich zusammen, um die Herren endgültig aus der Geschichte herauszukatapultieren« (zitiert in: Biermann 2002, S. 196).

Mit diesen Gedanken sind nicht unbedingt die Akteure auf dem Spielfeld, sicher aber die tiefen Gefühle der Menschen, der Zuschauer, der Fans gemeint: Fußball als Massenphänomen spricht unweigerlich die Ebene tiefer Affekte an.

Für die Stimmung, die unter den Fans auf dem Domshof – jenseits der Schadenfreude – herrschte, kennt die Sprache der Fußball-Leidenschaft Umschreibungen wie »unvergesslich«, »einmalig«, »verzaubert«, »berauscht«, »überwältigt« – oder auch »Liebe auf den ersten Blick«. Allesamt Zitate aus der Tagespresse (Weserkurier vom 30.09.04), die zwar einen der zur Zeit besten Spieler überhaupt, den »Messias von Manchester«, Wayne Rooney, meinen, an diesem 8. Mai 2004 aber ebenso gut auf die Werderspieler gepasst hätten. Angesichts der libidinös aufgeladenen Zitate beeile ich mich, Ironie einzuführen, indem ich einen bekannten Kabarettisten zitiere:

> »Fußball ist sinnlos, das muss vorweggeschickt werden für all jene, die es für möglich halten, dass mir die existenzielle Belanglosigkeit jedweder Form von Sport nicht bekannt sei. Jeder halbwegs mit Resthirn versehene Mitbürger weiß, dass es im Leben Wichtigeres gibt, als einem Ball hinterher zu laufen. Leider ist dies dem vegetativen Teil des – vor allem männlichen – Menschen nicht so leicht verständlich zu machen. Das menschliche Ich, so weiß die Wissenschaft, ist weit mehr als das Bewusstsein, dessen scheinbar autarke Entscheidungen überlagert werden von Motivationen aus dem Bereich des Unbewussten, des Vegetativen, des Vernebelten, jenes großen vorbewussten Deliriums, das Freud auf das Geschlechtliche reduzierte, weil er den Fußball noch nicht wirklich kannte – und

als Wiener ja auch nicht kennen konnte, ist doch der Sport dort bis heute nur in karikaturesken Ansätzen zu erleben...« (Nuhr 2004, S. 162).

Sigmund Freud kannte auch die Gruppenanalyse noch nicht, weil sie erst nach seinem Tod von dem Psychoanalytiker Sigmund H. Fuchs entwickelt wurde. Fuchs arbeitete in Frankfurt eng mit dem Institut für Sozialforschung und insbesondere mit Norbert Elias zusammen. Wie Freud musste er seiner jüdischen Abstammung wegen vor den Nazis nach England fliehen, wo er seinen Namen – wie das üblich war – anglisierte. Als Michael Foulkes wurde er als Offizier der Royal Army leitender Arzt im Northfield Military Hospital, das für die Behandlung kriegsneurotisch erkrankter Soldaten zuständig war. Dort stellten Foulkes und seine Kollegen die ersten therapeutischen Gruppen zusammen, sie schufen ein System der gruppenbezogenen Selbstreflektion in der Gemeinschaft als eine demokratische Alternative zur Form, in der totalitäre Regime Menschen behandeln. Nach Kriegsende entstand in London das erste gruppenanalytische Ausbildungsinstitut, das seitdem Gruppenanalytiker in Europa und weltweit ausgebildet hat.

Zahlreiche gruppenanalytische Annahmen und Konzepte lassen sich auf die Kultur des Fußballs übertragen. Das beste Beispiel ist der vorliegende Text: Er könnte als unabhängiger Essay eines Einzelnen verstanden werden. Das ist er ja auch – aber in Wahrheit ist er mehr als das, nämlich – um ein gruppenanalytisches Bild zu gebrauchen – ein Knoten in einem Netzwerk. Er basiert nämlich auf zahlreichen Treffen, auf einem Geflecht von Kommunikationen, die sich über ein ganzes Jahr hinweg entwickelten. Mit jedem Treffen differenzierte sich mein Konzept, so dass es sich eher um einen Prozess gemeinsamen Denkens handelt (auch wenn ich die Verantwortung für Details inkl. möglicher Fehler allein trage).

Damit bin ich wieder bei Werder. Das Jahr 2004 war das erfolgreichste in der mehr als 100-jährigen Geschichte des SV Werder Bremen, und es wurde mit relativ knappen Ressourcen bewerkstelligt: Werders komplette Mannschaft der letzten Saison kostete z.B. so viel wie ein einzelner Spieler der Bayern (Roy Maakay), das nennt man »Budget-Effizienz«. Jedenfalls im Fußball ist es beste Bremer Tradition, auf dem Boden zu bleiben, also nicht jede Verrücktheit in Sachen Spielergehälter mitzumachen, nicht jedes Risiko einzugehen. Der sportliche Erfolg ist trotzdem gegeben, und zwar nicht nur, was das vergangene Jahr angeht, sondern auch insgesamt gesehen: Viermal Deutscher Meister, fünfmal Vizemeister; viermal Pokalsieger; einmal Europapokalsieger. Zu den großen Erfolgen (oder auch zu den

Voraussetzungen derselben) gehört wohl auch, dass die Vereinschronik bis heute keine großen Skandale verzeichnet und Werder schuldenfrei ist.

Vom »Erfolgsmodell Werder Bremen« zu sprechen ist auch naheliegend, weil zahlreiche Vertreter konkurrierender Vereine Werder als Vorbild nennen. Der Verein Schalke 04 profitiert noch anders: Sein Manager Assauer kauft auf Pump und für sehr viel Geld so viele Werder-Spieler, dass die taz für 2005 ironisch die Fusion der Vereine voraussagte – Schalke als Ruhrgebietsableger des SV Werder! Werder macht ganz offenbar vieles richtig, was das Anstreben und Erreichen sportlicher Erfolge angeht, und andere versuchen davon zu profitieren. Was dieses »Richtige« ist – dieser Frage möchte ich nachgehen.

Organisationskultur und Organisationsstruktur

Dieser Punkt handelt von »weichen« (Kultur-) und von »harten« (Struktur-) Themen, beide beeinflussen sich gegenseitig und bedingen einander. Organisationen »haben« keine Kultur, sondern »leben« sie. Und was wirklich gelebt wird, muss »gewachsen« sein, hat also Geschichte. Das vergessen all jene, die »Corporate Identity« nur als Plastikprodukt verstehen, also einfach aus dem Baukasten nachbauen oder billig abkupfern wollen. »Sie wollen alle«, sagte mir K.-D. Fischer, der Präsident des SV Werder, »mit begrenztem wirtschaftlichem Aufwand sportliche Höchstleistungen vollbringen, aber ich glaube nicht, dass die verstehen, wie das wirklich geht!« Fischer ist seit 50 Jahren Vereinsmitglied und seit 35 Jahren – bis Ende 2004 gemeinsam mit Dr. Böhmert – in Präsidiums- bzw. Vorstandsverantwortung. Heute ist er – als Vereinspräsident – einer der Geschäftsführer der GmbH/KG. Für die Matrix (das Geflecht der menschlichen Beziehungen und Bindungen) bedeutet es viel, wenn zwei charismatische Persönlichkeiten über eine so lange Zeit werteprägend und beziehungsstiftend in einer Organisation wirken. Eine Folge davon ist, dass sich viele andere mit dem vorgelebten Leitbild des Vereins identifizieren.

Es ist für die Geschichte des SV Werder Bremen also sicherlich bedeutsam, dass mit Dr. Böhmert und K.-D. Fischer zwei Persönlichkeiten zusammen kamen, die sich in ihren Begabungen und Fähigkeiten nahezu ideal ergänzten. Sie wirkten über mehr als ein Jahrzehnt gemeinsam mit einem anderen »Paar«, nämlich Otto Rehagel und Willi Lemke, die – jeder mit anderen Aufgabenstellungen – näher an der Mannschaft waren. Die erfolgsträchtige Organisationskultur des Vereins hat mit dem Zusammenpassen, dem Zusammenspiel dieser Persönlichkeiten viel zu tun. Ähnliches gilt sicher auch heute für die GmbH/KG, denn K. Allofs und Th. Schaaf setzen diese Linie ja höchst wirkungsvoll fort.

Ich versuche im folgenden zu beschreiben, wie der Verein und die Marke »Werder Bremen« im Kontakt mit Repräsentanten »anmutet«: Man begegnet dabei Männern, die hart arbeiten und sich dabei offen leistungs- und erfolgsorientiert zeigen, wie es z. B. im Sozialbereich unüblich ist. Wie schon Karl Valentin sagte: »Fußball ist schön – macht aber viel Arbeit!« Sie engagieren sich leidenschaftlich und mit großer Begeisterung für ihre Aufgaben, sie sind »fußballverrückt« und leben diese »Verrücktheit« mit hohem persönlichen Einsatz miteinander aus. »Miteinander« meint, dass menschliche Bindungen dabei eine durchaus wichtige Rolle spielen, das vermittelten mir alle Gesprächspartner. Sie wirken – wenn sie denn vor lauter Beanspruchung zur Verfügung stehen können – im Kontakt sehr »präsent«, gerade heraus und zielstrebig, und sie strahlen eine hohe fachliche Kompetenz aus. Sie sind selbstbewusst in dem Sinne, dass sie wissen, wie gut sie ihren Bereich vertreten, und sie wirken überzeugend, ohne dabei überheblich zu sein. Sie sind stolz auf das in der Vergangenheit gemeinsam Erreichte, sie erzählen gern und witzig davon und freuen sich über das Interesse des Gegenüber daran. Keiner meiner Gesprächspartner stellte sich persönlich in den Vordergrund, jeder erweckte vielmehr den Eindruck, ein bedeutsamer Teil eines großen Ganzen zu sein, an dem er mitwirken durfte. Daher sind neben den Worten »wir« und »bei uns« die Sätze »wir ergänzen uns gut« oder »es passte alles gut zusammen« typisch. Auch der Satz »es ist alles gewachsen« fällt oft – man weiß offenbar, dass gute Entwicklungen Zeit brauchen und setzt eher auf Kontinuität als auf hektische Wechsel. Alles dies sind wichtige Aspekte der Organisationskultur bei Werder.

Dieter Burdenski, früher Torwart und heute Torwarttrainer, ist ein gutes Beispiel dafür. Er ist in Bremen geboren und aufgewachsen und seit Jahrzehnten für den Verein tätig, es dürfte nicht wirklich übertrieben sein zu sagen: er ist der Verein. Er selbst sagt das so:

> »Wahrscheinlich bin ich ein Teil dieses Vereins geworden (...) Unser Trainerstab harmoniert optimal. Die Konstellation Schaaf-Allofs-Kamp-Burdenski (und jetzt kommen noch hinzu: Rolff, Wolter und Votava, der Verf.) dürfte in Deutschland einmalig sein. Ich habe als Spieler erst mit Kalli Kamp ein Zimmer geteilt, später mit Thomas Schaaf. Wir kennen uns alle sehr gut und wissen uns einzuschätzen (...) Es ist alles gewachsen, (...) und das alles zusammen ist eine tolle Voraussetzung für eine sehr erfolgreiche Arbeit hier bei Werder« (Zeigler 2003, S. 161).

Oder Dr. Hess-Grunewald: Heute ist er Vizepräsident des SV Werder und stellvertretender Aufsichtsratsvorsitzender der GmbH/KG. Vor 35 Jahren hat er zusammen mit Thomas Schaaf im Mittelfeld verschiedener Jugendmannschaften des Vereins gespielt. Außer bei Werder gibt es solche Beziehungskontinuität im deutschen Profifußball wohl nur bei Bayern München.

Ist meine Skizze idealisierend? Jedenfalls ist sie ehrlich, denn meine Empfindungen waren tatsächlich so, wie sie hier formuliert sind. Natürlich war das Verhalten meiner Gesprächspartner nicht uneigennützig – es wäre unklug, ja geradezu unprofessionell, einen problematischen Eindruck zu erwecken, wenn Teile der Öffentlichkeit das erfahren können. Kritik wird bei den Profikickern dieses Vereins intern geübt, auch das hat Tradition und ist einer der Erfolgsfaktoren. Natürlich gibt es Konkurrenz, Neid und Konflikte bei Werder, also Gruppenspannungen, die der wohlwollende, aber von außen kommende Beobachter zumeist nur angedeutet bekommt. Allerdings drängten sich diese Konflikte in der Vergangenheit nicht in den Vordergrund, wie dies anderswo massiv der Fall ist und dann gar nicht verborgen werden kann. Konflikte z.B. über die Frage der Investitionen in neue Spieler oder zu zahlende Gehälter sind unvermeidlich, auch Interessenkonflikte zwischen der Gruppe der Trainer und der Gruppe der leitenden Angestellten werden üblich sein, ebenso solche zwischen der Gruppe der Spieler und der Geschäftsführung oder solche zwischen sportlicher Leitung und Spielern oder unter den letzteren. Sie werden aber anders angegangen, als das in selbsterfahrungs-orientierten Kulturen üblich ist. Auch ein »familiärer« Bundesliga-Fußballverein ist ein Wirtschaftsunternehmen.

Nehmen wir Werders Stürmerfrage als Beispiel, da sind die Konflikte teilweise öffentlich nachvollziehbar: Werder hatte vier Top-Stürmer, von denen normalerweise zwei von Beginn an spielen, die anderen zwei sind mögliche »Joker«. Der eine Stürmer (Klasnic) war von der letzten Saison her als Stammspieler ziemlich sicher gesetzt; der zweite (Klose) entwickelte sich schneller als erwartet zur Nummer eins; der dritte (Valdez) ist zwar jung, aber aufstrebend, draufgängerisch und selbstbewusst, er strebt auch einen Stammplatz an, wirft aber die Flinte nicht ins Korn, wenn er noch »Joker« ist und »hängt sich im Training und im Spiel voll rein«, wie der Trainer sagt. Der vierte Stürmer der Saison 2003/2004, Charisteas, aber äußerte zunehmend Unzufriedenheit mit seiner Situation. Offenbar hatte er – als Held der Europameisterschaft – Probleme damit, aus der zweiten Reihe heraus »anzugreifen«. So wirkte er resigniert, drängte auf einen Wechsel und präsentierte auch einen Verein, der Interesse an ihm zeigte und ihn nach kurzer Verhandlungszeit für viel Geld (fünf Millionen Euro) unter Vertrag nahm. Die sportliche

Leitung und die Geschäftsführung wird den Verkauf als wirtschaftlich erfolgreich einschätzen und sich in sportlicher Hinsicht bestätigt fühlen (da der Spieler auch bei seinem neuen Verein keine Bäume ausreißt).

Auch Spielerverkäufe gehören zum »Markenzeichen« Werder Bremen: Wie Rost, Kristajic und Ailton ging Ernst zum Konkurrenten Schalke 04. Wie Pizarro wechselte Ismael zu Bayern München – die Mannschaft muss in jeder Saison die Trennung von wesentlichen Leistungsträgern und Identifikationsfiguren verkraften und Neue integrieren – der globalisierte Markt bzw. die Postmoderne lassen grüßen! Wahrscheinlich besteht die Kunst gerade in der Paradoxie, ein Höchstmaß an Flexibilität und Wandlungsfähigkeit mit einem Höchstmaß an Kontinuität und Bodenständigkeit zu verbinden:

> »So sieht Niklas Luhmann im Fußball das Symbol für das Schwanken unserer Gesellschaft zwischen Leichtigkeit und Schwere. Während die neue Ökonomie mit fiktivem Computergeld und flottierenden Märkten immer mehr Bedeutung verflüssige und die Menschen vom Boden der Tradition abhebe, klammerten sich diese um so inniger an regionale und nationale Zugehörigkeiten. Beides – ungehemmter Markt und atavistisches Beharren – komme im Fußball zum Ausdruck« (Schümer 1998, S. 248).

Apropos »Bodenständigkeit«: »Die bei Werder – das sind gute, ehrliche Arbeiter« – so ließe sich wohl das durch die wichtigen Führungskräfte repräsentierte Leitbild auf den Punkt bringen. »Die drehen auch bei Erfolg nicht durch« (Allofs), »das sind keine Blender« (Schaaf). Wenn man berücksichtigt, dass Trainer, Sportdirektor und natürlich die Spieler gefeierte »Stars« sind, machen solche Sätze nachdenklich. Es muss doch – sagt sich der »Normalsterbliche« – wirklich schwer sein, nicht »abzuheben«, wenn einem jede Woche Zehntausende zujubeln. Ich habe selbst ein gewisses Gefühl davon bekommen, als ich zum Gespräch mit Klaus Allofs und Thomas Schaaf ging. Tags zuvor war ich mit meiner Frau aus Rom zurück gekehrt, wo wir eine Woche Urlaub verbracht hatten. Noch am letzten Tag besichtigten wir die Villa Borghese, wo Bodenreliefs von den berühmtesten Gladiatoren handeln. Die im Kampf Getöteten, also die gefallenen Helden, sind mit einem durchgestrichenen Kreis symbolisiert. Der Weg zurück zum Wohnquartier führte uns noch einmal am Kolosseum vorbei, dem Ort der Gladiatorenkämpfe. Am Morgen darauf war ich wieder in Bremen und wartete in der Werder-Geschäftsstelle auf meinen Gesprächstermin. Ich saß im vierten Stock des Weserstadions vor einem großen Fenster mit wunderschönem Blick in das Stadionrund. Es war leer, nur der Platzwart arbeitete. Da fiel mir der Traum ein, den ich in der Nacht gehabt hatte: In einer Art Kolosseum war ich Gladiator und hatte um Leben und Tod zu kämpfen. Es ging dabei aber nicht nur um meine eigene Existenz, sondern um viel mehr: Das Schicksal der ganzen Menschheit hing von meinem Kampf ab! Mein Kampfgerät war eine Art Schlagwerkzeug, das zunächst wie eine Keule wirkte – mit einem langen Stock und etwas Schwerem am Ende, das auf dem Boden lag. Bei genauem Hinsehen war aber klar, dass das Schwere am Ende ein mit Kreide gefüllter Kasten auf einer Rolle war. Das Gerät war demnach genau jenes, mit dem Platzwarte (jedenfalls auf dem Dorf) die weißen Begrenzungslinien ziehen. Ich wachte auf, bevor es zum Kampf kam, ein Gegner war nicht aufgetreten, ich war allein geblieben. – Diesen Traum erinnerte ich, als ich auf Klaus Allofs und Thomas Schaaf wartete.

Ich kann keine zitierfähige Quelle angeben, aber jeder wirkliche Fußballfan kennt die Aussage, die Bill Shankly, der legendäre Teammanager des FC Liverpool 1973 traf: »Einige Leute denken, Fußball sei eine Sache auf Leben und Tod. Ich mag diese Haltung nicht. Ich kann denen versichern, dass es viel ernster ist als das!« Das Statement klingt wie ein Witz und ist ja auch einer, handelt aber – wie alle guten Witze und wie mein Traum – von einer Tiefen-Sicht: Im Fußball geht es – jedenfalls im Unbewussten der Beteiligten – um mehr als die eigene Existenz. Der Traum reflektiert die Größenideen, mit denen die Helden dieses Sports (und vor allem die Fans, die sich mit ihnen identifizieren) unweigerlich zu tun bekommen. Nicht umsonst ist das Stadion ein Ort, wo man, wenn nicht dem »Fußballgott«, dem »Messias« oder einer »Lichtgestalt« persönlich, so doch wenigstens der »Hand Gottes« begegnen kann. Irgendwie handelt mein Traum davon: Wer sich – wie ich vor dem Gespräch mit Schaaf und Allofs – mit den Fußballhelden identifiziert, und an den Ort geht, wo die Masse zusammen kommt, der kann sich unendlich größer und mächtiger fühlen, als er tatsächlich ist. Hoffentlich wird er auch damit konfrontiert, dass er nur ein Normalsterblicher ist (im alten Rom stand hinter dem siegreichen Feldherrn, der sich im Triumphzug durch die Stadt bewegte, ein Sklave, der ihn immer wieder daran erinnerte, dass er sterblich ist). Ich glaube, dass mein Traum mir das sagte. Fußballhelden brauchen solche innere Hilfe, um nicht abzuheben und krank zu werden an ihrem Erfolg – so wie Rahn und Kohlmeier aus der Weltmeisterelf von 1954, die Jahrzehnte später am Alkoholismus zugrunde gingen (oder wie der drogenabhängige Maradonna).

Das wäre also das Modell »Zinedine Zidane« statt des Modells »David Beckham«. Offenbar kommt es darauf an, absoluten Siegeswillen und Selbstbewusstsein als Spitzensportler mit diesen durch den Franzosen repräsentierten Werten in guter Balance zu halten. Wie können nun solche »weichen« Werte mit der harten Realität der wirtschaftlichen Rahmenbedingungen verknüpft werden? Und wie können die Verantwortlichen es schaffen, den offenbar erforderlichen Entwicklungsschritt von der »Familie Werder« zum professionell geführten Wirtschaftsunternehmen mit dem Kerngeschäft »Profifußball« erfolgreich zu bewerkstelligen?

Damit komme ich zur Frage der Vereinsstruktur von Werder Bremen. Im Jahr 2003 wurde nach langer vereinsinterner Diskussion eine umfassende Strukturreform verabschiedet, an der es durchaus Kritik gab: »Die Abteilungen fürchteten, dass die ›Familie Werder‹ leidet, dass alles dem Kommerz untergeordnet wird«, fasste der Vereinspräsident diese Gegenströmung zusammen (Weser Kurier vom 15.09.2004). Die Strukturreform beinhaltet sowohl eine Trennung von SV Werder Bremen e.V. und der Werder Bremen GmbH & Co KG, als auch eine Verzahnung beider. Der SV ist ein gemeinnütziger Verein, die GmbH/KG ein Wirtschaftsunternehmen. Der Verein ist für den Amateursport zuständig, die GmbH/KG für die Bereiche, in denen Geld fließt, vor allem also für den Spitzenfußball. Diese Trennung erfolgte aus steuerlichen Gründen und dient der wirtschaftlichen Zukunftssicherung auch im eventuellen Fall der Insolvenz der Deutschen Fußball-Liga (DFL) und/oder der GmbH/KG. Vielleicht könnte man – grob vereinfacht – auch sagen, dass der Verein für die traditionellen Werte steht und die GmbH/KG für die Zukunft. Wie kann nun beides miteinander verbunden werden?

Die »Macher« des Erfolges denken sich das so: Der Sportverein e.V. ist einziger Gesellschafter der GmbH und hält das Stammkapital, das nicht verkauft werden darf. Kommanditaktionär ist zu Beginn ebenfalls nur der Sportverein e.V. mit 100% der Aktien. Maximal 50–1% davon dürfen zum Verkauf kommen, so dass die Haftung auf das Stammkapital beschränkt, der Einfluss des verbleibenden e.V. aber groß bleibt und die Gewinnung von Investoren möglich wird. Der Sportverein bestellt eines der Präsidiumsmitglieder zum Geschäftsführer in der GmbH und zwei Aufsichtsratsmitglieder der GmbH/KG. So soll möglichst gesichert werden, dass der Verein und nicht ein vorwiegend am wirtschaftlichen Gewinn interessierter Investor die Entwicklung Werders bestimmt.

Nur diese Verklammerung von GmbH/KG und Verein machte es möglich, die aktiven Vereinsmitglieder von der Notwendigkeit der Strukturreform zu überzeugen. Dr. Hess-Grunewald erzählte mir von der entscheidenden Mitgliederversammlung – Böhmert und Fischer (v. a. letzterer) hatten monatelang in allen Abteilungen ihre Ideen der Umstrukturierung vorgetragen und für Diskussionen zur Verfügung gestanden. Nach der Einführung auf der MV stand nun die Diskussion mit den Mitgliedern an: keine Wortmeldungen. Es folgte die Abstimmung: Annahme des Präsidiumsantrages ohne eine einzige Gegenstimme! Das war ein – wie der Präsident Dr. Böhmert es ausdrückte – »historischer Moment für Werder Bremen«.

Das Management von Spitzenleistung und dauerhaftem Erfolg hat also – wie die Geschäftsführung es sieht – mit der Dialektik von Kultur und Struktur und mit der Balance zwischen Wahrung der Tradition (und damit der Identität) und professionellem Wirtschaften zu tun.

Teamdynamik und Leistungsförderung im Profi-Fußball

Wenn es noch einer zusätzlichen Bestätigung dafür bedurft hätte, dass erfolgreicher Fußball mit dem Faktor »Gruppe«, also mit der möglichst reflektierten und differenzierten Nutzung von Erkenntnissen zur Dynamik von Sportgruppen zu tun hat, dann läge diese in der fußballerischen Entwicklung der letzten zwei Jahrzehnte.

Die Misserfolge der für viel Geld gekauften »Starensembles« ohne wirklichen Zusammenhalt und die korrespondierenden Erfolge perfekt funktionierender, hoch kohärenter Teams, in denen jeder einzelne Spieler Teil eines größeren Ganzen ist, markieren diesen »Paradigmenwechsel«. 1988 sagte einer der Pioniere dieser Entwicklung, der russische Trainer Valeri Lobanowski: »Vor 15 Jahren wäre ein Team mit den elf besten Spielern der Welt unschlagbar gewesen, heute würde es kein Spiel gewinnen« (zitiert in: Biermann und Fuchs 2003, S. 116).

Heute braucht es Spieler, die vieles, im Idealfall alles können: Stürmer, die hinten aushelfen; Defensivspieler, die sich vorne mit einschalten, »(...) und Drei- und Vierkämpfe dort, wo früher Zweikämpfe ausgetragen wurden – daran erkennen wir modernen Fußball« (Biermann und Fuchs 2003, S. 126). – »Fußball ist nicht allein durch die Aufhebung der Arbeitsteilung, sondern auch durch die zunehmende Intensität der Zusammenarbeit kooperativer geworden. Dass elf Spieler, die eine gemeinsame Idee haben, weit mehr bewegen können als elf, die in ihrem speziellen Arbeitsbereich vor sich hin werkeln, findet heute deutlicher seinen Ausdruck als je zuvor. Die Umsetzung moderner Konzepte sorgt nicht nur auf dem Platz für faktische Enge, sie grenzt auch die Räume ein, in denen persönliche Eitelkeiten ausagiert werden können. Zeitgemäßer Fußball ist ausgeprägtes Teamwork« (Biermann und Fuchs 2003, S. 128).

Die Techniken dazu sind – kurz aufgezählt – die folgenden: »Verknappung von Raum und Zeit«, »Überzahlsituationen schaffen«, »Verschieben ganzer Mannschaftsteile auf dem Platz« (zum ballführenden Spieler hin), schnelles Kurzpassspiel, d.h. Kombinationsspiel auf engstem Raum (so wie es Werder in der letzten Saison meisterhaft beherrschte). Natürlich kennt auch der heutige Fußball Stars, aber das sind dann solche, die sich im Rahmen der skizzierten Zusammenarbeit kreativ und überraschend einzubringen vermögen. Diese Stars sind keine Egomanen, keine, die andere für sich laufen lassen, sondern – wie es der Bielefelder Trainer Rapolder im Gespräch mit der taz ausdrückte: »Helden mit sozialer Kompetenz« (taz vom 11./12. Dez. 2004, S. 19). Auch hier ist der Prototyp der Franzose Zinedine Zidane.

Wie gelingt es der sportlichen Leitung, einen solchen Fußball zu fördern, also dauerhaft Spitzenleistungen zu sichern? – Marco Bode und Uwe Harttgen benannten die folgenden Punkte (die Reihung stammt von mir):

1. In einer Spitzenmannschaft ist die fußballerische Qualität der einzelnen Spieler die Grundvoraussetzung. Diese sollten sich in einem Team – von ihren Fähigkeiten her – gut ergänzen, damit Defizite von anderen ausgeglichen werden können. Es zählt also beides: Die herausragende Qualität einzelner Spieler und die Zusammenarbeit im Team.
2. Die Zusammenstellung des Kaders ist also das A und O, und darin haben Klaus Allofs und Thomas Schaaf bekanntlich ein besonders »gutes Händchen« – und zwar im Teamwork eines Trainerstabes, inkl. Scout-System etc.
3. Die Atmosphäre untereinander sollte sehr gut sein, so dass Freude und Spaß vorherrschen (Marco Bode und Uwe Harttgen merkt man das heute noch an); Freundschaften im Team sind wichtig dabei.
4. Ausgeprägter Neid und Misstrauen sind hinderlich, daher ist es enorm wichtig, dass der Trainer ehrlich, wertschätzend, menschlich und gerecht auftritt (das ist neidmindernd).
5. Ausnahmen oder Sonderrechte für einzelne Spieler können erforderlich sein, werden aber nur akzeptiert, wenn sie offen kommuniziert werden und der Bevorzugte (Mario Basler, Ailton) dies mit Spitzenleistung zurückzahlt (so dass alle etwas davon haben).
6. Das Wichtigste ist, »dass die Menschen gut zusammenpassen und menschlich anständig miteinander umgehen« (Marco Bode). Die Werte, die der Trainer repräsentiert, sollten auch von Spielern gelebt werden, bei Werder waren das stets viele.
7. Die taktische Kompetenz und das Selbstbewusstsein des Trainers sind selbstverständlich enorm wichtig. Otto Rehagel steckte alle mit dem Gefühl an: »Wir können hier heute als Sieger rausgehen!« (kein Trainer gewann öfter gegen die Bayern als Rehagel).

8. Die »Philosophie« des Fußballs kombiniert ein hohes Maß an Eigenverantwortung und kreativer Freiheit mit taktischer Disziplin.
9. Die Mannschaft benötigt ein möglichst störungsfreies Umfeld, um in relativer Ruhe arbeiten zu können. Manchmal ist ein gemeinsamer Feind sehr hilfreich, um die Gruppenkohärenz zu erhöhen – das können der Trainer, mit dem man nicht mehr zurecht komme (Magath), oder auch mal die »Medien« (wie im Beispiel Oliver Reck) sein.
10. Die Frage der Erfolgsfaktoren ist alles in allem »komplex«! Es gibt keine einfache Regel, es hängt von sehr vielen Einflussfaktoren ab, von denen manche gar nicht kontrollierbar sind (also auf Zufall oder Glück beruhen), »es muss eben alles zusammen passen!« (Marco Bode).

Ich wiederhole, weil es wesentlich ist: Die für sportlichen Erfolg relevanten Zusammenhänge sind sehr vielgestaltig, im Grunde handelt es sich um ein Geflecht verschiedener Abhängigkeiten, von denen manche der eigenen Kontrolle unterliegen, andere aber nicht. Management von Hochleistung ist Management von Komplexität, und die hat immer mit Ursache-Wirkungs-Kreisen und mit mehr Einflussfaktoren zu tun, als man jederzeit zu übersehen und zu kontrollieren vermag. Diese Abhängigkeits- oder Beziehungsgeflechte nennen wir mit Norbert Elias Konfigurationen. Sie machen verständlich, warum Entwicklung des sportlichen Erfolges nie linear oder einseitig kausal determiniert ist. Große finanzielle Mittel sind z.B. im allgemeinen enorm wichtig für den Erfolg, garantieren ihn aber nicht.

Im Grunde habe ich damit auch Kernaussagen von Klaus Allofs und Thomas Schaaf umschrieben. Es war sehr interessant für mich zu hören, wie detailliert diese beiden die Auswahl von Spielern, die Zusammenstellung in einem Team – in ständiger Abstimmung miteinander – durchdenken, planen und gestalten. Wie sie die Gruppe heterogen zusammensetzen – also mit Typen nicht nur fürs Feine, sondern auch fürs Grobe. Wie sie leistungssteigernde Konkurrenz durch die Mehrfachbesetzung von Positionen fördern, damit keine träge Zufriedenheit aufkommt und der interne Wettkampf um die Position lebendig bleibt. Wie sie aber, wenn die Positionen geklärt sind, lähmendes Konkurrenzgerangel ausbremsen oder entschlossen unterbinden, damit der Wettkampf um die Rangordnung der Mannschaft zugute kommt (dass das nicht immer ideal gelingt, zeigt die Kopfstoß-Geschichte zwischen Fabian Ernst und Johan Micoud). Wie sie junge Spieler (Borowski, Valdez, Hunt) in dieses System einführen, sie zum Wettkampf um Positionen stimulieren, bis sie ihr Potenzial abrufen können. Wie sie von diesen Neuen anfangs Einordnung, dann aber Durchsetzungsvermögen und auch einen gewissen

Egoismus erwarten. Wie sie jede Gelegenheit nutzen, um das Selbstbewusstsein ihrer Spieler zu stärken, usw., usf. Am meisten beeindruckte mich, wie sie beide bei all dem immer wieder bereit sind, sich auf Neues, Unerwartetes einzustellen – Spielerwechsel etwa oder Verletzungsserien. Oder: wie sie Meister in der Kunst sind, Ereignisse positiv zu konnotieren. Und schließlich: wie sie sich aufeinander beziehen und sich ergänzen: Sein erstes Tor für Werder erzielte Allofs auf Flanke von Thomas Schaaf; auf Mannschafts-Fotos sieht man die beiden immer nebeneinander.

Ein sehr wesentlicher, bisher noch nicht erwähnter Baustein des Managements von Erfolg ist die gezielte Leistungsförderung des Hochbegabten-Nachwuchses. Hier ist Werder Bremen bundesweit bisher absolute Ausnahme insofern, als der ehemalige Profi-Fußballer und jetzige Diplom-Psychologe Uwe Harttgen als psychologischer Berater der jungen Fußballer, ihrer Eltern bzw. ihres sonstigen Umfeldes inklusive ihrer Trainer hauptamtlich zur Verfügung steht. Kein anderer Bundesligaverein hat dies im Programm. Der Arbeitsauftrag entstand im praxisnahen Dialog, insofern Uwe Harttgen auf der Basis seiner Erfahrung als Fußball-Profi und vor dem Hintergrund seiner laufenden Promotion Vorschläge dazu entwickelte, die der Verein aufgriff (ein Beispiel für kreatives Zueinanderpassen). Das Ganze basiert auf dem Grundgedanken, dass hochbegabte jugendliche Fußballer erstens die gleichen Probleme mit sich selbst, mit ihrer Entwicklung und mit ihren Beziehungen haben wie alle anderen Jugendlichen auch. Dass sie zweitens schnell in umfassende Überforderungskonstellationen geraten können, weil entweder sie selbst oder ihre Eltern oder ihre verschiedenen Trainer zu ambitioniert an die Sache herangehen und daher zu früh zu viel von diesen jungen Leuten erwartet wird. Und dass drittens die Entwicklung zum Beruf des Fußballers (bzw. die Verarbeitung der verbreiteten Tatsache, es doch nicht zu schaffen) eine besondere Herausforderung darstellt (siehe dazu den Beitrag von Harttgen und Milles in diesem Band). Psychologische Begleitung hat daher vor allem auch die Funktion, vor Überforderung zu schützen und Leistungsentwicklungen der jeweiligen Person und deren spezifischer Situation entsprechend zu fördern. Uwe Harttgen vertritt, dass Förderung von Hochleistung gerade nicht heißt, den berühmten »Tunnelblick« zu kultivieren, sondern im Gegenteil: den Jugendlichen umfassend (komplex) zu bilden und zu fördern. So leben die jungen Talente zwar gemeinsam im Werder-Internat (über der Ostkurve und mit Blick auf das Spielfeld), besuchen aber die ihnen jeweils angemessenen allgemeinbildenden Schulen (ob das in Bremen eine komplexe Bildung ermöglicht, steht auf einem anderen Blatt). Bei Werder stellen Absolventen aus dem eigenen Nachwuchsleistungszentrum einen besonders hohen Anteil an Spielern des Bundesligakaders (z.Zt. sind das 11 von 26 Spielern), Tim Borowski ist der derzeit erfolgreichste.

Vereinsumfeld und Fankultur

Zum Standortfaktor gehört natürlich zentral die Ausbreitung, Dichte und Qualität der Fankultur, und das ist immer auch wirtschaftlich zu verstehen: Bremen hat ein sehr begrenztes Umland, was die zahlenden Zuschauer angeht. Es ist also nicht vollkommen uneigennützig, wenn der Verein in der Person seines Präsidenten K.-D. Fischer ein hoch ambitioniertes soziales Engagement pflegt: Vor allem im Projekt »100 Schulen – 100 Vereine« ist Werder an der Basis aktiv. Im Grunde berühren sich hier die anerkennenswerten sozialen Absichten mit den wirtschaftlichen Interessen des Vereines. Die Unterstützung der Fankultur in der Region ist ein zentraler Erfolgsfaktor, dabei spielt das vom Verein und der Stadtgemeinde Bremen geförderte Fan-Projekt e.V. seit seiner Gründung 1981 eine tragende Rolle. Es war als erstes bundesdeutsches Projekt dieser Art Vorbild für Nachfolge-Initiativen in allen anderen Bundesliga-Standorten (siehe dazu den Beitrag von Thomas Hafke in diesem Band).

Natürlich ist die Beziehung zwischen Fans und Verein wegen der eingebauten unterschiedlichen Interessenslagen nicht ohne Ambivalenzen und Konflikte denkbar – auch wenn in Bremen die positive Seite bei weitem überwiegt. Fans und Verein (bzw. Spieler) stehen nämlich in einem gegenseitigen Abhängigkeitsverhältnis (auch das ist eine Konfiguration im Elias'schen Sinn), sie beeinflussen sich gegenseitig und sind aufeinander angewiesen. Zugleich sind beide Seiten auf ihre Unabhängigkeit, ihre Autonomie bedacht und tragen Sorge, dass sie erhalten wird. Eine gute Beziehung zwischen Fans und Verein (und Spielern) setzt die fortlaufende Balance zwischen Nähe (Zusammensein) und Abstand (Distanz), zwischen Abhängigkeit und Autonomie voraus.

Um was geht es den Fans eigentlich, was treibt sie Woche für Woche in ständig zunehmender Zahl in die Fußball-Arenen, diese »Pilgerorte des 21. Jahrhunderts« (Die Zeit vom 09.09.2004)? Fußball-Fan-Kultur hat zentral mit der Sehnsucht nach Zugehörigkeit und Verbundenheit, hat mit der Suche nach einem tiefen Gemeinschaftsgefühl zu tun. Wer sich in ein volles Fußballstadion begibt und dabei nicht von der Angst überflutet wird, die eigenständige Identität zu verlieren, der kann in der Masse der Fans erhebende Gefühle erleben. Tim Parks (der ein Jahr die Ultras in Verona zu jedem Spiel begleitete) erinnert daran, dass »Fan« vom englischen »fanatic« abgeleitet ist.

Das geht auf das lateinische »fanaticus« zurück, und das bedeutet so viel wie »von der Gottheit ergriffen, rasend«. Parks schreibt: »Und tatsächlich, wenn du nach dem beklemmenden Labyrinth von schmutzigen Treppen und Gängen endlich in das sonnen- oder flutlichtbeschienene Rund trittst, hebst du den Kopf, und das Herz wird dir wunderbar weit. Das Gefühl, einem besonderen Ereignis beizuwohnen, wenn die Menge sich auf die ansteigenden Ränge verteilt und der riesige grüne Rasen sich zu deinen Füßen ausbreitet, ist überwältigend. Fußballstadien gehören zu den wenigen wirklich großen Bauwerken, die ihrer Umgebung die falsche Seite präsentieren. Die ovale Schüssel schließt die restliche Welt aus und behält ihr Mysterium den Eingeweihten vor. Es ist ein Ort kollektiver Besessenheit und Begeisterung« (Parks 2003, S. 12).

Ich zitiere Tim Parks noch weiter, denn besser lässt sich nicht ausdrücken, worum es im Stadion geht. Nämlich keineswegs ausschließlich um Tore, um Gewinnen oder Verlieren:

> »Nein, es geht vielmehr darum, jene mitreißende Atmosphäre des totalen Engagements entstehen zu lassen, die dir als Zuschauer das Gefühl vermittelt, Zeuge von etwas Außergewöhnlichem geworden zu sein, an einer kollektiven Emotion teilgenommen zu haben, an einem Ereignis, von dem du sagen kannst: Ich war dabei. Wenn das funktioniert, dann ist es, als wären Mannschaft und Zuschauer zu einer Einheit verschmolzen; dann haben die Fans das Gefühl, selbst eine entscheidende Rolle gespielt zu haben (...) Am Ende eines solchen Spieles zieht es die Spieler stets zu der Tribüne, von der die meiste Energie ausgeht, zum Herzen ihrer curva. Dann reißen sie sich die Trikots und manchmal die Hosen vom Leib und werfen sie in die Menge. Es ist ein Symbol der Vermischung, die stattgefunden hat. Für diese wenigen Augenblicke waren wir eine echte Gemeinschaft« (Parks 2003, S. 157f.).

Was Entblößungen und Anzüglichkeiten wie Küssen angeht – die sind von der DFL und der UEFA inzwischen natürlich verboten, das ist ein Teil des Zivilisationsprozesses, der sich auch im Fußball abspielt. Der Philosoph und Kulturwissenschaftler Norbert Bolz sagte dem Fußballjournalisten Christoph Biermann: »Dass die Spieler nicht mehr ans Gitter dürfen, um ihre Jubelorgien zu zelebrieren, das sind so typische Versuche, aus dem Fußball eine Zivilisationsveranstaltung zu machen (...) Das ist eine Katastrophe, wenn man die Spieler nicht mehr jubeln lassen darf, sie sich nicht mehr umarmen und küssen dürfen« (Biermann 2002, S. 201). – Die Szene hat Symbolwert: Ein Zaun trennt Spieler und Fans, und den Spielern ist es verboten, den Zaun zu besteigen und eine vorübergehende Vermischung stattfinden zu lassen. Spieler und Fans befinden sich eben immer nur vorübergehend in einer »Gefühlsgemeinschaft«, wie Psychoanalytiker und Säuglingsforscher diesen Zustand von perfektem Zusammenpassen nennen. Vermischungserlebnisse, also Gefühle des intensiven Zusammenseins wechseln mit Erfahrungen des Getrenntseins ab.

In meinen Gesprächen mit Spielern wie mit Fans habe ich dies bestätigt gefunden: Spitzenleistung im Fußball erfordert offenbar, dass sich die Mannschaft wie mit einem »Kokon« umgibt, der sie – von der Umgebung, auch von den Fans – abgrenzt, der sie schützt. Auch ich selbst konnte nur bis zu denen durchdringen, die diese Grenze managen (Trainer, Sportdirektor) bzw. zu denen, die wie Uwe Harttgen und Marco Bode selbst nicht mehr aktiv sind, aber vom früheren Leben und Arbeiten innerhalb des »Kokons« erzählen können. Die heute Aktiven waren trotz anhaltender Bemühung meinerseits nicht erreichbar, was ich zeitweise verwunderlich, vorübergehend kränkend und auch ärgerlich empfand, dann aber (in Identifikation mit den Spielern) mehr und mehr verstand und zu akzeptieren lernte. Vielleicht spiegeln meine Gefühle die Empfindungen der Fans, mit denen ich mich auch identifizierte, wider? Abgrenzungen spielen aber auch bei den Fans eine große Rolle! Uwe Jahn vom Dachverband der Bremer Fanclubs erzählte mir, dass sich die Pauli-Fans, als der Zaun um ihren Fanblock abgebaut werden sollte, vehement für dessen Erhalt einsetzten! Der Fanblock sei ihr Bereich, da sollte niemand anderes Zugang finden!

Abgrenzend und damit identitätsstiftend wirken natürlich besonders die von den Fans gepflegten Feindbilder, welche insbesondere die Gegner und deren Fans betreffen (in Bremen etwa den HSV und seine Anhänger oder natürlich die Bayern). Solche Feindbilder bestehen wesentlich aus Projektionen, sind also hilfreich bei der »Entsorgung« negativer Selbstanteile. Die eigene Gruppe sowie die Beziehung zum eigenen Verein und seiner Mannschaft kann dadurch von Ambivalenzen frei gehalten werden. Das gelingt immer nur unvollständig, und so werden Feindbilder auch in der Heimat der Fans aufgebaut: Die Geschäftsführung, der kaufmännisch denkende Vorstand, der Medienverantwortliche oder Spieler mit »Söldnermentalität« werden dann zur Zielscheibe von Angriffen, während der Trainer oder dem Verein treue Spieler als Ideale hochgehalten und bewundert werden. Dies zu verstehen und zu tolerieren ist auch Teil eines am Erfolg orientierten Konzeptes. Nicht alle Kritik der Fans ist aber als bloßes Ergebnis von Projektionen abzutun. Die Situation in Dortmund, wo inzwischen deutlich wurde, wie berechtigt und wohl begründet die Kritik am Vorstand war, blieb bisher ein Ausnahmefall. Bremen ist nicht Dortmund, das sehen auch die jungen Fans von Eastside (den Bremer Ultras) so. Aber sie haben durchaus Kritik am Konzept »Wirtschaftsunternehmen Fußball«. In der Diskussion mit ihnen bemerkte ich, wie ernsthaft, wie traditionsbewusst, wie »wertekonservativ« im besten Sinne sie über Fußball denken, und wie bedingungslos sie sich selbst für diese Einstellung einsetzen – übrigens ohne Vereinsmitglieder zu sein. Das hat mich nachdenklich gemacht.

Literatur

Biermann, C. (2002): Wenn du am Spieltag beerdigst wirst, kann ich leider nicht kommen. Die Welt der Fußballfans. Köln (Kiepenheuer & Witsch) (3. Auflage).

Biermann, C. und Fuchs, U. (2003): Der Ball ist rund, damit das Spiel die Richtung ändern kann. Wie moderner Fußball funktioniert. Köln (Kiepenheuer & Witsch) (3. Auflage).

Bolz, N. (2002): Interview. In: Biermann, C. (2002), S. 191–202.

Delius, F. C. (2004): Der Sonntag, an dem ich Weltmeister wurde. Reinbek (Rowohlt Taschenbuch).

Heinrich, A. (2004): 3:2 für Deutschland. Die Gründung der Bundesrepublik im Wankdorf-Stadion zu Bern. Göttingen (Die Werkstatt).

Koehncke, D. (2005): Kultur und Identität in Organisationen. 4. Supervisionstagung der Sektion Analytische Gruppenpsychotherapie. In: Matrix (17), Heft 1/2005, S. 13–17.

Nuhr, D. (2004): Der Fußball, die Zeit, Platon, mein Hirn und ich.... In: Goosen, F. (Hg.): Fritz Walter, Kaiser Franz und wir. Unsere Weltmeisterschaften. Frankfurt a. M. (Eichborn).

Parks, Tim (2003): Eine Saison mit Verona. Eine Reise durch Italien auf der Suche nach Träumen, Fußball und dem Herzen des Landes. München (Goldmann).

Schümer, D. (1998): Gott ist rund. Die Kultur des Fußballs. Frankfurt a. M. (Suhrkamp).

Zeigler, A. (2003): Das W auf dem Trikot. 40 Jahre Werder Bremen in der Bundesliga. Bremen (Edition Temmen).

»Soziale Arbeit statt Knüppel«?! Fans im Fokus von Ordnungspolitik und Sozialpädagogik

Gunter A. Pilz

»Kultur statt Knüppel!«, Prävention statt Repression, mit diesen Schlagworten liefen 1988 Fanprojektmitarbeiter Sturm gegen die ausschließlich repressive, ordnungspolitische Ausrichtung der Sicherheitsmaßnahmen anlässlich der Fußball-Europameisterschaft in Deutschland. Dahinter stand die feste Überzeugung, dass Überlegungen, wie die vielen Anhänger, Zuschauer und besonders Fans empfangen und betreut werden können, nicht nur von – sicherlich berechtigten und erforderlichen – Sicherheitsüberlegungen ausgehen dürfen, da sonst die Gefahr sehr groß sei, dass Fans weniger als willkommene Gäste, denn als potentielle Störenfriede betrachtet, empfangen und begleitet würden und Gewalt erst recht eskalieren könnte. Ein Blick nach vorn auf die Vorbereitungen zur Fußball-Weltmeisterschaft 2006, aber auch den Bundesligaalltag zeigt, dass sich vieles zum Besseren gewandelt hat. Sicherheitsüberlegungen der ordnungspolitischen Institutionen, der Verbände wie auch der Vereine basieren geradezu selbstverständlich auf zwei gleichberechtigten Säulen: ordnungspolitischen und sozialpädagogischen Maßnahmen und Aufgabenfeldern.

Wie ist es dazu gekommen? Was hat zu diesem Sinneswandel geführt? Was kann Soziale Arbeit im Rahmen der Sicherheit von Fußballspielen leisten? Wo sind ihre Grenzen? Wie können, müssen Ordnungspolitik und Sozialpädagogik zusammenwirken? Auf diese Fragen möchte ich im Folgenden näher eingehen.

Von der Repression zur Prävention – Zur Entstehungsgeschichte der Sozialen Arbeit mit Fußballfans und der Fan-Projekte

1982 wurde das vom Bundesministerium des Innern im Jahr 1979 in Auftrag gegebene Gutachten »Sport und Gewalt« veröffentlicht. In diesem Gutachten wurde unter dem Punkt »Fans- und Fanclubs« erstmals ein zielgruppenorientierter Einsatz von Sozialarbeitern in der Fanszene gefordert: »Wenn die Lösung der vielfältigen Probleme der Fans auch zur Reduktion von Gewalthandlungen führt, dann ist ein zielgruppenorientierter Einsatz von Sozialarbeitern und -pädagogen erforderlich. Dieser Einsatz könnte dazu beitragen, dass die Jugendlichen in ihrer Freizeit, insbesondere das Bedürfnis nach Erlebnis, Aktivität, Spannung, eigener Wirksamkeit sozial angemessen (gegebenenfalls auch in anderen Feldern) realisieren, alternative Interessen aufbauen, Vorurteile abbauen u. a.« (Pilz u. a. 1982, S. 20). In der Folge dieses Gutachtens entstanden die ersten Fanprojekte in Bremen, Hamburg, Hannover, Frankfurt und Berlin. Dabei mussten die Initiatoren dieser Projekte sehr schnell erfahren, dass es nicht die Probleme der Jugendlichen selbst waren, die ernst genommen und bearbeitet werden sollten. Erst folgenschwere Ereignisse wie die 39 Toten während der gewalttätigen Auseinandersetzungen zwischen britischen und italienischen Fußballfans anlässlich des Europacup-Endspiels 1985 zwischen Juventus Turin und dem FC Liverpool im Brüsseler Heysel-Stadion führten mit der entsprechenden Medienaufmerksamkeit zu Diskussionen über adäquate Maßnahmen und lösten hektische Betriebsamkeit aus.

Dies hatte Konsequenzen für die Erwartungen der fördernden Institutionen an die Projektarbeit: Es ging zumindest nicht primär darum, den Jugendlichen tatsächlich zu helfen, sondern darum, die Probleme mit den Jugendlichen aus dem Medieninteresse herauszubekommen. Konsequenterweise wurden auch eher solche Aktivitäten als Erfolg verbucht und entsprechend unterstützt, die das Engagement der Institutionen betonten und öffentliche Aufmerksamkeit auf positiv eingeschätzte Aktionen umlenkten. Die Problembearbeitung selbst tastet immer auch das gesellschaftliche Selbstverständnis an und wurde daher eher misstrauisch beäugt.

Vor allem der DFB und die Vereine zeichneten sich in der Anfangsphase der Fanprojekte durch eine große Distanz, starke Abwehrhaltung, ja z. T. sogar feindseilige Einstellung gegenüber den Fanprojekten aus. Einhelliger Tenor: Fans, die Randale machen, gehörten nicht zum Fußball; das seien Chaoten, die auf dem Fußballplatz nichts zu suchen hätten; es handele sich hier nicht um ein Problem des Fußballs, sondern um ein Problem der Gesellschaft, dessen sich deshalb auch die Gesellschaft anzunehmen habe. Nicht zuletzt aufgrund des unermüdlichen Einsatzes und – dies sei nicht verschwiegen – diplomatischerer Vorgehensweisen und Argumentationen der Fan-Projekte, deren beharrlichem Einklagen der Übernahme von Verantwortlichkeiten sowohl seitens der politischen als auch der sportlichen Institutionen, hat sich vieles zum Besseren gewendet. Die Fan-Projekte und ihre Arbeit wurden mehr und mehr in der Öffentlichkeit, aber auch von den Vereinen und dem DFB anerkannt. Ein Prozess, der mit der Verabschiedung des »Nationalen Konzeptes Sport und Sicherheit« im Jahre 1993 zur festen Einbindung der Fanprojekte in ein Sicherheitsgesamtpaket führte, in dem Bund, Länder, Kommunen, der DFB und seine Vereine sich zu ihrer Verantwortung bezüglich der Bekämpfung des Hooliganproblems und der Gewaltprävention im Umfeld großer Fußballspiele bekannt haben. Das im »Nationalen Konzept Sport und Sicherheit« entwickelte System aufeinander abgestimmter präventiver wie repressiver Maßnahmen ist seitdem nunmehr fester und verbindlicher Bestandteil der Arbeit der Polizei, der Ordnungskräfte der Vereine, der Sicherheitsbestimmungen der Kommunen und der Arbeit der Fanprojekte. Dabei ruht das »Nationale Konzept Sport und Sicherheit« – und dies kann angesichts der aktuellen Diskussionen und Maßnahmen zur Verhinderung von gewalttätigen Ausschreitungen während der WM 2006 in Deutschland nicht deutlich genug hervorgehoben werden – auf zwei gleichberechtigten Säulen, den ordnungspolitischen und den sozialpädagogischen Maßnahmen und Aufgabenfeldern.

Dabei stellt sich zunächst die Frage, was Fanprojekte zu leisten vermögen.

Was leisten Fanprojekte?

> »Das Fußballfanprojekt Hannover ist eine unendliche Erfolgsgeschichte.« (Hannovers Polizeipräsident Klosa anlässlich einer Podiumsdiskussion zur 1000-Jahrfeier von Hannover 96)

> »Nachdem noch bis zur Saison 1995/96 zwei Drittel aller von polizeilichen Maßnahmen Betroffenen im Alter von 18 bis 25 Jahren waren, sank deren Anteil stetig bis auf 50 Prozent in der Saison 1997/98. Dies ist ein Indiz dafür, dass es gelungen ist, den Zulauf zu gewaltbereiten Gruppen zu verringern. Es war ein wesentliches Ziel der Fanprojekte, ein Abgleiten Jugendlicher in das Umfeld von Gewalttätern zu verhindern. Das ist uns ganz offensichtlich gelungen.« (NRW Innenminister Behrens in einer Presse-Information vom 18.01.2000)

Die Frage: »Was leisten Fan-Projekte?« lässt sich, wenn wir diesen Aussagen Glauben schenken, einfach und eindeutig beantworten: Hervorragende und erfolgreiche gewaltpräventive Arbeit.

So einfach will und kann ich es mir jedoch nicht machen. Zum einen, weil so viel überschwängliches Lob misstrauisch macht, zum anderen weil natürlich auch in der Fanprojektarbeit längst nicht alles Gold ist, was glänzt (siehe Bundesministerium des Innern 2001): Zu verschieden sind und arbeiten die einzelnen Fan-Projekte. Eine verallgemeinernde, allgemeingültige Aussage, wie sie sich durch die Frage: »Was leisten Fanprojekte?« aufdrängt, ist nicht möglich und würde der Heterogenität der Fan-Projekte, deren Problemkonstellationen und Arbeitsbedingungen nicht gerecht werden.

Auch wenn es um die Frage geht, was Fanprojekte leisten und was Soziale Arbeit mit Fußballfans zu bewirken vermag – die in den Zitaten zum Ausdruck gebrachte positive Entwicklung in der Fußballfanszene ist sicherlich nicht nur der Arbeit der Fanprojekte zuzuschreiben, sondern Ergebnis des, wenn auch nicht immer konfliktfreien, aber sich stetig verbessernden Zusammenspiels zwischen Prävention und Repression. Andererseits müssen wir aber in den letzten Jahren – analog gesamtgesellschaftlicher Entwicklungstrends – eine Zunahme rechtsextremistischer Orientierungen im Fußballfanumfeld feststellen, trotz engagierter Bemühungen der Fanprojekte im Sinne des Abbaus extremistischer Orientierungen. Wenn sich die gesellschaftlichen Rahmenbedingungen junger Menschen verschlechtern, werden auch Grenzen sozialpädagogischer Intervention deutlich. Gelungen ist die Steigerung von Selbstwertgefühl und Verhaltenssicherheit bei jugendlichen Fußballanhängern, die Stabilisierung von Gleichaltrigengruppen durch engagiertes Eintreten für deren Bedürfnisse (z. B. auch Erhalt von Stehplatzbereichen in den Stadien). Die wachsende gesellschaftliche Anerkennung der Arbeit der Fan-Projekte hat auch vermehrt zu einem Klima geführt, das gesellschaftliche Institutionen zu mehr Engagement für Jugendliche bewegt. Die Rückbindung der jugendlichen Fußballanhänger an ihre Vereine ist überall dort gelungen, wo sich nicht nur die Fan-Projekt-Mitarbeiter/innen intensiv darum bemühen, sondern auch die Vereine selbst sich verstärkt für ihre Fans und deren Interessen und Bedürfnisse einsetzen.

Bei aller Euphorie bezüglich der Chancen und Möglichkeiten der Jugend(sozial)arbeit darf auch nicht vergessen werden, dass pädagogische und sozialarbeiterische Konzepte nur bedingt greifen, solange die strukturellen Bedingungen gewaltförmigen, auffälligen Verhaltens Jugendlicher nicht beseitigt werden. Um es einmal salopp zu formulieren: Weder der Polizeiknüppel, noch die Sozialarbeit vermögen die auffälligen Verhaltensmuster junger Menschen, die Gewaltbereitschaft und -akzeptanz nachhaltig einzudämmen bzw. zu bekämpfen, solange auf der Ebene struktureller Maßnahmen keine entscheidenden Verbesserungen vorgenommen werden. Jugendsozialarbeit kann keine strukturbedingten Konflikte lösen. Sie kann lediglich in »sozialhygienischer« Absicht vorhandene Bedürfnisse befriedigen und auffällige Verhaltensweisen verarbeiten.

Für die von vielen geforderte Präventivarbeit heißt dies, dass auch – vielleicht sogar vor allem – Aufklärung über Ursachen und Bedingungen auffälligen Verhaltens Jugendlicher den sozialarbeiterischen Alltag bestimmen müssen: Sich stark machen für strukturelle Änderungen, für humanere Lebensbedingungen; Auseinandersetzung mit den politischen Entscheidungsgremien, mit den verantwortlichen gesellschaftlichen Institutionen, mit den staatlichen Repressionsinstanzen, den Verbänden und Vereinen. Es geht nicht nur darum, alternative Handlungs- und Einstellungsmuster bei dem sozialpädagogischen Klientel zu bemühen, situative Konfliktregelungen und Entschärfungsstrategien zu entwickeln und zu vermitteln. Es geht auch und vor allem darum, politisch zu handeln, den politischen Druck zur Veränderung des Status quo zu verstärken, die Probleme dorthin zurückzugeben, wo sie verursacht werden. Jugend(sozial)arbeit bedeutet so besehen in erster Linie auch Institutionsarbeit, politische Einflussnahme. Die Fan-Projekte haben dies in vielfältiger Weise immer wieder erfahren und auch erfolgreich praktiziert. Politik- und Institutionenberatung ist in der Tat ein wichtiges durchaus erfolgreiches Betätigungsfeld vieler Fan-Projekte. So sind seit Jahren schon in Fanprojekten und der Koordinationsstelle Fanprojekte (KOS) arbeitende Sozialpädagogen wichtige und unverzichtbare Berater von nationalen wie internationalen Fußballverbänden.

Jugendarbeit, Straßensozialarbeit, Fan-Projektarbeit können und müssen also einen Betrag zur strukturellen Änderung, zur Humanisierung der Lebensbedingungen Jugendlicher leisten, sie reichen aber bei weitem nicht aus. Sie müssen eingebettet sein in die steten Bemühungen um weiterreichende Änderungen der Lebenswelten Jugendlicher. Hier eröffnet sich ein weites, sehr fruchtbares Feld der Zusammenarbeit von Fan-Projekten, Verbänden, Vereinen, aber auch der öffentlichen wie freien Anbieter der Jugend(sozial)arbeit.

Welche Schwerpunkte und Perspektiven ergeben sich für die Soziale Arbeit mit Fußballfans? Was müssen Fan-Projekte leisten?

Wenn Soziale Arbeit repressive Maßnahmen ersetzen oder zumindest verringern soll, dann muss die Arbeit in den Fan-Projekten sich künftig stärker mit der traditionellen Fan-Kultur und den Bedürfnissen der Jugendlichen in dieser Kultur auseinander setzen und entsprechende Angebote bereitstellen und darf die Auflösungserscheinungen der traditionellen Fan-Kultur nicht nur beklagend hinnehmen, sondern muss aktiv dagegen angehen. Prävention kann und darf nicht nur als »Rand- und Problemgruppenarbeit« verstanden werden. Dies gilt vor allem für die sich in den letzten Jahren immer stärker zwischen die Kuttenfan- und Hooliganszene drängende »Ultra-Szene«, die sich zum einen verstärkt der (Wieder-)Herstellung der traditionellen Stimmung und Atmosphäre im Stadion durch Inszenierungen, Choreografien, »Schlacht«- und Stimmungsgesänge verschrieben hat, die zum anderen (wenn auch noch geringen Teil) auch von rechten bis rechtsradikalen Gruppierungen durchsetzt ist und sich in Teilen auch bereits offen zur Gewalt bekennt. Hier wird es in Zukunft sehr entscheidend sein, wie weit es gelingt, den Ultras Räume zur (Selbst-)Inszenierung zu geben und den Teil von ihnen, der sich vorwiegend der Stimmungsmache und dem Herstellen einer fußballspezifischen Atmosphäre verschrieben hat, zu stärken und sie damit gegen rechtsradikale Tendenzen und Unterwanderungs- und Vereinnahmungsversuche zu immunisieren. Dies ist um so wichtiger, als zu beobachten ist, dass die Inszenierungs- und Choreografiebedürfnisse der Ultras immer stärker mit ordnungspolitischen und sicherheitstechnischen Bestimmungen und Regelungen in den Stadionordnungen in Konflikt geraten. Gelingt es nicht, diese Kriminalisierungstendenzen zu stoppen und den Ultras Räume für ihre Inszenierungen und Choreografien zu schaffen, droht die Ultraszene ins rechte und gewaltbereite, gewaltfaszinierte Lager abzudriften.

Für die Arbeit der Fan-Projekte ergeben sich entsprechend folgende allgemeine Forderungen:

- Fan-Arbeit darf nicht selbstzufrieden zur Routine-Arbeit werden, wenn eine scheinbar hinreichend große Zahl von Fans bestehende Angebote regelmäßig wahrnimmt. Das Augenmerk muss auch denen gelten, die die Angebote nicht wahrnehmen, die bislang nicht erreicht wurden; die Tatsache, dass bestimmte Angebote wahrgenommen werden, darf nicht dazu führen, die Suche nach neuen und andersgelagerten Angeboten einzustellen.
- Veränderungen in der Fan-Szene müssen auf ihre Hintergründe und Perspektiven befragt werden, Ausgrenzungs- oder Begrenzungsprozesse müssen in kritischer Arbeit erkannt und bewusst gemacht werden (siehe Ultras).
- Fan-Arbeit muss eine kulturelle Isolierung vermeiden, muss versuchen, die kulturelle Eigenwelt der Fans durch Elemente der Erwachsenenwelt zu ergänzen; dies kann politische und kulturell-bildende Ziele verfolgen, muss aber genauso z. B. die Integration in den Verein anstreben. Falsche oder übertriebene Pädagogisierungen können hier allerdings auch das Gegenteil bewirken.
- Im Hinblick auf die Mittlerfunktion der Projektarbeit sind die Arbeitsansätze gegenüber der Polizei und gegenüber den Vereinen fortzusetzen, um weitere Verbesserungen im Interesse der Fans zu erreichen. Dies gilt vor

allem seit Lens, wo Sozialarbeiter verstärkt unter Druck geraten sind, der Polizei gegenüber ihre Erkenntnisse offen zu legen und wo die bisher weitgehend akzeptierte Verschwiegenheit der Sozialarbeiter bezüglich ihrer Szenekenntnisse in Frage gestellt wurde. Das für die Kooperation und den Dialog mit der Polizei unverzichtbare Prinzip der Akzeptanz der Verschwiegenheit gegenüber der Polizei und die prinzipielle Solidarität mit den Jugendlichen (als Anwalt der jungen Menschen) muss hier neu diskutiert werden. Umgekehrt muss auch gelten, dass Sozialarbeit die Handlungszwänge der Polizei akzeptiert.

- Präsenz während der Spiele, Organisation von Fan-Turnieren und offene Türarbeit dürfen nicht darüber hinwegtäuschen, dass bezüglich der aufsuchenden Jugendarbeit und der lebensweltorientierten Jugendarbeit in den Stadtteilen der Fans noch Defizite bestehen. Fan-Arbeit kann und darf sich nicht auf das Stadion, das Fußballwochenende und den Fan-Laden, sowie Fan-Turniere oder Fan-Liga beschränken. Dies um so mehr, als die Jugendlichen verstärkt ihre »Action« nicht mehr nur auf das Fußballwochenende beschränken, sondern auch unter der Woche in ihren Stadtteilen und Wohnorten aktiv sind, sich mit anderen Jugendkulturen vermischen oder gar gegen andere Jugendkulturen agieren und sich der Trend weg von den gut bewachten Bundesligaspielen hin zu den regionalen Fußballspielen mit ihren traditionellen Lokalderbys zu verstärken scheint.
- Die Möglichkeiten politischer Einflussnahme gilt es in Zukunft noch stärker auszuloten und verstärkt zu nutzen.
- Für die weitere Fan-Arbeit gilt es deshalb verstärkt, die Karrieren der Fans zu verfolgen und Schnittstellen zu ermitteln und zu analysieren, an denen Jugendliche aus der Fanszene heraustreten und sich der Ultra- bzw. Hooliganszene anschließen, verstärkt auch Aktivitäten außerhalb des Fußballbereichs, in Schule, Stadtteil usw. einzubeziehen, gezielte lebensweltorientierte, stadtteil- und wohnortbezogene Sozialarbeit zu leisten und die Frage möglicher »Seiteneinsteiger« zu verfolgen.

Schließlich und endlich ist der Tatsache Rechnung zu tragen, dass – wie Dembowski (2000, S. 251) zu Recht schreibt – männliche Sexualität bei Fans, Ultras und Hooligans eine wichtige Rolle spielt und dass ausgeprägte Männlichkeitsvorstellungen und Mannhaftigkeitsnormen, autoritäre Charakterstrukturen, Nationalismus, Rassismus, Gewalt und Sexismus sich im Fußballumfeld verstärken und der Fußball zum »Opium des Mannes« wird. Es ist notwendig, verstärkt reflexive, geschlechtsspezifische Jungenarbeit (siehe u. a. Behn, Heitmann und Voß 1995; deutsche jugend 1993, Heft 6; Schnack und Neutzling 1991) mit Fußballfans, Ultras und Hooligans in die soziale Arbeit der Fan-Projekte zu integrieren – ein bislang stark vernachlässigter Bereich in der Fan-Projektarbeit. Dabei geht es der reflexiven Jungenarbeit vor allem darum, durch entsprechende Angebote und Thematisierungen die gewaltförmigen Durchsetzungs- und Selbstbehauptungsstrategien und Gewalt- und Männlichkeitsphantasien aufzubrechen.

Entsprechend sind die Funktionen und Bedeutungen der Zugehörigkeit zu gewaltfaszinierten, gewaltbereiten und fremdenfeindlichen Gruppen zu berücksichtigen. An diesen Funktionen und Bedeutungen müssen sozialpädagogische Maßnahmen ansetzen. Das heißt, sie müssen die Bedeutung der Solidaritätsangebote und -leistungen dieser Gruppen für die Jugendlichen aufgreifen, müssen die Bedürfnisse nach Kommunikation, nach Schutz und Abgrenzung ernst nehmen und konstruktiv wenden. In der Arbeit der Fanprojekte ist vor allem immer wieder die Bedeutung der Bedürfnisse der Fans nach sozialen Kontakten, nach dem Verbringen der Freizeit in der Gruppe und nach stimmungsvollen Erlebnissen deutlich geworden. Gerade bezüglich des Abbaus der Vereinzelung und Isolierung, die die Jugendlichen erleben, kommt der Fan-Projektarbeit somit eine wichtige Rolle zu. Dies gilt auch für die gesellschaftliche Anerkennung der Fans. So fordern denn auch Fanclubs vermehrt Angebote, die den Kern des Lebens der Jugendlichen als Fans betreffen: Der Fan-Club als Raum und Gemeinschaft, als Bereich der Geborgenheit und das Bestreben, aus der Vereinzelung und der Begrenzung auf den eigenen Fan-Club und die eigene Stadt herauszukommen und sich einen größeren Kreis von Freunden und Gleichgesinnten in anderen Räumen zu schaffen und damit den eigenen Lebensraum zu erweitern. Die sozialpädagogischen Maßnahmen müssen dabei den jungen Menschen eindeutige Orientierungen liefern, ihnen helfen, ihre realen Lebensbedrohungen konstruktiv zu verarbeiten, ihnen Halt, Anerkennung und Zuneigung geben und vor allem ihr Bedürfnis nach Abenteuer, Spannung, Risiko und »Action« aufgreifen und ihnen Möglichkeiten eröffnen, sich selbst und ihren Körper intensiv zu erleben. Deshalb wird es darum gehen müssen, stärker erlebnispädagogische Ansätze (sowohl im Sinne des Ernstnehmens des Bewegungsbedürfnisses, Spannungs- und Abenteuerbedürfnisses der Jugendlichen, als auch im Sinne von Beziehungsarbeit) zu erproben. Hier kommt der körper- und bewegungsbezogenen Jugendsozialarbeit eine große Bedeutung zu (siehe u.a. Kösterke und Stöckle 1989; Pilz 1991; Pilz und Böhmer 2002; Schulze-Krüdener 1999), der die Fan-Projekte wie generell die Sozialarbeit künftig verstärkt gerecht werden müssen. Hier besteht denn auch eine besonders wichtige Schnittstelle der Zusammenarbeit mit den Vereinen, den

Übungsleitern und Fan-Betreuern der Vereine. Zu fordern sind entsprechend sportartenübergreifende freizeitsportliche Angebote, die sich an dem Körperverständnis der jungen Menschen und deren Bewegungsbedürfnissen orientieren, sei es als eigenständige Angebote, sei es in enger Kooperation mit den Fußballvereinen oder anderen Trägern der freien Jugendarbeit. Angebote wie der Mitternachtssport (Pilz und Peiffer 1998), Fan-Turniere oder Fußballfan-Ligen als Ergebnis einer stärkeren Zusammenarbeit mit den Vereinen sind hier nicht nur wünschenswert, sondern auch dringend geboten. Die Koordinationsstelle Fanprojekte trägt dieser Erfordernis Rechnung und macht mit ihren Schnittstellenkonferenzen »Sport(pädagogik) – Jugendhilfe« Fanprojektmitarbeiterinnen und -mitarbeitern entsprechende Fort- und Weiterbildungsangebote. Die ersten vier Konferenzen standen unter den Themen »Möglichkeiten und Grenzen sportpädagogischer Angebote in der Jugend- und Sozialarbeit mit gewaltbereiten Jugendlichen« (Dortmund 2002); »Integration – Schnittstelle von Sport und Jugendhilfe?!« (Baunatal 2003); »Jugendliche brauchen Räume – Öffentlicher Raum, Partizipation und Engagement« (Potsdam 2004) und »Turnschuhe + Kopftuch!? Sport, Migration und Gender« (Frankfurt 2005).

Vernetzung als der Stein der Weisen?!

Hiermit wird deutlich, dass *ein* zentrales Anliegen die Vernetzung der Fan-Projekt-Arbeit mit der kommunalen und verbandlichen Jugendarbeit sein muss. Es gilt, nicht zuletzt im Interesse der Effektivierung der eigenen Arbeit, aber auch und vor allem im Interesse der optimalen Nutzung der vorhandenen Ressourcen – sowohl bezüglich der vorhandenen Arbeitskräfte als auch der verfügbaren Finanzen –, verstärkt auf eine Verzahnung der Aufgaben und Angebote der verschiedenen freien und öffentlichen Träger, der betroffenen Ämter und Behörden hinzuwirken. Dies um so mehr, als das Ernstnehmen des Ansatzes einer lebensweltorientierten Jugendsozialarbeit die örtliche Abstimmung aller Angebote und die Zusammenarbeit aller in der Jugendarbeit Tätigen erfordert.

Lassen Sie mich hier ein wenig verweilen: *Vernetzung* ist zum Schlagwort, ja Zauberwort avanciert, das wie der Stein der Weisen die Probleme präventiver Jugendarbeit lösen soll. Präventionsräte auf lokaler, regionaler und überregionaler Ebene sowie »runde Tische« schießen wie Pilze aus dem Boden. Allein, die Vernetzung scheint sich auf das Zusammen*sitzen*, Zusammen*diskutieren* und Zusammen*planen* zu beschränken. Als ob es so einfach wäre, die unterschiedlichsten Institutionen und in der Praxis arbeitenden

Menschen auf einen gemeinsamen Nenner zu bringen, partikulare Eitelkeiten und Interessen in den Dienst der schnell ausgemachten gemeinsamen Sache zu stellen. Die strukturellen Bedingungen der Vernetzung und die unterschiedlichen, zum Teil divergierenden Erwartungshaltungen, Einstellungsmuster und rechtlichen Rahmenbedingungen der Vernetzungspartner (z.B. Strafverfolgungszwang der Polizei und Justiz), die Vernetzungsbedingungen, vor allem aber auch die Vernetzungsfolgen für die einzelnen Vernetzungspartner werden viel zu wenig bedacht und reflektiert. Gerade die Fan-Projekte haben hier im Kontext der Zusammenarbeit mit der Polizei vielfältige, positive wie negative, belastende wie entlastende Erfahrungen gemacht. Dabei kann eine mittel- und langfristig angelegte präventive Jugendarbeit nur dann erfolgreich wirken, wenn die Vernetzungspartner gemeinsam an einem Strang ziehen, inhaltliche Interessen offen gelegt, hierarchische, rechtliche Hindernisse und Hemmnisse erkannt und gemeinsam im Interesse der Sache konstruktiv gewendet werden (z.B. Sozialarbeiter als Anwalt der jungen Menschen, Polizist als Wahrer von Recht und Ordnung im Sinne des Legalitätsprinzips). Viele der gut gemeinten Maßnahmen in der offenen Jugendarbeit drohen gerade daran zu scheitern, dass sich die Projektpartner zu wenig Gedanken über tragfähige Vernetzungsbedingungen und Vernetzungsfolgen machen. Vernetzung und Zusammenarbeit bewirken allein noch keine effektive Soziale Arbeit, geschweige denn Gewaltprävention. Entscheidend ist, dass die unterschiedlichen Interessen der Netzwerkpartner offen gelegt, Gemeinsamkeiten herausgearbeitet und die unterschiedlichen Kompetenzen geklärt und zum Inhalt der Zusammenarbeit gemacht werden. Die Entwicklung fachlich fundierter Konzepte der Sozialen Arbeit und Netzwerkarbeit muss selbst reflektiert und wichtiges Ziel einer solchen Zusammenarbeit sein.

Was können Fan-Projekte nicht leisten?

Eine heikle und kontrovers geführte Diskussion betrifft die Frage, wie sinnvoll und wichtig es ist, dass Fanpädagogen unmittelbar auch mit Hooligans arbeiten. Die Meinungen hierzu sind und waren einem steten Wandel unterzogen und entsprechend hat die Fan-Projektarbeit immer wieder Paradigmenwechsel erfahren. Anfangs hat die Neigung von Politikern, Medienvertretern und der Öffentlichkeit generell, die Sinnhaftigkeit und den Erfolg der Fan-Projekt-Arbeit auf die Frage der Erreichbarkeit und Therapierung der Hooligans zu reduzieren, dazu geführt, dass die Hooliganarbeit in den Vordergrund gestellt und demgegenüber die Arbeit mit den traditionellen

Fan-Clubs und der Kuttenszene von den Fan-Projekten vernachlässigt wurde. Im Laufe der Zeit wurde die Notwendigkeit einer Akzentverschiebung und eines Paradigmenwechsels erkannt und auch konsequent verfolgt. Nach wie vor gilt zwar, dass keine Jugendlichen ausgegrenzt werden dürfen, aber die schlagzeilenträchtigen Hooligans (siehe Scheidle 2000a, b) können nicht den Schwerpunkt der Arbeit ausmachen. Nach Lens ist die Frage nach den Kontakten zu und der Beeinflussbarkeit (Therapierbarkeit) von Hooligans wieder neu entbrannt und der Druck auf die Fan-Projektmitarbeiter/innen, sich wieder verstärkt den Hooligans zu widmen, stärker geworden. Dabei hat die Distanziertheit gegenüber der Hooliganszene gute Gründe. Wenn sie Hooligans auf deren Gewalttouren begleiten, laufen Sozialarbeiter/innen Gefahr, von diesen »instrumentalisiert« zu werden und nur »logistische Hilfestellung« bei deren Gewalttouren zu leisten bzw. nur dafür da zu sein, die Folgen des Gewalthandelns der Hooligans im Sinne von Schadensbegrenzung möglichst gering zu halten. Hier gilt es, besonders behutsam und bedacht vorzugehen und genau abzuwägen. Dies um so mehr, als sich Gewalttäter und gewaltbereite Jugendliche dadurch auszeichnen, dass sie bezüglich ihrer Gewalttaten keine Schuldgefühle zu haben pflegen. Hier klare Grenzen zu setzen, ist auch Aufgabe einer aufsuchenden Sozialarbeit (siehe Deiters und Pilz 1998). Andererseits muss es aber auch Ziel einer dosierten Begleitung gewaltgeneigter Fans sein, zu verhindern, dass diese Jugendlichen kriminalisiert werden – ohne dabei die »Neutralisierungstechniken« und »Entschuldigungsversuche« junger Gewalttäter zu tolerieren. Die Jugendlichen müssen gerade von den Sozialarbeitern immer wieder erfahren und begreifen lernen, dass das, was sie tun, Unrecht ist und dass sie auch bereit sein müssen, die Konsequenzen dafür zu tragen. Akzeptierende Jugendarbeit, die nicht zur »Pädagogik der Folgenlosigkeit oder Verharmlosung, ja vielleicht sogar stillschweigenden Tolerierung jugendlichen Gewalthandelns« degenerieren will, muss also – und ich wiederhole mich hier gern – die Neutralisierungs- und Entschuldigungstechniken junger Menschen sehr ernst nehmen und durch entsprechende Bearbeitungen gezielt aufbrechen. Dies gilt z.B. für Verharmlosung der eigenen Handlungen, Rückführung der Gewalthandlungen auf übermäßigen Alkoholkonsum, aber auch das Negieren der eigenen Fremdenfeindlichkeit, der Verweis auf gruppendynamische Zwänge, Konformitätsdruck, auf die gesamtgesellschaftlichen (Miss-)Verhältnisse, auf vorangegangene Provokationen, Belästigungen oder körperliche Gewalthandlungen der Anderen. Akzeptierende Jugendarbeit muss darüber hinaus die eigenen sozialpädagogischen Maßnahmen immer wieder kritisch danach hinterfragen, ob sie der Verfestigung von

Neutralisierungstechniken und Entschuldigungsversuchen Vorschub leisten bzw. zum Mangel an Schuldgefühlen bei Gewalttaten und Fremdenfeindlichkeit ihrer Klientel beitragen.

Plädoyer für eine Ausbalancierung von Sozialer Arbeit und ordnungspolitischen Maßnahmen am Beispiel der Hooligan- und Ultragewalt

Gerade die Diskussion bezüglich der Sozialen Arbeit mit Hooligans, aber auch mit gewaltbereiten Ultras macht deutlich, wie wichtig es ist, unterschiedliche Gewaltmotive sehr genau zu erfassen und erforderliche Handlungsstrategien hierauf auszurichten.

Hooligangewalt ist einerseits eine affektive und expressive Gewaltform, die keinem anderen Ziel dient als der eigenen Lustbefriedigung. Gewalt wirkt hier wie eine Droge, gewaltförmige Auseinandersetzungen sind in den Augen der Hooligans quasi sportliche Auseinandersetzungen, und die Polizei wird als gleichwertiger Gegner und nicht als Feind angesehen. Andererseits ist Hooligangewalt auch Kompensation für soziale Deprivation, gering ausgeprägtes Selbstbewusstsein und dient entsprechend dem Aufbau von positiver Identität und Selbstwertgefühl. Aus diesem Grunde verschließen sich Hooligans in aller Regel auch sozialpädagogischen oder erlebnispädagogischen Maßnahmen. Wer einmal der Faszination von Gewalt anheim gefallen ist, zeigt sich erlebnispädagogischen Verführungskünsten der Sozialen Arbeit gegenüber immun. Hier ist unter Umständen nur noch staatliche Repression im Sinne von deutlicher Präsenz und »Null-Toleranz«, d.h. kompromissloses, konsequentes Eingreifen der Polizei möglich. Entsprechend könnte man hier flapsig die eingangs gestellte Frage: »Soziale Arbeit statt Knüppel?« mit »Soziale Arbeit und Knüppel!« beantworten oder etwas weniger drastisch mit Prävention *und* Repression.

Die Gewalt der Ultras ist im Unterschied hierzu in aller Regel reaktive Gewalt, Gewalt als Antwort auf als Willkür empfundene Repressionen oder Provokationen gegnerischer Ultras. Sie ist aber auch instrumentelle Gewalt im Sinne der Revierverteidigung. Hier wird auch die Polizei nicht als sportlicher Gegner, sondern als Feind gesehen mit der Folge, dass sich bei Polizeieinsätzen die friedlichen Ultras mit den gewaltbereiten gegen die Polizei verbünden und solidarisieren. Hier bieten sich Sozialer Arbeit viele Möglichkeiten der Intervention durch sozialpädagogische Aufklärungs- und Lobbyarbeit, die abzielt auf den Abbau von individuellen Feindbildern und die Vermeidung von Solidarisierungsprozessen und auf der institutionellen Ebene die Schaffung bzw. der Erhalt von für die Ultrakultur erforderlichen Freiräumen.

Entsprechend ergeben sich im Spannungsfeld von Prävention und Repression drei Pfeiler der Gewaltprävention:

1. Selbstregulierung: Die Fans dazu zu befähigen, zu ermutigen und zu unterstützen, selbstbestimmt Grenzen zu setzen und die eigene Szene zu befrieden (im Sinne des »self policing«).
2. Prävention: Schaffung und Erhalt von Fanprojekten gemäß dem »Nationalen Konzept Sport und Sicherheit«. Soziale Arbeit mit Fans und Einsetzen von Fanbeauftragten bei den Vereinen und Verbänden: Fan-Betreuungsarbeit.
3. Repression: Durchsetzen von ordnungspolitischen Regularien durch Polizei und Ordnungsdienste der Vereine: Grenzen setzen und bewahren.

Um Gewalt und Eskalationsprozesse von Gewalt zu vermeiden bzw. zu verringern, müssen entsprechend zunächst Selbstregulierungen innerhalb der Fanszenen gefördert werden. Die ordnungspolitischen Institutionen müssen möglichst an diese Selbstregulierungen anschließen, sie einfordern und unterstützen, um Solidarisierungsprozesse der Fans gegen die Polizei zu verhindern. Wenn Polizei dennoch einschreiten muss, ist einerseits von nicht gewaltbereiten Fans ein Verzicht auf Solidarisierungen mit den Gewaltbereiten zu verlangen, andererseits durch den Einsatz so genannter Konfliktbeamter polizeiliches Handeln transparent zu machen.

Wider die »Verprojektisierung« von Jugendproblemen

So hilfreich und notwendig Fan-Projekte, wie auch jede Art von Projekten, die sich mit auffälligen Jugendlichen oder gesellschaftlich definierten Jugendproblemen befassen, auch sein mögen, die Gefahren einer »Verprojektisierung« von Jugendproblemen können und dürfen nicht übersehen und verschwiegen werden. Zum einen besteht die Gefahr, dass sich die Projekte verselbstständigen, ein Eigenleben führen mit der Tendenz sich gegenüber anderen Projekten abzugrenzen und damit auch Gefahr laufen, sich und ihre Klientel zu isolieren, ja vielleicht sogar Problemgruppen erst zu stabilisieren. Ein Vorwurf, der im übrigen immer wieder von Seiten englischer Hooliganismusforscher gegenüber den Fan-Projekten und deren Arbeit gemacht wird. Zum anderen ist die dringend erforderliche stadtteil- und lebensweltorientierte Arbeit mit dem vorhandenen Mitarbeiterstab nur schwerlich zu leisten und die Zusammenarbeit mit den Streetworkern in den Stadtteilen und Wohnorten auf Projektebene ohne Einbindung in die kommunale Jugendarbeit mit vielen Hindernissen behaftet. Die gesellschaftliche Bedingtheit auffälligen Verhaltens von Jugendlichen trägt schließlich vor allem bei den Projekten dazu bei, dass die Sozialpädagogen immer mehr in die unliebsame und vor allem unfruchtbare Rolle eines »Feuermannes« gedrängt werden und retten sollen, was noch zu retten ist. Besonders seitens der Öffentlichkeit, der Medien und Politiker sowie Finanzgeber führt dies dazu, dass die Projekte unter einem steten Legitimationsdruck stehen und ihre Arbeit immer in Hinblick auf die Beseitigung oder Verringerung des jeweils gesellschaftlich definierten Problems überwacht wird. So stellt sich mir auch die Frage, ob der Ruf der Polizei wie der Politiker nach bundesweiten Fan-Projekten – da die Polizei das Problem nicht lösen könne – die Fan-Projekt-Arbeit nicht auf das Problem der Gewaltverhinderung oder zumindest Gewaltverringerung reduziert und damit die Fan-Projekte in unnötige wie problematische Rechtfertigungszwänge bringt und an sie Forderungen heran trägt, die sie gar nicht erfüllen können und die eine kontinuierliche, langfristig angelegte pädagogische Arbeit unmöglich machen. Sozialpädagogik und Jugendarbeit als Reparaturwerk gesellschaftlicher Versäumnisse und Unzulänglichkeiten – dies ist aber eine wenig befriedigende Vision.

Gehen wir davon aus, dass sich hinter Problemen wie Gewalt, Ausländerfeindlichkeit, Drogen, Alkohol oder Video-Szene, um nur einige Beispiele zu nennen, meist die gleichen Ursachenketten und oft auch die gleichen Jugendlichen verbergen, dann wird die Problematik einer »Verprojektisierung« von Jugendproblemen ebenso deutlich wie die Notwendigkeit einer übergreifenden Vernetzung. Im achten Jugendbericht der Bundesregierung wird zurecht gefordert, dass Aufgaben im Sinne umfassender Zuständigkeit wahrgenommen werden (ganzheitlicher Ansatz) und Spezialdienste nur einzurichten sind, so weit unbedingt nötig.

Projekte sind nicht nur sinnvoll, um eine bessere Einsicht in die jeweilige jugendkulturelle Szene zu gewinnen, sondern auch dringend geboten, weil auf diesem Feld noch experimentiert wird und deshalb größere Freiräume sozialpädagogischen Handelns erforderlich sind. Sie sollten jedoch so angelegt sein, dass sie in ein festes Netzwerk der Jugendarbeit integriert sind. Dabei müssten Formen der Integration und Kooperation gefunden werden, die es ermöglichen, die Infrastruktur des Fan-Projekts zu erhalten und auch flexiblere Arbeitszeiten zu garantieren. Meine Forderung lautet entsprechend: Nicht Auflösung der Fan-Projekte, sondern langfristige Absicherung und Integration der Fan-Projekte in die soziale Arbeit der öffentlichen oder freien Träger der Jugendhilfe.

Wo – so muss man angesichts der vielen in den Kommunen eingesetzten Streetworker fragen dürfen – steht denn eigentlich geschrieben, dass die Arbeit von Straßensozialarbeitern vor den Toren der Fußballstadien endet?

Literatur

Behn, S., Heitmann, H. und Voß, S. (Hg.) (1995): Jungen, Mädchen und Gewalt. Ein Thema für die geschlechtsspezifische Jugendarbeit?! IFFJ-Schriften 8. Berlin.

Bundesministerium des Innern (Hg.) (2001): Hooliganismus in Deutschland: Ursachen, Entwicklung, Prävention und Intervention. Abschlußbericht. Berlin.

Deiters, F.-W. und Pilz, G. A. (Hg.) (1998): Aufsuchende, akzeptierende, abenteuer- und bewegungsorientierte, subjektbezogene Sozialarbeit mit rechten, gewaltbereiten jungen Menschen. Aufbruch aus einer Kontroverse. Münster (lit).

Dembowski, G. (2000): Zum Fußball als Männersache. In: deutsche jugend (48), 6, S. 251–255.

Deutsche Jugend – Zeitschrift für die Jugendarbeit. 1993, (41), 4, Stichwort Jungenarbeit.

Kösterke, A. und Stöckle, G. (1989): Neue Bewegungskultur als Anregung für die Jugendarbeit? Konzepte und Vorschläge des Sportprojektes »Traumfabrik«. In: deutsche jugend (37), S. 477–484.

Pilz, G. A. u.a. (1982): Gutachten Sport und Gewalt. In: Pilz, G. A. u.a.: Sport und Gewalt. Schorndorf (Hofmann), S. 9–22.

Pilz, G. A. (1991): Plädoyer für eine sportbezogene Jugendsozialarbeit. In: deutsche jugend (39), S. 334–343.

Pilz, G. A. und Böhmer, H. (Hg.) (2002): Wahrnehmen – Bewegen – Verändern. Beiträge zur Theorie und Praxis sport-, körper- und bewegungsbezogener sozialer Arbeit. Hannover (Blumhardt).

Pilz, G. A. und Peiffer, L. (1998): Offener Mitternachtssport. Erfahrungen aus praktischer Arbeit und wissenschaftlicher Begleitung. In: deutsche jugend (46), 12, S. 513–520.

Scheidle, J. (2000): Streetwork mit Hooligans nach Lens: Eine persönliche Reflexion. In: deutsche jugend (48), 6, S. 256–261.

Scheidle, J. (2000): »Für jedes Bild hätte ich in der Schule 'ne Fünf gekriegt!« Bildnerisches Gestalten mit Hooligans. In: deutsche jugend (48), 7–8, S. 331–337.

Schnack, D. und Neutzling, R. (1991): Kleine Helden in Not. Reinbek (Rowohlt).

Staub-Bernasconi, S. (1996): Soziale Arbeit als eine besondere Art des Umganges mit Menschen, Dingen und Ideen. In: Sozialarbeit (10), S. 4–71.

Schulze-Krüdener, J. (1999): It's body time! Sport als Herausforderung für die Jugendarbeit. In: Homfeldt, H.G. (Hg.): »Sozialer Brennpunkt« Körper. Hohengehren (Schneider), S. 204–216.

»Sitzen ist für'n Arsch!« Ein Vierteljahrhundert Fan-Projekt Bremen[1]

Thomas Hafke

Eines der ersten deutschen Fanprojekte war das in Bremen – im Jahr der Weltmeisterschaft in Deutschland wird es 25 Jahre alt. Allerdings ist der Anfang nicht ganz eindeutig auszumachen. Vor dem Beginn einer institutionalisierten Jugendarbeit mit Fußballfans im Winter 1981 gab es bereits eine Studentengruppe unter Leitung von Narciss Göbbel, die sich mit den Werder-Fans unter sozialwissenschaftlichen Gesichtspunkten beschäftigte. Professor Göbbel und seine Studenten von der Uni Bremen versuchten sich seit Ende der 70er mit Hilfe der Feldforschung und der Subkulturtheorie des Centre for Contemporary Cultural Studies der Universität Birmingham den Fanphänomenen in der Bundesliga zu nähern. Als sie einen Aufruf der Bremer Sportjugend im »Weserkurier« lasen, in dem auf Gewalttätigkeiten unter den Fans aufmerksam gemacht und eine sozialpädagogische Intervention eingefordert wurde, beschlossen sie, sich dieser Frage zu widmen und ein entsprechendes Konzept zu entwickeln. Es wurden zwei Pädagogen gefunden, die über ihr Studium an der Universität Bremen bereits Kontakt zu der Gruppe hatten. Wie damals üblich, wurden Manfred Knaust und Lutz Linnemann als ABM-Kräfte unter dem Titel »Fan-Projekt Bremen« bei der Bremer Sportjugend Anfang 1981 zunächst für ein Jahr eingestellt.

Schon 1977 hatte Göbbel erste Seminare zum Thema Fußball unter dem Titel »5xF« (Familie, Fabrik, Feierabend, Fernsehen, Fußball) im Rahmen der Lehrerausbildung an der neuen Bremer Reformuniversität gehalten, in denen es um Alltagskultur, Lebenswelten und das Verhältnis von Arbeit und Leben ging. Auf diese Weise entwickelte sich eine Gruppe von Studenten, die mehr über Fußball als Soziokultur wissen wollten. Die Gruppe reiste nach England, beschäftigte sich mit den damals neuesten Entwicklungen der Subkulturforschung, beobachtete systematisch das Zuschauerverhalten im

1 Der Autor bedankt sich bei Manfred Knaust und Narciss Göbbel, inzwischen Referent beim Kultursenator in Bremen, für ihre Gesprächsbereitschaft und bei Rudolf Heltzel für seine Unterstützung.

Weserstadion und stieß so auf die Gruppe der Werderfans, die sie als jugendkulturelle Teilöffentlichkeit beschrieben und untersuchten. Dabei ging es ihnen darum, diese Jugendszene von innen heraus zu verstehen und ihre Struktur zu erfassen. Das hieß, zu ihnen auf die Stehplatzränge, die sich damals noch in der Nordgerade Höhe Mittellinie befanden, zu gehen und an ihren Auswärtsfahrten teilzunehmen. 1979 nahmen sie dann über die Sportjugend auch Kontakt zum SV Werder auf, der gerade ein neues Präsidium mit Franz Böhmert und Klaus-Dieter Fischer bekommen hatte und offen für ihr Anliegen war, mit den jugendlichen Werderanhängern zu arbeiten. Zumal es zu dieser Zeit zu einem Zerwürfnis der Werder-Fans mit dem damaligen Manager des Vereins, Rudi Assauer, gekommen war (Assauer hatte den Fans zwar seine Unterstützung bei ihren Auswärtsfahrten versprochen, gleichzeitig aber von ihnen gefordert, dass sie mögliche Randalierer bei ihm meldeten). Die Gruppe um Professor Göbbel bekam, ohne es zu wollen, einen Beraterstatus. Außerdem interessierte sie auch die ordnungspolitische Seite, so dass Kontakt mit dem Ordnerdienst des Weserstadions und der Bremer Polizei aufgenommen wurde. Ihre Erkenntnis: Eine sozialpädagogische Intervention ist notwendig und zwar nach allen Seiten. Ihr Ziel: Übernahme von Verantwortung für die Jugendlichen, insbesondere durch den Verein und die Zuschauer. Dies hieß u.a., Trainer, Spieler und Fans zusammenzubringen und in die Fanarbeit einzubinden.

Als sich dann Lutz Linnemann und Manfred Knaust in der Rückrunde 1982 als Sozialarbeiter bei den Fans vorstellten, fingen sie also nicht bei Null an. »Diese Unileute« waren schon in der Fanszene bekannt, hatten sich für die Werderanhänger interessiert und etwas für sie beim Verein zu bewirken versucht. Nun ging es für die beiden Pädagogen darum, die Fans z.B. bei Fanclubbesuchen besser kennen zu lernen, angemessene Angebote zu entwickeln und einen Raum zu finden. Wie sich recht schnell herausstellte, ging es den Fans vor allem um ein besseres Verhältnis zum Verein, Aufhebung von Stadionverboten und um ein Ende der Konflikte sowohl mit dem Ordnerdienst und der Polizei als auch innerhalb der Bremer Fanszene. So luden die beiden Sozialpädagogen die Fans zu Diskussionsveranstaltungen mit Beteiligung von Werder Bremen ein, um zwischen Verein und Fans zu vermitteln. Auf der anderen Seite wurden Fantreffen angeboten, um die Konflikte innerhalb der Fanszene zu kommunizieren. Außerdem wurde vom Fan-Projekt ein Arbeitskreis, bestehend aus Vertretern von Werder Bremen, der Polizei, dem Ordnerdienst und dem Jugendamt, ins Leben gerufen. Hinzu kamen offene Angebote wie Fußballturniere für die Werderfanszene und ein Fanfrühstück in einem dem Stadion nahe gelegenen Jugendfreizeitheim der Stadt Bremen. Damals hatten die

Werderfans freundschaftliche Beziehungen zu Fans aus Kaiserslautern, so dass das Fan-Projekt die Anhänger beider Clubs einlud, vor dem Spiel gemeinsam zu frühstücken und nach dem Spiel an einer großen gemeinsamen Feier im Wehrschloss teilzunehmen. Schon damals mit von der Partie: Otto Rehagel, einige Spieler und Vereinsfunktionäre. Auf diese Weise entwickelten sich schon recht früh vier Arbeitsebenen, die Grundlage der Fanarbeit wurden: Aufsuchende Arbeit, Vermittlung zwischen den beteiligten Parteien (Mediation), offene Angebote und Einzelhilfen.

Im Oktober 1882 kam es zu einem folgenschweren Unglück. Werderfans wurden vor dem Spiel Hamburg-Bremen auf dem Weg von der U-Bahn zum Stadion im Volkspark von HSV-Anhängern angegriffen und mit Steinen beworfen. Dabei wurde der Werderfan Adrian Maleika so am Kopf getroffen, dass er wenig später an einem Blutgerinsel im Gehirn im Krankenhaus verstarb. Für die Öffentlichkeit und für die Werderanhänger ein Schock. Hier waren die Fans bei ihren Rivalitäten untereinander eindeutig zu weit gegangen. Es musste etwas getan werden, um diese Entwicklung und mögliche Eskalationen zu stoppen. So beschloss das Fan-Projekt Bremen, die Werder- und HSV-Fans vor dem Rückspiel in Bremen zusammenzubringen. Durch intensive Gespräche in Bremen, aber vermittelt über den HSV auch in Hamburg, gelang es dem Fan-Projekt, beide Seiten zu überzeugen, miteinander zu sprechen. Dafür suchten die beiden Mitarbeiter einen geeigneten neutralen Ort zwischen Hamburg und Bremen. In Scheeßel, ungefähr auf halber Strecke zwischen beiden Städten, wurde ein ausreichend großer Veranstaltungssaal gefunden, der sich im Februar 1983 mit den Fans beider Seiten füllte. Außer den Mitarbeitern, die die Moderation übernahmen, waren Willi Lemke (damals Manager bei Werder Bremen, heute Bremer Bildungssenator und Vorsitzender im Aufsichtsrat von Werder), Otto Rehagel (damals als neuer Trainer des Bremer Vereins noch mehr oder weniger unbekannt), Günter Netzer (damals Manager des HSV), weitere Vereinsfunktionäre und Medienvertreter anwesend. Gemeinsam wurde diskutiert und gestritten, bis man sich einigte, das »Kriegsbeil« zu begraben und über einen »Waffenstillstandsbeschluss« abzustimmen, der dann von der Mehrheit angenommen wurde. Zu dieser Proklamation gehörte z.B., alle Provokationen zu unterlassen und keine »Rache« zu nehmen. Es kam dann auch zu keiner weiteren Eskalation zwischen den Fans beider Seiten.

Die Arbeit des Fan-Projekts hatte damit seinen ersten großen Erfolg und wurde beispielgebend für weitere Fan-Projekte, die sich nun in einigen Bundesligastädten, insbesondere im Norden der Republik, gründeten. Für die Mitarbeiter im Fan-Projekt Bremen war es immer auch ein Anliegen,

Ansprechpartner bei den gegnerischen Vereinen zu haben und so unterstützten sie nach Kräften den Aufbau weiterer Fan-Projekte. Bremen als einzige Bundesligastadt mit einem Fan-Projekt hätte auf die Dauer auch nicht viel Sinn gehabt, denn die Werderfans waren Teil einer allgemeinen Entwicklung der Fanszenen in der Bundesliga. Die Ausrichtung eines bundesweiten Fankongresses 1988 in Bremen sowie später die Unterstützung des Nationalen Konzeptes »Sport und Sicherheit« zur bundesweiten Einrichtung von Fan-Projekten war dann die logische Konsequenz.

Nach zwei Jahren waren die ABM-Stellen der beiden bisherigen Mitarbeiter ausgelaufen und die Bremer Sportjugend war nach einer einjährigen Zwischenlösung nicht mehr bereit, diese Arbeit weiterzuführen. So beschloss die Unigruppe, einen eigenen Verein zu gründen und selber hauptamtliche Mitarbeiter auf ABM-Basis einzustellen. 1984 wurde der Verein unter dem Namen »Fan-Projekt Bremen e.V.« ins städtische Vereinsregister eingetragen. Als Zweck definierte die Satzung, »sozialpädagogische Maßnahmen mit Fußballfans durchzuführen, die geeignet sind, den kulturellen Lebensbedürfnissen von Jugendlichen in verschiedenen Lebensbereichen gerecht zu werden (...) Diese Maßnahmen sollen auch zum Abbau von Konfliktsituationen unter jugendlichen Fußballfans beitragen und dadurch ihre sozialen Handlungskompetenzen praktisch fördern«. Es wurden zwei neue Mitarbeiter gefunden, die bis 1989 aufgrund der ABM-Regelungen immer wieder auch wechselten. Ende 1989 gelang es dann dem Verein endlich auf Basis der Förderung durch den Jugendsenator, einen Sozialwissenschaftler und einen Sozialpädagogen fest einzustellen.

Trotz allen Erfolges war diese Zeit gekennzeichnet von Umbrüchen. Der Vorstand des Vereins bekam neue Mitglieder, alte wendeten sich ab, das Fan-Projekt wurde aus seinen angestammten Räumlichkeiten in einer Baracke am Sportamt geworfen und musste mit dem privaten Keller eines Vereinsmitglieds vorlieb nehmen.

Zu einem für die Entwicklung des Fanprojektes zentralen Konflikt kam es in den 90er Jahren um die Frage der Stehplätze in der Ostkurve des Weserstadions. Hintergrund war die Katastrophe am 15. April 1989 im Hillsborough Stadion in Sheffield, als 96 Menschen in überfüllten Stehplatzblöcken erstickten oder erdrückt wurden. Infolge dieser Katastrophe wurden nicht nur in England die Stehplätze abgeschafft, sondern auch in Deutschland forderte der damalige DFB-Präsident Hermann Neuberger die Abschaffung aller Stehplätze in der Bundesliga. Dem Fan-Projekt Bremen kam zu Ohren, dass auch der SV Werder und die Stadt Bremen beim geplanten Umbau des Weserstadions mit dem Abriss und Neubau der alten Südtribüne und der

Ostkurve die Abschaffung aller Stehplätze beabsichtigten. Diese Planung wurde damit begründet, dass die Stehplätze die Gewaltentwicklung im Stadion befördern würden. Aus Sicht des Fan-Projektes ging es dem DFB und den Vereinen bei dieser Politik aber mehr darum, zahlungskräftigeres Publikum anzulocken und die organisierten Fans endgültig aus den Stadien zu vertreiben. Wie weiter oben erwähnt, waren durch eine vorhergehende Umwandlung der Gegengeraden in Sitzplatztribünen die Fangruppen ja bereits in die schlechteren Kurven vertrieben worden.

Die deutsche Fankultur war aber nicht zufällig auf den Stehplatzrängen entstanden und fand dort in Form von Unterstützerritualen ihren Ausdruck. Welcher Chor setzt sich, wenn er singt? Wie soll man seine Mannschaft mit Fahnen-, Klatsch- und Schalchoreographien im Sitzen anfeuern? Wenn es keine Bewegungsmöglichkeit mehr in der Kurve gab, wie sollten die Fans sich untereinander kennenlernen und kommunizieren? Und vor allem: Wer konnte sich von den Jugendlichen überhaupt einen Sitzplatz leisten?

Zu diesen Fragen lud das Projekt alle Werder-Fans zu Informationsabenden und Diskussionen ein. Schnell kristallisierte sich heraus, was die Fans und das Projekt machen konnten und was nicht: Den Erhalt der alten Ostkurve zu fordern, wäre Unsinn gewesen, schließlich wollten ja auch die Fans endlich ein Dach über dem Kopf und vernünftige Toilettenanlagen. Demonstrieren und Petitionen schreiben – dafür fehlte zum einen die Masse, zum anderen kannten alle die Wirkungslosigkeit derartiger Maßnahmen. Also entstand die Idee, ein alternatives Stadionprojekt zu entwickeln. Bloß, wer konnte das schon? Zum Glück bot das Kulturzentrum Schlachthof (Industriebau aus dem vorletzten Jahrhundert, der von ehemaligen Besetzern zu einem Kultur- und Kommunikationszentrum mit Kulturwerkstätten und überregionalem Kulturprogramm ausgebaut wurde) mit seiner Werkstatt für Gestaltung an, das Projekt und die Fans zu unterstützen. Aus einem losen Haufen interessierter Fans wurde die Ostkurvengruppe, die sich nun regelmäßig im Schlachthof traf und an einem Architekturmodell im Maßstab von 1:50 bastelte. Dabei wurde klar, dass es nicht nur Stehplätze in der neuen Ostkurve geben sollte, sondern auch Räumlichkeiten für die Fußballfans. Schließlich plante der SV Werder für zahlungskräftiges Publikum auch so genannte VIP-Logen in der neuen Südtribühne. Nachdem das Projekt fertig gestellt war, wurde es unter dem Slogan »Sitzen ist für'n Arsch« der Öffentlichkeit, dem SV Werder und der bremischen Politik vorgestellt. Die Wirkungskraft dieser Initiative von Fans und Fan-Projekt war erstaunlich. Nicht nur, dass sie in Bremen für Furore sorgte, sondern bundesligaweit standen die Fans auf und forderten den Erhalt ihrer Stehplätze.

Auf diese Weise gelang es dann tatsächlich, der Stadt und dem Verein sowohl eine große Zahl von Stehplätzen für die jugendlichen Werderfans abzuringen, als auch eigene Räumlichkeiten für die Fangruppen in der Ostkurve zu bekommen. Und auch in allen anderen Stadien, in denen der Umbau der Kurven stattfand, konnten die Stehplätze der Fans erhalten werden. Aufgrund politischer Querelen (Ampelkoalition in Bremen) konnte die neue Ostkurve aber erst 1997 fertig gestellt werden. In dieser Zeit entwickelte das Fan-Projekt Bremen weitere Angebote, die die Fanarbeit in Deutschland beeinflussen sollten. Zum einen waren dies die so genannten U16-Fahrten, Auswärtsfahrten speziell um den Nachwuchs der Fanszene zu erreichen, zum zweiten die Mädchenarbeit in einer männlich dominierten Szene, mit besonderen Angeboten und Maßnahmen für Mädchen und junge Frauen, und drittens internationale Begegnungsfeste, bei denen sich die Fans aus Bremen und dem europäischen Ausland kennen lernen können.

Die für die Fangruppen vorgesehenen neuen Räumlichkeiten im »Bauch« der Kurve wurden dem Fan-Projekt im Frühjahr 1997 dann offiziell übergeben. Zuvor hatte das Projekt die Räume bereits in Beschlag genommen, denn die Vereinbarungen mit dem SV Werder beinhalteten, dass die Fans und das Projekt diese zwar mietfrei erhalten, aber dem Steuerzahler und Werder Bremen möglichst wenig kosten sollten. Also strichen die Fans ihre Räume selber an, verlegten die Teppiche und bauten einen großen Teil der Einrichtungsgegenstände selber. Als Kooperationspartner zum Bau der Einrichtung wurden wiederum der Schlachthof (Metallarbeiten) und die Jugendstrafanstalt Blockland (Holzarbeiten) gewonnen. Unterstützung bei der künstlerischen Gestaltung des Fan-Zentrums kam von der Hochschule Bremen (Tresengestaltung), vom Verein »Mauern öffnen« (Kunstskulptur im Eingangsbereich) und vom Kultursenator (Wandbild im Ostkurvensaal).

Ohne dass dies ausdrücklich geplant war, entstand mit der Übernahme von Räumen in der Größenordnung von über 300 qm ein neues Projekt: Es mussten Sponsoren gefunden und Gelder zum Unterhalt der Räume erwirtschaftet werden. Darüber hinaus mussten Fans dafür gewonnen werden, sich ehrenamtlich zu engagieren.

Im Ostkurvensaal des Fan-Zentrums werden seitdem regelmäßig Fan-Partys, Fanclubjubiläen, Geburtstage und Hochzeiten gefeiert. Vor und nach den Heimspielen haben die Werderfans einen eigenen Treffpunkt, von dem nun auch ihre Auswärtsfahrten ausgehen. Es gibt Übertragungen von Spielen auf einer Großbildleinwand und die verschiedensten Veranstaltungen. Der Dachverband Bremer Fan-Clubs und der Fan-Beauftragte des SV Werder haben hier ihr Büro gefunden und es gibt einen Sitzungsraum, eine Küche, eine Werkstatt und ein Lager. Das Fanprojekt Bremen ist hierdurch ein wirkliches Fanzentrum mitten im Weserstadion geworden. Neben diesem Zentrum liegen der Fanshop und die Spielerkabinen, darüber die Geschäftsstelle des SV Werder und noch weiter darüber das Spielerinternat. Unter der Woche tauchen neue, junge Fans auf. Sie basteln im Ostkurvensaal an riesigen Fahnen, Transparenten und buntem Kurvenschmuck. Sie definieren sich als »Ultras« und haben sich zur Aufgabe gemacht, ihre Mannschaft nach italienischem Vorbild durch Kurvenchoreographien zu unterstützen. Der 200 qm große Ostkurvensaal in exklusiver Lage mitten im Stadion und mit angegliederter Werkstatt und Sitzungsraum (ausgestattet mit PC, Drucker, Kopierer, Fax, Video, DVD, Bibliothek und Fernseher) bietet ihnen dafür bis heute die besten Voraussetzungen.

Wie mit dem Label »Ultras« schon angedeutet, hat sich nicht nur das Fan-Projekt Bremen im Laufe der Zeit gewandelt. Auch in der Fan-Szene haben sich international übergreifend und nicht nur in Bremen mit der Modernisierung des Fußballs Veränderungen ergeben. Waren früher die an den Vereinsstrukturen orientierten Fan-Clubs tonangebend, so sind es heute eher informelle, sich als »autonom« verstehende Gruppierungen von Jugendlichen, die sich vorwiegend zum Zweck der Vereinsunterstützung zusammenfinden. Ihr Stil ist eher sportlich-mobil im Gegensatz zu den Fans der 70er und 80er Jahre, die so genannte »Kutten« (Jeanswesten mit Aufnähern) und schweres Schuhwerk nach Art der Rocker trugen. Aber auch die Kuttenfans waren bereits eine Reaktion auf Veränderungen im Fußball selber, die sich als Ausdruck einer Entfremdung von Verein und Publikum und des Versuchs der Rückgewinnung der alten »Fußballfamilie« beschreiben lassen. Zu ihrer Zeit allerdings hatte die Vermarktung des Fußballs erst begonnen. War es damals eher die Ausnahme, dass Spieler ihren Verein wechselten, ist dies heute gang und gäbe und gerade jugendliche Anhänger tun sich schwer, mit dieser Situation umzugehen. Eine Identifikation mit einzelnen Spielern oder der Mannschaft kann dann schnell zu schmerzhaften Erfahrungen führen. Verstehen heute die Vereine ihr Publikum in erster Linie als »Kunden«, so wollen die engagierten Jugendlichen, die ihre Zeit und Energie für ihren Verein opfern, gerade dies verständlicherweise nicht sein. Auf diese Weise hat sich zwischen Verein und Fans heute ein anderes Verhältnis entwickelt, das seinen Ausdruck in der Entstehung der »Ultras« als Gegenbewegung zu dieser Kommerzialisierung findet. Die gegenseitige Entfremdung und damit einhergehende Konfliktpotenziale haben deshalb in den letzten Jahren zugenommen, so dass die Fan-Projekte heute noch stärker an einer Bruchstelle zwischen Verein und Fans stehen und hier zunehmend Vermittlungsarbeit leisten müssen.

Zum Abschluss meiner Betrachtung lassen sich noch einige Fragen stellen: Warum zum Beispiel konnte sich diese neue Form der Jugendarbeit überhaupt etablieren? Bei einem Gespräch mit Narciss Göbbel machte dieser deutlich, dass es im Grunde genommen der Zeitpunkt war, der dies ermöglichte. Seine Ideen und die der Studenten stießen auf eine in den 80er Jahren offene Stadt: auf einen Verein mit offenen Menschen wie Franz Böhmert, Klaus-Dieter Fischer, Thomas Schaaf, Benno Möhlmann oder auch Wolfgang Sidka – und auf offene Fans. Hinzu kam, dass die Ideen von engagierten Mitarbeitern und Mitstreitern vertreten wurden. Warum wurde diese Arbeit dann nach kurzer Zeit nicht wieder beendet, wie so oft üblich? Dies liegt nach Meinung von Narciss Göbbel am Konzept des Fan-Projekts Bremen, das sich aus der Diskussion Vieler und auch aus der Möglichkeit des Experimentierens entwickelte. Wichtig war dabei, eine (damals durch die Subkulturtheorie theoretisch untermauerte) eigenständige Praxis und Position zu entwickeln, die nicht von den Positionierungen von Verein, Polizei oder Fans ausgeht. Wobei aber gerade der gute Kontakt zur Polizei dem Fan-Projekt über all die Jahre geholfen hätte. »Eines«, so Göbbel, »war dabei immer entscheidend: Der Fußball ist das Zentrum.«

Selbstverständlich gab es in all den Jahren auch Konflikte und Brüche. Bisher konnten diese aber immer produktiv gewendet werden. Der erste größere Bruch entstand mit der Festeinstellung zweier Mitarbeiter, was dazu führte, dass ein Teil der ersten Mitglieder das Fan-Projekt aus Kritik an der »Professionalisierung« verließ. Doch mit der Initiative »Sitzen ist für'n Arsch« bekam das Fan-Projekt wieder neuen Grund unter die Füße und entwickelte sich weiter. Es entstand das Fan-Zentrum Ostkurve mit Räumlichkeiten für Fans mitten im Stadion. Aber Räumlichkeiten und ihre Nutzer produzieren neue Konflikte. Da geht es um das Verhältnis von hauptamtlicher zu ehrenamtlicher Arbeit, um die Vergabe der Räume, um Organisationsfragen und auch um so banale und alltägliche Dinge wie Sauberkeit und Ordnung. Durch die Beteiligung der Fans konnten diese Auseinandersetzungen allerdings bisher gemanagt werden. Darüber hinaus gab es auch Konflikte mit dem Verein und den Ordnungskräften. Diese Konflikte waren eigentlich immer bestimmt von Nähe und Distanz. Dabei musste das Fan-Projekt in seiner Mittlerfunktion immer eine Balance finden zwischen notwendiger Distanz und Unabhängigkeit gegenüber diesen Parteien und Erwartungen an Loyalität und Zusammenarbeit. Ähnliches gilt auch für das Verhältnis zu den Fans. An die Mitarbeiter eines solchen Projektes stellt diese Notwendigkeit des Ausbalancierens von zum Teil gegensätzlichen Erwartungen hohe Anforderungen. Denn dies beinhaltet unvermeidbar, dass

Konflikte und Ambivalenzen ausgehalten werden und das Projekt seine eigenständige Rolle bei widersprüchlichen Anforderungen definiert, kommuniziert und verteidigt. Gelingt dieser Drahtseilakt nicht, läuft das Fan-Projekt Gefahr, seine Legitimation zu verlieren.

Bislang ist es in Bremen über 25 Jahre im Großen und Ganzen gelungen, eine derart ausbalancierte Vermittlerposition und Fan-Arbeit zu realisieren, was für die Zukunft des Fußballs und seiner Fans Mut machen sollte.

AutorInnen

Lothar Böhnisch, Dr. rer. soc., geb. 1944, ist Professor an der Technischen Universität Dresden, Lehrstuhl Sozialisation der Lebensalter. Mitglied beim TSV 1860 München (»Einmal Löwe, immer Löwe«). Arbeitsschwerpunkte: Sozialisation, Sozialpolitik, Pädagogische Soziologie, Gender.

Holger Brandes, Dr. phil., geb. 1952, ist Professor für Psychologie an der Evangelischen Hochschule für Soziale Arbeit Dresden und Gruppenanalytiker. Aus Heimatverbundenheit Mitglied beim SV Werder Bremen. Arbeitsschwerpunkte: Entwicklungspsychologie, Frühkindliche Bildung, Gruppenforschung und Gruppenarbeit, Männerforschung.

Harald Christa, Dr., geb. 1960, Soziologe, Professor für Sozialmanagement an der Evangelischen Hochschule für Soziale Arbeit Dresden und Gesellschafter der xit GmbH forschung.planung.beratung in Nürnberg, Dresden und Neubrandenburg. Arbeitsschwerpunkte: Ökonomie des Dritten Sektors, Management Sozialer Einrichtungen, Evaluation und Unternehmensberatung. Als Franke selbstverständlich Anhänger des 1. FC Nürnberg.

Eric Dunning, PD, 68 Jahre, ist Professor Emeritus (Soziologie) an der Universität Leicester; Visiting Professor an der Universität von Chester; ehem. Mitarbeiter von Norbert Elias und Autor verschiedener Bücher zur Sportsoziologie, u. a. »Quest for Excitement« (mit N. Elias) 1986 (dt. »Sport und Spannung im Prozess der Zivilisation« 2003), »The Roots of Football Hooliganism« 1988, »Sport Matters« 1999.

Ralf Evers, Dr., geb. 1965, ist Professor für Praktische Theologie und Generationenbeziehungen an der Evangelischen Hochschule für Soziale Arbeit Dresden und Rektor der Hochschule. Arbeitsschwerpunkte: Religions- und Sozialphilosophie, außerschulische Kinder- und Jugendarbeit, soziale Gerontologie.

Thomas Hafke, geb. 1963, ist Diplom Sozialwissenschaftler, 1991–1993 Entwicklung des Fan-Projekts Oldenburg, seit 1994 Mitarbeiter im Fan-Projekt Bremen, Lehrbeauftragter an der Hochschule Bremen. Arbeitsschwerpunkte: Soziale Arbeit mit Fußballfans, Rechtsextremismus bei Jugendlichen.

Uwe Harttgen, geb. 1964, Dipl.-Psychologe, ist ehemaliger Profifußballer (SV Werder Bremen, Hannover 96). Mit Werder Bremen 1993 Deutscher

Meister, 1991 und 1994 Deutscher Pokalsieger und 1992 Europapokalsieger der Pokalsieger. Derzeit promoviert er an der Universität Bremen und ist als Mitarbeiter von Werder Bremen zuständig für die Talentförderung; Veröffentlichungen zur Leistungsförderung im Fußball.

Rudolf Heltzel, Dr. med., geb. 1948, ist Psychoanalytiker, Gruppenanalytiker, Supervisor und Organisationsberater. Organisierte 2005 mit anderen zusammen die Bremer Fachtagung für Gruppenanalytische Supervision und Organisationsberatung, die einen großen Werder-Schwerpunkt hatte. Früher »Straßenfußballer«, heute Werder Bremen-Fan.

Dietrich Milles, Dr. phil., geb. 1949, ist Professor in den Arbeits- und Gesundheitswissenschaften der Universität Bremen; Forschungen und Publikationen zu historisch-vergleichenden Themen in arbeitsbezogener Gesundheitsförderung, Leistungsfähigkeit in Sport und Gesellschaft u. a.; Präsident des Fachverbandes Tischtennis Bremen.

Gunter A. Pilz, Dr. phil., geb. 1944, ist Akad. Oberrat am Institut für Sportwissenschaft der Universität Hannover und Professor an der Evangelischen Fachhochschule Hannover; Mitarbeiter an verschiedenen Projekten im Bereich Sport und Fanverhalten, u. a. Mitglied in der »Kommission Gewaltprävention« des DFB und der Expertenkommission »Ethics and Fair Play« der UEFA. Arbeitsschwerpunkte: Gewalt in Gesellschaft und Sport, Gewaltakzeptanz und Rechtsextremismus, Sportangebote für junge Menschen.

Gabriele Sobiech, Dr. phil., geb. 1957, ist Professorin für Sportsoziologie und Sportpädagogik an der Pädagogischen Hochschule Freiburg, tätig im Bereich der SportlehrerInnen-Ausbildung. Arbeitsschwerpunkte: Historische und moderne Formen der Körperdisziplinierung, Körperformung und Körpernutzung, soziale Konstruktionen von Weiblichkeit und Männlichkeit im Sport; Kommunikation und Interaktion in Sport und Sportunterricht. Der Bezug zum Fußball ergibt sich zudem über das begeisterte Verfolgen der Spiele des Frauennationalteams.

Volker Tschuschke, Dr. rer. biol. hum., 57 Jahre, ist Professor und Leiter der Medizinischen Psychologie am Universitätsklinikum Köln; Psychoanalytiker. In seiner aktiven Fußball-Zeit u. a. in der Kreisjugendauswahl Lippstadt/Westfalen, in der Seniorenmannschaft Landesliga. Arbeitsschwerpunkte: Einzel- und Gruppenpsychotherapie, Psychotherapieforschung und Forschung in der Psychoonkologie.

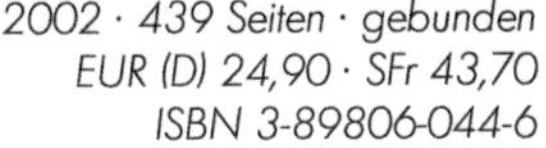
2002 · 439 Seiten · gebunden
EUR (D) 24,90 · SFr 43,70
ISBN 3-89806-044-6

Gesellschaftliche Macht übt eine unwiderstehliche Anziehungskraft auf Personen aus, die an einer narzisstischen Persönlichkeitsstörung leiden. Die Möglichkeit, politische oder ökonomische Macht auszuüben, nährt Größen- und Allmachtsfantasien. Umgekehrt bahnen Karrierestreben und Rücksichtslosigkeit den Weg zu den Schaltzentralen der Macht.

In detaillierten Fallstudien – u. a. über Ministerpräsident Uwe Barschel, Ex-Bundeskanzler Helmut Kohl, Ex-Sponti und Außenminister Joschka Fischer und Serbenführer Slobodan Milosevic – analysiert der Autor die Verflechtungen zwischen Persönlichkeitsmerkmalen, individueller Psychopathologie und den ethnischen, religiösen und kulturellen Identitätskonflikten der jeweiligen Bezugsgruppe und denen der Gesellschaft.

Psychosozial-Verlag
Psyche und Gesellschaft
Justin A. Frank
Bush auf der Couch
Wie denkt und fühlt George W. Bush?

2004 · 270 Seiten · gebunden
EUR (D) 24,90 · SFr 43,70
ISBN 3-89806-405-0

Justin Frank, angesehener Washingtoner Psychoanalytiker und Professor für Psychiatrie, erstellt mit Hilfe der Angewandten Psychoanalyse – der Disziplin zur Analyse öffentlicher und historischer Persönlichkeiten, deren Pionier Sigmund Freud ist – ein umfassendes psychologisches Profil von George W. Bush. Kenntnisreich, leicht zugänglich, mutig und kontrovers wirft Frank ein neues Licht auf die derzeitige Regierung und die labile Psyche des Mannes an ihrer Spitze: Ist Bush psychisch überhaupt in der Lage, die USA zu führen?

»Ein hervorragender und mutiger Psychotherapeut liefert uns eine scharfsinnige Beschreibung der psychischen Veranlagung des mächtigsten Mannes der Welt. Sie ist fesselnd und überzeugend und absolut beängstigend.« *Irvin Yalom, Prof. em. für Psychiatrie, Universität Stanford*

PSV
Psychosozial-Verlag

Goethestr. 29 · 35390 Gießen · Tel. 0641/9716903 · Fax 77742
bestellung@psychosozial-verlag.de
www.psychosozial-verlag.de

2005 · 232 Seiten · Broschur
EUR (D) 19,90 · SFr 34,90
ISBN 3-89806-394-1

Was ist Liebe? Was hat eine Affäre mit der eigenen Beziehung zu tun? Lohnt es sich zu kämpfen? Kann eine Therapie helfen? War die Beziehung nicht von Anfang an zum Scheitern verurteilt? Ist die Ehe gar der Friedhof jeder Liebe?

Wolfgang Hantel-Quitmann widmet sich diesen Fragen und kreiert daraus eine »Psychologie der Liebesaffären«, entwickelt an Beispielen aus der paartherapeutischen Praxis, großen Werken der Weltliteratur und den Liebesaffären berühmter Paare.

Für alle, die sich aus psychologischem, literarischem oder rein menschlichem Interesse mit dem Thema beschäftigen – bevor die nächste Liebesaffäre als Ende aller Liebe, moralisch verwerflich oder schicksalhaft missgedeutet werden könnte. Eine vergnügliche und erhellende Lektüre.

2005 · 200 Seiten · Broschur
EUR (D) 19,90 · SFr 34,90
ISBN 3-89806-398-4

Marylin Monroe war die letzten acht Jahre ihres Lebens fast kontinuierlich in psychoanalytischer Behandlung. Andreas Jacke unternimmt ausgehend von den zu Lebzeiten vorgenommenen Diagnosen und mit Hilfe der Theorie des französischen Psychoanalytikers Jacques Lacan eine eingehende psychoanalytische Re-Konstruktion ihrer Persönlichkeit. Er untersucht und interpretiert dazu wichtige Stationen ihrer Kindheit und Jugend, die oft und gut dokumentiert worden sind, ebenso wie ihre langwierige psychische Problematik, die ihrem Selbstmord vorausging.

P▣V
Psychosozial-Verlag

Goethestr. 29 · 35390 Gießen · Tel. 0641/9716903 · Fax 77742
bestellung@psychosozial-verlag.de
www.psychosozial-verlag.de

www.ingramcontent.com/pod-product-compliance
Ingram Content Group UK Ltd.
Pitfield, Milton Keynes, MK11 3LW, UK
UKHW040023200726
13854UKWH00001B/329

9 783898 064965